The New Perspectives of Western Classical Political Thought

西方古典政治思想新视野

包利民 主编

希腊政治思想

[美] 赖安·巴洛特 著

余慧元 译

Greek Political Thought

华夏出版社
HUAXIA PUBLISHING HOUSE

图书在版编目（CIP）数据

希腊政治思想 /（美）赖安·巴洛特（Ryan K.Balot）著；余慧元译. --北京：华夏出版社，2019.5
书名原文：Greek Political Thought
ISBN 978-7-5080-9660-5

Ⅰ.①希… Ⅱ.①赖… ②余… Ⅲ.①政治思想史－研究－古希腊 Ⅳ.①D091.2

中国版本图书馆 CIP 数据核字 (2019) 第 010551 号

Greek political thought / by Ryan K.Balot / ISBN:978-1-4051-0029-8
Copyright© 2006 by Ryan Balot
All rights reserved. Authorised translate on from the English language edition published by John Wiley & Sons Limited. Responsibility for the accuracy of the translation tests solely with Huaxia Publshing House and is not the responsibility of John Wiley & Sons Limited. No part of this book may be reproduced in any form without the written permission of the original copyright holder, John Wiley & Sons Limited.

版权所有 翻印必究
北京市版权局著作权合同登记号：图字 01-2013-4415 号

希腊政治思想

作　　者	[美] 赖安·巴洛特
译　　者	余慧元
责任编辑	罗　庆
出版发行	华夏出版社
经　　销	新华书店
印　　装	三河市万龙印装有限公司
版　　次	2019 年 5 月北京第 1 版 2019 年 5 月北京第 1 次印刷
开　　本	670×970　1/16 开
印　　张	20.5
字　　数	361 千字
定　　价	79.00 元

华夏出版社　地址：北京市东直门外香河园北里 4 号　邮编：100028
网址：www.hxph.com.cn　电话：(010) 64663331（转）
若发现本版图书有印装质量问题，请与我社营销中心联系调换。

献给 George Pepe

"西方古典政治思想新视野"丛书总序
古典政治意蕴的新探究

本译丛旨在向读者介绍西方主流政治理论界对古典政治、尤其是古典民主政治的探究的一些饶有兴味的新成果、新趋势。

熟悉西方政治思想研究的人知道，政治哲学、尤其是古典政治哲学曾经几乎是施特劳斯派等德语背景学者独家支撑的领域。主流政治学界严守社会科学的价值与事实的分离原则，沉浸于各种机制经验研究之中，试图跻身"硬科学"。但是这一趋势近几十年来有很大的改观。不少重要的主流学者开启了自己独特的古典政治哲学（政治理论）研究。这些学者有非常深厚的古典学（语言、历史）的学养，而且他们有意识地启用历史学、社会科学、文艺评论等等中的各种新研究方法论、新视角，在价值观上既坚持主流自由民主意识形态，又同情地对待曾经只是保守派孤独坚持的德性论和幸福论古典政治范式。开卷展读，让人获益匪浅。在这些丰富的成果中，既有通论性希腊政治思想史（比如列入本译丛的卡特莱奇和巴洛特的著作，读者不妨与施特劳斯等所撰《政治思想史》对观），又有专论性的理论家研究（比如斯科菲尔德的《柏拉图：政治哲学》），更有各种专门探究古典民主的意蕴的新专著（比如列入本译丛的奥伯、格林、法伦格等人的著作），都颇为可观。剑桥学派重要人物卡特莱奇的《实践中的古希腊政治思想》和美国重要学者巴洛特的《希腊政治思想》作为非常有特色的通史类著作，有意识地结合分析哲学的严谨逻辑论证和历史学的现场感，通畅地融合规范评价与事实描述，同情地打通古今重大问题视域。这些扎实公允的探究已经形成了庞大的文献传统。对其译介，将有助于我国读者认识到古典政治哲学的研究领域有百花齐放、百家争鸣态势，而非一家独秀。

下面我们将特别就古典民主意蕴研究的新视角多说几句。

希腊人在政治上的骄傲与沉痛都与民主政治有关。希腊人之所以被视为欧洲之祖先（以及因此全球化之先导），与其创立民主政治有内在关系。而希腊伟大的政治哲人如柏拉图与亚里士多德之所以为后人不断提及，也与他们对民主的利弊的犀利深刻的理论考察分不开。近几十年来，与我们时代的大形势有关，也与学界纪念雅典民主2500年有关，出现了一个"雅典民主研究"高潮，许多由名家主持的相关文集纷纷面世。① 但是，清醒的学者知道，民主曾经只是古代希腊史上出现的一个"反常的"政治形态。从进化论的角度看，这种偶发的政体"变异"（或许由于缺乏适存性？）在后来的罗马和中世纪的漫长岁月中遭到劣汰，长期湮没无闻。几千年来的人类常规政治形态都是非民主的。20世纪突然潮流偏转，民主理念似乎成了全球性的"主流"并成为西方引以为骄傲的主要依据之一。但是，一切潮流总可能遮蔽真相：西方现代政治主流其实并非"民－治"意义上的民主（by the people），而是代议制民主。代议制民主是民主吗？如果一个伯里克利时代的雅典人穿越来到今天，目睹流行的利益集团博弈－选战－多数票胜出－妥协－党派分肥政治，他恐怕会骇然困惑，很难认出这是"民主"。当然，一个经过了联邦党人、托克维尔、密尔和达尔洗礼的现代人则会居高临下地教导这位疑惑不已的希腊人：直接民主是无效且危险的；作为人类的反常政治实验，它在经历了雅典暴民政治、法国大革命和20世纪民粹运动的恐怖之后，已经被宣告彻底失败。现代代议制民主是已经被公认为唯一可行的民主形式。

但是且慢高兴。即便这位希腊人放弃了直接民主而终于接受代议制民主，他真的会看到代议制民主在今天受到广泛欢迎的景象吗？未必。20世纪学术界的诸多重要思想家们（远不仅仅是施特劳斯等"保守派"）都在论证代议制民主是一个笑话。[1]^{103,140} 诺贝尔奖在今天是学术权威的象征，说话有人听。然而诺贝尔奖获得者们对民主说了什么？阿罗和布凯南的公共选择理论、奥斯特罗姆的集体行动理论，都指出现代民主的基本预设——通过选票汇聚私人偏好，为共同利益行动——几乎是不可能的。这些学理化（数学化）的严密论证，实际上延续了一个现代社会科学的长久传统。早在20世纪开出之际，社会科学大师韦伯和熊彼特就已经提出了影响深远的经典看法：在现代的大国选战民主政治中，真正发生的事情并不是"人民当家做

---

① 这一"盛况"被许多学者提及，比如 Farenga, *Citizen and Self in Ancient Greece, Individuals Performing Justice and the Law*, Cambridge University Press, 2006. p.2; R. K. Balot, *Greek Political Thought*, Blackwell Publishing, 2006, pp.303ff; P. Cartledge, *Ancient Greek Political Thought in Practice*, Cambridge University Press, 2009, p.55.

主",而是少数精英领导借助庞大的理性科层体制管理着国家。后来的许多重要的民主理论家如达尔、萨托利、李普曼、李普塞等等基本上无不沿着这个思路走。[2]^{4,13,98}

由此可见,西方思想界的主流与其说是无条件拥抱民主、不如说是对民主的深刻的、全面的失望。这一失望有着深远的现实原因:现代性主流是市场经济,人们私人化、多元化、异质化,不可能对政治保持长久的热情,非政治的冷漠必将成为常态。已经觉醒的个体再也不可能无条件地将巨大而陌生的行政机制认同为"共同体"。在深刻的无力感的驱动下,西方"公民意识"日渐淡漠,投票和参加集体活动的人越来越少。[3]²¹

正是在这样的大背景下,引人注目的是那些不断发声的反潮流学者,他们总是心有不甘,努力从各种角度出发为"民主"、尤其是古典民主的正当性进行辩护。如果说在现代共和主义的发展中出现了"新罗马主义"的话,那么,我们也不妨称这些为古代直接民主辩护的学者为"新雅典主义"或"新希腊主义"。他们希望被长期(故意)忽视的古典民主在今天依然能作为积极的、重要的资源发挥作用。① 这样的思想家大多汲取了最新哲学社会科学成果,尝试提出了各种出人意料的路径,对于理解我们的时代和时代的政治都打开许多崭新视野。本译丛所选入的几种,可以作为典型代表,值得读者的细读。作为一种概括的介绍,我们下面就从对民主的内在价值的辩护和外在价值的辩护两个方面对其稍加考察。

一 民主的内在价值辩护——"表演-施为"(performance)政治

在现代性中为"内在价值"辩护是困难的,而为一种政治方式进行"内在价值"辩护,更让现实主义政治学家感到是文不对题。达尔就曾说现代民主理论与古代民主学说不同,不是价值导向的,而是描述性的。自由主义主流政治学说认为民主和共同体只具有工具性的好。然而,人们依然可以看到不少重要的思想家直接为民主政治或政治本身寻找内在价值。阿伦特当之无愧是其中最为著名的一个。她定下的基调是:共同体而非私人的生活是

---

① "新罗马主义"以剑桥学派和 Pettit 的新共和主义为代表。事实上,新共和主义之所以诉诸罗马共和而避开希腊民主,正是为了防止"民主的弊病"。这更让人们看到今天倡导希腊民主的学者们的难能可贵:他们并不是重复常识,而是在挑战主流,知难而进,竭力为处于守势的古典民主平反。

具备最高价值的人类存在,而这只有在共和政治生活中才能实现。她的理由有几个,首先,民主共和通过自由的普遍化,使得更多的人从奴隶变成为人。其次,人只有在一种表演(performance)式政治行动(action)中才能真正存在,即在同样平等自由(尽管个性各不相同)的人们为公共利益的公共奋斗中敢于创造,相互竞赛,追求卓越,赢得荣誉(他人的目光)。唯有民主共和式政治才能提供这种前所未有地拓展人的存在空间的机会。[4]90-91

阿伦特的这种新亚里士多德、新共和主义的观点表达得颇为极端,但是沿着她的路线走的较为和缓的学者层出不穷。从某种意义上说,西方20世纪的社群主义、共和主义复兴都可以视为是在沿着阿伦特的路径继续发展。他们普遍对现代公民意识淡漠十分担忧,号召人们重新关心与参与政治行动。不过,在一个以自由主义为主流意识形态的现代社会中,很少有人会再主张国家水平的强直接民主,他们通常避免提出恢复雅典民主共同体那种万众一心的"伯里克利式政治"(所谓"美学化纪念碑精神的政治")。他们大多提出了一些软化的版本。列入本译丛的法伦格(Farenga)的《古希腊的公民与自我》的"施为"(performance)公民身份学说就是一个典例。法伦格认为performance是当代对古代民主研究的最新最好模式。这种模式只诞生了三十年。[5]4-5 不过,从法伦格所援引的主要学术资源戈德黑尔(Goldhill)等人对"雅典民主的表演式文化"的概括——表演、竞争、自我展现、观看、荣誉等等——来看,这显然与更早的阿伦特思想十分相近。法伦格更推进一步的地方在于,他并不想仅仅用这个词表达阿伦特-戈德黑尔的"舞台演出"意蕴。他提示我们注意performance在奥斯丁-哈贝马斯那里,还有"施行"(施为)即"以言行事"的涵义。这样的含义就失去了那种光彩夺目的美学政治色调,而是日常化得多的"施行"、"执行"的意思。民主意味着公民们集体作为主体施行正义、统治国家。同时,法伦格也希望能保留performance的"展现自我"的那一层涵义,只不过这大多是通过语言的施行力量进行的,而且所展现的不是一种、而是三种类型的自我:社群主义的自我、个人主义的自我、商谈主义的自我。一个人成为雅典公民意味着首先要遵循共同体的"剧本"(script,这也是一个文化人类学概念),即当好共同体安排的角色(me,为他人之在)。但是同时,民主共和政治要求每个人都能自由自主,所以它必然会走向纯粹个体和内在自我的觉醒(自为之在,self)。进一步,只要公民们商谈性地施行正义,则这样的个体依然处于语言之中,从而就要适当尊重和服从他者(对语义的共同理解),形成某种"为我们存在"(being for us)。[5]21,24-25 法伦格不像阿伦特那样突出地抬高共同体公民身份而贬低私人身份。在他看来,一个好的公民必须知道这三种身份都是不可缺少的,在施行正义时既要忠于自己的祖国,又要保持一定的独立性、忠于自己作为"人类一员"的身份。必须学会在各种身份之间自如地转化,从而让不同的自我(公共我与个体我)都得到展现,共同存在,相互制衡,相互促进。① 公民身份理论在西方兴起之后,关于究竟民主社会的公民应当将什么当作"公民身份",是有不同看法和争议的,是国家公民还是世界公民,是精英还是大众。它带来的义务和权利又分别是什么。不同的学者持不同的看法。[6]⁹⁴ 法伦格的学说描述性很强,其规范性也可以说关注的是如何形成更好的公民身份,不过我们还是可以将其视为一种对民主的内在价值的辩护:民主所要求的主体施行正义的行动,有助于形成更为丰富多重和自主成熟的自我认同,从而开拓了人的更广的存在空间。[5]³¹

其实,民主的内在价值甚至未必需要是"给予每个人主权"那么强。每个人的基本尊严的保障也可以被视为具有重大价值(黑格尔:历史的终极成就就是"对平等人格的承认"意义上的自由),而这可以通过民主体制来保障。新共和主义者佩蒂特(Pettit)就认为,现代投票式民主机制未必能发挥民治的初衷,但是它依然是必须的和好的,因为它可以控制领导人,逼迫在意选票的当权者不敢任意冒犯百姓的尊严。② 当然,这样的内在之好未必需要直接民主体制来维护,可以靠代议制民主和法治。佩蒂特宣布自己是新共和主义而不是新民主主义。换句话说,他说自己是"罗马共和主义",而不是"希腊共和主义"。但是我们知道,在日常生活中,人们并不那么严格区分民主和共和,尤其是代议制民主与共和。

前面提到,对任何东西(更别说是"政治")提供内在价值辩护,在今天特别困难。市场经济与自然科学(尤其是生物学和神经科学)的超常(反常)迅猛发展,使这一切显得似乎太不"现实"。③ 也许,这更说明这种

---

① 参看 Farenga, *Citizen and Self in Ancient Greece*, pp.30, 536. 法伦格的工作可以视为是在企图兼顾罗尔斯、桑德尔和哈贝马斯的直觉,将自由主义民主、古典民主和商谈民主整合到一个体系中。

② 参看应奇、刘训练编:《公民共和主义》,东方出版社,第129页以下。"现代民主理论"甚至主张这是民主唯一可以得到认可的目标,参看卡罗尔:《参与和民主理论》,上海人民出版社2012年,第13页。

③ 从市场经济的角度看,民主有没有价值,应当从效用量(货币值)的大小衡量;从自然主义的角度看,当事情可以在无意识层面更精确、更实在地解决时,人(民)治(理)将成为多余(副现象)。

内证努力在今天尤其有意义。因为内证指向的是对人这种存在的本体论意义的关切。否则,作为一种管理方式,民主确实是可以随着效率的有无多寡而产生与消亡,人们不必对其从哲学上加以如此坚持。①

二 民主的外在价值的辩护——"知识政治"

前面的讨论自然导向另外一个问题:即便民主有内在价值,但是政治是十分现实的,政治家必然要追问:民主是否有外在价值呢,它能否为一个国家带来生存、荣誉和强大?哲学强者的基本价值观是内心的强者:苏格拉底在《高尔吉亚篇》中批评伯里克利的"辉煌功业"为无意义。孟子也说王何必曰利,亦有仁义而已矣。然而,一个现实政治学家(韦伯:负责任的政治家)就不能止于此。如果以善致善不可能,那就只能以恶至善。斯坦福大学政治学系兼古典学系教授奥伯(Ober)提出,必须考察民主的表现(performance)。所以他不想与那些继承柏拉图理想主义、羞谈功利的保守派学者对话,因为双方的价值框架差距太远,实在难以有效沟通。②他的基本立场是:民主作为一种内在之好(善)同时也能带来十分显著的外在之好(善),而这是值得庆贺的好(事)。收入本译丛的奥伯的《民主与知识》可以作为这方面的一个出色成果,让人看到学术界对民主的外在功效的最新系统论证方式。

奥伯其实十分熟悉古今对民主的质疑,他甚至写过这方面的专著。③他对今日学术界对民主的质疑也不陌生。民主具备外部之好吗?许多人对此质疑。甚至西方也有不少人艳羡信仰-集权-指令政体的高效率。柏拉图曾经批评民主的内在弊病是自私与愚昧。用今天的社会科学术语表达即,公共行动问题、协调共识问题、交易费用问题等等在集权国家中容易得到解决,但是在民主国家中却天然比较困难,结果势必导致民强国弱,在国际竞争中失

---

① 查看巴伯:《强势民主》,吉林人民出版社2006年版,第4页。
② 或许"不同派别的对话"也是有限度的。参看 Josiah Ober, *Democracy and Knowledge: Learning and Innovation in Classical Athens*, p. 40 注。对比:布鲁姆、密尔、尼采等等哲人都认为一国之好,在于自由、个体、丰富。维拉也认为公民具备批评力量才是真正重要的价值(Dana Villa, *Socratic Citizenship*, p.300)。
③ 参看 J. Ober: *Political Dissent in Democratic Athens. Intellectual Critics of Popular Rule*, Princeton University Press, 1998.

败，或者走向某种集权体制。这就是意大利精英政治学派代表米歇尔（Michels）等人论证的"寡头铁律"。[2]^{8-9,21,31-35}

但是奥伯指出，这样的推理并不符合历史事实。事实是，民主在外在效率上丝毫不逊色于其他体制。它完全可以解决经济活力和强大凝聚力等等问题，甚至远远胜出其竞争者一筹。在他的《民主与知识》的第八章中，奥伯用现代社会科学方式将一个政体的"表现"（即它所带来的"外好"）具体化为几个指标：历史评价，总体繁荣度，硬币的分布，在历史文献中的提及次数，等等。他指出，按照这些（不少是可以量化的）指标，民主雅典的表现在古代可谓出类拔萃，无与伦比。于是，问题就不是"民主行吗"？而是"民主为什么这么行"？由于雅典即便在古代各个民主城邦中也表现得超常出色，还要询问为什么会出现"雅典例外论"的现象？总之，这不是一个有没有、而是一个如何解释的问题。

我们知道对此曾经有过许多种解释，比如雅典的帝国主义与奴隶制度是其强大的来源。这是以恶致善的解释思路。不过，还有以善致善的解释。伯里克利的葬礼演说就开创了这样的由内善向外善的解释路径。伯里克利理解的民主内在之善是民主赋予每个人以自由和尊严，这带来了超常的爱国心和凝聚力，使其心甘情愿地为国奋战。[7]⁹⁸ 奥伯的解释汲取了当代社会科学的最新研究。他首先指出，真正的强大在于知识（得到有效运用），这显然是"知识经济"、"信息社会"的特有思路。如果说知识经济是新强者，知识政治也将成为真正的新强者。① 当然，柏拉图早已重视知识的力量，并且正是因此而批评民主无知愚昧因而是坏体制。奥伯认真看待这一批评，但是他借用了市场学说和新的企业（公司）学说来为民主辩护。民主完全可以是智慧的，民主体制如果能充分汇聚和共享分散在大众中间的知识，反而能集思广益，比专家型集权政治更好地完成合作行动中的各项任务。[2]²⁶⁸ 奥伯提示人们：希腊民主城邦可以类比的是当代新兴企业即某些IT公司，在这样的公司中，最为有价值的财产就是它们的成员的知识。事实证明，这些企业在激烈的竞争环境（市场）中往往通过对知识-信息的有效汇聚获得了巨大的成功。[2]^{18, 90,104-6}

---

① 我们可以将现代专家视为某种新强者，知识强者。古代强者靠的主要是物质力量和纪律，比如斯巴达和罗马；而雅典的强大主要是知识带来的。在所谓现代性和后现代时代，知识的力量日益明显是主要的"强者"力量之所在。参看 Josiah Ober, *Democracy and Knowledge: Learning and Innovation in Classical Athens*, p.106, note.

奥伯的新思路的核心启发是：民主的许多机制可以发挥我们意想不到的、导致外部高效率的作用。如果仅仅按照代议制民主的理解，投票是汇聚私人偏好的，那么这确实是无效的体制，阿罗这么看，奥伯也同意：如果只是当选民，其实没有什么力量。但是如果我们发现这些机制可以是为了别的目的，则它们非常有效。[2]^{98-9, 108} 这一目的首先就是社会知识论的。著名政治思想家邓恩曾经悲观地认为，专业知识的存在与人人统治的民主主张之间是无法协调的。民主的诸项体制设计是为了"避免直接镇压"，而不是保障"有效理解的稳定产生"。① 但是奥伯认为未必。如果仔细考察，就会发现民主雅典确实在用一个复杂系统的体制将分散的知识汇聚起来，全民共享，同时形成稳定的共识，保障了有效理解的稳定产生，使得国家强大而有活力。

具体而言，知识政治的任务分为三个方面：

首先，汇聚共享。人们大多知道被梭伦、克里斯提尼、伯里克利等逐渐建立起来的雅典民主的那些繁多的机制，比如十部落，500 人议会，民众大会，陪审法庭，等等。它们忙忙碌碌，热热闹闹，每天在活动，花费也不菲。奥伯的问题是：如此巨大的活动费用，必须有相应的回报，才能维系。回报是什么呢？正是知识的汇集。民众当中其实有各种各样的知识，而且各行各业的专家。但是如何将其汇聚起来，让大家都分享到，需要有效的机制。奥伯认为，从这个角度看，则雅典民主制中的 500 人议会、官员工作组等等，都可以视为是将分散的公民频繁地聚会在一起，建立起沟通和信任，同时熟知谁是能人，推举其填补结构洞，让各行各业的专家被认出和启用，让各人的不同知识得到互补性运用。[2]^{123,135,142}

其次，形成共识。人们在不知道其他人的意图时，往往难以协调行动。集权体制比较容易通过颁布命令和洗脑来解决这个问题。民主怎么办？有办法。奥伯认为，雅典民主发明了许多聪明的办法"形成共识"，比如建立了大量的公共纪念碑、建筑、剧场等等可以将共同信念广而告之。奥伯特别介绍了近来学者们对雅典民主时期大量建造的环形剧场和会场的功能的研究。这种"内观式"建筑可以令观众们在观看舞台上的表演的同时，相互看到伙伴们的反应，从而自然而然地达成信念共识。这样的建筑在雅典的非民主时期就隐而不显、很少建造了，在其他集权国家也很少见。阿伦特也注意到希

---

① 民主与知识之间的紧张关系，自古就是思想家关心的一个问题。参看 Schofield, Malcolm. 2006. *Plato: Political philosophy*. London and New York: Oxford University Press, chapter 4.

腊民主的公共领域中的"相互观看"的重要,不过她主要是看重这种措施所提供的荣誉的形成机会,而奥伯则从社会认识论的角度出发,强调这样的建筑可以帮助共识的建立。[2]^{169,194,199}

最后,建立规则。在知识汇集和形成共识之后,为了减低交易费用,必须将知识建立为法规(codification)。雅典民主热衷于订立大量法规并认真依法行事。这样的政治文化使得普通人只要通过学习传统、遵循条规就可以完成许多大事。柏拉图认为民主的致命(外在)弊病是无知且高傲,不承认自己的无知,不愿意学习。① 但是我们看到,奥伯所理解的民主体制恰恰是一种学习型组织。当然,奥伯也意识到法规化的弊病是容易导向僵化。但是他认为雅典民主在学习与创新之间还是设法保持了平衡。

这三个方面完整地证明了民主可以是"智慧"的。要注意的是,上述社会知识论预设了民主的公共性。众所周知,柏拉图对民主的批评是两大方面:私心与无知。奥伯也知道现代民主理论公认民主的本质是私人利益集团的冲突和博弈。不过他并不认为这是民主的必然特征。如果民主是这样的东西,那确实难以解决公共行动问题。但是,完全可以像古代民主那样假设民主是公共的。于是,公民就会愿意和他人分享有价值的知识,而非总是想通过伤害他人来获利。那么,为什么古代民主可以是公共性的?奥伯的解释是:当时环境非常险恶,民主国处于众多竞争者之间,这会导致共同体的内部团结。[2]^{100-2, 169} 更早提出"强势民主"的学者巴伯则认为,其实只要制度设计得当,进入公共领域的民主人会自动从私人转化为公民,所以不会仅仅在设法利用体制拼命实现自己的利益集团的偏好,而是会在共同商讨中改变自己的偏好,从而不会出现现代民主理论家们经常喜欢说的"投票悖论"等等问题。②

三 民主机制的其他作用——目光参政

奥伯的民主作为"高效知识政治"的思路可以归结为:第一,对人们熟知的体制做出新解释,第二,对被忽视的体制从新角度加以重视。这种"重新审视民主体制功能"的思路表明了古代民主研究者们不断借鉴其他学科的

---

① 熊彼特也认为民主的特点是无知。参看卡罗尔:《参与和民主理论》,第16页。
② 参看巴伯:《强势民主》,吉林人民出版社2006年版。哈贝马斯的商谈民主亦有与此相近的意旨。

新成果。事实上，自从 Finley 开创雅典民主研究之后，借鉴政治学、历史学、社会科学、法学等等学科领域模式的各种研究进路纷纷涌现。[5]^{2,550} 在本译丛中，我们收入了格林的《人民之眼》，集中体现了这样的新尝试、新思路。

格林首先同意大多数学者的看法：人们对现代西方民主的效果普遍失望。然后他指出个中缘由是，大部分人一直都是在用声音模式（vocal）思考民主，将民主参政理解为人民直接进入公共领域发出自己的声音，包括最新的"商谈民主"也是如此（其要旨就是尊重各方的声音）。然而，这种"直接发声决策"（或者公共意见的汇聚）式民主确实已经被从韦伯到公共选择的主流民主理论家们证明基本上是失败了，是一个幻觉。不过，格林认为不必对民主灰心，他相信，解决之道其实已经存在。他说，人民直接充当统治者不可能，他们必然永远停留在被统治者（ruled citizen）状态，但是弱者依然可能能发挥强者的作用，"民主"依然可能，只不过新的渠道将不是"声音"，而是"目光"（visual）；不是"谈说"，而是"凝视"。

这样的命题初看上去是反常识的，因为"看客"、"旁观"（spectatorship）本来似乎意味着软弱无力，怎么会是强有力呢？格林却论证我们可以拓宽思路，破除常见。第一，即便从日常视角乃至各种理论看，"凝视"也可能意味着强者的巨大杀伤力，让我们想想"神的注视"，"良知的目光"，萨特的"自为之在的对象化目光"，福柯的"权力凝视式目光"等等，就不难明白了。[1]¹⁰ 第二，民主政治正是要采取许多措施让这些潜在的目光力量变得真正强大。比如当代民主体制中的总统选举电视辩论，公共质询，领导人新闻发布会，等等。[1]^{99,194} 这些制度作为民主制度，其特点是领导人公开露面的整个过程的程序和条件不得由统治者本人操纵，而必须由人民控制，从而符合一个关键标准：坦诚性（candor）。

这样的"目光式民主"理解有几个好处，第一是顺应历史时代潮流。古希腊人确实以政治生活为最为主要的生活形式，人生大部分时间津津有味地放在其中。① 但是，在大国 – 工业化 – 市场经济的时代，人民不可能热衷于经常性地投身公共领域"谈说"。除了四年一次的选举，大多数人大多数时间中都是被动的被统治型公民（弱者）。② 这一沉默的大多数长期以来被民

---

① 参看 Balot, *Greek Political Thought*, pp. 298 – 299.

② 参看 Jeffrey Green, *The Eyes of the People*：*Democracy in an Age of Spectatorship*, pp. 204 – 205. 实际上，达尔认为穷人是暴民，他们少进入公共领域直接干政，或许是一件好事，参看卡罗尔：《参与和民主理论》，第 89 页。

主理论所忽视,这是不应该的。难道我们找不到让他们也能以某种方式经常性地发挥统治(强者)的方式吗?换句话说,为什么不可以设想弱者或被统治者也可以有自己的"政治生活"?[1]^{33,62} 第二,目光式民主让"人"重新回到政治中。发声类民主包括商谈民主,关注的重点是立法而不是人的生活,是如何最终推动某种有利于自己党派的法律被通过。这样的党争式民主,其实是将人当成工具——推动立法的工具。[1]²⁰⁴ 但是观看型民主则首先让统治者作为人重新登上舞台,出色表演(performance);[1]¹⁸⁴ 人民虽然并不登台表演,但是观看演出,并且享受观看政治家坦诚而高明的演出。这才是人与人的关系,它维系了表演自由与观看自由两种美好。这样的美好,在一个日益理性化、自然主义、市场化的今天,尤其难能可贵。在此意义上,格林的观点符合我们在第一节所说的"民主的内在价值的论证"。第三,这是让"民主"真正重新回到政治中。这种民主,是罗马式的而不是希腊式的,但是又不是"罗马共和主义"的,毋宁说是罗马式"群众民主"(plebiscitary democracy)。这个词在民主学者中一直是个贬义词,甚至比"希腊民主"还要糟糕,因为它唤醒的是对罗马时代由"民众领导"率领"暴民大众"反对共和贵族们的历史的回忆。格林用这个词强调,今天的民主国家中的真实事情和罗马民主一样,是领导人在表演,人民则是"被动"的观众——或许像当年角斗场中的大众一样,他们还享受观看。[1]¹²⁰ 唯有认清这是事实,才会由此出发设法设计有效的民主方式制约领导们手中过强的权力。如果忽视或者故意无视这个事实,反而会忘记或是故意不设计制衡方式。① 格林认为他的"目光民主"的设计,还可以使得被多元民主派搞臭的"人民"概念终于再次恢复名誉。"人民"在发声参政时,大多是作为利益差异很大的小群体,确实不太会是一元的,所以可以说此时并不存在作为统一实体的"人民"。但是,他们在"观看"或者监督领导人时,并不考虑党派利益,便在实质上构成了一个共同的"人民"实体。[1]²⁰⁵⁻²⁰⁶

所以,在今天也不必对"民主"失望,只不过如何看待真正发挥民主作用的渠道、机构、方式,需要我们有足够的理论想象力,需要政治思想史上

---

① 韦伯已经指出:领导与人民之间相对清晰的区分,以及领导依然拥有很大的权力,乃是现代大众民主的一个特点。格林因此认为既要承认事实,又要想办法在此基础上继续贯彻民主。比如,既要接受领导,又要用观看等方式来制约领导。Jeffrey Green, *The Eyes of the People: Democracy in an Age of Spectatorship*, pp.149,152, 156.

的方法论创新。

无论是奥伯还是格林，无论是"发声"还是"凝视"，都坚持古代直接式民主在今天依然可以发挥相当积极的作用。这在今天普遍质疑古典民主的大背景之下，是反潮流的。

四　制约民主的民主——哲人式公民

上面介绍的著作可以说都对古代直接民主的意义重新加以肯定。但是，古今思想家忌惮和反对直接民主，也不是没有道理的，比如大众暴政、不尊重私权、不尊重自由思考、情绪化、愚昧，等等。历史上也曾经发展出一系列对治这些弊病的机制，比如法治、[①] 理性化[②] 包容机制、宗教、大众传媒和自由思想家的独立，等等。这些机制的本质究竟是什么，又有争议：它们究竟属于"民主"的一部分或应有之义呢，还是对民主制衡的非民主机制？[③]

民主的特有弊病大致可以分为两大类：私人化或是公共化。前者是柏拉图所描述的民主倾向于走向个人主义和党争，以及自由主义体制下的最小政府论和政治冷漠；而后者则是人民主权所容易带来的道德优越和狂妄。"复兴古代民主者"可能会忽视后面这种民粹主义问题。不过，历来有不少深刻的思想家意识到这个问题的危害，并且建议用民主之外的某种机制抗衡之。著名的有诸如托克维尔和尼布尔，他们强调独立的信仰体系能抗衡民主的道德自义天性。非宗教的抗衡方式则主要是代表独立自由批判性反思的哲学。维拉（Villa）的《苏格拉底式公民身份》提出了"哲人型公民"学说，是这方面的一个富有新意的成果，我们已经收入本译丛。

在维拉看来，为了反对政治冷漠而热烈拥抱社群主义已经成了今天的一

[①] 维尔南就指出，雅典民主机制的主旨可能是为了法治：将权力放到中间（meso）。
[②] 理性化是现代性的重要特征，韦伯传统的人比如历史学家黄仁宇都这么看。泰勒式管理体制或许是其典型例子。但是，它的本质恰恰不是"民主"。参看卡罗尔：《参与和民主理论》，第49页。
[③] 比如，法治其实与民主可以是对立的。民主是主体的、表演的、生活的；而法治则是结构－功能机制化导向的。作为乐观主义者，奥伯认为雅典已经看到民主的所有问题，并都加以防范了。Ober, Josiah. 2008. *Democracy and Knowledge: Learning and Innovation in Classical Athens*, pp. 78-89. 这些问题的现实意义是：如果一个后发民主国家总是失败，是因为民主体制不健全还是忘记了同时建设这些"民主之外"的体制？

个时尚。[①] 然而，对古代式民主即公民政治的无条件复活号召，是相当成问题的，它很可能会带来更可怕的危害，导向毫无批判能力的新盲从。[8]³⁰¹ 为此，他诉诸苏格拉底的洞见：未经过审查的公民生活不值得过。而苏格拉底作为与政治拉开批评距离的哲人，以这样的方式维护民主政治的健康，也可以说是一种另类的"民主派"或者"公民"。[8]³⁰⁵

维拉认为苏格拉底与柏拉图不一样，从未提出过任何正面的道德教条。苏格拉底如果说在历史上首创了"道德个人主义"的话，那么就在于他集中精力专门批评民主国家和一切共同体的道德自义。伯里克利时期的民主，以思想和行动的"合一不分"为骄傲自豪，个人完全认同共同体。但是，未经批评反思的行动，承载了道德优越感，会带来许许多多更为严重的灾难，这值得哲人专门投入时间和精力去对付。[8]^{23,26,39,57-8} 在《高尔吉亚篇》中，苏格拉底自诩为雅典唯一的政治人。不过，苏格拉底"哲人公民"的特点是仅仅批评，而并不行动，其主要任务就是通过反思使得政治行动慢下来。从这个角度看，苏格拉底的"不行动"与梭罗等的哲学行动观相比，也可以避免乌托邦革命的危险。[8]⁵⁴⁻⁵⁶ 这种纯粹负面性的哲学批评治疗工作，对共同体的健康发展，本身就具有很大的建设性意义，尽管民主共同体往往并不领情，而是将其视为不道德、坏公民。[②]

总之，维拉旨在论证从苏格拉底身上我们可以看到一种新型的公民身份，即哲人型公民，他本质上不是反民主，而是民主的健康发展所不可或缺的一个要素。有意思的是，有的学者认为民主的"商谈"或人人有权发言的制度的更深刻意义，恰恰就是相互批评提醒；[③] 而有的学者如 Schofiled 和 Wallch 甚至认为，柏拉图也是这个意义上的民主派。[5]¹⁸

维拉为了防止民主共同体崇拜的狂热，可能过分强调个人与共同体之间的距离了。其他许多希望恢复古代民主的益处的学者们则努力同时治疗现代民主中冷漠与狂热双问题。比如法伦格就建议在内在个人主体自我和社群共同体自我之间保持某种平衡。一个健康的公民应当能够在不同的框架之间来回转化身份，因为它们各自都重要，而不能让一种框架吞掉另外一种。[5]^{543,547}

---

① 中国学者对西方有关公民身份的热烈讨论已经关注，并且有多部译著在"西方公民理论书系"的翻译工程中出版。

② Dana Villa, *Socratic Citizenship*, pp.29,33. 当然，在《高尔吉亚篇》中，苏格拉底自诩雅典唯一的政治人，参看 Dana Villa, *Socratic Citizenship*, pp.17,19.

③ 参看 Balot, *Greek Political Thought*, pp. 65-66.

结 语

在今天的政治哲学和政治思想史学界中,当说到"反对民主"时,人们一般会想到施特劳斯派等少数保守派,而认为主流政治理论家是力挺民主的。但是从联邦党人到托克维尔,从公共选择论到集体行动论,主流学界即便看到民主的必然性和优越性,还是一直对民主尤其古典民主的潜在问题感到深刻的忧虑:直接民主既是无力的,又是危险的,它有可能带来大众暴政,压制多元和自由,罔顾专家而自信傲慢,低俗而无效率。许多人甚至认为:西方社会如果成功的话,靠的也不是"民主",而是其他的东西诸如自由主义,小政府(弱政治),共和,分权制衡,市场经济看不见的手的作用等等。④ 为民主的价值辩护者,反而显得是"逆流而动者",必须提出扎实的理由论证。本译丛将这样的学者——他们有哲学家、史学家和政治学家——的一些最新成果译介给读者,正是试图展示学者们为民主平反的新切入角度,不少是前人未曾思及的,非常有启发性,开拓了政治哲学和政治思想史的视野。然而,这些工作之间又不完全相同,甚至观点有分歧和冲突。比如奥伯主张人民之声依然非常有用,[2]¹⁰¹ 但是格林则持不同意见,他认为应当更多地考虑人民的眼睛。这样的分歧还体现在对一些关键词的理解上。比如,Performance 是一个在近几十年西方学术界十分流行的关键词,然而它在不同的人那里意味着不同的理论模式。在阿伦特那里,它更意味着表演,在法伦格那里,就添加了"施为"(施行)的意思;在格林那里,领导表演,群众观看表演。而在奥伯那里,performance 指的是一个体制的能力或"表现"。[5]⁵ 总之,这一个词可以表达人类行为由内到外的各个层次。

正是看到学者们的分歧或者丰富性,上面我们试着对其宗旨进行了一些划分。最主要的划分是将民主辩护论分成从内在价值出发的论证与从外在价值出发的论证。有意思的是,哲学家们多从内证看民主的利弊,而历史学和政治学学者则多从外证看,他们更为"现实主义"。不过,这样的学科偏好也不是绝对的。甚至以专门论证民主的外在效力著称的奥伯,也强调民主的

---

④ 参看约翰·邓恩:《让人民自由——民主的历史》,新星出版社,2010年版,第183页。

正当性证明主要还是内在的，即它的内在价值是首要的。[①] 在此值得指出的是：阿伦特的'外证'和奥伯的'内证'，都来自亚里士多德。甚至他们描述终极目标时所用的术语即"繁盛"（flourishing），也都来自亚里士多德。可见亚里士多德的思想极为全面，内外兼修，影响至今不竭。

在现代，从内在价值论证民主共和的意义，尤其困难。因为现代性设定个人主义为最终价值本位，于是一切政治方式归根到底是个人的幸福的工具。如果从这个角度看，则民主能完成的事情，只要可以被开明专制或自由贵族制等其他体制完成，逻辑上看不出为什么一定要坚持民主与共和。[②] 由此看来，希望依然维系民主共和内在价值的，是所谓"强者"。强者政治学与弱者政治学[③]不同，关心的不是第三人称的效率（或者演化论适存度意义上的功能），而是第一人称的内在价值或人作为人的幸福（之善）。用伦理学类型学的语言说，它关心的不是后果论，而是完善论。关心这样的价值，尤其是试图在极为现实的政治当中追求实现这样的"理想主义"价值，确实是某种"奢侈"。从古典哲学的角度看，唯有强者才能享有这样的奢侈，同时也必须去追求这样的奢侈。否则就不配"强者"之名。

进一步的问题是：内与外有没有关联？在一个险恶的国际环境下，仅仅重视内在价值比如人的尊严，或许是玩不起的奢侈。然而，奥伯认为民主不是奢侈，它很现实。民主作为一种内在之好能带来外在之好。注意这种解释并不像它看上去那样的自然而然的。许多学者尝试过，但是都失败了。比如卡罗尔在解释现代企业民主化实验时也提出了类似的论证：当工人能控制自己的工作时，就能感到尊严和自由，便会主动发挥更大干劲，带来更高效率。[④] 但是，这种"企业民主解释"显然过于理想化了些，她所钟爱的南斯拉夫的工人自治的实践从后来的经验看也未必成功。科斯的企业理论表明，作为

---

① Ober, Josiah. 2008. *Democracy and Knowledge: Learning and Innovation in Classical Athens*, p. 23, 奥伯在古代民主史领域发表过许多影响广泛的著作。他之前的一些重要著作可以视为是对民主的内在价值的辩护。
② 参看巴伯:《强势民主》第 26 页。政治的未来与以神经科学、演化论、人工智能等为代表的结构功能取向的"新自然主义"价值观的关系，值得专文讨论。
③ "强者政治学/弱者政治学"的理论模式参看包利民:《古典政治哲学史论》，人民出版社 2010 年，导论。这个模式在今天依然有效。现实主义者如韦伯、熊彼特等都用切实的事实指出，在民主社会中，人民并未轻易地直接进行统治。"强者政治学"与"弱者政治学"的二分，在今日西方民主世界中还是清晰可辨，进入 20 世纪之后甚至加剧而非缓解了。
④ 卡罗尔:《参与和民主理论》，第 54 – 55,58 页。

降低交易费用的需要而出现的企业应该不是民主的，而是等级体系的。①奥伯却用"新企业理论"由内向外解释雅典的成功。这是基于一种独特的社会认识论解释：如果将雅典民主的那一套机制理解为"高效知识共享机制"，那就自然可以理解民主国家为什么会取得外在的强盛。奥伯的思路如果能够普遍成立，在历史哲学上将引发深思：这是否意味着善（好）而非恶（坏）也可以成为推动历史进步的主要动力，从而亚当·斯密和黑格尔的历史哲学（看不见的手与理性的狡计）就未必成立？人类将可以在现实政治经济中直接地既追求外在之好，同时又追求内在之善。

当然，这即使是可能的，也并非自动的、自发的；它需要自觉努力。当一个民族获得了外在之好后，应当积极乘势发展内在之好，如古代雅典人的所作所为那样，从而为人类文明做出些永久性和普遍性的贡献，并且为自己的可持续发展保持某种特殊而强大的红利。

许多人为本译丛的选题、翻译和校对做出了贡献，我们在此表示十分的感谢，尤其要感谢的是奥伯教授、林炎平先生、格林教授等人对本译丛的大力支持，感谢林志猛编订了译名表，并与罗峰、文敏等校对了部分译稿。热心古典学术事业的人是纯粹的。

包利民
2015 年 3 月 1 日

参考文献

1. Jeffrey Green, *The Eyes of the People: Democracy in an Age of Spectatorship*, Oxford: Oxford University Press, 2010.
2. Josiah Ober, *Democracy and Knowledge: Learning and Innovation in Classical Athens*. Princeton: Princeton University Press. 2008.
3. Robert D. Putnam, *Bowling Alone: The Collapse and Revival of American Community Putnam*, Robert D. Simon & Schuster, 2001.
4. ［美］阿伦特：《人的条件》，上海：上海人民出版社，1999 年。[Hannah Arendt, *The Human Condition*, trans. By Zhu Qian, Shanghai: Shanghai Renmin Press, 1999]

---

① Ober, Josiah. 2008. *Democracy and Knowledge: Learning and Innovation in Classical Athens*, p. 103.

5. Vincent Farenga, *Citizen and Self in Ancient Greece*, Cambridge: Cambridge University Press, 2006.
6. ［英］德里克·希特:《公民身份——世界史、政治学与教育学中的公民理想》，吉林出版集团，2010。[Derek Heater, *Citizenship: The Civic Ideal in World History, Politics and Education*, trans. By Guo Taihui and Yu Huiyuan, Jilin: Jilin Publishing Group, 2010].
7. ［古希腊］修昔底德:《伯罗奔尼撒战争史》，广西师范大学出版社2004年。[Thucydides, *The Peloponnesian War*, Guangxi Normal University Press, 2004].
8. Dana Villa, *Socratic Citizenship*, Princeton: Princeton University Press, 2001.
9. 约翰·邓恩:《让人民自由——民主的历史》，新星出版社，2010年版。[John Dunn, *Setting the people free: the story of democracy*, trans. By Yintai, Xinxing Press, 2010]

目 录
Contents

前言与致谢	1
文献简写表	1

第一章 导言：如何进行希腊政治思想的研究？   1

第二章 古风时代希腊和正义的中心性   13
1. 阿喀琉斯、阿伽门农与公平分配   14
2. 作为"人类所特有"的正义   16
3. 早期城邦的制度和价值   18
4. 何为正义？被压迫者的声音与政治思想的起源   19
5. 平等派的回应   24
6. 精英派的回应   26
7. 案例研究：斯巴达与"勇气"政治   31
8. 第二个案例研究：古风时期的雅典与正义的探寻   35

第三章 雅典的民主政治思想   41
1. 证据与资料   42
2. 古代的民主和现代的民主   44
3. 民主派的自由观   50
4. 民主的商谈   55
5. 勇气、信任与领导   59
6. 雅典之外民主的政治思想？   64

> 7. 普罗泰戈拉对民主的论证   *65*
> 8. 民主派的平等观   *69*
> 9. 正义与民众   *74*

第四章 公元前五世纪后半叶雅典对民主制的批判   *76*

> 1. 提出问题："老寡头"   *81*
> 2. 现代与古代的困境   *85*
> 3. 自然与习俗   *87*
> 4. 色拉西马库斯与卡利克勒斯的挑战   *93*
> 5. 修昔底德笔下的帝国主义者再论自然与习俗   *97*
> 6. 苏格拉底与法律习俗   *99*
> 7. 言与行   *106*
> 8. 民主的认识论与相对主义   *108*
> 9. 民主的认识论与不可靠的修辞术，或者何处是真理？   *111*
> 10. 苏格拉底与雅典   *116*

第五章 帝国主义   *122*

> 1. 亚里士多德分析帝国主义   *122*
> 2. 定义与历史   *124*
> 3. 君主制帝国主义   *129*
> 4. 自然的优越？   *136*
> 5. 有关雅典帝国主义的争论   *138*
> 6. 最后的思考   *151*

第六章 公元前四世纪的变革   *157*

> 1. 古代共和主义式"解决方案"   *159*
> 2. 君主制的"解决方案"   *163*
> 3. 柏拉图的"解决方案"   *166*
> 4. 对当时政治的批判   *167*
> 5. 柏拉图在《高尔吉亚篇》中论修辞与秩序   *169*
> 6. 城邦与灵魂中理性的优先性：柏拉图的《理想国》   *174*

- 7. 在古典的背景中教育公民　177
- 8. 政治与伦理　178
- 9. 哲学统治者　181
- 10. 《理想国》之后柏拉图的政治哲学　185

第七章　亚里士多德的政治思想　199

- 1. 国内冲突、情绪和不义：对城邦实事求是的考察　202
- 2. 讨论"应然"：亚里士多德的自然主义　205
- 3. 亚里士多德论好的生活　207
- 4. 《政治学》中的自然　209
- 5. 亚里士多德论奴隶制　212
- 6. 一般的城邦和公民身份　215
- 7. 亚里士多德的最好城邦　217
- 8. 现有城邦中的可能政治　223
- 9. 现有条件下的最好制度　225
- 10. 制度的分类　227
- 11. 民众的权力　228
- 12. 结论　230

第八章　希腊化时期的政治思想　232

- 1. 王权理论　234
- 2. 传统哲学诸学派　241
- 3. 新方向：犬儒学派、斯多亚学派和伊壁鸠鲁派　245
- 4. 犬儒主义的政治学？　246
- 5. 斯多亚学派与伊壁鸠鲁学派　250

第九章　结语：政治的问题　261

参考书目论述　265
译名对照表　289
译者后记　294

前言与致谢

我主要是为历史学、古典学、哲学及政治学的高年级本科生及研究生而写了这本书。就当下的古代希腊政治思想研究来说，非常缺乏一种指南性著作。但是我认为我们特别需要这样的书，因为，如果要解释希腊政治思想，学生们就必须运用历史、文学与哲学中的多种技巧。希腊的政治文本有其历史处境，它们细微地回应着当时的背景，但同时又不认为自己被历史所限制。它们通常展现出一种广阔的哲学抱负，这超出了其地方介入性特征。它们以各种类型的文本样式，既表现了其所处的当下世界，也表现了整个的世界。读者要合理地解释这些文本，也必须明白这些文体的一般形式。相应地，我的目的就是说明在理解古代希腊政治文本时，这些技巧是如何有用，并以例子加以说明。这样就可以让学生们在研究古代文本时更愉快地受益。

我同样希望这本书能引起学者们的兴趣。作为一种导论性著作，我当然并无意介入当下学术争论。我大胆而勇敢地说出了我是如何理解相关的文本与历史的，我也说明了为什么这样理解，而不具体描述其他人的不同观点。即使如此，我希望这一领域的学者能认可我的选择，承认我的历史性与规范性的方法是独特的、合理的。特别是我从古代希腊伦理思想的角度来阅读希腊的政治文本。因而我也通常不失时机地讨论人品善恶的问题，将其作为希腊政治理论以及非系统化的政治对话的核心要素。就我对于现在的学术讨论的了解来说，从"美德政治"的角度来看待希腊政治思想，是本书的独到之处。

无论是对学生还是对学者来说，我都希望表明，在古代与现代政治思想之间的对话是可能的、有用的并且也是有趣的。古代希腊对于"美德政治"的讨论，对于现代思想家与行动家来说是有价值的资源。古代希腊政治思想与当代理论家所熟悉的思想是不同的，差异通常十分引人注意，然而它也同样经常既是熟悉的，也是新颖的。我进行这样的对照与比较，是为了激发当下讨论的活力，丰富我们现有的词汇。我们可以从古代政治思想家那里学到很多东西，哪怕我们意识到无论如何我们都不可能回到过去。

我减少了注释与参考文献，只是在我引用了公开出版的著作、直接提及别的学者的观点时，才标尾注[①]。此外，我在"参考书目论述"中列出了我在学术上的受惠之处，书目摘要中包括我在写作本书时认为有用的、影响过我的思考以及我愿向初次涉足这一领域的学生推荐的文章。因为这是导论性著作，故而本书所有的古代文献都是翻译后才加以引用的；不过我也偶尔会提及一些特别重要的音译希腊术语。除非有特别说明，所有的翻译都是我自己做的。我查阅过出版的译作并受到影响，特别是洛布古典丛书（Loeb Classical Library），以及在书目摘要中提到的一些译本。我在"书目摘要"的开头对翻译做了些说明，在这里可以找到译者在正文与尾注中提及的出版信息。

在写作这本书的过程中，我受到多方指点。Blackwell 出版社的 Al Bertrand 先生是我的编辑，从一开始就勉励着我，在整个写作过程中，他给了我很好的建议、鼓励与支持。我非常感激他所有的帮助与支持。在出版过程中，我也要感谢 Blackwell 出版社的 Angela Cohen 与 Ben Thatcher 的热心支持，也感谢 Felicity Marsh 熟练且有益的编辑工作。

很多朋友与同事都与我讨论过这部著作，并阅读与讨论了特定的章节或者一些连续的章节。我也就最初的思路，从 Danielle Allen 与 Arlene Saxonhouse 那里得到了很多特别有帮助的建议。在本书的整个写作过程中，这两位一直都以不同的方式帮助我。Paul Cartledge 对于有关古风时代的章节，给予了令人信服、具有启发性的评论，并帮助我更深入地思考了全书的目的与意图。Bob Connor 一再嘱咐我说明为什么研究古代民主与政治思想对于现代公民与现代人来说是重要的。Brian Warren 帮助我重新梳理了对公元前五世纪伯里克利与修昔底德形象的思考。Sara Forsdyke 对于很多章节进行了深入的分析，一直乐于与我讨论各种观点与问题。我也非常感谢 Harvey Yunis，他帮助我理解了修昔底德与阿提卡的演说家。Mark Toher 引导我思考了有关帝国主义章节中一些棘手的问题，对此我表示感谢，也感谢他多年的关怀之谊。

我要感谢我的同事 Eric Brown，他对于公元前四世纪以及希腊化时期思

[①] 为了读者阅读方便，译者将尾注改为脚注，特此说明。——译者注

想家有着令人耳目一新的观点，也与我多次就古代伦理学与政治思想政治进行了让人深感启发的对话。Jill Frank 慷慨地花了数小时与我讨论了亚里士多德，使我在相当程度上强化了我的论证。通过另一些对话与书面交流，我也在亚里士多德政治思想方面受益于 David Depew 的深刻学识与见解。Clerk Shaw 慨然地与我分享了他关于普罗泰戈拉的真知灼见与著作。最后，与 Malcolm Schofield 的对话在几处关键的段落中，深化了我对于柏拉图与亚里士多德的看法。

我要感谢 Josh Ober，他对于许多政治问题有着独到的思想，一直鞭策着我。Carl Craver 提供了生物学与形而上学方面极好的指导。Andrew Rehfeld 与我就伦理学、政治学及许多其他方面的问题一再展开富有成果的对话。我也要感谢我的朋友与壁球球友 Hillel Kieval 与 Joe Loewenstein，他们在本书的写作过程中一直给予我友谊与鼓励。两位研究生院的朋友——Mark Erwin 与 Jeremy Goldman 在知识上挑战我，在人性上启发我。我的研究助手 Austin Thompson 为我提供了很大的帮助，减少了我的错误与前后矛盾的地方。参与圣路易斯华盛顿大学"文本与传统"课题的学生，以他们的问题与对话，使我在古代政治思想方面受益匪浅。

如果没有我的妻子 Carroll 的鼓励、帮助与支持，我绝无可能完成这部著作，Carroll 总是一如既往地支持着我。我们的女儿 Julia 与 Corinne 是我快乐、幸福与力量的来源。

我将本书题献给一位"导师、哲学家与朋友"，他深深地影响着我，无论是在写作本书还是在其他方面。

文献简写表

ADAD M.H. Hansen, *The Athenian Democracy in the Age of Demosthenes: Structure, Principles, and Ideology*(《德莫斯提尼时代的雅典民主：结构、原则和意识形态》), Oxford, Blackwell, 1991

CHGRPT C.J. Rowe and M. Schofield, eds., *The Cambridge History of Greek and Roman Political Thought*(《剑桥希腊罗马政治史》), Cambridge, Cambridge University Press, 2000

CPP W. Kymlicka, *Contemporary Political Philosophy: An Introduction*(《当代政治哲学》), 2nd edn., Oxford, Oxford University Press, 2002

DK Hermann Diels and Walther Kranz, eds., *Die Fragmente der Vorsokratiker*, 6th edn.(《前苏格拉底哲学残篇》Berlin, Weidmann, 1966–1967）

D.L. Diogenes Laertius, *Lives of Eminent Philosophers*(《名哲言行录》)

DRN Lucretius, *De Rerum Natura*(《物性论》, *On the Nature of Things*）

D.S. Diodorus Siculus, *Library of History*(《历史丛书》)

EN Aristotle, *Nicomachean Ethics*(《尼各马可伦理学》)

GICA R. Balot, *Greed and Injustice in Classical Athens*(《古典希腊的贪欲与不义》), Princeton, Princeton University Press, 2001

KD *Kuriai Doxai* (Central Doctrines) *of Epicurus* = D.L. 10.139–54(《伊壁鸠鲁基本要道》)

LS A.A. Long and D. Sedley, *The Hellenistic Philosophers*, 2 vols.(《希腊化哲学家》), Cambridge, Cambridge University Press, 1987

MEDA J. Ober, *Mass and Elite in Democratic Athens: Rhetoric, Ideology, and the Power of the People*(《民主雅典的大众与精英：修辞术、意识形态与人

民权力》), Princeton, Princeton University Press, 1989

PDDA　J. Ober, *Political Dissent in Democratic Athens*(《民主雅典的政治异议》), Princeton, Princeton University Press, 1998

PP　J. Barnes, *The Presocratic Philosophers*, rev. edn.(《前苏格拉底哲学家》), London, Routledge, 1982

SVF　H. von Arnim, *Stoicorum Veterum Fragmenta*(《斯多亚哲学残篇》), Leipzig, 1903–1905

VS　Vatican Sayings (*Sententiae Vaticanae*) in C. Bailey, Epicurus: *The Extant Remains*(《梵蒂冈馆藏伊壁鸠鲁格言》), Oxford, Clarendon Press, 1926

WD　Hesiod, *Works and Days*(《工作与时日》)

第一章　导言：如何进行希腊政治思想的研究？

希腊政治思想给我们自己的政治及生活提供了一个新的视角。我在这本书中讨论的思想家生活在一个与我们相去甚远的世界中：他们的世界相当之小，并且处于前基督时代；它的伦理思想是从人品善与恶的角度来表达的；它主要是一个农业社会；它是奴隶制的；它由公民小共同体构成，公民在政治中发挥着主导的作用。然而，古代希腊的政治生活和政治思想，与我们当代的政治生活和政治思想在相当大的程度上又有所重合，比如希腊人也推崇平等、自由与正义等价值，他们对领导、自卫、权威、责任与自我界定（self-definition）进行公共讨论。如果古代与现代政治没有共享一些相似理念、基本信念和集体实践，那么我们就不可能把握古代的政治思想，更不用说理解其深远意义了。① 我在这本书中的目的，就是要说明对于我们"现代人"——无论是作为公民还是作为人——来说，希腊政治思想是有启示和教育意义的。

为古代政治思想写一部导论，要求一定的创新性。一般说来，研究古代政治思想的学生，关注的是古典时期（大致在公元前490年到公元前323年）有体系性的政治理论家，特别是柏拉图与亚里士多德。他们由此入手有着充分的理由：这两位作者所确定的术语是从那时起直到今天，理解政治理论时所依托的框架。他们的成就和持久性是难以估量的：从教士（奥古斯丁 [Augustine]）到世俗者（马基雅维利 [Machiavelli]），从革命者（尼采 [Nietzsche]）到保守主义者（柏克 [Burke]），从纯粹的理论家（阿奎那 [Aquinas]）到行动者（詹姆士·麦迪逊 [James Madison]），对思考人类境况的理论家和贬低欧洲传统的批评家来说，柏拉图与亚里士多德的政治思想都

---

① Cf.Rowe, *CHGRPT*, 6.

是一块试金石。其后果之一就是，有关柏拉图与亚里士多德的学术著作蔚为大观。但正如我将会阐明的那样，这种方法对于恰当地对待我们正在思考的主题来说，具有太多的局限。为了说明其原因，我会提到一种阐释"政治思想"的方式，它表明我们应当面对更广阔的古代传统：除了自诩哲学家的人之外，也包括诗人、历史学家、宣传家和演说家。

从词源上说，"政治（politics）"这一英语概念来自希腊文 ta politika，即"城邦的事情"——当然我们不应当受到误导，认为词源学的考查就决定了其意义。不过，希腊的政治思考是以城邦的生活为中心的，相应地，从这种独特政治形式的可行概念入手是重要的。[1] polis 通常被翻译为"城邦"（city-state），它是最具古代希腊特色的自治共同体。古典时期的东地中海地区约有 750 个希腊的城邦，通常其公民成员的人数少于 1,000 人（雅典大约有 45,000 人，这并不常见）。它们通常由一群具有自由身份的成年男子所控制，这些男子共同分享着宗教、市政、法律和管理方面的习俗与实践。城邦通常有一个为"卫城（acropolis）"或者"城堡"所拱卫的人口稠密的中心，也包括一片农村腹地。城邦的关键特征就是公民身份（citizenship）的理念，通过这一理念，自由的、当地出生的成年男子就有权为共同体的利益而做出有约束性的决策；正如很多古典作家所描述的，主导着公民间的关系的，被公认是平等和相互尊重的基本原则。至少从理念和共识上说，公民是参与公共治理的自由和平等的个体，因此 polis 最好被理解为"公民之国"。

我们说到"政治的事情（the political）"时，意味着什么呢？在一种极为普遍、并非限定于某个特别文化的层面上说，"政治的事情"指的是一种活动领域，在此当中运用和争夺着权力，各种集体形式的"合纵连横"在进行[2]。不过，为了使这一抽象定义具有意义，研究政治的人必须赋予其特定的内容，这就要靠文化或者生活方式，或者研究各文化间类似的明确特征（比如政治价值）。可以理解的是，与"政治的事情"相关的现代学科，是从政治的经验世界中获取其语言与理念框架的。现代政治科学曾一向关注制度、法律和体制等。不过，至少从 20 世纪 70 年代晚期起，人们转向关注公共意见、社会化、政治经济问题等。政治理论同样也经历了重大的变化。在多年关注于制度和分类之后，现代政治理论从 20 世纪 70 年代早期起，就转向

---

[1] 参见 J.K.Davies, "Origins," and C.Smith, "ServiusTullius,Cleisthenes,"它们不无有益地提醒我们，组织的政治形式并不是希腊独有的。在发展其政治及其他方面的社会组织时，希腊人从其地中海邻居那里多有所借鉴，彼此有着相互交流。对这一段中的数字的进一步解释，可以参看 Hansen,*ADAD*,55。

[2] Meier, *Greek Discovery of Politics*,4; 亦可参看 Hammer, *Iliad as Politics*,18–48。

强调"正义、自由和共同体,这些都是在评价政治体制与政策时所诉诸的理想"。[1]但无论其各自的关注有何具体差异,现代政治科学家和理论家都将公共领域与私人领域截然区分开来,将公共问题作为其主要的课题;他们预设具有典型的庞大官僚机构的国家的存在;他们不考虑公民的伦理发展;他们将宗教与国家严格分离。

这些情形与古代希腊政治现实与政治思想是完全不同的:希腊 ta politika("城邦的事情")的含混性与普遍性表明,对于古代希腊人来说,"政治的事情"是一个相对广义的概念。它既包含着公共决策的过程,也包含着共同体自我界定,以及社会、宗教、伦理、家庭生活的不同方面,特别是涉及权力运用的诸方面。专属于希腊文化的特定政治观源自城邦所特有的社会实践、规范和信念。一般而言,古代希腊"政治的事情"显然也是一个权力角力的领域和共同体得以确定的空间;但是作为希腊文化的一个鲜明特征,它也是一个行动的空间,其中公民通过主张他们自己的伦理与智慧方面的美德,表达他们对于共同体利益的关注,质疑他们的对手,指控对方的邪恶、自私和不义等等,来争取权力。在政治的事情与伦理的事情之间存在着一种本质的关联,这不只是政治活动家的经验,也是政治著述者们广泛认同的观点。

因而在他们充满意识形态色彩的辩论与权力角逐中,古代公民认为政治共同体应当关注造就具有美德的公民,从而使共同体成就正义、保持稳定。如果要产生具有美德的公民,就要求人们精心关注教育,关注个体的全面发展,比如伦理的、情感的、智力的和宗教各方面的发展。也许古代希腊与当代在政治与政治思想方面最为显著的差别,就在于古代政治强烈地关注公民的伦理教育。相应地,在政治争论的背后,存在着规定恰当行为标准的公共规范,主要是通过公共的赞扬与谴责,施予荣誉与羞辱,以及诉诸有关人品善恶的传统语汇,这些规范在公民的情感生活中不断传承。因而"自我评价的情感",特别是荣誉与羞辱,是希腊政治生活的一个关键环节。[2]这些情感对于鼓舞所有公民承担起防卫的关键任务来说是至关重要的:在希腊文化中,军事与政治通常是紧密相关的。最后,正如有美德的公民会竭力在彼此之间保持正义一样,他们也会希望保持与神明的"恰当关系"。作为其后果,政治通常是与宗教的习俗、信念和实践交织在一起的;每个城邦都有保护

---

[1] Kymlicka, *CPP*, 1.

[2] 这个词来自 G.Taylor, *Pride, Shame, and Guilt: Emotions of Self Assessment* (Oxford, Clarendon Press, 1985)。

神，城邦的公共财政支持着共同仪式与献祭，这些都说明了这样的联系。

正如现代世界中一样，古代世界中的日常政治的经验对于政治思想有着深刻的影响。与现代政治思想家相反，古代思想家相信城邦应当为其公民提供伦理与情感教育、性格发展和合宜的宗教参与。适当地做好这些准备，不仅能使公民作为个体生活得更好，而且能为作为整体的共同体提供正义、稳定与和谐（homonoia）。无论希腊政治思想家是在分析真实世界中的政治，还是在提出政治应当是如何的理念，他们使用的都是这些术语。

我提出这种对于古代希腊政治与政治思想的论述，作为一种工作假说，尽管其指向着一定的内容，但它与任何特定思想家，或者特定时代、特定地区并无直接关联。这样的描述不过是一种粗略的指南，因为在希腊人那里，对于什么东西算得上"政治的事情"，有着相当多样的观点。我们对大多数古代希腊世界的真实公民所知甚少，不能准确地概括他们的观点。但是有趣的是，政治思想家会得出有关"政治的事情"非常不同的理念，正如我们将会看到的。事实上，我们的一个目标就是解释这种情况是如何出现，为什么出现的，以及这种差别可能有着什么样的智识后果。尽管有这些内在的多样性，这一工作假说以某种文化上特定的方式说明了我们主题的内容。古代希腊与现代性之间的差别是显然存在的，公元前八世纪，希腊的城邦开始发展起来，但是私人生活的出现则是400年之后的事情。"消极自由"的理念，或者说免于公共权威干预的自由，是不可想象的，也不会受到欢迎。任何现代意义上的"多元主义"都是不可能的。谈不上任何"国家"，没有任何值得一提的官僚机构，没有任何独立于公民的"政府"，没有独立的司法或者行政的"分支机构"，没有常设的军队。

从这些考虑来看，将"政治"或者"政治的事情"唯独看作是做出有约束性的强制决策——"这是通过争辩与讨论，并最终付诸表决而做出的"——的组织化国家机构的事，就显得过于局限了。[①] 这一论述至少在两方面过于狭隘：第一，对于组织机构的过分强调是过于狭隘的，无法公正地对待各种不同维度的活动，在古代希腊世界中这些活动都可以恰当地被视为政治的。古代各种政治思想家对我们认为是私人的、道德的和家庭的事情，会采取立场，表明态度，他们这样做时并不担忧他们的观点是否离经叛道。亚里士多德是从一种家庭论开始讨论他的政治的。"个人的"，更不必说宗教的与伦理的，在古代希腊显然是政治的。[②] 这就意味着，比如传统希腊的家

---

① Finley, *Politics*, 52.

② Cartledge, *CHGRPT*, 13.

庭（oikos）中的男性支配权就是政治的。在家庭中的男性权力是与男性在城邦公共世界中的权力密切相关的。家庭成员的伦理行为被广泛地——如果不是普遍地的话——看作是与政治相关的重要议题。

第二，政治存在于君主政体和其他的一人统治政府形式中，比如僭主体制中，而不只是存在于集体讨论与协商及投票的常规情形中。从希罗多德到柏拉图，希腊的政治思想家描述、分析并评价了一人统治：一人统治或者狭义的统治，是在特定的共同体中控制着局面的权力运用。被一个统治者所统治的普通人，也影响着权力的运用，并参与到集体性的自我界定中，更不用说可以参与到宗教与法律的仪式，以及他们城市的日常实践中。他们有着一种希腊思想家绞尽脑汁去分析的政治文化。因此，对于我们，正如对于古代希腊作家一样，这些政权以及它们的实践完全包含在"政治的事情"范围之内。作为一种历史研究，我们应当努力给出"政治的事情"一个可行的定义，这一定义应当足够广泛，以容纳希腊人自己承认为"政治"的现象。

但是"政治的事情"这一概念，并不意味着我们仅仅研究城邦。尽管城邦成为政治活动的重要舞台，城邦自身产生于各种政治活动，比如协商、公开批评和共同体自我界定、自卫手段的建立，正义标准的发展。我们必须将城邦的体制结构与政治活动区分开来。① 如果我们将政治理解为一种可以与希腊城邦的特定体制分离的活动，那么城邦则可以看作是从关键的政治反思的要求中产生的特定的政治与管理形式。② 城邦呈现出其广为人知的历史特征——公民身份，共同的宗教、公民大会、审判程序等等，但这乃是早期希腊人努力通过在理论上平等的人之间进行公开辩论的方式来规定共同体的结果。在一定程度上，希腊城邦是政治思考的结果，并且它成功地造成了不同的群体间的妥协，所以城邦成了政治规范之源头和特定的家园。希腊人自己将城邦看作是政治的典型家园。但是有一个优先性方面的问题。理念——通常是对现状进行批判的理念——很可能是决定性的政治变革的必要前提，比如建立城邦。政治先于（而非由于）城邦而存在，并且，政治在希腊化时代（公元前323年到公元前30年）登上中心舞台的君主制王国中仍然存在。

对于"政治的东西"的这种解释要求我们审视广泛的古代文本，除了成体系的哲学家的作品之外，还包括诗人、历史学家、演说家、时评作家以及其他人的作品。因为只有广泛审视了各种视角，我们才能理解古代希腊世界的政治是无所不在的。故而，这本书关注的是政治"思想"这一兼收并蓄的

---

① Hammer, *Iliad as Politics*, 30.

② Hammer, *Iliad as Politics*, 20–26.

概念，而不是政治"理论"，后者主要是理解对政治的系统化哲学探讨。政治思想远远超越了柏拉图学园（Academy）的界限。采用这种更大的包容性的视野，还有额外的好处，因为它能展示希腊政治思想形成了一个适应、改造和创新的传统，这一传统充满活力并且是有意识的。

具体而言，成体系的理论家并非白手起家发明他们的智性世界的，相反，他们的作品起源于曾经存在的伦理与政治分析的文化，可以溯源于我们现存最早的希腊文本——荷马与赫西奥德的宏伟史诗——的时代。我们现有的这些史诗，是从漫长的口叙传统中发展起来的。这些诗人以一种微妙的方式探讨了多种主题：分配正义、精英派、责任、权威、互惠与领导等，它们在公元前四世纪成体系的理论家那里得到再现。当然，在这些不同的类型与文本形式中存在一定的差别：早期的诗人以一种高度传统的手段进行创作，其理念的表达遵循着严格的规则。其表达手段受到诗体、韵律、词语和神话情节的制约。而且他们以叙事与讲故事的方法作为他们表现的方式，而不是平铺直叙。因此熟悉这些诗人与后来的散文作家之间在形式与表达上的差别是重要的；但同等重要的是要认识到，后来的作家，比如柏拉图与亚里士多德，以他们自己的文体重现早期思想的主旨，来服务于自己当地与当下的目的。

这里存在着一个可能的反驳，即所谓思想上的一致性并不存在，因为诗人与历史学家提供的是对（事实或者虚构）事情的叙述、分析与描绘，而古典哲学家提供的是对于人性与政治关系的规范性与评价性的图景。说得更简略些，这一反驳认为历史学家告诉我们事情事实上是如何的，而哲学家告诉我们事情应当是怎样的。对此我的反应是，这样一种区别并不适用于古代希腊的文本。著述们（或者在早期希腊诗歌那里，口述诗人与传统行吟诗人们）总是在运用手中材料以进行一种伦理的分析与政治的评价，所以，所有希腊政治性文本都是规范性的。毫无疑问，一位学者可以以这个或者那个文本质疑我们，否认其规范性的内容，但是人们广泛承认，希腊的文献，特别是诗歌，在其文化背景中都有教化作用。它们被聆听、阅读或者重读，因为其听众坚定地相信他们可以从这些文本中获取道德的智慧，这种智慧可以帮助他们更好地生活，让他们生活在更健全的政治共同体中。进而言之，修昔底德的《伯罗奔尼撒战争史》也许是这方面的一个杰出典范，它的文本既是描述性的（或者分析性的），也是规范性的。（所谓）客观分析的标准有时被认为是现代人文与社会科学的规则，但是这无助于理解古代作家及他们听众的自我领悟。

现在我们已经开始将希腊政治思想的图景，构建为一系列对希腊共同体的身份、自我想象和组织至关重要的事情的对话与反思。因而我们不应当将每个具体的政治决策、外交活动或者宣战，都包含在"政治思想"的范畴之中。这些特别的事件可能有助于我们理解政治思想，但是它们并非我们主要的兴趣之所在。相反，政治思想涉及对于政治活动以及政治人的更为普遍与抽象的反思。一般说来，这些反思能够运用到多种多样的情境与事件之中。有关等级、平等、正义和互惠的成熟思想，能够用来理解特定的情形，也能对于他人给予修辞上与智力上的支持，这些人能够令人信服地将这些思想运用到其他情形之中。

另一方面，尽管表面上政治思想相对于政治现实来说显得抽象或者疏远，但它至少在某种程度上是旨在服务于当下的地方性需要与目的。比如当柏拉图将民主城邦比喻为讨好无知船员的船长驾驶的船时（《理想国》488a-489a），他心中想到的很明显是他的家乡雅典（无论公正与否）。因而由是观之，从历史的角度研究政治思想是有道理的，要理解成体系与不成体系的政治思想家，不仅要看到他们之间在积极互动，而且要看到他们都积极介入其文本产生的特定政治背景中。这种"介入"通常是一种动态的张力，著述者们在这种张力中批判地反思他们的所见所闻，或是完全拒斥当时的立场，或是提出有意义的变革的新途径。有理由认为，这种对政治的更抽象、更有智慧的介入，对于公民所进行的现实政治实践有着决定性的影响，古典时期的雅典尤其是如此。

但是，对于特殊性的强调并不应当限制我们探究这些文本，并考虑其对我们的意义。只要恰当地将这些文本翻译到我们文化的话语中来，它们就能够帮助我们充分考虑我们的政治责任，或者至少能更清楚地向我们表明为什么我们不能回到过去。因而，超越这种"历史化"态度，就要承认这些文本自身并不会采用一种历史化态度。[①] 其作者相信他们提出其有关政治与人性的观点完全是正确的。他们有着自己强烈的规范化的野心。所以，希腊的政治文本可以放在其古代背景之外来加以理解，即放在更广泛的有关美德、正义、公共领域与私人领域的区分、政治责任、权威、自由和权力的哲学对话框架中加以理解。这第二种解释方法不再强调文本的历史特殊性，也有一定的正确性，因为很多希腊文本有意识地呈现为一种理论思辨的模式；特别是，它们的作者有着足够的雄心明确地提出有关人与宇宙的

---

① Cf.Strauss,*The City and Man*,6-11;Strauss,*On Tyranny*,eds.V.Gourevitch and M.S. Roth,rev.edn. (New York,Free Press,1991),22-28.

本性的永恒主张。

无论是历史化的解释方法，还是更为严格的哲学解释方法，都应当对我们重构希腊政治思想的历史发挥作用。我们的目标既要解释这些文本，将其作为经济、政治与社会的世界的特定形态的反映，也要从规范性的角度来看待它们，特别是要问问它们对于当代的、多元的、民主的民族国家的公民来说意味着什么。关键是要寻求平衡：一方面避免历史特殊性解释导致的过分限制文本，另一方面，也避免为了现代重要的或者政治的事务而完全摒弃历史语境。

这些文本对于我们——现代多元和民主的民族国家公民——如何能有意义？这是一个关键的问题，因为如果这些文本对于我们来说是无意义和难以理解的，那么学习它们的价值又何在呢？二十一世纪见证了民主的胜利得到广泛的承认，也依然对极权主义政权的残暴性有鲜活记忆，从这一视角看，人们熟知的"希腊试金石"在我们看来，完全可能是不自由的、反民主的，甚至是不道德的。古代的希腊人是支持奴隶制的，而且我们即将研究的很多政治思想家都不遗余力地反对民主；一旦有时机，希腊的城邦就变成帝国主义的，他们还提出了论证来证明自己的帝国主义是正确的；甚至最自由的希腊人也都将妇女排除在政治权力之外。在公民身份上他们坚持严格的排外主义标准，将外邦人纳入第二或第三等级之中；希腊人没有普遍"人权"或者人的尊严的理念。显然，并没有人想将希腊的政治作为一种生活方式而加以重建。因此，我们只能充当这种虽然有着特别的吸引力，但却陌生且令人困惑的政治与伦理世界的看客吗？

对于这一问题的传统回答是：希腊人（以及罗马人）是现代性的文化祖先，当然也是欧洲世界的文化祖先；如果我们相信"现代世界是由希腊的过去主导的欧洲精神的产物"，那么他们更具有全球性"祖先"的意义。毫无疑问，这种回答及其前提是有争议的，但是这些争议并不是我们在这里所要关注的。甚至，即便希腊人是现代人的文化祖先，这一事实也**可能**对于我们设计未来新的道路不再有意义或者不重要了。① 希腊政治思想对于我们的重要性，必须以具体而详细的方式，从此时此地的角度来加以论证。我将会表明，研究希腊政治思想对于我们来说，提供了一个重要的视角，因为它们既与我们相似，又与我们有别：至少一些希腊思想家在有关民主、自由和平等的政治信念方面与我们基本相似，又在支持奴隶制、多神崇拜、缺乏政教分离理念方面与我们判然有别。在这本书中，我将强调这种相似性与差别性的

---

① Williams, *Shame and Necessity*, 3-4. 前面的话引自 Williams, 3。

奇特结合，因为只有通过评估与理解希腊人与我们关系的独特之处，我们对古代希腊的过去的审视，才能够成为一种真正的教育经验。

为了理解这意味着什么，我们必须回到并且极力扩展一种观点，即希腊政治思想自身是与个体和集体活动的伦理内涵相关的，希腊思想家认为伦理与政治在其根本上是相互关联的。正如近来一位学者所认为的，伦理与政治的关联并非哲学家们的发明，而是希腊人政治经验不可或缺的一个部分，无论是在理论、意识形态还是在实践层面上都是如此。① 我在这里有意使用"伦理（ethical）"一词，以与"道德（moral）"一词相对比。大体上说，"道德"首先是与系统化表达的禁令、责任和行为的规则相关的，它规定必须做什么，尤其是必须不能做什么，但并不突出道德行为者的内心生活或者性格。事实上根据更强的康德式的道德理念，如果道德行为是通过纯粹的意志行为做出的，不受到对特定他者的特殊情感影响，那么这种行为应该得到更多的尊重。

相反，"伦理"主要关系到性格的形成。② "伦理（ethics）"一词源自希腊文的 êthos，意思是"习俗、禀性、性格"。对于古代希腊人来说，伦理首先是调节个人的要求与欲望，使之得到控制，训练自身以显示出诸如标准的正义、节制、勇气和虔敬等美德，并且因为具有恰当的动机、欲望和禀性而在举止中合乎美德。我们的"美德（virtue）"一词，希腊人理解为灵魂或者性格的"优秀（aretê）"。灵魂，至少根据希腊人的说法，能够和谐地被管理，能通过对于欲望、禀赋、激情和习性的恰当教育而进入良好的运行状态中。通过这样的管理与教育，灵魂就受到控制，个人就能够达到一种灵魂的优秀或者德性的状态。除了经典的四美德之外，希腊人同样围绕着慷慨、大度的精神、仁慈、守信、忠诚、守秩序、感恩等等美德提出了一些政治主张，很多希腊思想关注于美德的定义，关注于如何将有关美德的探讨运用于特殊的情境之中，关注于美德对于政治生活来说为何是重要的和必需的。这些关注可能明确，也可能隐晦，取决于具体的作者或者政治人物的背景与抱负。但无论哪种方式都表明，古代希腊的政治话语是在希腊人有关美德的思考所提供的词语与概念中展开的，这是显然的并且重要的。

古代政治思想比当代政治思想更加强调性格发展：以确定公民应当像什么样。这种关联从一开始就是一种集体性的努力，试图造就自愿致力于一个

---

① Rowe, CHGRPT, 6.
② 有关伦理的和道德的区分，可参看 B.Williams, *Ethics and the Limits of philosophy* (Cambridge, Mass., Harvard University Press, 1985), 1-21。

公正社会的个体。① 在古代世界有广阔的空间谈论"美德政治",这可以类比古代哲学著名的"美德伦理学"。因而,较之于其在现代政治话语中可能起到的作用而言,美德与邪恶在古代政治思想中起到了一种更大与更一致的作用。古代政治是一种特别的"美德政治",这意味着古代城邦绝不可能接受任何现代形式的多元主义。

因而古代的"美德政治",在其规范性的外表之下指向个人与共同体的繁荣(flourishing,幸福,繁荣)。这种繁荣的真正本质——它到底是什么,或者说如果它是有的,我们如何才能认识它——是有争议的。而没有争议的是:客观的繁荣状况是人们可以知道、可以获得的。这种规范性的美德政治的另一面,就是对于充满性格缺陷或者邪恶品格的政治的批判,比如懦弱、贪婪、自我放纵、卑鄙、自私以及妒忌的政治。这些恶妨碍了幸福的获得——无论个人的幸福还是政治的幸福。即便不考虑希腊政治思想中的规范性因素,希腊政治分析与政治鼓动同样也通常是借助于美德和邪恶的术语进行的。我们试图理解为何希腊政治思想对于我们是有意义的,我们将通过伦理——进而通过"美德"及"美德政治"——来达到这种理解。

对于我们时代的目标来说,亚里士多德提供了对于伦理与政治之间关系的特别清晰的分析,② 在其《尼各马可伦理学》的最后一章中,他解释他对人类事务的研究目的,并不只是要认识到什么是好的,而且也要努力变好,同时也让他人变好。尽管他此前的论证可能可以鼓励天生的好人践行美德,他认为这些论证却无力让大多数人变好,因为大多数人顺从他们的激情而不是理性。作为其后果,大多数人需要法律的强制。换言之,城邦必须有效地干预其公民的性格形成,如果这些公民要过上美好繁盛生活的话。这说明他正完成的伦理学著述可以看作是导向他的政治学论述的一种预备性研究,而非以自身为目的。

亚里士多德已经在《尼各马可伦理学》这部著作前面就表明了这一立场:他整个对于"伦理学"的讨论,即有关使人幸福的理智德性和性格德性的讨论,都是从政治的观点来进行的(1.2)。对于亚里士多德来说,政治是使得人们获得作为人的好和成功的艺术。因而亚里士多德说:"假如有人希望通过他悉心的关照而使其他人变好,无论这些人是多还是少,他就应当

---

① 一种试图探讨政治中美德的现代努力,参见 B.Honing, *Political Theory and the Displacement of Politics* (Ithaca, Cornell University Press, 1993);有关美德伦理学的例子,参见 R.Crisp, *How Should One Live?* (Oxford, Clarendon Press,1996).

② See A.W.H. Adkins, "The Connection between Aristotle's Ethics and Politics," in D Keyt and F.D. Miller,Jr.,*A Companion to Aristotle's Politic.*" (Oxford, Blackwell, 1991)75-93.

努力懂得立法学，如果我们是通过法律而成为好人的话。"（10.9.1180b23-5）因而他将其伦理思想与政治背景紧密地联系起来，这是通过论证政治科学应当关切旨在为最好的人类生活创造条件的立法。正如他所说的："因为这门科学运用了其他科学，规定了应当做什么和不应当做什么，这门科学的目的就包含着其他科学的目的，因而这一目的就必定是属人之善。"（1.3.1094-7）

以这些明确的术语谈论人的善，对于大多数希腊城邦的公民来说可能听起来有些怪异，甚至有些牵强。但是我们有关希腊城邦政治现实的资料有力地表明，人类的善的理念，事实上城邦公民的善，乃是希腊所有关于城邦的公共讨论的基础。这一主张的证据在于：古典时期希腊很多作家、演说家和政治家，更不用说哲学家，都在持续地谈论着城邦与政治生活，将其作为个体和集体繁盛与福祉的前提。他们并没有将幸福当作个体以五花八门的方式所体验的东西——无论他们用的是什么词语，或者希望的是什么。人的繁盛的本质并没有被认为依赖于个体及个体的主观选择。这并不意味着每个人对于什么构成了幸福或者繁盛都恰好有同样的认可；而意味着，即便在当他们对于到底是什么构成了幸福进行激烈的争论时，大多数人都还是反对主观的幸福理念。

以此看来，现代民主的民族国家的公民在努力确定他们的政治优先性、政治义务和政治抱负时，古代希腊的"美德政治"可以为他们提供很多东西。特别是希腊政治思想，包括它所强调的"美德政治"，提供了一种真正的"*tertium quid*（第三条道路）"，即在两种盛行的现代政治理念——自由主义与社群主义——之外，提供了另一种真正的替代之物。大体上说，现代民主的民族国家公民，通常运用自由主义的哲学语言来讨论政治，也就是说他们试图在个体权利、个人自由、防范国家和机会均等语词中讨论，[①] 这种语言基于一种"薄的"，或者说抽象空洞的个体理念，即认为个体是作为不可剥夺权利的拥有者、进行理性选择的人以及能够独立于社会关联和传统价值而自由制定生活计划的自我。自由主义的观点已经受到社群主义思想家的有力批判，后者认为只有考虑我们有偏向性的联系与归属，并植根于我们特定的社会与公共联系，我们的生活才具有意义。社群主义者否认个体可能自由到超脱于这些关系；相反，他们认为正是家庭和共同体提供了条件，才使得真正的自由选择成为可能。恰当地理解的个体总是包含于传统的习俗和共同体网络之中。[②]

古代希腊"美德政治"显示了自由主义和社群主义两派的诸多吸引人的

---

① 当然我这里指的是洛克、密尔、贡斯当、伯林和罗尔斯的"自由"传统，这区别于通常意义上的"自由"，比如美国民主党所使用的"自由"。See Kymlicka, *CPP*, 53-101.

② 比如，参看 Sandel, *Liberalism*。

特征，又避免了近来一些与此相关的著作中的非此即彼的态度和令人沮丧的无益争论。① 特别是，我们在希腊政治思想中发现了有关个体自由、创新、私人自由和机会均等的证据，它们都是自由主义哲学与文化所认同的基本价值。比如演说家德摩斯梯尼敦促他的同胞公民自主地进行思考："当你们走向战场，无论是谁只要拥有权威就可以来领导你们。但是在这一时刻（在公民大会上），你们每人都可以像一位将军那样行动！"（*Exordia* 50.3）自主性之类的价值，本身会要求公民展现美德，比如在政治集会上勇敢地发表与众不同的观点。换言之，很多"自由的"价值观，都预设了某些受到广泛公认的美德。希腊政治思想表明了在自由主义的价值与政治美德之间的可能联系。② 另一方面，希腊政治思想家如同现代社群主义者一样，当然反对现代自由主义中强烈的个人主义。他们相信个体是通过他们对于其家庭、宗教和共同体的归属而得到界定的；而且，个体只有通过参与其城邦的传统与文化中才会幸福。这种信念导致了下面的观点，即个体的美德从本性上说要服从或者应当服从城邦的传统价值。

　　古代希腊政治思想通过描述健全的公共制度，表达对个体能力的尊重，承认自由的政治结社对于人的重要性，发展良好性格与健康的个体心理学的非相对主义论述等等，清晰地给出了好政治与好生活的概念。它之所以能获得所有这些重大成就，是因为它关注政治与伦理之间的关系，更明确地说是它认识到，在提高公民恰当选择他们生活方式的能力时，政治可以起到一个关键的作用。如此关注伦理、关注个体、关注选择，关注个体利益与个体自主性，会让自由主义感到满意。同时，它又提供了一种现实的和"浓厚的"个体理念——作为社会与历史主角的个体。③ 而且，古代希腊政治思想对于（个体或集体的）心理学的卓越理解超越了这两个现代学派。正因为这种原因和其他一些我们将讨论的原因，希腊政治思想为我们这些极为不同的世界中的民主公民提供了许多资源。现在我们的目标就是去更仔细地审视他们的理念是什么，他们的理念在历史上是以怎样特别的方式发展的，以及他们的理想要经过何种转化，才可以成为我们得以复兴、受到教育的资源。

---

① 就沮丧感而言，可参见 C.Taylor, "Cross-Purposes: The Liberal-Communitarian Debate," in N. Rosenblum, ed., *Liberalism and the Moral Life* (Cambridge Mass., Harvard University Press,1989),159-182。
② 当代对于这种联系的论述，可参见 P. Berkowitz, *Virtue and the Making of Moden Liberalism* (Princeton, Princeton University Press, 1999)。
③ 有关亚里士多德关于最好城邦的一个类似论述，参见 Nussbaum, "Nonrelative Virtues"，也可以参看"参考书目论述"和第八章中提及的 Nussbaum 的其他文章。

第二章 古风时代希腊和正义的中心性

罗尔斯在其著名的《正义论》(1971)中开门见山地说道:"正义是社会制度的首要美德。"罗尔斯对这个基本前提的展开,形成了现代政治理论中的一个分水岭。在他的著作的帮助下,有关理论从分析制度、行政权力、法律和主权转移到关注正义、自由、平等和共同体的理想上来。同样,在研究古希腊政治思想的过程中,我们必须同等地研究理想、意识形态以及贯彻落实它们的制度框架。同样重要、甚至可能更重要的是:我们要把"政治的事物"定位于意识形态与公开构筑的价值的相互作用之中,以便在制度的建立和增长中追溯它的发展。① 制度总是(即便隐含地)反映着规范性观念——也就是关于"事物应该如何运作"的观念。此外,道德理想还赋予在制度中运行的政治人的行为以结构与意义。因此,从德性和价值的角度分析古风时代的政治思想,是很有道理的。正义是希腊的主要政治制度——城邦——的首要美德和理想。并非巧合的是,它在大约从公元前750至公元前490年这个时代的最复杂的政治文本里,是一个必不可少的——或许是唯一必不可少的——理念。有关正义的知识性论述,随着历史中的城邦一同演变发展。因为正义展现了思想和政治历史之间的辩证互动,所以在分析关于政治健康的古风时代讨论时,如果把关注点集中于"正义"之上的话,将会是十分有益的。

了解文献资料的性质是尤其重要的。诗歌是古风时代政治思想的主要资料,尽管为了我们的研究,也可以偶尔使用艺术与考古的材料。古风时代的诗歌是非常传统的,一般以口述的形式构成,只有在经过几代的发展后,才被写下和定型。当我们谈到单个诗人时,比如"忒奥格尼斯"、"荷马"或

---

① Kymlicka, *CPP*, 1.

"赫西奥德",事实上我们是在谈论一些"诗人形象"——许多后来的游吟诗人都以这些人物的名义创作口述诗歌。举例而言,忒奥格尼斯(Theognis)的现存著作包含了一个各种元素的混合体,跨越了公元前625年至公元前490年,表达了意识形态光谱上许多不同的、经常相互矛盾的情感。"忒奥格尼斯"是一个显赫的"诗人形象",它将权威赋予了众多麦加拉诗人的作品。正如我们将看到的,古风时代的诗歌讨论了贯彻整个希腊世界的政治机制的道德准则。那些幸存下来的诗歌,是互文性关联的,非常传统和普遍性的。因此,认为这些诗歌参与了关于道德和政治价值的普遍性谈论,是很有道理的。①

1. 阿喀琉斯、阿伽门农与公平分配

我们最早的诗歌之一——荷马的《伊利亚特》——提出:"正义"是界限明确的社会中的一个主要争论问题。诗中用于"正义"的核心术语是"dike"。更确切地说,这个词指的是"正确方式",尤其是习俗所规定的正确方式。从社会和政治意义看,"正确的方式"很快就聚焦于有争议的"公正"问题。除此之外,以这种"正确的方式"做事,将会深刻影响一个社会的长期政治健康。通过"口述诗"传统的长期发展,这首诗大约在公元前八世纪末最终定型为目前的形式。它与城邦的兴起处于同一时代,因此它反映了那些对早期城邦居民非常重要的问题。

在诗歌开头的场景中,阿喀琉斯非常愤怒,因为他感受到了来自最高统帅阿伽门农的不公平对待和傲慢态度。迫于(太阳)神的压力,阿伽门农不得不放弃了他珍贵的战利品。但与此同时,他提出要夺走阿喀疏斯的战利品:一位被俘虏的女人,来恢复他的名誉(文本1)。

> 1 阿特柔斯(Atreus)最荣耀的儿子,世上最贪婪的人,宽宏大量的阿卡亚人(Achaeans)如何会给予你另一份战礼?我不知道哪儿还有公共财产了……事实上,你现在威胁要亲手夺走我用汗水换来的、由阿卡亚人的儿子们给我的奖赏。每当阿卡亚人劫掠了特洛伊人坚固的堡垒时,我得到的战礼都不如你。但我在猛烈的战争

---

① 尤其可见 G.Nagy, "Theognis and Megara: A Poet's Vision of his city" in T.J.Figueira and G. Nagy, eds.*Theognis of Megara* (Baltimore Johns Hopkins University Press,1985), 22-81。

中总是肩负更大的责任；但在分配战礼时，你总是吞走大头，而我却只能带着点我珍爱的东西，拖着一身疲惫回到我的船上。（*Iliad* 1.122—124,161—168）

阿喀琉斯在抨击阿伽门农掠夺自己合法战利品的不公之举。这场冲突很有可能会演变成一场战斗——但是女神雅典娜嘱咐阿喀琉斯，让他不要杀了阿伽门农。因此，我们没能目睹一场公开战斗，却倾听了一场关于战利品合理分配的激烈舌战。阿喀琉斯的核心论点是：他是全军最强大的战士（也是杀敌最多的人）；因此，他认为自己应该被分到比他通常所得更多的战利品。他当时所做的事，可以被称为是一场"关于分配正义的早期争论"。对阿喀琉斯而言，只有当一名战士所获奖赏与他的实际战功在价值上和分量上相符时，才能真正实现公正。①

阿喀琉斯这是在提出一种独特的且明显具有争议性的原则。即使我们认为"按功绩分配"很自然地是一种公正的分配方式，但其实不难想象还有很多其他类型的分配原则。举例而言，有一个著名的马克思主义口号："各尽所能，按需分配"——若是在物质极大丰富的乌托邦社会，那这个原则将能很好贯彻。但若是在资源匮乏并因而必然产生冲突的古希腊，它就无法做到了。一些自由主义的理论家，比如罗纳德·德沃金，构筑了一些假想的（重新）分配系统，这些系统是为了弥补阶级的或天然的劣势（比如生理残疾），从而重新定义我们关于"功绩"的概念。而《伊利亚特》表现的是一种紧张局面，即两种诉求的冲突——一种基于既定等级（阿伽门农），另一种基于功绩和成就（阿喀琉斯）。

阿伽门农是最高指挥官，这基于他的军队的规模以及他从宙斯那里所获得的支持。因此，他觉得大家都要听从他的命令，即使在军事能力和思考能力上他都远远不如他人。相反，阿喀琉斯是军队里最勇猛的战将，军队这个团体的存在本身就是为了获得战争胜利。他们的冲突使我们认真地考虑，"分配公平"应该如何理解，政治权威如何（以及应该如何）建立。这些是早期希腊城邦的公民们所面临的主要问题。

不管这些问题在特定的背景下得到了什么样的答案，诗人都强烈地暗示：它们是相互关联的。在荷马的叙述中，只有当领导者们真正做到公平公正时，他们才能维持自己的权威。阿喀琉斯得到了言词上的胜利，削弱了阿伽门农的权威，因为他成功地昭告众人阿伽门农缺乏公正。他通过从德性善

---

① Balot, *GICA*, 59-67.

恶的角度解释阿伽门农的不公正，强化了自己的控诉。他显然希望他的听众们能够理解并认可他所使用的人品善恶的术语。阿喀琉斯还特别从两个重要的性格缺陷描述了阿伽门农的不公正——"贪婪"和"傲慢"。

对物质的贪婪（参加文本 1）的指控对阿伽门农尤其有杀伤力，因为在荷马式英雄的眼中，荣耀和地位比一切都有价值。阿喀琉斯声称：阿伽门农牺牲这些价值是为了满足他卑下的物质欲望。阿喀琉斯指出，这样的欲望是卑鄙的，甚至是贪得无厌的：他说，阿伽门农为了他的贪欲，"吞噬了"自己的子民们（1.231）。根据阿喀琉斯的说法，阿伽门农的贪婪之所以特别臭名昭著，是因为这使得他侮辱了军队里成就最大的战士。因此，在阿喀琉斯的雄辩陈词中，阿伽门农的物质欲望便与轻率和傲慢自大紧密地挂上了钩。

"傲慢（Hubris）"是一种以自大蔑视来显示优越性的形式；有些首领表现"傲慢"，是为了在公众面前暴露受害者的弱点和漏洞，来羞辱他们。对阿喀琉斯这样强壮的、注重地位的战士而言，想让他声称自己成了"受害者"是很难的。然而在这件事里，阿喀琉斯通过与社会及其准则联合起来反对仗势欺人的领袖的不公待遇，提高了自己的声望。他通过指明阿伽门农所欺压的不仅仅是其他首领们，还是整个军队，使自己的论证更加有力量。

在后面的诗歌中，诗人通过对这场冲突的情感后果的阐述，加深了他对这场冲突的考察。阿喀琉斯作为一个受害者，感受到了深深的痛苦。因此，当后来阿伽门农的使者请求他重新加入军队时，阿喀琉斯说道："一想到阿伽门农在希腊人面前公开羞辱我，就像对待一个卑贱的流浪汉似的，我就不禁怒火中烧。"阿伽门农的傲慢和贪婪使阿喀琉斯十分愤怒——在当时的背景下，这是十分自然的。因为"愤怒"是一种因为痛感受到不公和怠慢而引发的情绪。通过对贪婪、傲慢和愤怒的探索，这首诗表明：人物的性格和情感对于一个政治共同体的健康与崩溃，起着关键的作用，尤其是当其他首领也涉及其中时。如果要实现正义的话，那么个人必须具有自我约束的美德，必须尊重他人、维持公平。如果他们不这么做，或是做不到的话，那么结果将必然是混乱、争斗和复仇。在某种程度上，塑造个人——甚至领导者——的性格和情感，是共同体的任务。这样才能使得众人成为遵纪守法、服从规范并值得信赖的社会成员。

2. 作为"人类所特有"的正义

所以，在《伊利亚特》开篇场景中，既展现了"公正"在社会稳定中所起的中心作用,又表现了围绕着它的用途、意义和具体场景下的内容的复杂性。"公正"是古风时期各种各样的思想家们所关注的一个中心问题。举例而言,在古代自然哲学家对宇宙秩序与平衡的解释中,"公正"是一个关键术语。它既可以存在于冲突的"对立面"的平衡中(Anaximander [DK 12 B1]),或者更模糊地讲,它还可以等同于冲突(Heraclitus [DK 22 B 80])。[1]

但对于那些主要关注人类和社会的思想家来说,"公正"的重要性更大。"公正"对政治思想来说有一种特殊的意义,因为古代希腊人把它视作人类的一种独特标记。正如赫西奥德通过野兽进食行为的常见意象所指出的,"强者统治"是动物王国的特征(文本2)。

> 2.宙斯授予人类这项法则——鱼类、野生动物和飞鸟是互相吞食的,因为它们之间不存在"公正";但宙斯赐予了人类"公正",这是迄今为止最好的事物。所有知道并且愿意说正确的事的人,才能从有远见的宙斯那里赢得繁荣。但是,任何在提供证词时虚伪地、故意地撒谎,并不顾一切想要破坏公正的人,他的家族今后一定是湮没无闻的。正相反,如果一个人遵守自己诺言,那他的家族在未来一定会更发达。(WD 276-285)

对人类来说,掠夺性的暴力是反常的、格格不入的。因为一个人能否获得幸福,取决于他是否愿意尊重公正、遵守誓言及公平的法律规则。赫西奥德对人类和动物之间的对比,基于众神的出场监督。最终,众神负责奖励诚实者、惩罚作恶者。然而,正如我们前一节所看到的,荷马所描述的人类社会是能够并愿意承担责任,表达并实施自己的正义观的。古代诗人所描述的神对政治的参与的问题,将贯穿这整个章节中我们的讨论。

一个关于什么是"人类独特性"的类似关切,也蕴涵在奥德赛对非人类的独眼巨人的陈述中。奥德修斯说:"这些凶暴的生物既不尊重通常的习俗,也不尊重文明人的生活准则。"(文本3)

> 3.接下来,尽管我们内心痛苦,还是要在海洋上继续航行。我们到达了一片土地,它属于无法无天的独眼巨人们,他们对不朽的神明们充满信仰,因此他们既不亲手耕作,也不下田犁地。但即

---

[1] See G.S.Kirk, J.E.Raven, and M.Schofield, *The Presocratic Philosophers*, 2nd edn.(Cambridge University Press, 1983),117-122,193-194.

使不用耕种和播种，万物也自行破土而出：小麦、大麦还有葡萄树——挂满酿酒的优质葡萄；宙斯降下大雨使这些作物繁荣生长。他们没有用于彼此商议的公共场所，也没有法律，但他们居住在高山之巅的中空洞穴中，每一个巨人都对自己的孩子和妻子立下规矩，而巨人之间则互不尊重。（奥德赛9.105-115）

由于缺乏这样的准则，最著名的独眼巨人波吕斐摩斯便满不在乎地把奥德修斯的同伴们变成一日三餐。在这方面，波吕斐摩斯与赫西奥德的诗歌中那些没有公正之心的、喜好掠夺的动物十分相似。通过这些令人难忘的人物和故事，古代诗人将"公正"确立为正确的人际关系的中心模式。

此外，独眼巨人们还使得荷马将"公正"和"人性"同希腊城邦联系起来。荷马将早期城邦想象成最适合人与人之间的公正得以发展的环境。而巨人的社会，则与健康运行的人类社会正好相反。通过对比，《奥德赛》对巨人社会的描述（文本3）显示出：一个服从规范的人类社会的主要特征是习惯法、一个聚会的中心场所、农业、一个共享的共同体认同。[①] 他描述的那种畸形的残暴"社会"里则缺乏这些特征，这就反过来帮助定义了什么是"典型的人性"。在这么做的过程中，《奥德赛》预见了希腊城邦的诸多标准元素。许多人认为，只有在这种自觉组织的政治共同体形式中，正义才能得到最充分实现。

3. 早期城邦的制度和价值

城邦诞生于公元前八世纪，基于一个新兴的公民身份理念。由于城邦是一种新型的政治形式，因此在这个早期阶段中，公民身份还不完善，最多也就是个刚刚出现的新观念。尽管如此，它至少暗示了三件事。首先，所有的公民都在集体福利中占有一定的份额——他们参与共同仪式，认可一个共同的城市中心，为了战争和国防一同动员起来，并开始把自我形象定义为这个或那个城邦的一位成员。公共生活（"dêmosion"，字面意思是"民众的事务"）对于民众成员们或被理解为一个统一整体的公民们而言，有着重要的意义。[②] 公民将把自己视为这个政治共同体的"股东"，并因此享有参与公共

[①] P.Vidal-Naquet, *The Black Hunter* (Baltimore, Johns Hopkins University Press,1986),15-38.

[②] P.J.Rhodes, "introduction" in Mitchell and Rhodes, *Development of the Polis*, 6-7.

生活的特权。反过来说，他们也要履行一定的责任，比如要定期服兵役，要进行集体投票选举，而且要在共同体的经济和社会生活中做一名遵纪守法的参与者。

其次，虽然没有被挑明，但可以从暗示中得知——公民身份意味着在一个血统纯正的成年男性们所组成的特权集团之中的基本平等（尽管还是粗略的、参差不齐的）。这并不意味着当时没有经济上或政治上的等级（差别），而是意味着基本的行为准则和对城邦有份的每个人的行为和尊重的最低标准。举例而言，公民们不能被合法地卖为奴隶，或者在非法的情况下被强迫为别人工作。若是侵犯了公民，一定会遭受惩罚。即使是处于最早的城邦（公元前八世纪）的公民们，也依然是他们社会的正义标准的受益人。他们也参与了关于"这些标准应该是什么样的"的讨论，最早的刻在石头上的希腊法律自豪地宣称：它们被城市和人民所批准和通过了。

最后，公民身份暗示了一种重要的排他性。在政治共同体中，妇女和奴隶不可能充分和积极地享有权力。（妇女在社会上扮演一定的公共角色，比如说在宗教方面。）而外国的自由民入籍的情况则极为罕见。此外，在通常情况下，还有一些基于财产资格的正式排他性规定（比如：不得担任公职）。在公元前八世纪，公民身份的这三个特征还不是正式的或普遍的。但是，从这个世纪起，城邦就成了希腊的一种普遍的政治形式。公民身份逐渐开始在整个希腊城邦世界里显现这些特征。

作为这个"共同的政治历险"中的利益相关者或股东，公民们要对社会保持忠诚。反过来看，他们完全有资格受益于社会的法律、宗教、社会和经济实践。所以说，从公民的"权利和责任"的角度看，就不难理解早期的希腊诗人和思想家在探究政治领域时，将正义当成他们的主要关注点了。因为所有的思想家（无论是群体还是个人）都相信：所有作为"公民"的公民都享有公正对待。推而广之，正义是政治健康的关键前提，这或者是因为神被认为会惩罚不义者，或是因为公民的正义要求如果被侵犯或忽视，就会对他们的压迫者充满敌意。

4. 何为正义？被压迫者的声音与政治思想的起源

古风时代的古希腊人相信"所有的德性，整体而言都在于'正义'"（福西尼德 10 = 忒奥格尼斯 147）。不过，我们或者他们能说出"什么是正义"吗？或许对"正义"做出一个一般的抽象描述还是很容易的。例如，古代诗人西摩尼得斯（Simonides）就说："公正是给予所有人他们所应得的"，这个定义在柏拉图的《理想国》（331e）中曾被引用。但是，这并没有告诉我们许多信息；它将公正的种类定为"一种美德"，但并没有明确指出它的内容。按照"公正"的标准，社会应当给予每个人的，究竟是什么？或者就这件事而论，每个人应当给予社会的，又是什么？尽管许多诗人都就"合理份额"或者类似的事物展开过讨论，但没有人对于作为个人的社会美德的"公正"提出过一个系统阐释，也没有人详细描述过"一个公正的政治秩序"将会是什么样的。

古风希腊诗人们并没有提供一种关于"公正"的普遍理论，而是将注意力集中于具体事情上。有些人倾向于"说出自己的看法"，面对他人不义对待时表达愤慨或者怒气。① 事实上，粗略而言可以说：希腊政治思想产生于对不公正进行批判，并一直以此为主要内容。这种批评通常是针对那些城邦的专制统治者。例如赫西奥德的《工作与时日》中就警告了古代波埃提亚（Boeotia）的政治领袖："你们这些吞下贿赂进行正直审判的君主，小心吧！彻底在心中丢掉不公正的判决吧。"（263—264）再有，雅典的梭伦也抱怨过："人民的领袖的思想是不公正的；他们强烈的傲慢会使他们遭受痛苦，因为他们不知道如何抑制自己的贪婪。"（fr. 4.7—9）这些言论都回应了阿喀琉斯的抱怨——阿伽门农对更多利益的贪得无厌导致了他不公正地对待其政治下属们。在一个城邦内，这样的行为是格外令人讨厌的。从制度和思想上来看，城邦应当是一个可以通过鼓励尊重所有公民而实现社会公正的地方。

如果诗人们没有相关理论，他们该如何识别"不公正"呢？一个传统的方法是通过宗教的途径。赫西奥德宣称，神明会看出人类的不当行为，关注并惩罚之（文本4）。

> 4. 至于那些做了傲慢残酷之事的人，克洛诺斯之子——远见的宙斯，会对他们下令处罚。常常会因为一名恶人的令人发指的罪行，导致整个城邦都遭受惩罚……在这滋养丰厚的大地上，生活着成千上万由宙斯派出的、不朽的、监督着凡人的神明。他们监督着一切判决和令人震惊的行为。其中有一位主持公正的少女审判官，她就是被奥林匹斯众神所尊崇和敬重的宙斯之女。每当有人通过对他人的不公正指控而损害到她时，她都会在第一时间坐到自己的父亲——克洛诺斯之子——宙斯的面前，并描述那些人不公正

---

① 同样，对于赫拉克利特来说，不正义和不平等会使人注意到正义的重要性（DK 22 B 23）。

的想法,直到普通人民为自己领袖的傲慢行为付出代价为止。(WD 238—261)

这是贯穿整个远古时期的一个共同信念。但是如上所述,这个观念就太简单了,对公民们没有什么帮助启发。因为在这个粗略的表述下,赫西奥德的信念显然是不真实的:做了坏事的人其实过得都挺滋润的。至于许多希腊诗人说神明会在地狱里惩罚那些邪恶之辈的子孙,显然对人安慰不大。

更重要的是,宗教观点中的"公正"与"不公正"总是需要由人来解释。赫西奥德不能简单地把"公正"与"不公正"留给神明去处置。诗人自己也花了大量的时间,来解释什么是"不公正"及其原因,即使他声称这是神的制裁。在古希腊的城邦内,存在一种对古代文化而言显得十分反常的现象:在人们对不同的宗教解释发生争执时,没有更高等的、能对其提出申诉的权威。没有神圣经典、职业性祭司阶层、祖先的智慧,或者任何类似的、可以对其提出申诉的事物。那里唯一可以依靠的,只是规范性的论证。这意味着人类的理解和在劝说方面所付出的努力,是发展一种正义观的关键,甚至在宗教的框架内也是如此。因为如何解释神和人类之间的关系的问题,是可以公开辩论的。[①]

因此,批评"通常政治"的人发展了对他们观点的解释、论证和说明。他们在这样做的过程中,必须像阿喀琉斯那样,诉诸他们的观众们的预先存在的、根深蒂固的信仰、直觉和理想。通常,这样的信仰和预设体现在法律或传统中。然而,就像诉诸宗教规范那样,对法律和习俗的诉诸也需要放在具体背景下仔细解释。就像后来古代理论家们所看到的那样,法律是一种普遍而迟钝的工具;在具体背景下,人们需要对法律在特定案例中的应用进行演绎推理。此外,更深入来说,当诗人或政治参与者们在传统理想当中碰上了矛盾或模棱两可之处时,有可能会对流行做法以及法律和文化规范进行批判。本质上,这就是阿喀琉斯对阿伽门农进行批判的形式;阿喀琉斯诉诸他的观众们的先有的、关于公平分配和良好品性的信念;而且他的论证压倒了阿伽门农诉诸自己的声望和权威提出的反驳。

不管他们的呼求使用什么样的形式,诗人和他的角色们都在这个充满争议的政治世界中采取了一定的立场。公民们对于特定语境中的分配问题和如何描述德性与邪恶,存在着不同的观点。为了帮助解决(或者至少是阐明)

---

① 有关希腊政治生活的这一特点,参看 J.-P. Vernant, *The Origins of Greek Thought* (Ithaca, Cornell University Press, 1982)。

这些不同观点,诗人们把"公正"分解成它的许多祖传部分,或是更为基础性的元素。他们尤其注重这样一种信念——"公正"是从一种对"平等"的承诺中产生的。

众所周知,"平等"是一个令人困扰的概念。就目前普遍看法而言,"平等"通常被理解为"机会上的平等"——在一个现代民主国家中,所有公民都应该有平等的机会诉诸法律、追求生活成就、运用基本自由权利。但还有另一种意义上的平等——对他人作为人的平等道德尊重——在现代世界里,这可能是更根本性的。作为生活在稳固的宗族制文化中的奴隶主们,希腊人通常是很难同意这种观点的。但作为城邦公民,处于"由成年的男性自由民所组成的社会"中,这些城邦内的成员认可了一种类似的观点,这基于他们作为公民所享有的"权利和责任"。问题是:在城市的权力与资源分配中,这个基本概念是如何体现自己的?这就是争议的核心要点。对所有同时代的人来说,很明显,在古代城邦内没有社会或经济平等。这些非政治领域中的等级制度是否会影响到政治行为和分配呢?政治等级制如何能被合理证明呢(如果它可以证明的话)?对于那些展示了积极的领导能力的优秀个人,要给予他们什么样的特殊地位呢?

为了了解"平等"意味着什么、基于什么的问题,早期思想家们不得不考虑这个问题:在社会中,如何区分(如果可区分的话)领导者们和追随者们?这也是《伊利亚特》和《奥德赛》中的一个核心问题。荷马史诗关注的是一群被他们的俊美、战斗力、智力、等级和特权所规定的英雄。这些英雄很少会受到普通战士群体的挑战。不过,低等级的塞尔西忒斯(Thersites)是一个例外。此人常常批判领导(2.211–216),我们可以看到,他还谴责了阿伽门农的贪得无厌(文本5),并且热切于激起战友们的怒火。

5. 阿特柔斯之子,你现在有什么抱怨的呢,你还想获得什么呢?你的房舍里全是青铜,而且你拥有众多美丽的女子,每当我们攻陷了一个城市,阿卡亚人都首先将她们奉送给你。或者你还想要更多的黄金?……作为一个指挥官,你将阿卡亚人的子孙引向痛苦,你这样做是错误的。你这个软弱的人,你会遭受耻辱,你这个阿卡亚女人,你再也不是阿卡亚的男人。我们将回到船上去,将你这样的人留在特洛伊去整理你自己的奖赏吧,到时你就会知道,我们还会不会去救你这样的人。(*Iliad* 2.225-229,233-238)

塞尔西忒斯在奥德修斯的暴打下痛苦不堪，这给其他普通士兵带来了巨大的喜悦，他们笑骂哭泣的塞尔西忒斯。荷马的这段叙述强调了领导人的重要和他们几乎不容置疑的权威，正如塞尔西忒斯的批判被奥德修斯对阿伽门农的特权的重申所"打住"。有意思的是，其他卖命为阿伽门农赢得更多荣耀的普通士兵，也参与了这个等级和权威体系的维护，而这个体系却并不保障这些士兵的物质利益。

通过将塞尔西忒斯描绘成一个"无足轻重的惹麻烦者"，诗人"自然化"了一种关于士兵和领袖的关系的独特观点。荷马的叙述并非对事实的记载，而毋宁说是关于"在既定的政治团体中，事物应该是怎样的"的意识形态观点。他认为，政治健康和集体安全靠的是对领袖的遵从，以及领袖们对彼此的诉求的了然于心。然而人们常常注意到：塞尔西忒斯的怨言反映了阿喀琉斯的不满。这或许暗示：如果精英中最重要的成员之一打破了等级，精英就会有危险了。如果阿喀琉斯干出令人难以置信的事，并大力声援塞尔西忒斯这类人的明显合法诉求的话，那么这个系统将会分崩瓦解。因此，在这些事件中，诗人提出了关于等级与平等的问题，这一问题与早期希腊公民的关注直接有关。正如我们将会看到的，有一些诗人更同情塞尔西忒斯的理由，故而对荷马在政治关系方面的精英式观点提出了抨击。

荷马和赫西奥德以不同的方式，同样论及了精英掌权者和普通公民之间具有争议的关系。早期的城邦是被富有的土地精英们所控制的。为了巩固自己在政治等级上的位置，他们常常为自己构建精致的贵族血统谱系。而城邦的底层人民尽管拥有自由民和公民的身份，却拥有很少的土地或没有土地——这使他们无法在保卫城市中发挥重要作用。而最大的人群则是中产阶级，他们差不多占了总人数的一半。① 这就是那些"中等资产的"农民，他们能够购买重装盔甲，是城市军事力量的主要来源。基于其作战方式，他们有时会被称为"重装兵"阶层，是早期希腊城邦的骨干。这些人是城邦里的模范公民，并在这三个方面为城邦服务：作为农民、作为战士，以及作为公众集会中的选民。当我们知道了这种基本社会学之后，就可以更好地理解早期希腊城邦内的阶级冲突，及其和有关正义的政治思想之间的关系。

有些主张阶级分化的要求是基于诸如财富、出生、优越品德、战斗力等等之上的。当忒奥格尼斯说："尽管塞俄诺斯（Cyrnus）是那些头脑肤浅的人民的堡垒与城墙，但这个好人只分到了极少的荣誉"时（233-234），他的

---

① 有关居中群体的所有方面，包括它在城邦中的规模和位置，参看 Raaflaub, "Homer to Solon" and Hanson, *The Other Greeks*。

话便是基于"贵族固有的宝贵品质"对政治等级制的热切呼吁。这种对等级制的呼吁,常常会转化为社会或道德领域中的功绩逻辑(logic of merit),阿喀琉斯正是将其用于军事背景中。这个逻辑有助于建立政治正义的基本原则:对平等的人进行平等的分配,对不平等的人进行不平等的分配。从这个原则看,最重要的问题变成了:城邦——作为一个比军队复杂得多的团体——是为什么而存在的?只有通过确定了城邦的目标,公民们才能明确判定什么算是"功绩"。忒奥格尼斯的"高贵者"究竟对什么做出了功勋卓著的贡献?

5. 平等派的回应

如果我们将对这些问题的回应分成两大类——"平等派的"和"精英派的"回应——那将不无益处。① 平等派的回应主要是担任重装兵和在公民大会投票的小农户们做出的。这些人通常被描绘成"居中者"。事实上,他们在经济等级中处于中间位置,但他们的"居中"地位其实是一种意识形态的构想,这为他们创造了一种同极度富裕者和极度贫困者都分离开来的道德空间。就如弗居里德(Phocylides)简洁地说的:"家道小康,其德无量。栖身斯邦,但求小康。"(fr.12)这种对"居中者"的赞许性称呼,意味着弗居里德希望在城邦中过公共生活,并为自己所拥护的分配选择负起公共责任;而且能同更高或更低的阶级分离开来,并比他们更具有政治德性。关于"中庸之道"和"在所有事情中保持适度"的著名观点,最终基于这种小农户们占据的政治上"居中"的地位。这种居中的理想反对在它看来是破坏性的精英抱负。(文本6)

> 6. 我无视黄金满屋的巨吉斯(Gyges),
> 嫉妒也绝不能把我折磨。
> 不羡慕诸神之所为,也不渴望执掌君权;
> 这一切都不入我的眼。(Archilochus, fr.19)

为了具体落实他们的政治价值,平等派的诗人们选择关注什么是"好人"与"好的人类生活"。他们通过一种关于品性优缺点的具体术语,探究

---

① 有关这一基本类型学,以及它在用于古风时代诗歌和历史中的饶有兴味的发展,参看 Morris, *Archaeology*, 155-191 and Kurke, *Coins*, 6-37。

了那些关于"公正"的抽象议题。赫西奥德的《工作与时日》(约公元前700年)传达了一种关于"古风时代的城邦是怎样以及应该是什么样的"的平等派观点。它采取了一种农业手册和年鉴的框架形式,向它的听众传授如何成功务农,这本书通常被归入"智慧文献"的大类中。与荷马史诗相似,这本书在关于公正和政治健康的争论中持有自己的立场。对赫西奥德而言,精英往往是"贿赂吞噬者",他们滥用自己的权力。赫西奥德相信,上帝最终会给予他们惩罚,但他们对此并不在乎。在审判赫西奥德的遗产案时,那些城邦的"君王"做出审判只是为了自己的利益。至少从赫西奥德批评精英的贪婪和缺乏自制来看,他是在重塑阿喀琉斯对不公正统治的批判。[①]

他还批评了那些处于共同体经济最底层的人。他从那些穷人身上发现了懒惰和缺乏谨慎的缺点。赫西奥德发展了一种普遍的且常常有害的意识形态构想,他认为人们对自己的贫穷是负有责任的——赫西奥德的观点来自这一信念:宙斯会让那些像他那样勤劳的农户取得成功。赫西奥德也谴责了那些同精英相勾结的普通公民,从而把自己塑造成一个更可靠、更强大的塞尔西忒斯。他还痛斥了自己的兄弟珀尔修斯(Perses),这是个在法庭上"用舌头来偷窃"的说谎者,他骗走了赫西奥德的继承权。他不仅拿走了比自己应得的合理份额更多的东西,还缺乏诚信——一个表达人们对同胞的应有尊重的核心特征。因此,赫西奥德通过人品罪恶的语言,开始讨论那些造成了城邦里公正和不公正分配的条件。于是,他在这个主题所允许的范围内,尽可能具体详细地说明了:在古风时代的城邦中,公正以及相关的德性行为意味着什么。

赫西奥德对他人的批判,与他对自己品性的积极评价形成了深刻对比。他所坚持的格言是:"工作,工作,再工作。"(382)赫西奥德认为,在他保持自力更生、勤奋和认真的前提下,"工作"可以保证他拥有适中但充足的农业收获。赫西奥德憎恨不当得利,但他尊重通过努力工作所取得的成果;他认为借贷和乞讨是不光彩的,并强调了所有事物中的措施、良好时机和比率(cf. 694)。赫西奥德通过对这些美德及同胞们的相反恶行的描绘,给我们呈现了一幅关于平等派意识形态的清晰图景。赫西奥德声称自己是公平的、正当获益的、谦虚的、谨慎的、勤劳的。即使没有清晰地阐明城邦的目的,他的话还是明确地显示了:赫西奥德渴望过上一种繁荣而简单的生活。他并没有渴望得到巨额财富或政权的巨大野心,更别说想打仗了。赫西奥德有力地解释了:为什么他人的恶习会导致政治腐败。然而引人侧目的是,虽

---

① Balot, *GICA*, 70-73.

然赫西奥德对"居中"品性颂扬，却没有得出推翻现有政治等级体系的革命结论。我们必须等待（正如我们将会看到的）雅典民主，才能看到这种提倡改革的大胆呼吁。即使如此，赫西奥德声称自己所拥有的明智和道德智慧，将成为他自我形象的中心，故而也会成为其他平等派思想家的政治主张的中心（那些思想家反对精英的政治优势，支持一种基础更广泛的公职分配）。当然，就如赫西奥德那样，这些思想家需要从"什么是对城邦有好处的"的角度来设计自己的论证。

6. 精英派的回应

相比之下，"精英派"的传统更加支离破碎。而且部分由于这个原因，它的道德力量比平等派观点的更小。正如我们已经看到的那样，荷马史诗是叙事性的，倾向于将精英派政治"自然化"。此外，可以在《伊利亚特》中找到精英派政治最具体的、可信的论证：就如萨尔珀冬（Sarpedon）对格劳科斯（Glaucus）所解释的那样，英雄们通过他们（尤其是在军事上）的领导才能，在共同体中赢得了荣誉职位（文本7）。

> 7. 格劳科斯，为什么我们两人在吕底亚（Lycia）拥有最高的荣誉，大块的肉、满杯的酒，所有人都将我们视若神明，而且我们在克珊托斯（Xanthus）河岸上被授予了大片的土地，拥有广阔的果园和麦地？我们现在必须站在吕底亚人的最前线，并且加入激烈的战争中，那么全副武装的吕底亚人便会说，"带着荣誉——我们那统治着吕底亚的君主……他们站在吕底亚人阵线前端作战时力量出众。"(*Illiad* 12.310–321)

萨尔珀冬的逻辑是战场上双方的典型观点，尽管这些角色并非希腊人。它背后的基本信念是："为共同体提供保护，是功勋的最终形式"；因此，最大的特权是可靠的英雄们所应得的。

尽管不是那么明确，《奥德赛》提出了一种关于奥德修斯的君主统治的公正性的论证。这种被戏剧性地提炼的论证说的是：奥德修斯对他的子民们而言就像一位父亲，他保卫自己的人民，使他们免受外敌、不懂自我克制的贵族以及彼此的侵犯。在奥德修斯离开伊萨卡之后，由于那些贪婪、傲慢、不知廉耻的富人贵族——奥德修斯之妻佩内洛普的求婚者们——的所作所为，一切都开始走下坡路。奥德修斯的儿子忒勒玛科斯直到父亲离家大约20年后才成年。因此，作为一个少年人，他很难阻止那些求婚者。与此同时，政治共同体能对这些求婚者施以——尽管还不太够——些许压力，来纠正他们的行为；除此之外，在奥德修斯离开的那段时间内，那些平日里受他管理的人还存有虔诚的愿望，希望神明会拯救他们。因此从实际上来说，伊萨卡的安宁，还是取决于奥德修斯的回归，以及他对自己权威的强力重申。当奥德修斯强调"为了共同利益，必须限制精英们"时，他为卓越的领导者们提供了一种霍布斯哲学式的正当理由。无论以哪种方式，荷马史诗都提供了某种解释，这是早期城邦里的精英们在宣称自己对政治和经济优势享有特权时可能会提出的。

这种"荷马式的精英统治"是十分强力的，因为它没有在"平等"问题本身上对平等主义者们做出任何让步。作为一种根本上属于平等主义的概念，公民身份倾向于在对城邦里的"公正"进行争论的过程中，为平等主义者们提供一种独特的道德优势。但含蓄地说，荷马史诗依然可以声称同意一种"把事物同等地分给平等的人"的公正观；只不过，君王对城邦的福利有着非凡的贡献，因此他们和普通公民之间是非常不平等的。因此，就如萨尔珀冬所指出的那样，尽管这的确有一点不公平，大家还是不该对精英们获得非凡特权感到生气。

但令人吃惊的是，除了荷马史诗以外，很难找到支持这种观点的论证。这些基于军事领导才能的精英派论证，相对而言比较稀缺。对此，我们该如何解释呢？其中一种因素可能是：在公元前七世纪中，人们日益清楚地看到——那些担任重甲兵军队的"居中"公民，而非领导者或英雄，需要负责保卫城邦。[①] 随着时间的推移，精英们在军事"功绩"上的垄断变得愈发不可信了。作为结果，精英们只能另外依靠对卓越的思维能力、道德、教育和高贵举止的主张了。比如，以弗所的赫拉克利特（前550—前480），这位早期哲学家曾写道："我认为一个人等于一万个人"（DK 22 B 49）——他可能故意不点明他所说的那"一人"的优势在哪里。而忒奥格尼斯则更明确地将道德和智力的优势，同特权的出身和财富相联结。他指示自己年轻的友人居尔努斯（Cyrnus）从贵族们身上学习高尚的品德，尤其是自我约束（文本8）。

---

① 这是对有关处境的一般化描述；有关重装兵战术的历史和类型，在希腊各地并不一样，参看 Hanson, *The Other Greeks*；有关重装兵战斗，参看 van Wees, "Development of the Hoplite Phalanx."

8. 居尔努斯，我好意给你一些建议吧，就像我小时候也从优秀的人那里获得建议一样。你要聪明，不要做可耻不义的事来获得荣誉、尊贵和财富。你要知道这些事情，并且不要和坏人结伴，而始终要与好人为伍。（Theogonis 27–32）

问题是，这种论证对功绩的声称，比荷马史诗中提出的论证更不明确。号召建立一种基于优雅或自制的政治等级，肯定很难为人接受。

即便如此，关注这样的争论还是值得的，因为忒奥格尼斯和其他诗人们以有意思的方式发展了有关"公正"和"德性"的术语，而且常常是在他们城邦中的冲突和竞争的背景下这么做的。例如在文本8中，忒奥格尼斯表述了一种适合他城市的高贵性的德性规则，因为他的地位受到了那些掌权的其他贵族和那些血统不正、财大气粗的家伙的威胁。就如阿尔凯奥斯在其他地方所哀叹的，最大的遗憾就是"金钱就是人格"（fr. 360，作者被归为斯巴达的阿里斯托德穆斯）。为了抵制弥漫着贪婪和不公正的盛行气氛，忒奥格尼斯称赞了这类高尚的美德——廉耻之心、忠于友谊、金钱上的自制，还有公正。在他看来，这些德性唯有贵族才具有。贵族们注定要一直保持卓越的美德，因为他们的美德是天生的，而非习得的："你永远别想通过教导，把一个底层人民变成一名贵族。"（437–438）所以，贵族们很可能会论证他们的权力地位是基于道德和理智的优越性，从而最终源于优越的天性。

然而他们这种优越性的态度，常常导致一些不切实际的愿望，并由此引起对他人的邪恶感到愤慨。忒奥格尼斯的文集中，首要的作诗驱动力，便是对那些被他称为"出身低贱者"或"不高贵者"的怒火。他想通过这项术语说明，那些底层暴发户同那些在他看来以不公正方式夺取政权或"背叛"自己应有价值观的人是一样的。对忒奥格尼斯而言，驱使着价值堕落的动力，本质上是贪婪："至今为止，贪婪比饥饿摧毁了更多人——所有那些图谋超出自己应有份额的人。"（605–606）他哀叹当时纷繁复杂的经济变化所带来的欲壑难填的世界。道德败坏的后果就是城邦的不稳定。（文本9）

9. 诚然，人们没救了，他们在干这样的事：他们迫使高尚的舵手停下自己的专业监督，他们通过暴力攫取财富，秩序荡然无存，不再有公平适中的分配。商人在统治，低贱的人站在高贵的人头上。我担心大浪终会将船只吞噬。（Theogonis 674–680）

通过"国家之船"的意象，忒奥格尼斯明确地阐明了：出于贪婪和权力欲望的、对公正分配的不敬，正在摧毁他的故乡。这是对不义毁灭政治可能性的方式的高度世俗化的解释。

对忒奥格尼斯而言，政治混乱预示着专制的崛起。就如他所说的："从危害共同体的私人利益中，会产生内部冲突、弑亲者以及僭主。"（50–52）"僭主"是一个独裁者，且常常是一名贵族。这名贵族已打败了所有竞争对手，对他而言，已经没有任何值得一提的挑战者了。后来，在公元前五世纪，僭主作为政治罪恶的象征几乎遭受到普遍的谴责。然而在古风时代，除了战败贵族的不满抱怨之外，我们很少能找到有关僭主在城邦中所扮演的角色的政治分析。①

举例而言，莱斯博斯岛的阿乐凯奥斯，以非婚生子、肥头大耳和危害城邦的理由谴责了米蒂利尼的僭主庇塔库斯（Pittacus）。然而和忒奥格尼斯不同的是，他没有提供任何关于这位贵族的积极评价，仅仅以通常方式对其谩骂，因为他在政治竞争中失败且明显被迫流亡。阿尔凯奥斯偶尔会试图通过友谊和饮酒的快乐来逃避政治，但我们通过他的诗歌可以得知，他因其他贵族的成功而感到烦恼。阿尔凯奥斯在谈到庇塔库斯时曾说："让他同阿特历戴（Atridai）家结婚并吞噬城邦，就如他吞噬密西鲁斯（Myrsilus）那样，直到战神希望我们动用武力。就让我们忘却愤怒吧，让我们放弃吞噬人心的争吵和公民冲突吧——这些冲突是奥林匹斯的一位神灵激起的，它把人民领向毁灭，却给予了庇塔库斯可喜的荣耀。"（fr. 70.6–13）② 阿尔凯奥斯对庇塔库斯的权力感到深深的不满，他用人们咒骂贪婪的常用术语，说庇塔库斯是个"吞噬"城市的贵族。这位诗人拼命想摆脱自己的怒火，但他很难找到宽慰。在阿尔凯奥斯的其他诗歌里（e.g., fr. 129）能找到有关"公共服务"的少许内容，但比起对公正的批判性思考，他的诗歌更倾向于自我宣泄式的咒骂。他的诗歌使他成了"怨恨"者的典范。

其他精英派诗人们则采取了完全不同的方法。许多诗人鼓励贵族们通过彻底拒斥城邦，培养一种唯有富人才能享有的生活方式，来寻求自尊和正统地位。一首莎福的诗歌残篇这样写道："我妈妈曾经告诉我，在她年轻的时代，用紫色花环缠头发是一种很好的装饰——事实上这的确很棒；但对

---

① 对于古风时代僭主制、忒奥格尼斯和阿尔凯奥斯的一个有益的批评性讨论，可以见 Osborne, *Greece in the Making*,190-197。

② Tr. D.A.Campbell, *Greek Lyric I: Sappho and Alcaeus* (Cambridge, Mass., Harvard University Press, 1982), adapted.

那些头发比火炬更耀眼的金发美女来说，戴那种繁花盛开的花环是个更好的选择。而最近……一种源自萨迪斯的彩色头巾则更为流行。"(fr. 98)① 这是一首关于奢侈、财富和优雅生活方式的诗歌。② 它注重自然之美和珍贵精致的装饰物，并同东部富甲天下的地区（比如吕底亚的首都萨迪斯）有着密切联系。

这些价值观是一种鲜明的阶级和地位现象的一部分。它们站在依据风格、举止和外表而声称自己优越的世界性精英的立场上，表达了对赫西奥德对城邦公民德性的顽强坚持的反对。有人也许会把它同弥涅墨斯的类似诗歌加以比较，并把它放到一种自然而色情的表述中："倘若没有爱情，生活还算得上生活吗？快乐还算得上快乐吗？秘密之爱、温柔的礼物和床事，这些诱惑着男男女女的年轻花朵——如果它们不再吸引我，那我将会死去。"(fr. 1)从梭伦的诗歌中，我们可以找到对这种理想的另一个表达："那些拥有亲爱的孩子、单蹄骏马、猎犬以及国外客友的人，享福不浅啊。"(fr. 23) 梭伦这是在颂扬贵族娱乐方式，比如狩猎、养马、异国恋甚至孪童恋。

这些诗歌在远离政治中，做出了一种政治声明：城邦政治并非一种能让真正贵族获得自身幸福的环境。就他们离开城邦而言，精英们也放弃了对公正的争论。他们的举动不过是一种向理想化过去的撤退，一种从城市公共空间到向"小群体"的私人享受的撤退。如是而言，这种模式下的"政治"意味着：同其他城邦中处境相同的精英组成联盟，这些梭伦所说的"外国友人"努力在城邦之外，为自己创造一种有意义的公共空间。赫西奥德那样的小农在政治、经济和战争的领域构成了城邦的骨干，他们会对这种精美、细致和超城邦认同感到极大的藐视。这些精英远离城邦，并成为反政治的起源。

通过对古风时代各种诗人的思考，我们已经确认了精英中的两大主要派别。忒奥格尼斯派在政治和情感上都参与到城邦之中，但最终接受排斥而退隐。忒奥格尼斯留给人们的是势利态度。有些出身低贱或是贵族的人成功地飞黄腾达，而忒奥格尼斯的贵族观为对他们的道德批判提供了一个视点。忒奥格尼斯和那些类似他的人（比如阿尔凯奥斯），仅仅在这种意义下属于"反城邦"的世界——他们抛弃的是当前治理下的城邦，而非城邦本身或政治参与。

相比之下，那些倡导奢侈生活方式的"高雅"贵族，是在更深刻的意义上"反城邦"。他们非常惧怕古风时代城邦的多样性，以至于他们彻底排斥所有政治对话的杂乱闹哄，寻求志同道合的贵族们一起生活的更平静的世

---

① Tr. Campbell adapted.

② 参看 L.Kurke, "The Politics of *Habrosune* in Archaic Greece," *Classical Antiquity* 11.1(1992) 91-120。

界。① 这肯定是一种政治思想，但是它的要点是拒绝政治，并创造一种封闭且统一的共同体。然而正如亚里士多德在他的《政治学》中指出的："很明显，如果一个共同体变得越来越统一，那它将不再是一个城邦；因为城邦本质上说是一种多样化人群……城邦所包含的人民不仅仅有一定数量，还有各式各样的种类。一群相同的人肯定无法组成一个城邦。"（II.2.1261a16–24）在亚里士多德看来，如果没有了多样性，那城邦将不再是一个政治性场所——政治就是通过对品格和分配的对话达成差异中的一致的过程。读者们应该根据第一章中对"政治"的阐述来理解贵族们对政治的退出。

无论精英与政治事务的关联是怎样的，我们已通过"理想"的范畴进行了这一分析。在实践中，精英们会根据他们的处境以不同形式出面。事实上，阿尔凯奥斯和忒奥格尼斯所担心的"僭主"往往也是贵族，而且得到了他们的普世性"外国友人"在军事和经济上的支持。因此，事实证明，那些追求超城邦关系的"高雅"反政治贵族可以轻易利用那些关系，来攻击他们之前退出的城邦的政府！当然，这并不意味着他们这么做能得到真正的政治正当性证明……

7. 案例研究：斯巴达与"勇气"政治

许多城邦都曾经历敌对贵族间的内部斗争，同时伴有人们对贵族的自我优越性主张的攻击。因为整个希腊世界广泛共享的政治经验，而且因为大部分早期希腊诗人都参与了一种关于政治的泛希腊对话，因此不难理解，我们将早期政治思想视作一种统一的对话。地域性差异也是很值得我们深入研究的一个问题。如果能更好地理解城邦的特殊性，那将有助于我们对古风时代及其后时期政治思想演变的描绘。关于斯巴达和雅典这两个城邦，我们听闻过大量来自提尔泰俄斯（Tyrtaios）②和梭伦（Solon）③的著名诗歌。他们的诗

---

① 就一般概念而言，可以参看 Saxonhouse, *Fear of Diversity*。
② 提尔泰俄斯（Tyrtaios），公元前七世纪希腊斯巴达的诗人，以写哀歌著称。亚历山大里亚的学者曾搜集他的作品，编为 5 卷，包括战歌、哀歌体的《劝诫诗》和政治诗，但流传到今的只有 5 首完整的诗和一些残篇。他的诗歌涉及斯巴达生活的各个方面，歌颂祖国是最突出的主题。他在诗歌中赞美斯巴达的勇武传统，谴责自私和希腊人之间的纷争，描绘逃亡者在异乡的悲惨生活和懦夫蒙受的耻辱，呼吁同胞同仇敌忾，不惜牺牲，站到前列去和敌人战斗。他的诗歌用爱奥尼亚方言写成，质朴而有力。——译者注
③ 梭伦（Solon，前 638 年—前 559），雅典贵族，年轻时游历过许多地方，考察社会风情，是古代希腊七贤之一。梭伦在前 594 年担任雅典第一任执政官，制定法律，进行改革。他在诗歌方面也有成就，诗作主要赞颂城邦及法律。——译者注

文尚得幸存，而且这两个城邦在古典时代会发挥关键性作用，因此我们值得把它们单独挑出来给予特殊处理。就斯巴达而言，特殊待遇几乎从来都是一个既成事实。因为在历史当中，斯巴达很早便有意识地使其社会和政治安排与其他城邦相比脱颖而出。尽管如此，我们很难区分"真实的"早期斯巴达和当今所知的"斯巴达幻影"①——一种起源于公元前五世纪晚期希腊的神话图景，它将斯巴达描绘为"纪律严格的德性与平等之乡"。

斯巴达对拉科尼亚（Laconia）②施以霸权，并奴役周边的麦西尼亚（Messenia）③人民，因此它得以出类拔萃。在公元前八世纪末，麦西尼亚人成了斯巴达的国有奴隶，他们被称为希洛人（Helot），并在斯巴达人的土地上劳作。这使得斯巴达人摆脱了大多数其他希腊人那样的小农命运，并能专注于军事服务和政治参与。事实上，（历史证明）他们十分惧怕希洛人的起义，这无形中使得建立公民常备军成为一种必需。在严格的训练之下，斯巴达逐渐成了军事化程度最高的希腊城邦，组建了威震天下的公民战斗部队。在其早期历史中，斯巴达人民还建立了一种国有土地制度，它为全体公民创建了一种经济最低标准，并强化了这一基本思想：全体斯巴达人民都是"平等者"（*homoioi*）或"相似者"。人们普遍认为，到了公元前七世纪，斯巴达已拥有一支专业化军队，达到了粗略（但肯定不完全）的经济平等，培养了一种（与希洛人及其他藩属人民相分离的）强有力的公民认同概念，并在政治机制中拥有正规的等级体系。④

斯巴达的政治等级体系蕴含在现代人或许可以称其为斯巴达的"立国文献"的所谓 Great Rhetra（"大宣言"）中，提尔泰俄斯引用了它："听到太阳神的声音之后，他们从皮托（Pytho，太阳神庙）那里带回了神谕和可靠的预言：被神授予荣誉的君王们关心着可爱的斯巴达，他们将同长老一道提出建议；然后那些坦诚回应的人民将说出光荣的话，做公正的事，从不

---

① 二十世纪三十年代，弗朗索瓦·奥利尔（Francois Ollier）第一次使用了"斯巴达幻影"（Spartan mirage）这个词，其含义是自古以来对斯巴达社会作为古代希腊与众不同的最佳城邦的描述是理想化的、不真实的，很大程度上是想象的。具体来说，"斯巴达幻影"的古典版本有三个方面。第一，斯巴达城邦是唯一避免了内部无序的城邦。第二，这种乌托邦社会归功于斯巴达公民，他们忠实地遵守立法机构的创始人莱库格斯定下的法律。第三，这些法律通过国家的各种教化方式，已经深刻渗透到公共生活和私人生活中。——译者注
② 拉科尼亚（Laconia），希腊伯罗奔尼撒半岛东南部分的区域。——译者注
③ 麦西尼亚位于希腊伯罗奔尼撒半岛西南部，公元前八世纪和公元前七世纪斯巴达与麦西尼亚发生过多次战争。最终斯巴达胜利镇压了当地人的造反。公元前600年，终于彻底控制麦西尼亚。——译者注
④ 对此的一个出色简要探讨，可以参看 Raaflaub, *CHGRPT*, 37-48。

第二章 古风时代希腊和正义的中心性

图谋伤害城邦；胜利与权力将会降临在人民群众身上。"（fr. 4）这段残篇显示，从形式上看，在斯巴达政治中，两位君王、长老委员会及平等大众，都被分配了权益和责任。在源自后世作者们的其他片段和引文中存在着一些争议，即，最终决定权究竟属于人民还是属于长老。但最重要的一点是等级制具有准宪法式的正规形式。在其他地方我们只能观察到它的非正规形式。这些角色规定创建了一座持续稳定的城邦，它差不多维持了 400 年而鲜有公民冲突。或许是因为这个原因，提及"大宣言"的提尔泰俄斯诗歌后来被称作"良法"（eunomia）①——"秩序"。斯巴达通过建立一种在社会和经济上对公民利益进行公正分配的制度，获得了长期稳定。确实，这幅图景在某种程度上在斯巴达的公民等级内部是非常准确的。令人感到讽刺的是，以平等、稳定和战斗力沾沾自夸的文化，靠的是强迫另一地区人民奴役劳动——而且，那些奴隶们还不断对其主人造成军事威胁。从这个角度来看，斯巴达差不多提供了一种所谓的"效用魔鬼"（utility monster）②的范例——功利原则的一种反例：无论如何，必须最大程度地实现幸福，即便为了某些人的幸福要奴役其他人。毫无疑问，被奴役的麦西尼亚人为斯巴达人民带来了效益，但他们的存在带来了一种令人恐惧的气氛，并严重降低了斯巴达人民的自由能力。从我们的角度来看，斯巴达更像一个伪造成城邦的军国主义阵营，而非一种能实现丰富多样的人类福祉的政治文化。

斯巴达的高度军国主义文化，使得这个城邦在勇气和刚毅方面骄傲无比。在早期希腊城邦中，勇气之德是典型的品格卓越性，以至于在早期希腊诗歌中，通用希腊词汇中的"德性"（aretê）一词本身就意味着"勇气"或"勇敢"。荷马式英雄们对这种最重要的德性有高度完善的概念。举例而言，伊多墨纽斯（Idomeneus）③通过对他的一位船员的勇气的极其反思的阐述——包括细心关注生理、情绪和显示背景——使其恢复了信心。（文本 10）

    10. "我知道你的风格、你的勇气。你无须告诉我。如果当现在我们能在船上团结一致时，我们最好的战士选择了伏击——这是

---

① 在希腊神话中，主神宙斯与法律女神忒弥斯有三个女儿，其中之一即秩序女神欧诺弥斯（Eunomia），作为法律和秩序女神，她负责维护社会的安定。——译者注
② 为了反对功利主义，当代政治哲学家诺齐克曾提出一个"效用魔鬼"的论证。他说，如果存在一个效用魔鬼（utility monster），他可以吸食无限的资源，并且高效地将资源转化为福利，那么功利主义就会允许把全部资源都分配给这个恶魔。功利主义允许全人类过着悲惨的生活，从而为这个恶魔服务。——译者注
③ 伊多墨纽斯是特洛伊战争中的希腊领袖之一。——译者注

最能让人看出一个战士的勇气的地方,因为这里最能体现一个人是勇敢还是懦弱……勇敢战士的皮肤从不(因害怕而)泛白。他能控制自我,会紧张但不会很害怕。在他加入一群伏击的战友的那一刻,他希望大开杀戒、兵刃相交。谁能否认你的勇敢,你战斗的双手吗?"(伊利亚特 13.275-287,tr Fagles)

与伊多墨纽斯对个体英雄的关注相比,斯巴达的提尔泰俄斯赞扬了集结的步兵方阵中所显示出的勇气。(文本 11)

11. 没有人能在战争中大展身手,除非他能习惯于目睹血腥屠杀,稳步推进,杀向敌人。这就是卓越,这是人类最高的奖项,也是年轻人渴望赢得的最崇高声誉。谁是一个城市及其全体人民的共同利益呢?就是那坚定地站在阵线最前一排、一直坚持不退的人,他想都不会想丢脸的逃跑,他全神贯注,英勇奋发,不断鼓励战友并肩作战。(提尔泰俄斯 fr. 12, tr. Gerber)

在提尔泰俄斯的概念中,军事勇气是 *aretê* 或人类卓越性的最真实表达,这与其他诗人对优雅、忠诚、自我控制及正义的强调形成鲜明对比。只有"勇气"才能使城市受益,这是任何其他德性都做不到的。这是对军事功绩的荷马式强调的有力的再次启用,如今所颂扬的是普通公民的价值,作为重装步兵,他们对城邦的安全和福祉做出了最大贡献。

这种对军国主义勇气的全心全意奉献究竟有何含义?把"男子气概"置于政治中心的做法究竟意味着什么?柏拉图和亚里士多德对斯巴达进行了严厉批判,因为它在过于重视勇气的同时,牺牲了诸如正义或自制一类的其他德性。Arete 及其古典对应词 andreia 可以指更为广义的勇敢德性,同时也可以指在道德上不是那么美好的"好战"。我认为,后人的批判是正确的。将"勇气"或"男子气概(machismo)"置于政治中心的做法,一方面,会将一个城邦帝国主义化;另一方面,将使这个城邦无法享受和平带来的好处(参考第五章中的"亚里士多德分析帝国主义")。那些将勇气置于最高地位的人,总是会激起只有勇气才能扑灭的怒火;他们总是以某种方式解释局面,以便让自己的军国主义倾向显得重要和不可避免;他们经常将男性暴力变成对真正困境的唯一可接受的回应,以此来破坏真正公共对话的可能性。[①] 因

[①] Elshtain, *Women and War*: Elster, "Norms"; Rorty, "Two Faces."

此,斯巴达自我吹嘘的稳定性,与其说源自为了解决真正的政治分歧而寻求公正及合理的解决方案,更可能源于一种男性的反政治。换句话说,斯巴达将勇气强调为典型的人类德性的做法,使得进行政治讨论的空间变得非常狭小。斯巴达之所以有稳定和统一的可能,因为这个国家受到来自希洛人的内忧和侵略性邻国的外患,时常处于战时警惕之中。这使得斯巴达不可能(事实上似乎也不必要)享受和平的政治生活。尽管古代作家常常歌颂斯巴达的纪律、节俭和传统德性,这些所谓的德性在人类自由方面付出了沉重的、显而易见的代价。

8. 第二个案例研究:古风时期的雅典与正义的探寻

相比之下,雅典后来成了政治自由之乡——它因此也常常受到思想家们(比如柏拉图)的谴责,因为这些思想家重视斯巴达的严谨纪律,并对普通雅典人为自己思考的能力表示不信任。但是,在其早期历史中,雅典和其他希腊城邦遭遇了许多同样的难题,尤其是主要因为其精英的竞争所引起的社会和经济紧张问题。为了了解在早期雅典,关键政治原则是如何被构建的,有必要对这些矛盾进行详细的探讨。

梭伦对雅典精英是这么说的:"他们靠不义之举而发财致富"(fr. 4.11)——他所讲的不义行为主要指贪婪和欲望。我们对公元前七和前六世纪雅典的大部分理解,来自梭伦的诗歌和考古学。两种文献都展现了精英的自我膨胀,这些精英在追求个人声望的过程中模仿荷马式英雄。举例而言,考古学表明,雅典精英们通过举办铺张着豪华家具、器皿的奢华宴会来炫耀和强化自己的地位——这些奢侈品必然是他们靠化公为私的本事弄来的。① 在城邦中,当他们利用社会资源来追求自己的地位时,他们的竞争性变得充满破坏性:"他们贪婪地窃取各种来源的财产,既不放过宗教财产也不放过私人财产。他们丝毫不尊重公正[女神]的威严基础。"②(fr. 4.12–14)精英把社会当成了自己的私有财产随意使用,他们常常把贫穷的债务人卖到国外,或者用其他方式滥用自己的权力。

雅典精英的相互竞争,不仅仅局限于政治权势者们进行象征性炫耀。这是一种复杂的现象。在拥有政治大权的人与新崛起的暴发户之间也有矛盾和

---

① S. Houby-Nielsen, "Interaction between Chieftains and Citizens?" *Acta Hyperborea* 4 (1992) 343-374.

② Tr. D.Gerber, *Greek Elegiac Poetry* (Cambridge, Mass.,Harverd University Press,1999),adapted.

紧张，后者可能由于传统安排的限制而无法满足自身政治野心。除了不断产生动荡，唯利是图的精英们还给雅典的小农户们带来了严酷的经济负担，他们通常需要把自己产量的六分之一献给富有的地主。总之，出于这些多方面引起挫折和内讧的原因，在公元前七世纪末至公元前六世纪早期，雅典出现了一种危机局面。在公元前594年，梭伦被选为仲裁官，并负责建立一种能减少雅典政治分歧的正式法律体系。

在此当中，穷人和富人们都受惠于梭伦的法典。[①] 穷人们不再能被合法地出售为债务奴隶；如果他们在精英官员的法律裁决中发现了错误之处，他们可以在由普通公民组成的平民法院提出上诉；佃农们不再对贵族地主负有任何经济义务；普通公民可以对离任官员进行正式审查。相比之下，富人们则保留了他们大部分的政治和经济特权。在梭伦改革的过程中，他们的权力没有被割让给一位受民众欢迎的僭主；他们保留了对最重要政治职位的掌控权，而且没有遭受"大规模的土地重新分配"这种当时许多希腊精英所惧怕的民主举措。梭伦的智慧的一个体现就是，他改造了上层阶级，使其精英身份取决于财富而非出身，从而减轻了那些因种种原因被排除于政权之外的富人的不满。既然所有群体都能从改革中受益，那么看来梭伦的职位起初是由全社会共同任命的。他的被任命体现了这种认识——只有建立和平、正当且被广为接受的政治原则，才能使雅典的混乱政治局面得以缓和。

即便如此，古代学者比如普鲁塔克（Plutarch，公元一世纪晚期到二世纪早期）[②] 认识到，只有当法律基于广泛共享的关于公正的信念时，才具备有效性。梭伦的诗歌帮助雅典人理解了两种关键的德性——自我约束和公平——的政治价值。因此，在梭伦的法典和诗歌中，我们可以看到希腊政治思想与不断发展的城邦政治规范的深刻接触。梭伦解决雅典危机的方法，便是关注政治的健康之源——公正。在他的解释中，"公正"是对权力、荣誉和资源的公平分配。一如往常，在这个等式中，"平等"意味着"与一个人的地位或功绩成比例"。举例而言，他这样总结自己法典的精神："我给予民众足够的特权，既不减少也不增加他们的荣誉。但对那些拥有权力并以自己的财富为荣的人，我也特别注意不让他们丢失身份。"（fr. 5.1-4）[③] 梭伦的比

[①] Balot, *GICA*.73-79.

[②] 普鲁塔克（Plutarch），约公元46—120年，罗马帝国时代的希腊作家，著作甚丰，以《希腊罗马名人合传》一书闻名后世。《道德论集》也有相当影响。——译者注

[③] Tr. Campbell adapted.

例公正意味着，他不会在简单平等的基础上重新分配土地（fr. 34.7–9）：他已经遵守了这个原则——"对平等的人平等分配，对不平等的人不平等分配。"从这个角度看，梭伦既非一名冷酷的平民主义者，也非一名自恋的贵族，而更像一位公平无偏地看待全城利益的改革者。梭伦被任命为仲裁人这件事，既不是由贵族的自私、也不是由公众的贪婪所推动的，而是出于双方群体的这种共识——只有当一名无党派偏见的改革者建立了一种思考并实践社会公正的务实方式时，才能实现政治稳定。

梭伦本人肯定看到了一个逻辑前提：只有当所有雅典人都把自己视作一个单一政治共同体中的一名成员时，这种所谓的比例公正才有意义，才能创造政治健康。从今天回顾，似乎雅典人很明显会自视为同胞公民，但是梭伦的诗歌表明，那个时代的人们认为这个城邦正处于内战之中："这种不可避免的伤害正在波及全城，城市正迅速落入奴隶制的悲惨境况中，这将激起公民的冲突，唤醒沉睡的战争……崇尚不义之举的敌人们正迅速地摧毁着这个可爱的城市。"（fr. 4.17–22）梭伦在这些诗句中是在暗示：竞争不休的精英们正在将雅典变为自我扩张的战场。精英们的所作所为使他们就像雅典的敌人——真正的敌人、外国的敌人。① 梭伦对债务奴役制的法令禁止，以及他基于财富对精英的重新定义，因此显得十分重要：它正式定义了雅典的公民权，并因此实际上就定义了雅典政治共同体。从今以后，这个共同体中的所有成员都因他们的公民身份地位，受到基本的"公民性"尊重。这种不受正式强制和约束的自由状态，实质上体现在梭伦对这个黑暗大地的解放②，就如他所说的那样（fr. 36.1–7）——即，他对曾压迫与羞辱普通雅典大众的佃农制度的废除。雅典可能仍然是一个战场，但由于梭伦改革的效应及其政治远见，那些战斗者将被迫承认自己同公民之间的内在关联，政治紧张局势将很有希望得到和平解决。

通过梭伦对共同体中所有成员都必须对彼此表达基本道德尊重的坚持，政治的观念尽管姗姗来迟，还是终于在雅典诞生了。这种基本的尊重，是进行有关共同体重要问题的公共对话的必要前提。但是，如果我们仅仅停在此处，那就是过于理想化地重塑历史了，而且在此过程中，远远未能公正对待梭伦深远的政治洞察力。因为梭伦认识到，如果他对社会和经济公正提出的

---

① E. K.Anhalt, *Solon the Singer: Politics and Poetics* (Lanham, Md., Rowman and Littlefield), 72-79.

② 黑色的土地，是梭伦的一首诗中的用语："在时间的裁判席面前，那奥林匹斯诸神的伟大母亲——黑色的土地，将是最好的证人，因为正是我，拔掉了众多的债权标，以前大地备受奴役，而如今已重获自由。"——译者注

计划要顺利得到贯彻的话，他就必须为雅典人塑造一种新的自我形象。他把自己视为对同胞公民的教育者："我内心命令我要教导雅典人这件事：混乱的状况会给城市带来灾难，而良好的秩序则会将一切安排妥当，并常常对不义之辈加以束缚。"（fr. 4.30–33）他以一组强大的概念和论证来解释：公正和政治健康取决于每位公民的德行。在某种程度上，他构想了贪婪者的令人反感的典型形象——梭伦期望用这些人的自我介绍来说明一切问题。例如，在他的一首诗中，他扮演了唱双簧的角色，用其对手和敌人的声音赞扬源自僭主制的利益。（文本 12）

> 12. "梭伦既非思想深刻者也非明智者；因为当神赐给他美事时，他却没拿；尽管他已在猎物周围撒下了巨大的网，他还是因为胆战心惊而无法将其捕获。他缺乏勇气和判断力。如果我能拥有雅典所有的财富、权力，哪怕只当一天僭主，即使家毁人亡我也会干的。"（fr. 33）

梭伦暗示，标准的物质欲望反映了关于自我利益和个人幸福的一种盲目、扭曲且荒谬的狭隘观点。对梭伦而言，只有当雅典政治共同体中的公民们表现出自我约束和相互尊重时，才能获得真正的幸福。

梭伦本人代表了新型雅典公民的模范德性。他说他认为自己具备涵养、避免僭主制以及拯救祖国等等，是一场胜利（fr. 32）。在他看来，比起自私和过分的穷兵黩武，这些德性更能帮他赢得当时所有野心勃勃的希腊人都渴望的名誉。通过放弃短期利益（比如财富和专制权力），并致力于为城邦谋福利，梭伦塑造了一种开明利己主义的概念，这将被雅典政治修辞术及后来的系统哲学多次运用。雅典的演说家们坚守一种观点——我认为是梭伦的观点——即：唯有通过对公平分配并从而对共同利益的高尚奉献精神，才能最佳地获得正确理解的个人幸福。具体来说，即使可能的僭主免于遭受严厉批判（文本 12），如果他在野心驱使下破坏了城邦结构的话，他的生活也比一个能自我克制、保持公正的公民要糟糕。

梭伦用高度传统化的一般性语言明确地表达了这么看的理由："因此，公众邪恶散播到了所有人的家里，院子的大门不再能够继续阻挡它，即使人们企图逃跑或藏入内室，它也能跨越高墙设法找到他们。[①]（fr. 4.26–29）"梭伦认为在公共利益和私人利益之间划出明显区别是毫无意义的。因为他的

[①] Anhalt, *Solon.* 108-110.

政治计划来源于自私精英和城邦集体利益之间的问题冲突。梭伦的主要观点是：只有当一个人在城邦中追求幸福，他才能获得正确理解的自我利益。即使没有任何神明的干预，对自我利益的狭隘追求也会导致政治动乱。要注意：这种观点和更为虔诚的赫西奥德观点是不一样的。（文本 2,4）

因此对梭伦而言，真正自我关注的个人不仅会发挥自己的德性，还会致力于城邦利益，因为他知道他的私人利益取决于共同体的健康。这种雅典"自我利益"的扩大，正是一个人的同胞同情心的扩大，是梭伦的最激进、最重要的政治思想。不必说，在早期希腊的政治文化中，这种"德性（甚至包括公正德性）不仅对他人有好处，同时也对自己有好处"的论证，显得很有新意。梭伦通过对早期雅典政治斗争的敏锐观察，以及对实现政治公正的强烈愿望，得出了这个观点。后来的思想家们，包括伪杨布里科斯（Anonymus Iamblichi）①、苏格拉底、亚里士多德，都会深入地发展这种观点。但是梭伦对个人与社会关系的重新定义，将始终是一种深刻的知识性成就——更别说政治成就了。它起源于对早期雅典政治生活中非常实际的、肮脏的、可以说是有些庸俗的特征的回应。

人们的一种担忧可能是，梭伦似乎认可了一种侵扰性国家，这种国家在现代人眼中可能不正当地侵扰个人选择、生活计划和自我概念。换句话说，梭伦可能过于彻底地从政治上定义个体公民的"自我"，因为他提出，正确理解的幸福只能通过一种彻底的政治自我认同来实现。某些现代自由主义哲学家，特别是在爱默生和梭罗的传统中写作的民主个人主义者们，会发现这个建议具有压迫性。他们会论证说，每个人都应该自行过自己的生活，应该按照自己的想法随意偶发地生活，应该抵制遵从他人的幸福观的压力。首先且最重要的是，他应该把自己视为个人道德主体，而非咄咄逼人的国家中的公民。

这个问题不应该被轻易忽视。事实上，梭伦劝诫当时的人们要有自我公民认同意识，而且要将政治事务作为自己的事务，他的这种做法是因为他面对着当时许多人信奉粗鄙的"自我提升"观。因此，他对社会共同价值观的强调受到了欢迎，在这种情况下，他对个人的政治性定义也是可以理解的。此外，这种说法是很合理的：在他所处时代的政治条件中，任何后来意义上的"侵扰式"国家都实际上基本没有可能。尽管如此，依然存在这一问题：

---

① 伪杨布里科斯，古希腊智者之一，其人不可考，生活于公元前六世纪后期到公元前五世纪前期，只有残篇存在于后来的新柏拉图哲学家杨布里科斯著作中，因此被称为伪杨布里科斯。——译者注

他基于历史情况所提出的"社会优先于个人"的观点,是否会产生负面影响,即,它是否容易对自由强加限制,且令人遵从群体。在后世政治思想家不断修改并扩展古风时代诗人对德性、邪恶与城邦内部公正的观点时,这都是有待他们解决的问题。

第三章　雅典的民主政治思想

梭伦的政治思想比他的改革重要得多：在梭伦担任自己的职务三十多年后，雅典人看到了僭主庇西特拉图（Peisistrators）的得势，庇西特拉图家族统治这座城市长达半个世纪[1]。我们并没有这一时期的当时文献资料，这样，我们对于梭伦之后（公元前594年）大约一个世纪的希腊政治思想的理解不免出现断层。但是公元前六世纪后期却见证了古典政治思想中至关重要的一件事：雅典在公元前508年建立了民主制。民主制将普通的公民变成了政府活动的定期参与者。这不只是极大地改变了雅典政治实践的方式，而且也改变了整个希腊的政治实践。Dêmokratia（民主）这个词，从字面上说是指"人民—权力"。在这种体制之下，所有的雅典公民，无论贫富，在政治上是完全平等的，尽管他们社会经济上的等级仍然存在。反过来，政治变革为政治思想的新的、有时让人震惊的发展提供了可能。正如那时与现在很多思想家所认识到的，民主过去或现在都不只是一种制度或者一套法律，而且是、或更重要的是一种政治文化，这种文化具有独特的价值、抱负与相应的生活方式。

民主是通过一场大众革命而建立起来的，当时雅典普通公民联合驱逐了斯巴达君主克里奥米尼斯（Cleomenes）[2]的入侵部队。[3] 希腊领袖克里斯

---

[1] 庇西特拉图，约公元前600年—前527年，古希腊雅典僭主。庇西特拉图在其统治期间，不仅贯彻执行梭伦立法，而且还采取了一系列有利于工商业者和小农的政策和措施。但是，庇西特拉图之子希庇亚斯却未能继续其父的"仁政"，其专制的黑暗、奢侈、傲慢引起人民越来越大的不满，终于在公元前510年被群众推翻。——译者注
[2] 克里奥米尼斯，生活于公元前六世纪晚期到公元前五世纪早期的斯巴达君主，生年不详，死于公元前489年，曾两次取得对雅典的胜利。——译者注
[3] 有关雅典民主制的形成，参见 Ober, *Athenian Revolution*, 32-52, 以及 Raaflaub 和 Ober 二人之间的辩论，载于 K.Raaflaub, "Power in the Hands of the People" and "The Thetes and Democracy," and J.Ober, "Revolution Matter," 皆载于 I.Morris and K.Raaflaub,eds, *Democracy 2500? Questions and Challenges* (Dubuque, Iowa, Kendall/Hunt, 1998).

提尼（Cleisthenes）①从放逐地返回之后，建立了一种新的制度，其中公民身份在法律上是依据一个自由的成年男性在"deme"中的成员资格而确定的。"deme"是雅典或者其邻近地区的农村社区，在克里斯提尼改革的条款中，它们获得了正式的政治意义，这样，克里斯提尼使得公民的身份和权利更为稳当了。克里斯提尼还建立健全了五百人议事会，议事会为公民大会准备议案，同时它也成为政府的核心机构。克里斯提尼规定只有超过30岁的公民才能参加议事会，而且只能两次任职其中。克里斯提尼以此确保相当多的公民都能熟悉民主体制中的日常事务。这样就鼓励了一种参与的文化，这种文化对于自由、自决和一种具体的法律框架，构成了有着重要意义的背景，在这种法律框架中，雅典公民能够合法地将自身当作是政治上的平等者。

在民主政治意识形态的核心之中有着对于平等与自由的承诺。推动民主的自由与平等，乃是民主以独特的方式所理解的古风时期诗人对于城邦正义的要求。所谓公平，也就是雅典公民政治上一律平等，都享有得到细致规定的参与公共事务的自由，以及免于国家干预而过他们自己选择的生活的自由。作为政治上的平等者，公民们都值得他们同胞同等的尊重。反过来我们会发现，平等的尊重也是民主派鼓励每位公民对影响城邦的决策进行辩论时自由发言的背景。民主对于自由与平等的承诺，意味着在此后大约两个世纪的过程中，即从公元前508年到公元前322年，民主一直是一种稳定的意识形态，当然并非是唯一的意识形态。雅典人以适应特定语境的方式精心发展他们的价值，满足他们具体的需要。他们基本的伦理信念为人们提供的是政治的机会与理念的契机，而不是一种限制。

1. 证据与资料

为了讨论民主政治的理念，我们必须研究悲剧与喜剧的文学世界、演说家的发言、镌刻于石碑上的布告、由精英成员所写下的文学和哲学文本。这不只是意味着我们要从这些作品中提取政治理念，如同搜寻宝石，然后将其

---

① 克里斯提尼，约公元前570年—前508年，古希腊雅典城邦著名政治改革家。公元前509年联合平民推翻贵族统治，并当选为首席执政官。在梭伦改革的基础上，又一次实行社会改革：划分十个地区部落取代过去的四个氏族部落；以五百人会议替代梭伦创立的四百人会议，它日后成为雅典最重要的国家行政机关；创立十将军委员会和陶片放逐法。前者由各部落各选一人组成，轮流统帅军队，同时在政治上起重大作用。后者用于放逐危害国家的分子，防止僭主政治再起。改革肃清了氏族制的残余，标志着雅典一个多世纪以来平民与贵族斗争的胜利结束，确立了奴隶主民主政治。——译者注

整理为对于我们有意义的理论;它还意味着我们要从这些文本本身的用语来理解它们,对它们的文学目的、发生背景及政治语境进行评估。第一步就是要记住,这些"文本"原初是激情的政治演讲、精彩上演的戏剧、滑稽的喜剧以及公开颁布并镌刻于石碑上的法令。

民主派并没有发展出成体系的哲学来支持和论证他们对于自由与平等的强调,这也许是历史学家通常认为古代并没有产生民主理论的原因。但民主作为一种实践,也作为一种意识形态,兴起了并持续存在。民主并不是理论家细心并且体系化地构思出来的,相反,它地地道道是平民化的:民主的基本价值就在于**所有**公民在政治上的平等,而不只是那些受过教育、有良好教养或者有产者之间的平等。尽管雅典的意识形态缺少系统性的理论,却清晰地包含着**应当**如何对待政治的理念(我所说的"意识形态",指的是一套与政治、人性和人的价值相关的非体系化、自我论证的信念)。民主派仔细思考并论证他们的信念与实践。他们也经常将其对于民主政府性质以及治理规则的实用主义思考,提升到更高的抽象水平。我们会看到,这就是反民主的哲学家经常猛烈地攻击民主原则的原因。雅典的自由与平等的实践和意识形态,对于政治思想的研究有着重要的贡献。

因为雅典的演说家对于研究民主意识形态来说是极为有价值的资源,我们有必要特别谈谈阿提卡演说家的作品集(the corpus of Attic oratory)。这一作品集由大约 140 份演说组成,大多数是富有经验的雅典精英成员于公元前 403 年到公元前 322 年写成。这些演说大多数都是在普通的雅典公民组成的听众前,或者是在类似传统的葬礼演说这样的公共仪式上发表的。① 在法律或者公民大会上,这些演讲者的主要目的就是劝说他们的听众。为了达到这一点,他们必须使自己及其修辞顺应他们听众基本的价值。这种对大众看法的"顺应",同样也是葬礼演说的准则。总之,雅典的公共演说家必须信守普通公民所持有的流行价值,因而他们的演说作为研究民主意识形态的文献资源特别适合。②

研究公元前五世纪的演说更加困难,修昔底德(Thucydides)③所记载的

---

① 其他的演说辞根本没有现场演讲过,而是作为一种文字形态的"展现体",以一种政治宣传册的形式在读者中散发。这些演说辞大约写作于公元前 420 年到公元前 320 年间,特别出现在伊索克拉底的大部头著作中。
② Ober, *MEDA*, 43-49.
③ 修昔底德,约公元前 460 年—约前 400 年,古希腊历史学家、思想家,曾任雅典海军指挥官。以《伯罗奔尼撒战争史》传世,该书记述了公元前五世纪斯巴达和雅典之间的战争。——译者注

那些演说可能对于我们非常重要。其中包括像伯里克利（Pericles）在葬礼上的演讲，以及伯里克利、克里昂（Cleon）、狄奥多图斯（Diodotus）、阿尔喀比亚德（Alcibiades）、尼西阿斯（Nicias）在公民大会发表的演说。使得这些演说成为问题的是，古代的历史学家一般来说并不像现代作家那样遵循严格的精确性原则。他们会杜撰出一些他们相信对于他们正在描述的特定情境必要或者合适的演说来。① 特别是修昔底德，正如他的所作所为表明的，他在构思其演说时有着一种伦理的、教育的和批评的目的。② 如同我在下一章会解释的那样，修昔底德是雅典民主的批评者，他反对这种民主的诸多核心意识形态信条；他认为普通公民是变幻无常、自私和鲁莽的。因而，如果要将修昔底德的演说词用于他本人的政治思想之外的目的，我们需要格外小心。

因而我会避免只是在修昔底德演说的基础上得出任何有关民主意识形态的观点，但是当这些演说特别生动地表达出的一些观点，可以与不那么可疑的公元前四世纪的阿提卡演说文集相互印证时，我也会引用到它们。③ 这样做的一个理由是，公元前四世纪演说中表现出的民主意识形态，有时候能在公元前五世纪后期的演说中"回读出来（read back）"。④ 事实上，（公元前四世纪）很多民主的意识形态因素如果**没有**在公元前五世纪就已经得到发展和明确表述，那将是非常奇怪的。相形之下，修昔底德有关伯罗奔尼撒战争中的事件与活动的记载，不大受到质疑，尽管我们必须认识到，在他的文本中呈现出的是他自己对于重要事件的阐释。他为了表达自己的意识形态的与解释的立场，自行挑选、塑造并且组织了这些素材。

2. 古代的民主和现代的民主

在古代城邦的民主与现代西方民族国家的民主之间存在着一条鸿沟，坦率地说，现代民主超越了古代世界特有的不平等与对人的尊严的侵犯。我们

---

① 对于古代历史编纂学最好的研究是 A.J.woodman, *Rhetoric in Classical Historiography* (Portland, Areopagitica Press, 1988).

② 有关修昔底德笔下演说的解读，特别值得参考的是 H .Yunis, "Narrative, Rhetoric, and Ethical Instruction in Thucydides," in L.C.Montefusco, ed., *Papers on Rhetoric IV* (Rome, Herder Editrice, 2002), 275-286; and Yunis, "Writing for Reading:Thucydides, Plato, and the Emergency of the Critical Reader," *in Written Texts and the Rise of Literate Culture in Ancient Greece* (Cambridge, Cambridge University Press, 2003),189-212.

③ 在这些例子中，我希望说明语言、意识形态和情感之间的一致性。

④ See Ober, *MEDA*, 43-49; Raaflaub, *Discovery*, 9-13,166-181.

不再支持蓄奴；现代民主派对于将妇女排除在政治之外非常反感；我们为政治与文化上的多元主义所吸引；我们已经以古代人难以想象的方式降低了运气在人们生活中的作用；我们凭借我们独特的个人主义发展起来了惊人的、丰富的私人生活与社会生活；我们已经发展起来了更为完整的自由与平等的理念及其实践。雅典已经一去不返了——在很多方面这是件好事。即便是雅典人自夸的爱国主义与团结精神，也深刻地建立在排除妇女、奴隶和外邦人的政治参与上。雅典公民的自尊与自由，之所以如此鲜明，靠的是与奴隶和其他非公民的悲惨生活的对比。现代性并不需要从这种古代世界得到"治疗"。

那么，这种历史研究对于我们当代政治世界来说有什么贡献呢？首先，诚然也不太有趣的是，我们"现代人"正是在与古代雅典事例的对比中，才会更加充分地体会到现代所坚持的自由、平等、尊严、尊重和宽容的高贵与价值。审视古代雅典在这方面具有特别的启示性，因为这个古代民主国家的评价性词汇，既广义而言与我们自己的词汇类似，但又在细节上有差别。其次，也是更为重要的一点，古代的民主可能作为一种文化资源仍然在发挥着作用，我们仍然在运用这种资源来反思我们民主信念的意义及其道德上的可能性。参照古代民向我们提供的例子，我们会日渐习惯于其他看待政治的成功方式。雅典的民主提供了另一些可能，如果得到适当的转换，就可以揭示克服我们自己缺陷的方式。我们可能会问自己，在一个赋予人权以普遍价值、反对奴隶制、肯定技术进步、珍惜私人生活的现代世界中，古代的 *dēmokratia* 可能是或者说看上去应当是什么样的呢？

举一个特别的例子来说，我们当代政治思想的一个重大问题就是政治动机问题：如何激励自由的民族国家的公民尊重、参与和促进自由的政治体制？[①] 自由、正义和平等这些共享的价值，是否足以促使公民自愿地与公正地参与？经验的证据说明了不能。对政治的冷淡与犬儒主义正在抬头；投票率让人失望；年轻人的政治知识与兴趣即便不是没有，也非常之少。如果我们继续相信个体的自由与生活选择必须始终受到国家的尊重，哪怕是这些选择中包含着冷淡、玩世不恭以及政治上的无知，那么，对此我们能做什么呢？

雅典的政治可以提供新的方法来讨论这些问题。雅典人认识到，正义、法律、民主、自由以及平等，如果要不至于苍白无力，公民就必须认识到有

---

① Hansen, *ADAD*, 313-319 有益地讨论了古代雅典中的动机与参与，亦可参见 R.K.Sinclair, *Democracy and Participation in Athens* (Cambridge, Cambridge University Press, 1988)。现代政治中的动机与参与问题的讨论，参见 Kymlicka, *CPP*, 326, with references。

责任实施它们，必要时强行贯彻之，因为这些价值本身并不必然会激励公民行动。正如演说家德摩斯梯尼曾指出的，如果公民没有自己意识到对法律的责任，那么法律只不过是刻在石头上无用的文字。（文本1）

  1. 法律的力量是什么？如果你们中的一个人受到伤害而大声呼喊，法律会跑过来帮助你吗？不会，因为它们只不过是写下来的文字，做不到这一点。那么它们的力量在哪里呢？就在于你们牢固地树立起它们，让它们有权威帮助需要它们帮助的任何人。（Dem.21.224）

  对他们的价值承担义务，意味着雅典人必须形成好公民的标准，并使公民遵循这些标准。为了做到这一点，他们发展出了许多围绕着美德的良好公民的雄辩修辞。公民通过参与公共事务而进行公民教育，他们可以在公共事务中观察到活生生的善恶行为。共同体对于颂扬与谴责、奖励与惩罚的运用，有利于促进在公民中形成一种特别的自我想象，他们的自我想象也会让他们符合好公民的规范性标准。

  那么集体确定的雅典好公民美德是什么呢？在希腊表示"美德"最常用的词就是 *aretê*，这个词有着传统的、英雄时代的内涵。雅典人用他们的政治话语来重新解释这个词，赋予人民（demos）的美德以 *arete* 这个词的含义。换言之，他们将传统美德（以及邪恶）的词汇中的这个词以及其他相关词条都"民主化了"。特别是雅典的民主派，以 *aretê* 及其同义词 *andragathia*（指的是"男子汉式"公民应当做出的杰出贡献）之类的一般性美德来赞扬公民。一些公共性的美德，比如忠诚与爱国主义（*eunoia*）、勇气（*andreia*）、诚实或者公平（*dikaios*）、乐意服务于城市（*prothumia*），以及个体性的美德，比如遵纪守法（*kosmiotês*）、虔敬以及节制（*sôphrosumê*），一再在政治演说、审判及刻石铭文中出现，作为它们对立面的恶劣品性也是如此：①（文本2）

  2. 对于不尊重传统雅典人的那些罪犯来说，他们会模仿这个人（利俄克拉特 [Leocrates]），认为传统的价值过去受到高度重视。而在现今，无耻、背叛和怯弱却被认为是最高贵的。（Lyc.1.110）

  雅典人看出培养这些美德对于将他们的民主价值付诸实行的共同方案极

---

① 尤其可参看"Cardinal Virtues"。

为重要。

举一个例子来说，雅典人都相信他们的民主是由两位"诛戮暴君者"哈尔莫迪乌斯（Harmodius）与阿里斯托盖通（Aristogeiton）所奠定的。他们于公元前514年谋杀了希帕库斯（Hipparchus），即当时僭主希庇亚斯（Hippias）的哥哥[①]（事实上是斯巴达的军事行动，而不是这起谋杀事件，赶走了庇西特拉德家族的僭主。但在此我们并不讨论这一点）。这些诛戮暴君者立刻被当作是文化英雄，鼓励着雅典人为保护他们民主的价值而勇敢地行动。通过驱逐僭主的行动而赢得的自由与平等，只是对于那些能够在其自己的生活中仿效诛戮暴君者美德的人才有影响。这就是为什么德摩斯梯尼能够在希帕库斯死后差不多两百年，将诛戮暴君者作为捍卫自由的勇敢战斗的典范（20.159-162）。雅典人给我们提供了一个例子，说明了古代民主如何能将对美德品格的强调，与对自由与平等这些抽象价值的尊重结合起来。

与现代民主相比，雅典的民主发展起了一种有关公共美德的有力语言，公民认为大家都要听从它。通过公开的赞扬和谴责，公民受到了训导以表现出勇气、诚实、慷慨、守纪、尊重他人、爱国主义和自我节制这些美德。他们同样分享着不可胜数的传统和奠基性的文化神话，这些资源促进了公民间的团结，增强了公共制度的合法性。他们将动机方面的这些"浓厚的"社会资源，与对自由、平等和个体智识上的自主性的强调结合起来。对于他们来说，它们相互支持。所以，与在学者和理论家中流行的理念相反，公开鼓励公民身份的美德并不必然是精英派的或者非自由主义的。正如我们会看到的，尽管存在着一定的限制，雅典的公民受到鼓励在集会与法庭上进行自主的判断，在城邦的背景下发展他们自己独特的人生规划。[②] 古典时期的雅典政治思想体现着关于美德的真正民主的、相当平民化的谈论，雅典人正是用这些谈论来促进公民的自由与负责任的选择。现代的民主可以好好思考一下雅典例子中的成功之道。

现在是具体来了解一下古代民主所特有的理想的时候了。这里同样有意义的是将古代与现代的民主进行比较与对照。[③] 这两个时期的民主都强调自

[①] 公元前527年庇西特拉图去世之后，其子希庇亚斯即位。希庇亚斯与其兄弟希帕库斯共同掌权统治雅典。公元前514年哈尔莫迪乌斯与阿里斯托盖通刺杀了希帕库斯，希庇亚斯被迫对反对他的贵族采取了严厉的镇压措施。公元前510年斯巴达入侵雅典，理由是推翻僭主专政，解放雅典人民，希庇亚斯的统治由此结束。——译者注

[②] 试比较 Nussbaum, "Non-Relative Virtues" 中有关亚里士多德对于人类幸福的"浓厚的"但也是"含糊"的描述。

[③] 尤其参看 Finley, Democracy Ancient and Modern 和 Ober and Hedrick, Dêmokratia。

由与平等，强调一种需要自我探索、自愿承担风险的理念。但是，它们之间的差异却是深刻的，其中一些我们已经讨论过：古代雅典存在着奴隶制；将妇女排除在政治之外，缺少任何我们称之为在"教会"与"国家"之间的分离。沿着这种思路，也许与现代相比最为明显的差别，就是古代希腊没有人权的理念。

甚至公民集体（citizen body）方面也存在着巨大的差异。首先，古典时期的雅典是一种直接民主，所有的公民都能够就重大的问题在公民大会上投票，并不存在着代议的政治。因而所谓的"政府"并不存在，因此更不能像华盛顿或者伦敦那样将手伸到千里之外去行政了。雅典公民就是政府，他们自己就是法庭，公民们负责着历法、公共财政、对外事务和法律。在古代世界中并没有高度发达的官僚体制。其次，与此相关的是，雅典的政治争论是通过大多数投票来彻底解决的。没有什么能够阻止意志坚定的大多数人践踏少数群体的利益——所谓的少数群体，并不是指历史上非特权的群体，而是指公民中的少数派；没有独立的司法以保护少数派的观点或者利益（下面会讨论这样对待少数群体可能引发的合法性问题）；由公民大会中同样一些民众组成陪审员法庭。

最后还有更为复杂与含混的个体自由的问题。就这一主题而言，雅典民主的立场究竟如何，取决于我们是从古代的背景出发去历史性地看待它，还是将它的理念与实践，和西方民族国家的现代民主理念与实践加以比较。可以说较之于其他古代地中海的城邦国家、领地或者王国，雅典的民主更为尊重个体自由。对于古代的观察者来说可以理解的是，雅典的民主通常看来是一种极端宽容、自由和无所拘束的制度。表面看来，这种描述让雅典听起来非常现代。但是从现代的角度来看，雅典的民主给公民施加了相当的压力，要求他们遵循社会或者政治中已形成的理念。与现代民主相比，雅典保持着一个高度政治化的公民观。因而，有必要仔细考虑一下雅典民主在个体自由问题上的复杂性与含混性。

雅典的公民受到期待与鼓励，将自己与城邦牢固地统一起来，使共同体的价值优先于他们自己和家庭的价值。古典民主热情接受了梭伦式公共性的自我观，敦促它的成员将城邦的利益置于他们自己的利益之上，将政治参与看作是一种最高的人类活动。举例来说，在公元前四世纪早期，吕西阿斯（Lysias）的演说《驳菲洛》（*Against Philon*）强调了官员必须将自身与城邦的命运紧密相连："对于这些人而言，城邦是好还是坏，关系重大，因为他们相信自己必须与城市共苦，正如他们同样与之同甘。"（31.5-6）演说者一般从自身立场出发，声称要将他们私人的、家庭的利益服从于城市的利益，甚至可以为雅典的安全牺牲他们的生命（Lys.21.24）。有时他们表示，从其呱呱落地开始，他们首先忠诚于城市而不是他们的家庭（Dem.18.205）。这种感受在很多欧里庇得斯的悲剧中可以发现（比如《赫拉克勒斯的孩子们》[*Heracleidae* 503-534]），在柏拉图的《克力同》[*Crito* 512a]）当中也可以找到。① 在修昔底德记载的一次公民大会演说（公元前430年）中②，可以找到对这种立场一个特别引人注目的证明：（文本3）

  3. 我相信，如果整个城邦繁荣昌盛，那就会比公民们财富增加而整个城邦每况愈下，要更有利于公民个人。一个人的个人生活无论怎样富足，如果他的城邦遭到毁灭的话，他也必定随之遭到灭顶之灾。然而一个蒸蒸日上的共和国总是在为不幸的个人提供摆脱困境的机会。（Thuc.2.60.2-3）

  最后，类似的感受也体现在非雅典的、但（广义上说）仍是民主的政治思想中——阿布德拉的德谟克利特（Democritus of Abdera）的思想（*DK* 68B 252，参见后面的"雅典之外民主的政治思想？"）。毫无疑问，我们都熟悉对爱国主义和公共服务的现代呼吁，但是这些呼吁在古代雅典的民主中有一种特别的力量。

  通过这样表达的爱国主义与自我牺牲精神，雅典人公开形成了一种对于其自身的特别想象，即将共同体的利益置于一切之上。这样，一方面，雅典民主意识形态认为，只有个体将国家利益当作他们自己利益中一个本质的部分，或者说唯一本质的部分，个体才能最好地满足其狭义理解的自身利益。其根本的理念则是，个体只有在具有权威性的公共传统之中，通过完成有意义的社会角色，才能获得自己的幸福。这种自我想象是共同体将诸如兵役之类的特定义务加到公民身上的基础，也是运用羞辱与荣誉迫使他们执行这些义务的基础。③ 另一方面，民主促进雅典的个体自由发展到古代地中海地区

---

① 有关这些问题，以及别的一些地方对此的提及，包括简短评论，可参考 J.Rusten, *Thucydides:The Peloponnesian War, Book II* (Cambridge, Cambridge University Press, 1989)。

② 有关各种大众论坛上的相似观点，参看 Soph.Ant.182-190，Dem.18.205，Lys.21.24, with Dover, *Greek Popular Morality*, 301-306。

③ 有关在雅典的个体自由问题，从一些稍有差别的视角来看，会有着细微不同的对待，参见 R.W.Wallace, "Law, Freedom, and the Concept of Citizens' Rights in Democracy Athens," in *Dêmokratia,*105-119。

前所未有的高度。因而对于现代公民来说，一件特别有趣并且有益的事情，就是反思这样一个强大"共同体取向"的城邦，如何也能够将个体自由作为一种核心价值加以强调。

3. 民主派的自由观

在许多方面，雅典的民主经验是与本杰明·贡斯当（Benjamin Constant）对于古代自由的著名观点是一致的，即这种自由是作为参与政治的公共自由，并不包括过个人喜欢的生活的私人自由，后者指免于共同体干预的自由。（文本4）[①]

> 4. 这样，在古人那里，个体在公共事务中差不多一直是自主的，但是在其所有的私人关系中却像一个奴隶。作为一个公民，他决定着和平与战争；而作为一个私人个体，他所有的活动都受到限制、监视与压制；作为集体组织的成员，他可以对执政官或者上司进行审问、解职、谴责、剥夺财产、流放或者处以死刑；但是作为集体组织的臣民，他又可能被自己所属的整体的专断意志褫夺身份、剥夺特权、放逐乃至处死。（Constant, *The Liberty of the Ancients Compared with that of the Moderns*, pp.311–312, tr.Biancamaria Fontana）

但是，正如我们已经看到的，较之于贡斯当的认识，民主的雅典呈现出更为复杂的情景。贡斯当比较了古代人的自由与现代人的自由，但是他并没有将民主的雅典推动的自由，与古代地中海地区其他政体缺乏自由的特征进行比较。我们现在的研究将会揭示，雅典人的"好公民"的理念同样给重要的私人自由留下了空间。

民主的支持者与反对者都强调民主派看重的私人自由。雅典对于个体多样性的宽容让柏拉图感到如此厌烦，以致这位哲学家诋毁民主，认为民主国是罪犯大行其道的地方，公民可以肆无忌惮选择他们想要的任何制度，个体的灵魂中充满放荡不羁的欲望，而非良好和稳定的生活规划。（文本5）

[①] 有关贡斯当对于古代城邦的理解，参见 S.Holmes, "Aristippus in and out of the Athens," *American Political Science Review* 73 (1979) 113–128。

5. 首先，他们不是自由的吗？城邦不确确实实充满了行动自由与言论自由吗？在民主的城邦中，不是每个人都被准许想做什么就做什么吗？……由于它纵容了公民，所以有着各种类型的制度……请看，对于那些判了刑的罪犯非常宽容，这不有点使人觉得温雅吗？……这看起来是一种让人开心的体制，无人当权，花里胡哨，不加区别地将平等给予一切人，无论他们是平等还是不平等。
(Plato, *Republic*, 557b–558c,Tr.Grube， Reeve, adapted)

他对于过分宽容的民主城邦的讥讽态度可能在许多非民主派那里找到知音，正如亚里士多德对于民主制稍微温和的批评所说的，民主体制的一个特征就是"一个人能随心如愿地生活，因为人们说这就是自由的效用，正如不能随心所愿地生活是奴役境况的特征"。(*Politics* 6.2.131b11-13)

雅典人自己远非羞于谈及他们对私人自由的推崇，相反他们为自由感到自豪，并赋予其巨大的价值。① 这就是为什么在整个古典时期民主派文献中，这样的自由都被看作是民主的特征。修昔底德笔下的一个发言者——将军尼西阿斯，在西西里决定性的战役之前，在鼓舞他的（显然是民主的）部队英勇作战时，引人注意地提及了私人自由：(文本 6)

6. 他（尼西阿斯）提醒他们，要回想他们的祖国是世界各国中最自由的国家，这里的全体居民都有权利按照自己的意愿选择自己的生活，而不必屈从于他人的命令。(Thuc.7.69)

吕西阿斯在对一个叫埃维多斯（Evandros）的人——他希望成为雅典的执政官——进行"审查"所写下的发言中，认为私人自由是这一体制总的特征（26.5）。亚里士多德（*Pol* 5.9.1310a25-34）提及欧里庇得斯一部佚失的戏剧中的一段话，其中说到，民主体制下的个体被认为过着自己选择的生活，追求任何他们想要的东西。私人自由的理念是民主政治思想中的一个老生常谈的东西。

---

① 有关"随心所愿"的生活，同样也可参见 Hdt. 3.82.2-3; Lys. 26.5;Aristotle, Pol., 1317a40-b16; 有关柏拉图对此的批评，参见 *Republic*, 557b-558c; Old Oligarch 1.10-2，with Raaflaub, *Discovery of Freedom*, 227-233; Hansen, *ADAD*, 74-78. 这些资料大多——尽管并非全部——源自对民主的批评。但我并不相信这可以得出私人自由并不是民主派珍视的价值的结论，毋宁说它对民主派既是重要的，又容易招致攻击。有关修昔底德所记载的伯里克利葬礼上的演说，参见 Loraux, *Invention of Athens*.

在这种背景中，我们可以从古典时期所有文本中最为著名的篇章中挑出一段来：在修昔底德所记载的伯里克利葬礼演说中，伯里克利表达了私人自由与民主个体性的鲜明特征：（文本 7）

> 7. 我们在政治生活中享有自由，在我们的私人生活中彼此宽容。当我们的街坊邻居为所欲为的时候，我们不致因此而生气，也不会相互猜疑、相互监视，甚至不会因此而给他们难看的脸色，尽管这种脸色不会对他们造成实际的伤害。我们在私人关系上并不苛责于人。(Thuc.2.37.2-3)

伯里克利葬礼演说，代表着修昔底德对一位清晰的演说家为民主所可能进行的最佳辩护的理解。这是对民主文化内在可能性的一种理想化想象。在这一演说中，伯里克利赞颂了私人生活，认为这是希望自由生活的个体值得骄傲的财富；而自由在此指的是摆脱习俗、陈规陋习的权威以及其他公民指手画脚的束缚。正是在私人生活中，公民成为（如果必要，重新成为）个体，这与国家的代理人（agent）与护卫者的角色是对立的。这使人想起现代自由主义所强调的个体要自行选择创造自己的生活，免于政治或者社会干涉。

体现在雅典对私人自由信念之中的这种感受，也反映在法律中，法律保护个体在没有正当程序的情况下免于遭受体罚与处决，保护他们的家庭不受国家官员不法的侵入，保护他们的资源不受到任意的重新分配。① 当然，这些保护也有着局限性：古典时期的雅典民主实行贝壳流放制，在这种体制之下，公民集体可以通过投票放逐一个人长达十年之久（尽管他的财产保留不变）。雅典人享受的自由并非是一种绝对的权利，而是由共同体所赋予的特权。因而当共同体发现其利益受到威胁时，这些权利很容易被共同体剥夺。② 尽管私人生活并不是作为一种权利而得到保护，但是它在古典时期的雅典被人们所享有，并且是人民为民主感到骄傲的一个重大缘由。

作为私人生活标志的宽容是基于对所有公民平等的尊重。如果一个人随心所欲地生活，他不应由此招致愤怒或者侮辱。因为作为一个公民，他配享这些自由，可以得到他的同胞的尊重。私人自由是对于古风时代诗人所要求的城邦内部正义的民主化的一个方面，它意味着个体公民在对生活方式和善

---

① 一个简洁的讨论，参见 Hansen, *ADAD*, 76-77。
② Cf.Wallace, "Law, Freedom, and the Concept of Citizens' Rights," 106-107,114-117.

的理念的选择上,有着一定的空间。这样一种空间如何与我们所描述的社会压力相容呢?后者鼓励个体发展具有社群性价值的公民美德。

对这类问题的一种回答更具有现代自由主义的特征,而不是古代民主的特征,即:这种美德从效用上可以被看作是政治健康的必要条件。但它们不能作为国家向个体倡导的如何过上好的人类生活的建议而强加于个体,因为国家必须在各种"好生活"理念之间保持中立。因而自由主义的回答认为,公共美德之所以应当受到鼓励,是因为这有助于我们捍卫自由以及其他个体看重的公共理念。[①]

雅典人认可美德具有获得政治健康的效用,然而他们同样相信,还有别的并且更有力的东西:如果没有民主所确定的美德,个体就不可能过上好的人类生活。与当代民主相比较,雅典人的确为个体的性格与繁荣发展确定了规范性的标准,这超过了现代自由主义思想家乐意接受的限度。但是雅典的共同体却有意让这些标准相当含混不清,这样个体就有足够的余地在公共认可的美德范围内,去进行他们自己的生活选择。因此雅典对于好生活的定义既是"浓厚"的,也是"模糊"的。[②]

雅典立场的含混性可以从雅典人对待政治参与的态度看得出来。作为雅典人浓厚的但却模糊的规范性描述的一部分,个人受到鼓励去参与城市的政治与宗教生活,尽管这并不是法律上的规定。[③]一种浓烈的文化氛围鼓励着人们为了公共的善而参与各种活动、运用美德、做出自我牺牲。然而公民在法律上来说,也被允许放弃参与公民大会、法庭审判以及许多其他方面的公共活动的机会。公民被期待着重视政治与军事活动的意义,但是他们也被允许脱离政治而私下生活。这样,至少就个体自由而言,我们有必要看到古代与现代民主之间的差别只是强调方面的不同。但这里大致可以说,雅典人给予了共同体及其对个体的规范权力以优先性。雅典的演说家和剧作家强调,共同体的生活方式是个体选择之所以有意义的前提。从法律上说,可以选择放弃这样的典型生活方式,只关注个人自己的事情,但是他们就需要比现代自由的个体主义者进行更多的心理调整才能适应。

雅典民主意识形态中的这种张力并不能最终解决,但这却是我们起初研究古典时期的希腊最主要的原因之一:雅典给我们提供了看待我们自己的政

[①] Kymlicka, *CPP, 284*-326 在现代公民身份理论的背景下讨论了这样的理论策略。

[②] 参看 Nussbaum, "Non-Relative Virtues" 关于这一说法如何适用于亚里士多德的情况。

[③] 有关公开的演说,Aesch.3.220 认为民主制只有在其公民愿意致力于公共的善,有着增进公共善的能力时,才给予其公民自由发言的权力,从而有趣地证明了这一观点的合理性。试比较 Dem.18.308,Thuc.2.40,with Hansen, *ADAD,*306-307; Ober, *MEDA*, 295-299。

治与理念的新视角。因为它将自由主义与社群主义的因素独特融合，民主的雅典可能提供一种真正的 *viam tertiam*——第三条道路[①]，可以作为当今各种形式的政治实践与理论的有启发性的替代方案。其"第三条道路"是通过含混地规定公共美德及私人选择的关系而形成的：（文本 8）

> 8. 那么，我请你们诸位陪审员此时对我的看法要与你们一贯对我的看法保持一致，并不仅仅考虑我的公共资助活动（liturgies），也考虑我私下的作为，明白这种作为在一个人的整个生活中是最难守序、最难自制的，很容易为快乐所克服，并能为好处所激发；请你们展示美德，这样没有其他公民可以挑你们的毛病，或者敢将你们起诉到法庭。（Lys.21.19）

我们已经主要从私人的角度讨论了民主的自由，但是政治参与却带来了古代民主的自由另一个不那么含混的维度，即公民参与城邦政治与法律生活的特权。以赛亚·伯林（Isaiah Berlin）称这种特权为"积极自由"，也就是参与的自由（与"消极自由"，即免于政府干涉的自由相对立）。[②] 除了少数例外，雅典所有的公民都可以担任官职，管理行政，通过抽签来挑选官员是标准的程序。没有专门理论支持运用抽签而非选举方式，只有某种实用信念：抽签选择可以降低选举中的腐败水平（但是，广泛地进行抽签包含着一种极端的信念，即相信普通公民拥有平等的能力。见下面对此的讨论）。在民主的雅典，将军是唯一需要选举的职务，可能是人们认为，这一职务需要真正的才能，因为它涉及共同体防卫的大事。但是从理论上看，雅典的积极自由最让人感兴趣的特征，在于它让所有公民在公共决策的主要场所自由发言，这是雅典人特别引以为豪的。一位公元前四世纪的演说家有句名言：在斯巴达，人们被迫称赞斯巴达的法律，不能赞颂其他城邦的法律；而在雅典，一个人可以称赞他所喜欢的任何法律（Dem.20.105-106）。这种特权体现在公民大会每一次讨论开始时标准的发问上："谁想发言？"（例如Dem.18.170。）

[①] 试比较：二十世纪后期，西方社会出现了一种重要的政治现象，即"第三条道路"的兴起。许多社会民主派政党都打出了"第三条道路"的旗号，要走一条既不同于以国家干预为特征的传统民主社会主义，也不同于右翼政党所奉行的自由主义道路。——译者注

[②] I.Berlin, *Four Essays on Liberty*.

4. 民主的商谈

作为自由与民主的商谈基础的原则就是，每一位雅典人都潜在具有有益于公共对话的东西。我们注意到从塞尔西忒斯时代以来发生了巨大的变化。塞尔西忒斯公开表达对阿伽门农不满时，被粗暴地打断了而被迫保持沉默。与之形成对照的是，所有的雅典人，哪怕是穷人、工匠等，都受到鼓励就政治决策说出他们的想法。雅典人为言论自由的价值进行了各种不同的论证，其中一方面是"道义论"的论证。这种论证主张无论其后果如何，雅典的公民必须受到尊重的对待，因为他们是平等的公民。因而"自由平等的言论权"（isêgoria）被视为民主的一种突出特性。根据希罗多德的观点，isêgoria 被看作是属于民主制的特征，使其与它所推翻的庇西特拉图家族的僭主统治相对立。（文本 9）

> 9. 雅典的实力就这样地强大起来了。权力的平等不是在一个领域中，而是在许多领域中证明本身是一件绝好的事情。因为当雅典人是在僭主统治下的时候，雅典人在战争中并不比他们的任何邻人高明，可是一旦他们摆脱了僭主的桎梏，他们就远远超越了他们的邻人。因而这一点就表明，当他们受着压迫的时候，就好像是为主人做工的人一样，他们是宁肯做个怯懦鬼的。但是当他们被解放后，每一个人都急切地为自己做事情了。（Hdt.5.78）

isêgoria 的价值对于民主的自我界定具有核心意义，希罗多德用它作为 dêmokratia（民主）这一术语的同义词。正如希罗多德所主张的，这种极为重要的价值鼓舞着雅典人作为平等者为捍卫自由而工作与战斗（文本 9）。民主的产生就在于人们具备赶走僭主与斯巴达人的勇气，同样，民主的文化造就了勇敢的公民，他们能够保卫民主免遭内外敌人的袭击。在这种意义上，言论自由是源自对公民平等的预先信念，而自由与平等都是由勇敢之美德所维系与保存的。

也许更为常见的是功利主义或者"后果主义"的论证，这种论证认为所有公民坦率而公开的发言，对于民主做出理智决定的能力是至关重要的。举例来说，德摩斯梯尼（Demosthenes）在他许多攻击马其顿的腓力（Philip of

Macedon）① 的演说中的一篇里，敦促人民就对外政策的问题多角度听从意见，从而受益良多。（文本 10）

  10. 雅典人啊！就你们现在讨论的问题而言，我认为你们应当想清楚什么最有利于城邦——不是一大笔钱的问题。如果是这样，那么你们有义务热心地听取那些要给你们建议的人的意见。因为你们不仅可以由此听到和接受带着有用想法上前发言的人的主张，就我看来，有幸的是，有人还可以当下提出合理化的建议并大声发言，这样你们借助这一切便可以很容易做出对自己有利的选择。（Dem.1.1）

  这意味着——当然，也许是理想上的——城邦的领袖应当深谋远虑、审时度势，而公民集体也应积极参与；如果说不能提出建议，也要参与选择所提出来的方案。正如德摩斯梯尼所说的："因而你们，公民大众，特别是你们中的年长者，不必像最老练的演说家那样去说话，因为那是深谙此道的人所做的事。但是你们必须像这些人那样有良好的判断，甚至要做得更好，因为实践经验、见多识广使我们有良好的判断能力。"（Ex.45.2; cf.Thuc.6.39）②
  这种理念对于德摩斯梯尼或者他的同时代人来说，为什么听起来觉得合理呢？自古以来很多人将普通公民与其更富有、受到更多教育的同胞公民比较，认为前者智慧更少、能力稍逊，正如我们在下章会看到的，在古典时期的雅典存在着强烈的反民主思想，其观点正是基于此。相形之下，雅典的民众认为自己在判断中是聪明智慧的，有能力认清城邦的最佳利益。也许这只是一种自我宣传，但是民主决策中体现出的智慧，也能在古典时期的雅典找到真正的论证。举例来说，在亚里士多德《政治学》一个所谓"加总式论

---

① 德摩斯梯尼，公元前 384—前 322 年，古雅典演说家、民主派政治家，早年从伊萨学习修辞，后教授修辞术。积极从事政治活动，当德摩斯梯尼登上雅典政坛的时候，正是马其顿王国在君主腓力二世的治理下迅速崛起、四处扩张之时。在对待马其顿的态度上，希腊内部分为两派，一派是亲近马其顿派，一派是以德摩斯梯尼为主要代表的反对马其顿的扩张派。德摩斯梯尼多次登上公民大会的讲坛，声讨腓力二世。他发表了 5 篇反对腓力的演说，其中以公元前 341 年发表的最为著名。德摩斯梯尼有一句名言："辞令的灵魂就是行动，行动，再行动。"他自己就是遵照这句话去做的。公元前 366 年，腓力被刺身亡，欣喜万分的德摩斯梯尼身穿节日的盛装，头戴花环，出现在五百人会议上。公元前 322 年，反对马其顿的起义被镇压下去，马其顿人要求交出德摩斯梯尼。他不得不离开雅典，逃亡异乡。——译者注

② See Balot, "Free Speech," 236-242.

证"里，我们可以看到一个支持民主的断言：（文本 11）

  11. 就多数的普通公民而言，尽管并非每一个体都是优秀的人，但是他们聚在一起也可能比卓越之辈更为优秀——当然并不是就个体而言，而是从整体来说。正如众人共同操办的宴席较之于一人筹办的宴席要好。因为可能的情况是，众人中的每一成员都有部分的美德与智慧，当他们聚集在一起时，仿佛成为一个拥有多手多足并兼具多种感觉的人。同样，它似乎也成为在习性与智力上的一个人。（Aristotle, *Politics* 3.11.1281a42-b7）

  亚里士多德使用的是一种加法原则，认为集众人之力，就可以产生较他们受到更好教养的同胞更多分量的美德与见识。在民主派的演说中还可以找到一个不同的甚至更深刻的论证。演说者主张，坦率的发言使得真正的民主协商成为可能：在公开的对话中，思想能自由交流，异议与反对的声音也能自信地表达并受人尊敬，不同的见解可以得到进一步的修正与完善，最终能做出一个得到集体支持的决策。① 这较之于亚里士多德加法论证更为深刻，因为它睿智地赋予了异议、对立和有意识的修正以核心的地位，并承认自己的观点修订必须符合其同胞公民的判断。

  这样，民主商谈模式的关键在于个体能够有足够空间进行有礼有节的相互批评，并批评民众整体，以便为城邦选择最好政策。换言之，民主商谈的关键在于自我批评，它可以采用异议（dissent）的形式，比如演说者可以说："依我所见，雅典人啊！有头脑的人当然同意对于城邦来说，最好一开始不要无事生非。但是如果事情并非如此，那么没有人会否认那些忠言逆耳的人立刻站出来的重要性。"（Dem. *Ex*.49.1）② 它也可以采用批评听众的方式，如指责听众懒惰、怯懦或者消极。在每一种情况之中，关键在于要使集会的民众耐心地听取他人的意见，理解他们的观点，提出合理可行的观点以引导城邦政策的制定。这样理解的公共领域的效率取决于公民自主地解决政治问题的能力，取决于他们对于其同胞公民善良意志的相互信任，取决于他们表达出他们真实想法的理性勇气。

---

① See Balot, "Free Speech,"; S.S Monoson, *Plato's Democratic Entanglements* 特别精辟地讨论了商谈与自主性的问题。试比较 Saxonhouse, *Athenian Democracy*, 59-86。
② 有关对于民主派听众的批评，参见 Balot, "Free Speech," 236-239; J.Roisman, "Speaker-Audience Interaction in Athens: A Power Struggle," in Sluiter and Rosen, *Free Speech*, 268-275。

这样说来，雅典的民主商谈听上去与现代商谈民主理论家所支持的公共商谈有着惊人的相似性。我们注意一下由古特曼（Gutmann）和汤普森（Thompson）这两位现代"商谈民主"理论家所作的评述中的相应观念："与其他的决策方式相比较，商谈增加了达成公正政策的机会。较之于其他类型的政治过程来说，商谈民主包含着其自身修正的手段。通过论证的交锋，公民以及向他们负责的代表可以相互学习，去认识到他们个体的和集体的错误，形成新的观点与政策——它们会有着更广泛的公正性。"①

这些理论家已经将民主的商谈模式发展成为民主理念的最充分的实现。因为商谈使得所有的公民既彼此尊重各自的观点，也可以对民主决策的过程做出积极贡献。雅典人推动了与这种现代理念一致的民主商谈理念，因为他们将自己的这种理念建立在言论自由和尊重他人意见的理念之上。（对古代商谈模式与现代商谈民主模式的可能差异的思考，见第七章。）人们所说的古代雅典的"发现自由（discovery of freedom）"，对于那些（我认为是正确的）为民主政治的实践理性寻找强化形式的人，有着深刻的意义。②

民主对于自身具有强大合理性的论证，给那些保守主义的评论家——比如列奥·施特劳斯（Leo Strauss）及其同道——提出了一个严重的问题，他们回到古代的目的就是诊断和矫正所谓现代性的"危机"。施特劳斯发现了古典时期的古代人相信自然不平等，这是基于个体智性能力的差异之上的。在他看来，这一信念是真实的，不容争议；而且对于不赞同现代平等主义的哲学家们是一种启发，甚至是一种解放。正如我们会看到的，柏拉图之类的哲学家，的确相信自然的等级制。但是雅典的民主制却能够相当有力地主张普通公民具有理性，具有"大众的智慧"——大众被理解为一个集体性的群体。这种论证，以及民主制不容置疑的成功，对于任何受自然等级制的信念影响的政治学都提出了一种深刻的挑战。③

然而，与此同时，言论自由的理念揭示了雅典将个体与共同体联系起来的方式中深层的复杂性。民主的意识形态鼓励独立的思考、坦率的言论及异议，但是共同体也很容易剥夺言论自由的特权，就如同它容易给予这种特权一样。举例来说，公元前399年苏格拉底被送上一个民主陪审法庭接受审判，并因渎神指控而处死。不可否认，这一事件在雅典的民主中并不常见。

---

① Gutmann and Thompson, *Democracy and Disaggreemant*, 43.
② 试比较 Raaflaub, *Discovery of Freedom*。
③ 有关"大众的智慧"，参见 Ober *MEDA*, 163-165；就我这里所提到的几个主题而言，可以参见 Strauss, *National Right and History*。

其他一些压制知识分子言论自由的记载可能有所夸大，并源于有关苏格拉底的叙述的神圣化。① 但是，苏格拉底的例子既说明了共同体相对于个体的优先性，也说明了共同体感觉到威胁时，可能限制言论自由。②

就这同一个主题，另一类有启发的例子就是法庭与民主的公民大会中的演说者的日常经验。民主的听众常常诘问、插话并且怒斥发言者，这种做法并非一种严格的"制度"，被称作 *thorubos*，即"干扰"或者"打断"。演说者在提出重要的政策主张时经常会喊道："在我要讲话的时候请不要大喊大叫，听我说了后再做出你的判断。"（[Dem.]13.3）德摩斯梯尼在这里呼吁公民进行自我克制，在对复杂的政策问题匆忙进行判断之前要听取意见。也许我们可以将 *thorubos* 看作是普通公民言论自由的形式，否则他们就没有机会作为个体发言。③ 但是听众的这种希腊传统的实践，却显然给演说家所倡导的民主商谈形式带来了风险。它使得对立的观点不能得到表达，使得演说者看起来似乎总是拍听众的马屁——演说家们自己就是这样看的——而不是公开说出他们所认为的最好理念。*Thorubos* 对言论自由形成了实际的限制，反过来也制约了大众发挥政治智慧的能力。

5. 勇气、信任与领导

在民主的雅典，对这一问题没有明确提出理论化的"解决"。相反，演说家所做的毋宁说是为了刺激与鼓励智识自主性，并在公民大会公开对其表达，便在现实的情境中对传统美德，特别是勇气重新作了阐释。民主派为了给个体抵抗多数民众的压力提供理由，重新将军事美德中的勇气类比地运用到商谈的领域。这样，与演说者要求他们的听众自我克制相对应的是，勇气成了坦率并持不同看法的政治家核心的美德，他们不惮于表明什么是城邦真正的利益之所在，反对讨好短视民众的当下快乐，用他们的话说就是：（文本 12）

  12. 我并非是鲁莽愚钝，抑或无耻，而且我也绝不会如此。然而我相信我比你们这些有勇无谋的政客更勇敢。因为，雅典人啊，

---

① 尤其可参考 K.J.Dover, "The Freedom of the Intellectual in Greek Society," in *The Greek and Their Legacy: Collected Papers*, vol 2 (Oxford, Blackwell, 1988), 135-158。
② 对于苏格拉底例子进一步的思考，参见第四章的"苏格拉底与雅典"。
③ Tacon, "Ecclesiastic Thorubos."

那些无视城邦利益、忙于打官司、觊觎他人的财产、四处行贿、造谣生事的人这么干，绝非出于真正的勇敢。相反，他通过游说，制定政策，赢得你们的支持而保证自己的安全。这样做就是"安全的勇敢"。但是，就什么是最好的政策而言，无论是谁，哪怕是多次反对你们的意愿，不说任何讨好你们的话，只是说什么是最好的，只提出一些较之于算计有更多机会的措施，并且他在两种情形下都向你们负责，这个人才是真正的勇敢。（Dem.8.68–70）

在古代希腊的军国主义文化中，放弃其勇气原初的军事内容，使其成为一种道德与政治的美德，是一种了不起的成就。

德摩斯梯尼的这段话关注演说家所承担风险的问题，表面上听起来与汉娜·阿伦特（Hannah Arendt）所说的"政治勇气"非常相似，她的描述带有特别的现代背景，但却与雅典遥相呼应："离开家庭是需要勇气的……因为只有在家庭中一个人才会首先考虑自己的生命与生存。任何进入政治领域的人，必须准备拿他的生命去冒险。过于顾惜生命而放弃自由，正是奴性的标志。"① 阿伦特接下去以一种粗略但有启示性的方式具体描绘了这一观点。对于阿伦特来说，勇气"实际上已经表现在一个人的愿意行动和言说，愿意把自己纳入世界和开始一个属于自己的故事当中了"。② 勇气使得个体形成对于他自己的记忆，使他可能在故事或者诗歌中为后代所传颂。阿伦特这样描述雅典的政治，为的是将一种准英雄的尊严再次注入我们现代人的政治理念之中。

但是这种充满英雄气概的描述，对于我们对古代民主政治的理解没有什么帮助，因为古代民主政治是以集体性公民整体的思想与行动为核心的，只是偶尔带有英雄的特点。德摩斯梯尼在这一段落中描述的勇气，并非个体的、英雄式的自我创造，毋宁说是一种参与共同体活动的能力。为了增进城邦整体的福祉，这种共同体经常会质疑它自身和它的传统。民主将英雄主义社会化了。如果言论自由的勇气是雅典人鼓励人们对公共争论做出独立的、深思的贡献的方式，那么这种勇气仍然也是为了实现集体的目标和城邦的计划的。这也是为什么德摩斯梯尼特别地将他自己表达异议的勇气，解释为对于真正的（或许不为人所知的）城邦利益与好处的贡献。如果我们清楚地理解我们的历史，那么古代民主对于我们自己民主的（自我）理解的作用会更

---

① Arendt, *Human Condition*, 36.
② Arendt, *Human Condition*, 186.

大,而非更小。民主的政治与政治思想的历史,自身就能作为我们对民主想象的起点,也可以作为一种唤起我们对民主的渴望的方式。

这种对于公民勇气的反思揭示了民主的自我领会中的一个含混之处,即领导方式(leadership)的问题。一些"精英派"的理论家,比如著名的罗伯特·米歇尔斯(Robert Michels)认为,真正意义上的民主或者"人民—权力"是不可能的。其相应的理由是,在任何组织或者国家中,精英中的活跃分子会自然上升到领导的位置。在这些位置上,他们会以其自身的利益来决定政策,甚至控制政治的专有词汇,将他们的权力职位自然化,并统治根本上麻木不仁的普通公民。民主的雅典的确出现过这样的领袖与"政治家",他们曾长期大出风头,在无数的场合和许多重大问题上对于政策发挥着深远影响。举例来说,人们可以想想伯里克利、克里昂和德摩斯梯尼。他们的领导难道不是给民主的政治提出了难题吗?因为如果这些领袖的知识、专长和能力——总之就是他们的"公共功绩"——必须受到承认与褒扬,才能使民主实现自己的全部潜能的话,那么,雅典的领袖是否真的将一种非民主的等级因素引入了民主体系之中了?

雅典回答这一问题的关键是人民的权力,即普通公民对于政治事务进行常规的控制。希罗多德作品中的一个人物赞许地说明了,雅典的官员是通过抽签产生的,严格向民众负责,在政治辩论中并没有特别的权威。(文本13)

> 13. 人民的统治的优点首先是拥有最美好的名称,那就是法律面前人人平等(isonomiēn)。其次,当人民统治时,不会犯一个君主所易犯的任何错误。普通公民通过抽签获得官职,所有职位都要对人民负责,而一切决定均交由共同体加以裁决。因此我的意见是,我们应当废掉君主制并将权力交给人民,因为整个城邦在于普通公民的集体之中。(Hdt.3.80.6)

因而在民主的城邦中并没有长期的正式职位。每一位发言者只拥有能说服其民众给予他在特定情形中的那么多的权力。他只是"如他最后一次演讲一样"。① 这种解决本身,就民主社会中整体的团结与民主的平等性提出了实践与理论上的一些问题。

首先,这种思路提出了政治信任这一核心的问题。信任可能被视作一种经过评估的风险,即,在没有强制的情形下,个体同意依赖他人去履行他们

---

① M.I.Finley, "Athenian Demagogue," *Past and Present* 21 (1962), 3-24.

的承诺。① 信任通常被认为是一种真正的善,特别是表现在信任能使公民在执行重要的任务、特别是一起筹划下一步的政治行动时,彼此有充分的理由相互依赖。修昔底德在对(曾经)民主的科基拉(Corcyra)内战的著名描述中,指出信任是政治机制的关键,因为缺乏信任会导致法律、习俗以及相互尊重的崩溃,总之就是政治自身的毁灭。(文本14)

> 14. 暴虐变成了真正男子汉气概的标志;耍阴谋搞诡计变成了合法自卫的手段;狠毒的人总是被信任,而反对他们的人总是受到猜疑……如果人们碰巧达成相互妥协的协议,这也只是暂时的,因为这时双方都遇到了困难;只有在双方都无法从别的地方取得力量时,这些协议才有效。但一旦机遇出现,首先大胆地抓住这个机遇的人,会趁敌不备,落井下石;他认为这种背信弃义的报复比公开的进攻更妙,而且这样做比较安全。(Thuc.3.82)

相比之下,修昔底德说明了民主雅典的成功基于公民充分的相互信任,他们都忠诚于爱国主义的理念。在古典时期的雅典,公民彼此之间达成了"基本"的信任,大体上说这有历史真实性。而且对于政治思想史来说更重要的是,修昔底德这样的同时代观察者能认识到信任是他们成功的一个关键因素。

尽管如此,民主制仍在一定的程度上不信任其领袖,并因此而受益。事实上,如果其公民集体并不想完全将权力放弃(即便在一定的时间内)给其领袖,这样的不信任看来就是必要的。我们从雅典人自己关于政治的思考中一再发现,一定程度上的不信任有必要性。举例来说,根据修昔底德的观点,雅典人之所以对阿尔喀比亚德进行审查,是因为他们怀疑他奢靡的生活方式和反民主的言辞。(文本15)

> 15. 许多人对他在个人生活和习惯上明显的放纵行为,对他在所从事的各种事务中表现出来的勃勃野心,感到惊恐不安,民众认为他的目的是想做僭主,因而都对他持敌视的态度。(Thuc.6.15)

对于修昔底德来说,民众对于阿尔喀比亚德的不信任是不利于民众利益

---

① 比如,参看 Warren, *Democracy and Trust* and A.B.Seligman, *The Problem of Trust* (Princeton, Princeton University Press, 1997)。

的，但是这一观点源自修昔底德内心的反民主偏见（参见第四章的"民主的认识论与不可靠的修辞术"）。尽管修昔底德指责了雅典人的不信任，但是不信任阿尔喀比亚德这样的领袖，事实上帮助了普通公民保持着对于可能自我膨胀的精英们的控制。因而不信任真正显示出，民主提升了普通公民政治的与意识形态的权力的核心一面。

当时对于信任的争论，在公元前424年阿里斯多芬（Aristophanes）《骑士》(*Knights*)的喜剧情节中得到再现。与阿里斯多芬的其他喜剧一样，《骑士》以夸张的喜剧方式，攻击了一位雅典领袖克里昂①。克里昂被塑造成发挥所有政治能量贪婪地操控着民主的体系来谋一己私利。他讨好普通公民以维持自己的权力；他将雅典帝国国库的钱装进自己的口袋；他编造谣言以打击政治对手。这些描写很多都是喜剧的标准漫骂：在喜剧舞台上，雅典的民众对于其领袖并没有显示出什么特别的尊重。事实上，民众有足够的自信恣意漫骂，这让民主的批判者深感不安。不过，这部戏剧的后面，事情变得更糟糕。合唱队用两个词来指责人格化的德莫斯（民众）整体（Demos）：愚蠢和自大。民众在对这一指责的回答中，表现出了对雅典领导方式令人惊奇的洞察力：（文本16）

  16. 你们认为我是个傻瓜，还是你们头发底下没长脑袋，我不过是有意装傻。你瞧我喜欢天天喝酒，愿意养一个小偷当作管家，等他捞足了，我就抓住他，一刀把他宰了……你们看，我巧妙地捉弄了他们，他们却自以为够聪明，骗得了我。他们偷窃的时候，我总是注意他们，却装着没看见，然后用法院里的投票箱，捅进他们的喉咙，逼着他们把从我这里偷去的，统统吐出来。（Aristophanes, *Knights*, 1121–1150）

总之，德莫斯说的是，他完全意识到了"领袖"所玩的把戏。正如最终他为他们带来胜利了。如果对他有利的话，他也能够让他们下台。这是极富表现力的喜剧场景，既表现了在民主的城邦中，民众对领袖不信任时的可理解性和必要性，也表现了民众对于政治的根本权力。②

---

① 克里昂，？—公元前422年，伯罗奔尼撒战争期间雅典的政治家与军事将领，出身贵族，修昔底德和阿里斯多芬尼斯均对其持有异议，认为他是该战争的挑动者之一。早年反对伯利克利受到挫折，后来在伯利克利死后成功地崛起，掌权期间他竭力纠集各希腊城邦反对斯巴达，却以失败告终。——译者注

② Balot, *GICA*, 197-199.

6. 雅典之外民主的政治思想？

我们在这一章里一直主要聚焦于民主的雅典，因为雅典是在古典时期第一个，也是最大、发展最为完善的民主体制，而且也是我们有着最多的古代资源来进行研究的民主体制（甚至是城邦）。但是民主并不仅限于雅典，其他古典时期的城邦，比如锡拉库扎（Syracuse）同样在公元前五世纪转变为民主政体。[1] 并不奇怪的是，非雅典的思想家同样也发展出了有关民主的思想，尽管我们对他们的观点所知甚少，因而一般说来也难以进行详细的描述。正如我们不久会看到的，阿布德拉的普罗泰戈拉（Protagoras of Abdera），在柏拉图的《普罗泰戈拉篇》中代表着提出支持民主的理论的思想家。

阿布德拉的德谟克利特（Democritus）是公元前五世纪的原子论者与伦理哲学家，一般说来也是支持民主的政治观点的。较之于其政治学，我们知道得更多的是他的伦理学。[2] 他的伦理与政治观点主要通过一些引用和二手注释保留下来，后世的学者或者思想家收集并利用这些观点，但通常为了自己的目的有所更改。就其残篇中所读到的意思而言，这些观点听起来都是符合习俗的说法：德谟克利特推崇一种平静而节制的安宁生活，适度地追求快乐，避免过度。总之，他主张简单而明智地享受生活，这通常被视为与后来的原子论者伊壁鸠鲁（Epicurus）有联系（第八章）。那么，德谟克利特的政治学是什么样的呢？

德谟克利特说：“在民主国家里受穷，胜于在专制国家里所谓的享福，正如自由胜于奴役一样。”（*DK* 68 B 252）[3] 由于缺少任何思想背景的资源，这一论述并没有传达出准确的信息。比如说我们并不知道德谟克利特谈到的 democratia，与他同时代雅典人所说的民主是否是同一回事，也不知道他用这句话是要回应何种论证。我们看到，德谟克利特在别的地方使用过民主的

---

[1] 对非雅典民主的一般讨论，见 E.W.Robinson, *The First Democracies:Early Popular Government Outside Athens* (Stuttgart, F.Steiner, 1997). 罗宾逊认为，在雅典民主之前存在着其他民主制，但是有关其他情况的材料都是可疑的，因为其往往来自后来的传说。因为古典时期雅典人可能理解的"完整"意义上的民主如果存在的话，所有公民，包括穷人，都必须充分地分享政治权力。为了进一步说明这一点，可以参考 Ober 与 Raaflaub 之间的争论。雅典是第一个将穷人包含进来的希腊城邦。

[2] Cole, "Anonymus Iamblichi"（见第四章的"色拉西马库斯与卡利克勒斯的挑战"），他强烈地主张伪扬布里科斯的思想来自德谟克利特。如果是这样的话，我们就能通过其著作的残篇，更好地理解德谟克利特政治思想到底是什么样的。

[3] Tr.Procopé, "Democritus on politics –Appendix," 27.

关键词，比如 parrhêsia（自由发言）(DK 68 B 226)，也接受了通常的民主性特征，比如民众投票、负责地选举官员、从内心尊重法律等等，这些或许有助于补充我们对这段话的解读。从现存的残篇来看，德谟克利特并没有详细地说明他支持民主的原因。① 他的政治思想似乎是要求建立一种普遍参与的体系，这一体系可能包含、也可能不包含所有的公民，甚至是贫穷的公民也能作为平等成员。

德谟克利特现存的残篇强调城邦中个体品性的发展，以作为维持政治秩序的关键，这一点是更清楚的。举例来说，法律由于能引导其公民的性格倾向，从而被认为对所有公民都有好处（DK 68 B 248）。如果一个公民从青年时代就开始一直接受这样的训练，那么就会在他身上形成恰当的荣辱感（to aideisthai, DK 68 B 179）。对于羞耻的感觉刺激着个体去践行其共同体的理念与价值，通过教育他们可以将这些理念与价值内化。正如我们会看到的，普罗泰戈拉将羞耻感看作维护政治稳定的重要力量（参见 DK 68 B 181）。德谟克利特对政治进行了一系列有趣的反思，这主要是从公民伦理发展的角度来看的，而非主要从社会或者政治组织这一更广层面来看的。尽管现存残篇中有一些民主思想的细微火花，我们还是必须从别的地方寻找对于民主的政治美德更为详尽的论述。

7. 普罗泰戈拉对民主的论证

回到雅典的思想家那里。正如我们所见到的，阿里斯多芬对于德莫斯（Demos）的描述，有助于解释一些强调雅典民众与其领袖之间关系的实用主义思考。在与人民意见相左时，这些领袖用自己的专业知识来保持民主的政治健康，这在理论上有什么问题吗？我们已看到过支持在所谓民主商谈智慧基础上的一种强化的民主合理性的观点，而雅典人所理解的平等又支持了这种观点。总之，雅典人将自身视作具有自尊的平等者。每一位公民在民主智慧的产生过程中都发挥着作用。如果我们审视一下柏拉图的对话录《普罗泰戈拉篇》中归于普罗泰戈拉名下的政治理念，这种理解就会变得更清楚。一位学者称普罗泰戈拉是"世界史上第一位民主的政治理论家"。我们必须看看这种概括为什么可能是准确的，又在什么方面是准确的。②

---

① 有关这些，参看 Mejer, "Democritus and Democracy," 3-5.
② Farra, *Origins,* 77.

普罗泰戈拉是所谓的智者，也就是说一位云游四方的职业演说家。他从其教学中获得报酬，声称可以让他的学生精于政治的技艺。柏拉图对于普罗泰戈拉富有同情的描绘，说明他极可能是大度地阐述了历史中普罗泰戈拉基本的论证，让这些观点物有所值。① 这一对话的戏剧性背景是普罗泰戈拉来到雅典兜售他昂贵的"政治美德（politikê aretê）"课程而招收学生。柏拉图笔下的主人公苏格拉底挑战了普罗泰戈拉传授政治智慧的主张，因为最著名的雅典政治家，比如伯里克利等人，已证明了不能将他们的政治智慧传授给他们的儿子，尽管这些政治家尽可能给予了其儿子以最好的教育。这或许证明政治智慧不可教。苏格拉底也指出，雅典的公民大会定期向建筑和造船等领域的专家进行咨询，但是涉及政治的事务，雅典人愿意听取所有公民的意见，包括没有受到充分教育的粗俗商人。这可能意味着并不存在政治技艺这类事情，否则雅典人也可以在政治中找到（并听从）专家。

为了回应苏格拉底的指责，普罗泰戈拉讲述了一个关于人类的神话。根据这一神话，人类相对于野兽来说是弱小的，因而被迫建立了早期的共同体。当这些共同体由于人们的暴力而崩溃之时，神就给了人两种根本的政治美德：对他人的尊重感，即谦逊（aidôs），还有正义（dikê）。由于惧怕死亡，每位公民都必须拥有这些美德。因此普罗泰戈拉说，民主政体在政治讲坛上听取所有公民的意见是合理的，因为政治的智慧必然来自正义与谦逊，如果城邦要存在下去的话，这些美德是所有的公民必须拥有的（Protagoras 323a）。较之于民主的演说家们，普罗泰戈拉这里为民主的慎议（prudence）做了一个稍微不那么复杂的论证，因为他并没有赋予异议、冲突与自我修正以重要的商谈性作用。但是普罗泰戈拉却给他们的讨论加入了一个重要的成分，即所有的公民拥有（大致）参与政治讨论的平等能力这一民主观点的合理性。他的神话说明了雅典人深信言论自由的平等主义基础，也将这一平等奠基于公民共同的尊重感与正义感之上。这也是为什么根据普罗泰戈拉的观点，每个雅典人在其力所能及的程度上，都是美德的老师（322d-323a）。进一步说，这也是雅典人愿意在公民大会上听取所有人意见的原因。②

为了证明这些平等主义理念的合理性，普罗泰戈拉解释了一种公民教育的理论，这种理论说明了所有的公民获得正义与谦逊美德的方式——因为他说过，毕竟没有人相信这些美德是天生的品质。他首先说明美德是可教的，

---

① 这些演说是否大体上表现了历史中的普罗泰戈拉的观点，参见 Schiappa 所提供的证据：Protagoras, 145-148。对于这一成果有所增益的一些杰出评论，参见 Farrar, Origins, 44-98。
② 有关普罗泰戈拉的认识论及其与民主的可能联系，参见第四章。

而且雅典人也正确地相信美德是可教的。他的论证是如果某人有着天生的缺陷,比如生来就虚弱或者丑陋,没有人会非难他,相反人们通常的反应是怜悯。而对于表现出不义之类政治邪恶的人,公民们会生气或者义愤填膺,这是因为与之相反的美德能够通过教导而被获得。他们的前提必定是,个体有责任达到共同体有关美德行为的标准。根据普罗泰戈拉的观点,这一前提也是雅典人将惩罚作为威慑这一合理理论的背景(顺便说一下,这种对于雅典惩罚的描述从历史上说是不准确的)。

接下来,普罗泰戈拉要反驳苏格拉底的观点,即具有政治美德的人并非经常能将这种美德传递给他们的儿子。普罗泰戈拉否认这些人在他们儿子的教育上不费心的说法。他们将其抚养大,送他们上学,为的是以长者惩戒和读诗这样传统的方法而学习美德;最后通过遵守城邦的法律来塑造他们的生活。很明显,他们相信政治教育是可能的。但是,的确这种教育有时起作用,有时不起作用。政治教育之所以有时不起作用,其原因在于富有的政治家偶尔会有着低劣品德的儿子,这并不是出于政治家自己的缺陷,显然是由于自然才能分配的不平等。

这一论证使得普罗泰戈拉就政治平等与能力的自然差异之间的关系得出了有趣的结论。在普罗泰戈拉讲的神话中存在着大致的平等,但是天赋才能也存在着一定的差别。承认这样的差别使得普罗泰戈拉的论证更具有现实性:当他主张民主的政治平等的正义和价值时,他并没有忽视众所周知的自然能力的不平等。而且他在他的理论中注意到了这种不平等的意义,从而建议具有更多自然能力和接受较多训练的人能够成为民众的领袖。在我们前面所讨论的民主框架内,让具有特别才能的公民成为领袖,对于城邦来说是明智的。

为了让这些论证可信,普罗泰戈拉将政治共同体中的成员资格与语言共同体或者工匠行会的成员资格进行了比较。在这些共同体中,每一个人都大致上——如果不是说绝对的话——是平等的。这与雅典民众的成员大体上平等是一致的。如果将他的大体平等的理念换一个说法的话,普罗泰戈拉指出这样的共同体中每位成员在语言或者技艺方面,显然比那些根本没有语言或技艺能力的成员更为熟练。但是除此之外也存在着特别精于此道的成员(尽管并非是不可思议的),比如说有人在语言方面口吐莲花、字字珠玑,或者有人是雕龙刻凤的工艺大师。这些在其语言或者工匠行会中特别老练的成员,与民众中的政治领袖是相对应的——他们在政治商谈中有着特别的才能,受过特别的训练。这种类比使得普罗泰戈拉证明他的自我宣称,即教育

有抱负的政治家，同时又无损于他对于民主平等的一般论证。（文本 17）

> 17. 所有的人都在尽其可能地教授美德，而你认为你看到的没有一个人是这样的教师。同样地，你要是问谁是希腊语的教师，那么你一个也找不到。还有，（在我看来）你要是寻找我们那些技艺专家的儿子的教师——这些专家的技艺本身都是从他们的父亲和与他们从事同一门技艺的朋友那里学来的，那么苏格拉底！我不认为这容易找到，尽管要指出一名完全是初学者的老师是相当容易的。至于美德或者另外的事情也是这样，如果我们发现某人在美德上只比其他人好一点点，那么由他引导我们走向美德，我们就一定要感到满足。（*Protagoras* 327e1–328b1）

普罗泰戈拉的理论花了很多工夫来证明平等主义，以及解释民主的领袖如何能受到训练，在不危及作为民主基础的平等的同时，管理这一政体。

普罗泰戈拉的演讲论证，即便孤立地看已经十分重要；然而事实上，它的很多关键要点都可以在雅典的演说家那里找到知音。尤其重要的是普罗泰戈拉对美德是政治成功关键的强调，以及他对于美德的教育是如何发生的解释。诸如正义、自制和尊重他人的这些基本品质的公民教育，都寓于个体在共同体中的成长与生活之中，也就是在极为具体的情境中，通过赞扬和谴责等非正式的社会表达而体验到的。对于普通公民来说，这些美德被明确说成是在世代传承中，通过民主的法律、公共仪式和司法判决培养起来的。这样的说法在雅典的法庭辩论与商谈演说中都很常见的。（文本 18）

> 18. 雅典人啊！要知道年轻人并不只是在角斗场、学校受到教育，也不只是在各种艺术中受到传统的训练，他们更多地是在公告里受教育的。在剧院里宣布某人因为美德、英勇或忠诚而被授冠，某人因其生活方式和不耻行径受到羞辱，看吧，一个更年轻的人败坏了，某个像克节西芬（Ctesiphon）这样可耻的老鸨受到惩罚了。由此其他人受到了教育。（Aesch.3.246）

认为所有的公民都在美德方面受到公开教育，这一信念有助于解释雅典的民主派对于平等的坚持。

8. 民主派的平等观

理论家与历史学家通常区分了公民群体中几种不同的平等，其中第一种就是自然的平等。这是以平等道德尊重的形式出现的，我们可以在《美国独立宣言》中发现这样的表达："我们认为下述真理是不言而喻的：人人生而平等，造物主赋予他们若干不可让与的权利，其中包括生存权、自由权和追求幸福的权利。"显然美国的建国之父并不相信所有人在才能或者自然能力上是平等的。他们的意思是所有人应当得到平等的道德对待，因为神赋予他们作为人的尊严。

作为奴隶主们，雅典的民主派并不相信自然给予了普遍的人类尊严，但是普罗泰戈拉的神话提供了一种民主思想，根据这种思想，所有的公民事实上在对城邦至关重要的政治能力上是大致平等的。正是因为这种大致平等的贡献能力，雅典的公民都值得同等的尊重，因而都应当受到法律的保护，免于遭受残暴或者傲慢（hubis）行为的侵犯。同样，在这种大致的平等之中，也存在着一定程度能力的差别。普罗泰戈拉援引了语言共同体或者是吹笛者团体进行类比，认为显然这些共同体的成员有着不同的自然才能。这样，较之于成绩平平的成员来说，具有杰出才能的个体更能脱颖而出。但是较之于这一相关共同体之外的人来说，所有的成员（比如所有会说希腊语的人，所有吹笛子的人）都大致上是平等的。正如普罗泰戈拉所认为的："与那些对吹笛子一窍不通的人相比，他们全都够好了。"（327c）

在整个修辞术中都能发现这种论证，它也深深体现在雅典政治实践之中。每个人基本上都可以在公民大会上自由发言，因为人们相信每个人都能潜在地贡献出某些重要的东西。在所有公共职位中，只有将军是被选举出来的，而其他职位都是由抽签产生。而且所有的公民都被认为有能力对城邦的防卫做出重要的贡献。在雅典，服兵役是重要的义务。擅离军职、怯弱或者拒绝军事征召会被当作犯下死罪而受到指控。相反，雅典的诉讼者通常会援引他们自己或者其祖先参与城邦的战事来作为他们忠诚的证据：他们这样做，并不是认为自己特别英勇，而是认为他们执行了所有平等公民都应履行的义务。（文本 19）

> 19. 与会各位！如果我只是向你们证明我是忠于既成的体制，我被迫分担与你们一样的危险，我并不认为我值得特别的考虑。但是如果我表明我一直在各方面过着遵纪守法的生活，而完全不是我

的对手所想所说的那样，那么我请求你们在这次听证会上相信我的清白，也要看清这些人的卑劣。（Lys.16.3）

他们有能力为雅典的军事机器做出贡献，这有助于证明他们参与政治决策的合理性，因为人们通常认为，不能服役的人就没有资格参加公民大会。最重要的是，雅典人相信一个土生土长（autochthony）的神话，根据这个神话，所有的雅典人都是本地人，因为他们可以通过其作为公民的父母，将他们的祖先向前追溯到阿提卡的第一代居民。这样他们都是兄弟姐妹，并基于他们的血缘而分享共同的高贵性。柏拉图在《墨涅克塞诺斯篇》（Menexenus）中以一种嘲笑式的葬礼演说讽刺了这一神话，但是雅典人严肃地对待这一神话，将其看作集体身份、大致平等以及共享的高贵性的象征。（文本20）

20. 但是我们的公民都是兄弟，全都是同一个母亲的孩子，我们不认为互相把对方当作主人或者奴隶是正确的。相反，这种天生的平等推动着我们去寻求法律上的平等，并且承认，除了美德或者智慧的名声有差别外，没有谁能高人一等。（Menexenus 238e-239a）

从雅典人的实践、意识形态以及他们共同的神话来判断，他们符合罗伯特·达尔（Robert Dahl）所说的"平等的强原则"："所有的成员都具有充分的资格，全面参与集体决策之中，这种决策会显著影响他们整体的善或者利益。无论如何，没有人比他人更有资格能被委以做出集体性的、有约束性决策的重任。"[①] 尽管雅典人并没有承认自然平等是保障普遍权利的基本人道原则，然而他们却相信在公民群体内存在着一种政治与军事能力的大致平等。

除了在这一特别的意义上他们相信自然平等之外，雅典人同样将平等看作一种规范性价值（normative value），这种价值表现出的最重要的形式是机会的平等。比如说在欧里庇得斯《祈援人》（Suppliant Women）（前423）中的忒修斯（Theseus），极力主张雅典是法律统治的城邦，穷人在政治上占有平等的分量，有着获得正义的平等权利。（文本21）

21. 一开口第一句话就说错了，异方人啊，你问谁是这里的

---

① 引自 I.Morris, *Archaeology as Culture History* (Oxford, Blackwell, 2000),111;from R.Dahl, *Democracy and Its Critics* (New Haven, Yale University Press, 1989), 98。

第三章 雅典的民主政治思想

主人,因为我们的城邦是一个自由的城邦,不是被一个人统治着的。人民每年轮流执政,而非仅仅给富人以最高的荣誉,穷人同样有份……法律订成条文后,穷人与富人便有了平等追求正义的权力;弱者如果这边有理,也可以胜过强者。(Theseus in Euripides, *Suppliant Women* 403–408, 433–437, tr. D.Kovacs.and tr., *Euripides* III, Loeb Classical Library, Cambridge, Mass., 2002)

亚里士多德将民主视作"基于平等之上的自由"体制(*Pol.*6.2.1317b16-17)。他指的是民主的公民有着轮流统治与被统治的特权,这一体制中的官职没有财产方面的要求,或者只有最低限度的要求。陪审法庭由所有公民组成,他们都有能力对最重要的案件进行审判(*Pol.*6.2.1317b17-30)。因而机会平等中有一类,就是在"法律面前的平等(*isonomia*)"。这在本质上可以概括为所有的雅典公民毫无例外地都能够对他人提起诉讼,在抽签挑选官员时,每一个人都能提名自己为候选人;所有人都能在公民大会上平等地投票(*isopsêphia*);所有人都同等地被允许在公民大会上发言(*isêgoria*);所有人都值得陪审团给予同样合法的对待。埃斯基涅斯(Aeschines)(1.5)曾将法律平等作为民主鲜明并且值得称赞的特征,从而与其他政治体制形成对照。这些理念在古典时期的文本中俯拾皆是,不仅常常出现在悲剧或者亚里士多德的文本中,而且也出现在公开的演说中以及修昔底德笔下。[①]

机会平等的理念引人注目地出现在伯里克利葬礼的演说中:(文本22)

22. 解决私人争端的时候,法律对所有人都是平等的;至于说到公共的荣誉,优先承担公职所考虑的是一个人在某个领域被认可的成就,而不是他的社会地位、他属于哪个阶级;任何人,只要他对城邦有所贡献,绝对不会因为贫穷而不被公众承认。(Thuc.2.37,tr.J.Rusten, Thucydides: *The Peloponnesian War*, Book II, Cambridge, 1989)

伯里克利的主要观点是,所有的雅典人,无论其经济或者社会背景如何,只要他们具有真正的能力,都有机会担任城邦政府的关键职位。尽管所

[①] 有关 *isêgoria*(自由与平等的言论),参见 Hdt.5.78;有关接受法律的平等保护,参见 Dem.51.11;有关法律面前的平等,参见 Aesch.1.5; Hansen, *ADAD*, 81-85 引用了许多证据,提供了一个准确与有益的分析。同样也可参考 Raaflaub, "Equalities and Inequalities", 139-143。

有雅典人具有根据"强平等原则"的大致平等,但伯里克利指出,毫无疑问要进一步区分他们自然能力的大小,以及他们捍卫城邦利益的不同成就。伯里克利对能力与成就的观点看来纯粹是任人唯贤的(meritocracy)。公元前四世纪所表达的平等理念与公元前五世纪表达的理念有着连续性。

从这些描述看,值得注意的是对自然平等与规范平等的区分中,具有一些含混性。这种含混性源自两个明显的事实。第一,如果缺乏对大体上的自然平等的信念,规范性平等很难成立,因为雅典人是支持奴隶制的,他们并不相信所有人在道德方面的平等,所以他们将其规范性的公民平等,建立在所有的公民都能为城邦生活做出实质性的、大体平等的贡献这一理念之上。第二,那些认为他们自己是自然平等的人,除了重视规范性平等的体制外,很难接受别的政治体系。① 因而尽管很多历史学家说雅典人发展的是规范的平等而不是自然的平等,但看到雅典意识形态中有两种平等理念,要更合理一些,而且,也应当意识到规范性的平等是起源于对于自然平等的基本信念。

即使如此,民主雅典最为引人注目的特征是,虽然他们在意识形态上强调自由与平等,事实上雅典人很少践行这些理念。所有人都可以在公民大会上发言,而且如果他们有要事去说,人们也希望他们这样做。但是统计上的研究表明,事实上很少成员真的曾经发言。② 城邦最为重要的财政官员,比如管理国库的官员,是由法律预留给最高的两个有产阶层的(尽管一些证据表明,这些法律在公元前四世纪后半期没有被遵守)。③ 最后,从一个不同的角度来说,即从被称为"thetes"④的雅典最低阶层角度来说,他们对于城邦防卫做出的实质性贡献,常常没有得到官方承认:他们充当舰队的桨手,让雅典成为帝国(参见第五章的"有关雅典帝国主义的争论")。⑤ 这些雇工也并没有被完全遗忘,喜剧作家阿里斯多芬曾庆幸战舰使得雅典强大,并说桨手拯救了城邦(Aristophanes, *Acharnians* 161-163)。但是公共的纪念形式,

---

① Cf. Williams, "Equality".
② 有关讨论参见 Hansen, *ADAD*, 306-320。
③ 梭伦改革将公民按财产的多寡分为四等,即五百斗级(Pentacasiomedimni)、骑士级(Hippes)、双牛级(Zeugitae)和雇工级(Thetes),并分别赋予每个等级的公民不同的权利。第四等级的公民不得参加四百人议事会和陪审法庭,而且高级官职只能由一、二等级的公民担任。第三等级的公民只能担任低级官员,第四等级的公民不能担任任何公职。——译者注
④ Thetes 一般译作雇工阶级,其收入不足二百个 medimnoi,至少有半数以上的公民隶属于此一阶级,在战争时担当轻装步兵及舰队桨手。这一阶层的人可以参与公民大会。——译者注
⑤ 这些观点,参见 Raaflaub, "Equalities"; Cartridge, "Comparatively Equal"; 以及 Strauss, "Athenian Trireme"。

比如帕台农神殿（Parthenon）、阵亡人员名单则显示出：骑士与重装兵较之于这些低级阶层受到更多的尊重。因而，虽然平等的民主意识形态类似于当代的平等理念，然而雅典人实际上还是保持传统偏见，更偏向于上层阶层，一般而言更看重骑士与重装兵，而非雇工阶层的价值。也许，对于现代民族国家实行的民主式的平等，这也是同样真实的。

然而，除了这些持存的不平等之外，在将其精英的才能与资源社会化（socializing）方面，雅典人超过了大多数现代民主政体。我这里所说的"社会化"，是指雅典人受到了法律与社会方面的压力，要运用他们的优势（比如才能、教育或者财富）以促进民众整体的利益。民主体制为了促进正义以及共同的善，建立起了这类再分配之类的机制。通过"捐献（liturgies）"这一民主制度，富有的精英成员被要求资助国家节日、合唱队、海军战舰等等。这种财政上的再分配机制，受到了反民主派的严厉批判（参见第四章的"提出问题"）。但是正如那个时代的人所看到的，以这种方式所社会化的资源，有利于上下阶层之间产生合理的信任，进一步降低嫉妒、敌意和阶层冲突。无数的诉讼者和政治家提到他们以及他们的祖先对民众进行了慷慨的资助，显示出了他们对于城邦与民主的忠诚。（文本23）

23. 当我成人之后，我就能遵循我的教育为人处事，我资助合唱队，为城邦装备战舰，交纳财产税。我从没有拒绝任何荣耀的职责，无论是公共的还是私人的；相反，我为城邦以及我的同伴都提供了有益的服务。（Dem.18.257）

他们清楚地表明他们在用这些美德进行自我想象——我曾说过，雅典人试图在所有公民那里都灌输这种美德，作为对他们慷慨的回报。他们希望民众对于作为个体的他们表达尊重，给予他们公共荣誉，赞同他们的领导，并仔细考虑他们的政策主张。民众在各种商谈的场合的确是这样做的，比如通过投票赞同这些领袖的建议，提出褒扬的决定等等，正如在潘狄俄尼斯（Pandionis）部落[①]的一条铭文上记载的：（文本24）

24 "潘狄俄尼斯部落决定，应加利克拉特斯（Callicrates）的请求：表彰西达忐纳俄姆的尼西阿斯（Nicias of Cydathenaeum）[②]对部

[①] 雅典的一个部落，在阿提卡的东部。——译者注
[②] 潘狄俄尼斯的一个村社。——译者注

落的杰出贡献！因为他出色并热心地资助了合唱队的男孩子们，在酒神节上获得大奖；他还资助了塔尔戈里亚节（Thargelia）[①]上的男子合唱队！授予他花冠！"

9. 正义与民众

民众运用对美德进行褒扬的语言，鼓励富有的个体为了城邦整体的利益提供资助；与好公民联系在一起的美德，鼓励精英成员为了共同的善而将他们的才能与资源社会化。值得注意的是，民众真正控制着权力，但它也能认可那些具有特别能力与手段的个人，给予他们以荣誉职位，只要他们能一再自愿地为城邦的善而将其优势社会化。作为其后果，雅典的民主实现了一种再分配的机制，并从中受益匪浅，这与罗尔斯的"差别原则"有着相似性。"我们假定存在着平等的自由和公平机会均等所要求的制度结论，那么，当且仅当境遇较好者的较高期望是作为提高最少获利者的期望计划的一部分而发挥作用时，它们才是公正的。"[②]

当我们将罗尔斯与古代雅典人对于正义的解释进行对比时，有两点值得我们注意。第一，雅典人的自我理念，绝不只是简单地要求建立与他们对于正义社会安排的理解一致的体制。它还要求地位优越的成员对民众乐善好施，反过来民众也会以表达感谢之情作为回报。要建立一种值得拥有的公正制度，就要求成员具有特定的品德习性，甚至是心灵习性，从而促进团结与公共的友谊——至少从雅典人的观点来说是如此。这并不意味着公共领域侵入个体的灵魂之中，而是个体接受一种比我们更为"原子化的"个体概念所能允许的更强大的公民责任意识。

第二，雅典的正义是一种真正的正义，即被理解为权力与资源的分配中的（一种）公平（fairness），基于公民群体之内的平等感。但是，正义同样因为有助于保持公共的稳定性而被人看重，因为雅典人清楚地看到，在社会分配上，无论何种不公平都会引起不利一方的愤怒，因而会引发公共纷争。自公元前五世纪中期以来，雅典出现了一种批判性的文学。它的目的在于说明，并不是传统式的不平等在民主制之中顽固地持久存在，而是民众推翻传

[①] 塔尔戈里亚节是雅典一个古老的崇拜阿波罗和阿尔忒弥斯的农业节日，在阿提卡历法的十一月即公历五月下半月至六月上半月举行，它含有一个赎罪的部分，通常包括两个为别人净罪而被献杀的牺牲。——译者注

[②] Rawls, *Theory of Justice*, 75; Ober, "*Polis* as a Society."

统等级体制本身，已成为专横与不义的了。换言之，一些精英成员觉得被民众的再分配机制耍了。反民主的作家们利用了精英的愤怒，在那些不满于雅典民主所理解的正义的人那里，找到了惺惺相惜的听众。他们的著作既聚焦于对于民主的批判，也关注寻找替代民主式平等权力分配的方案。无论在正面或者负面取向上，他们都有着长久的政治思想传统可以汲取，我们现在就转向他们的著作。

第四章 公元前五世纪后半叶雅典对民主制的批判

因为希腊传统贵族理念的力量，人们会认为"贵族思想"会更适合做这一章的标题，其原因在于并不是所有人都对民主感兴趣。然而，政治思想兴盛于公元前490年到公元前330年民主的雅典，这部分是由于雅典的财富，部分是由于其作为文化中心的地位。可以说雅典帝国与民主体制使得这些发展成为可能。这就使得那些许多拥护非民主体制的人被迫在回应民主制中著书立说。但是雅典的民主制显然是取得了成功，这一成功就给其对手添了很多麻烦。他们不仅要解释民主到底有什么问题，也要说明为什么他们所构想的另一种政治安排可能会更好。今天也充满了类似的境况，民主似乎是作为最好的政体形式而传播开来的。然而一个重要的区别在于，在古代希腊能够找到繁荣的非民主国家的例子，比如斯巴达，或者腓力二世时期的马其顿等等。故而，现代反民主者比古代反民主者，所遇到的麻烦就会少许多。

反民主思想在历史上是很重要的。假如时机合适，民主的危机会激发起变革性的政治行动。自公元前508年雅典民主确立以来，就遭遇过几次中断。在公元前五世纪上半期，我们知道有两次试图推翻民主制的含糊记载（Plutarch, *Aristides* 13.1; Thuc. 1.107）。第一次是在公元前480年，第二次是在公元前458年，在两个事件中主谋者的动机都不明确。他们的目标可能是要打击其政治对手，或者反对某种特别的对外政策（比如继续与波斯的战争），而不是在根本上反对民主。[①] 只是在公元前五世纪的下半期，民主制与寡头制的争论才成为焦点，而且只是在这一世纪的最后几十年里，反民主派

---

① See Ostwald, *Popular Sovereignty*, 175-181.

第四章　公元前五世纪后半叶雅典对民主制的批判

才找到行动的机会：在公元前411年他们才取得了一些成功。这一年里他们建立了一个有限的寡头制，存在了四个月，但是民主制很快恢复了。之后公元前404年到公元前403年间，在经历了八个月的寡头政治之后民主制再次恢复了。事实上，这些（寡头）政体短暂的成功，只是更彰显了古典时期雅典民主的牢固性。

将对于公元前五世纪后期政治思想的考察集中于民主的雅典，这对于我们来说是一种合适的方式，我们将研究由多种多样的残篇组成的大量资料。而雅典之外的希腊人，也深切地思索着政治。我们讨论的很多思想家来自雅典之外，民主也在其他希腊城邦兴盛。公元前430年到公元前400年之前的政治思想，与这三十年间的政治思想之间存在连续性。① 即使如此，我们这一章的研究集中于公元前五世纪下半期是有益的，其原因有二：第一，各种思想家都为雅典的财富与文化上的机会所吸引，他们肯定也有理由希望在那里为公民的所有各派友好地接受。第二，雅典人所经历与理解的伯罗奔尼撒战争的全新性和紧张性，提供了理解非民主思想的有益背景。历史地分析政治思想，有助于了解这一时期思想家的主要兴趣。

伯罗奔尼撒战争（公元前431年到公元前404年）在公元前五世纪后三十年成为思想家以及相关公民面临的主要政治事件。这场战争是由民主制的雅典及其同盟对抗寡头制的斯巴达及其同盟。这使细心的观察者得以看清楚，与其主要的非民主对手相比较，雅典的民主统治的毛病及潜在的问题。

在修昔底德对于科基拉的附带论述（3.82-83）中，他说明了民主制与寡头制的对决可能引发的暴力反应。伯罗奔尼撒战争时，雅典人为了强化其海军，想与位于希腊西北部的科基拉岛结成联盟。这么做时，雅典人自觉地中断与斯巴达一个重要盟国科林斯的关系，后者与科基拉之间存在着几十年的宿怨。修昔底德说，这个岛上的各个政治派别利用了这一机会来攻击他们的对手：寡头派求助于科林斯人，而民主派则求助于雅典人。

根据修昔底德的说法，由此引发了内战（stasis）。在内战中表现出了最糟糕的人性激情，其中包括妒忌、自私的野心、贪婪以及其他反社会性的欲望。社会信任、对同胞公民的忠诚以及共同的公共目标都被破坏了。正如修昔底德所说的："战争是一位残暴的教师"，它将人们的精神降低到他们实际（困难的）环境水平。科基拉政治共同体的毁灭，表现在科基拉伦理词汇

---

① See Wallace, "The Sophists in Athens."

中一些重要词语逐渐失去了共识。①（文本1）

> 1. 他们颠倒了评价各种行为的常用语词的含义：过去被认为是不顾一切的鲁莽之举，现在被认为是一种忠诚的勇气；谨慎周到地等待时机，被认为是懦弱的代名词；中庸之道被视为缺乏男子汉气概的表现；一个人能够从各方面观察问题，却被看成是一个在行动上拙劣无能的人。疯狂的暴虐变成了男子汉气概的标志；而安全求稳行事却被看作找借口逃避行动。（Thuc.3.82,tr,Woodruff）

这一段话表明了重要的一点，即彼此严重对立的公民不会再分享共同的伦理评价标准，他们对于什么算得上美德的或者邪恶的行为不会取得共识。这还更深刻地意味着，在对什么造就好的公民或者健康城邦文化的问题上，他们持对立或者说相反的观点。事情到了这个地步，就不可能有共同的活动——这就是修昔底德对于内战及其后果的分析。

对此，我们可以既对比现代民主生活中的多元主义，也对比古典时期雅典公民的"美德政治"（第三章）。出于原则性信念，现代民主派认为各种好生活的多元观点可以在一个独立政体中和平地共存。相互竞争的群体之间自然会产生冲突，但是它们通常都为公民对于公共参与的基本原则的认同所限制——这些原则体现在比如《美国宪法》中。相反，古代雅典人在文化上发展出一种特定形式的好公民身份，这是基于公民应当是什么样的信念之上的，比如以民主方式所理解的勇敢、节制、正义等美德。这些美德的特性使得雅典的民主派能够成功地分享关键的价值——自由与平等。

在对科基拉的描述中，修昔底德批判了他认为人类文化，甚至是民主文化中潜在的暴力倾向。在修昔底德看来，战争会将同胞公民分裂为各种派系与对抗者。他还指出，在公元前五世纪最后三十年里，内战在整个希腊出现了。伯罗奔尼撒战争是雅典帝国产生的后果，它使得民主派与寡头派之间产生了严重的分化对立。这种分化对立是我们这章讨论的理论与意识形态斗争的表现，也是其原因。

在日益严重的暴力氛围中，民主派发展起了一种强有力的自我想象，也形成了一种合理的方法，将他们的公共美德与作为其基础的自由与平等联系

---

① 有关如何运用修昔底德作为证据，参看第三章：证据与资料；有必要按照修昔底德自己的解释来认识他对科基拉的叙述，他的解释是对重要的政治与社会现实的反映，并概括了这些与他的教育与政治意图相关的现实的特征。

第四章　公元前五世纪后半叶雅典对民主制的批判　79

起来。他们的意识形态发展很快，因为民主自身就是一种创新。当政治体系使得自由与平等之间出现了新的紧张时，民主派必须向他们自己与他人证明其体系的合理性。而非民主派花了更长的时间，大约在公元前 508 年之后的五十到六十年里，才发展起了他们自己的意识形态与理论结构。他们这样做是为了回应民主派的自我证明。① 换言之，主要是一些精英成员发展出了反民主派理念，这是因为他们被民主理念的力量吓坏了。他们主要的策略有两条：第一，他们主张真正的公共美德以及政治的智慧，只可能在富裕、有闲、出身良好并受过教育的公民那里才能找到；第二，他们主张民主的自由与平等要么是不公平的，要么必定是有害的，或者兼而有之。他们还扩展了古风时代的精英对美德与公正分配的关注，以应对在言辞上咄咄逼人的民主派竞争者的挑战。

　　有了这样反民主派的基本论证策略，我们至少还可以在理论上区分两类对于民主的批评。② 第一类的特点是对民主、民众及其领袖，或是雅典文化进行讽刺性的或者"哲学的"攻击，其目的在于改进这一体系。这类批评并不鼓励其听众推翻民主制，或者说反思民主自身是不是一种好的体系。讽刺喜剧是这一类批评的例子，它们嘲笑了个别政治家的短处与弱点，民众的吵吵嚷嚷、变化无常以及贪婪无度。属于这类批判的，也包括对立的（民主派）政治家之间特有的标准谩骂。比如说埃斯基涅斯曾经说德摩斯梯尼胆怯（3.81，3.175）、渎神（3.130-131）、不忠（3.64），同时也指责当时雅典很多政治家虚伪自私（3.3-4）。这些都是常见的指控，其中并没有表现出反民主的态度。他们的观点要么是开玩笑的，要么是想获得政治上的加分，或者两者兼而有之，但都有一个前提，即雅典的公民会尽其所能使得民主制更好。也就是说，这些批评都尊重民主的基本价值与美德，同时质疑公民们——或者常常是某个公民具有实现这些价值与美德的能力。这种批评可以被称作"温和"的。

　　第二类批评则完全反对民主，其主要的抱怨就是普通公民并不具有与更优秀者平等分享政治权利的资格；或者说由于精英更加聪明，受到更好的教育，因而只有他们才能胜任在城邦中建立健全政治制度的任务。在这一类的批评中，有着强烈的鄙夷，这是源自早期希腊贵族的价值。不过，在古代雅典，贵族们处境困难，所以有这种倾向的贵族必须重新复兴这一传统理想，以便解释虽然雅典民主获得了成功，少数人统治或者说政治排他性是合理

---

① 有关一般意义上的这种主题，参见 Ober, *PDDA*, 特别是第 39-41 页。
② 有关这种类型，参见 Ober, *PDDA*, 48-51。

的。通常他们的第一步，或者说唯一的一步，就是将他们的感觉转化为对于民主体制下公民性格缺陷，以及民主政府体系缺陷的批评。与民主派相似，他们同样是通过伦理的透镜来观察政治。出于批评的目的，他们强调了研究民主的各种缺点的必要性，也强调了在更牢固的贵族制基础上重构政治美德的必要性。

但是我们要注意，如果离开了其背景，温和的与抵制的批评听起来是差不多的。举例来说，安多基德斯（Andocides）①，一位可能同情寡头的雅典政治家，曾经批评过民主派的领袖希帕波罗斯（Hyperbolus）②，指责他是一个外邦人，他的父亲是一个奴隶，并嘲笑了他的生活方式。（文本2）

> 2. 就希帕波罗斯来说，我都耻于说起他，因为他的父亲是打了烙印的，③甚至现在还作为奴隶在公共铸币厂劳动。而他自己，是一个真正的野蛮人，靠制灯为生。（Andocides fr. Ⅲ.2= Schol. Aristophanes, *Wasps*, 1007）

他的批评类似于一位温和的批评家阿里斯多芬所说的形象类似的民主领袖：（文本3）

> 3. 类似地，她们昨天看见克勒奥倪摩斯（Cleonymus）弃盾而逃，看见了这胆怯不过的行为，她们就变成了鹿。
> 苏格拉底：所以，她们现在看见了克里斯提尼（Cleisthenes）（你看见了吗？），你看她就变成了女人。（Aristophanes, *Clouds*, 353–355）

修昔底德并不是民主的仰慕者，他称克里昂是"他同时代人中最残暴的人"（3.36），是一个可怜又卑鄙的人，也是雅典的"耻辱"（8.73）。这些段落中的真实立场有些模糊。

有时，如果批判基于特定的前提，那么对个别政治家的谩骂攻击，可能上升到对整个体系进行攻击的程度。埃斯基涅斯指责德摩斯梯尼是一个胆怯的卖国者时，那么一位反民主的思想家可能会认为由于民众的愚蠢，民主派

---

① 安多基德斯，约公元前440—前391年，雅典演说家、政治家。——译者注
② 希帕波罗斯，公元前五世纪晚期的雅典民主派政治家。——译者注
③ 在希腊，被打上烙印是奴隶的标志。——译者注

常常推举出有毛病并且不值得信任的领导人，因而就无法获得审慎的建议。或者换言之，批判者会认为民众没有能力坚持自己的理想，这使得民主成了一种自我欺骗的系统。而批判者最致命的一击是攻击民主理念本身是走入歧途的。

然而尽管可能不太明晰，我们仍应当注意到这种区别，因为它可以给我们提供立场光谱上的各种可能情形，特别是当我们面对模糊的情况时。举例来说，苏格拉底以悖论的方式（paradoxical ways）兼有这两种批评时，就会出现这样的情况。为了更清晰地辨别苏格拉底的态度，就有必要去问他的论证反映的究竟是想要增强民主体制的意愿，还是彻底建立另一种体制的意愿。批判是一种滑坡（slippery slope），而现存记载中有许多情况，通常几乎无法定位其确定立场。对于古代政治思想史家来说，所有的事情都依赖于错综复杂的背景：恰当地阅读这一时期关键的文本，我们必须注意到它们"所处"其中的历史，注意它们的观众及其在民主意识形态中的自我定位。

1. 提出问题："老寡头"

与民主的意识形态不同，反民主的批判是我们可以从头开始研究的一个领域——至少就我们并不完整的资源来源而言。也许在公元前420年代，现代学者称之为"老寡头（Old Oligarch）"的一位政治作家将其反民主的情感，转化为对民主派的性格缺陷与自私自利的宏观分析之中。他的身份尚不确定，尽管他在向一位外邦贵族辩解为什么雅典精英没有建立"好政府"时，表明他出生于雅典。"好政府"，或者说"井然有序"（eunomia），这是古风时代的赞语（参见第二章的"斯巴达与'勇气'的政治"），已经成为这一时期贵族的口号，它包含着纪律、等级和秩序，正如人们在斯巴达所看到的一样，与无处不在的民主喧嚣形成对照。因而正如在他的时论《雅典政体》（Constitution of the Athenians）中所表明的，老寡头既希望攻击民主派，也想弄清他们成功的秘密。这种结合是有启示的：他主要是在批判与嘲讽，只有很少一些积极的建议；他对于社会地位比他低却居然政治精明的人进行了毫不留情的指责。但最让他的读者吃惊的是，他对于民主派成功地维持其体制，并达到其他政治目标，表达了不加掩饰的羡慕。

这个作者的政治面貌是由一个信念决定的，即富人会对富人好，而穷人则会对穷人好（3.10）；对于他来说，经济上的阶级区分就是政治动机的根源。这种理念意味着拒绝民主试图通过演说、共享价值及其公共仪式来建立超越阶级界限的共同体的努力。在老寡头看来,城邦从本质上说是一个战场,而不是公共对话和"居中"斡旋的场所(从荷马时代以来希腊人就是这么看的)。在民主的利益与寡头的利益因竞争而分裂的世界中,中间的立场消失了。根据老寡头的观点,以阶级为基础的利益,是出于本性,并由城邦文化生活所培养与塑造出来的。(文本4)

> 4. 我想雅典的民众知道哪些公民是好的、哪些是恶劣的,但是尽管他们都清楚,人们仍然珍爱那些对于他们有用或者有帮助的人,哪怕他们恶劣;并且民众还恨好人。因为他们估计好人的自然美德不会对其有利,反而会伤害他们。在另一面,一些人尽管是人们中正直的男子汉,但他们天性并不是大众(demotic)的。我谅解大众的民主,每个人都希望以自己的方式维护自身的利益,这是合情理的。但是一个并非大众的人,却仍然选择生活在一个民主的城邦而不是寡头的城邦,他就是在准备犯罪,他知道较之于寡头城邦,坏人在民主城邦里更容易避人耳目。(Old Oligarch, 2.19-20)

城邦的生活远不是普罗泰戈拉希望的那样,要培养共同的美德,相反,它滋长了对立派别间与日俱增的敌意。老寡头通过对于本性与自然特征的分析断言,尽管城邦文化对于塑造我们的性格很重要,但我们也出生在特定阶级关系中,如果放弃它,就会冒(伦理)风险。从他的观点来看,个体应当与其社会经济等级相当的他人一起,避免跨越阶级界限与人联盟,否则就成了(至少类似于)罪犯或者叛徒。老寡头的著作表现了将有关"自然"的思考运用到所观察到的政治世界中去的努力,虽然简单化与极端化,但却并非不连贯。

故而,在老寡头的视野里,自然的阶级划分使得政治不可避免地成为一个充满纷争的战场。由是观之,修昔底德笔下的科基拉只不过是总体上充满竞争、猜疑的政治世界的一个极端例子。对于老寡头来说,统治者与被统治者以及他们之间冲突的存在,是这个世界不可避免的事实。正如他所声称的:"统治者为被统治者所憎恨是必然的。"(1.14)这在公元前五世纪下半期是一个引人瞩目的观点,因为雅典的民主派遵守的是轮流统治与被统治的民主原则,他们极力避免老寡头理论中所包含着的"统治者必然被憎恨"的政治定理。

第四章　公元前五世纪后半叶雅典对民主制的批判

这种意识形态上的分歧在一些义愤填膺的政治论证与政治术语中表达出来。正如在修昔底德笔下的一位锡拉库扎发言者所说的，民主派坚持认为，"民主政治中的'民众（demos）'一词包括全体人民，而对'寡头'来说只意味着部分公民。"①他要论证的是：民主是包容和健康的，而寡头却是排他的，因而也是破坏性的。或者再举一例，希罗多德笔下的人物欧塔涅斯（Otanes）赞许地说道："整个城邦是在公民大众的手中。"（3.80）②民主派自诩他们既包容穷人，也包容富人。相比之下，老寡头阵营一方的人，有必要更为狭义地将 demos 定义为穷人：（文本 5）

> 5. 在每个国家里，贵族是民主政治的反对者，因为在最好的人之中少有自我放纵者或者犯下恶行者，有的是最恰当地行高尚之举者；而在大众中有的是最大的愚昧、放肆和罪恶。贫困使得他们做出不齿之举，其中一些人因为无钱所以缺乏教育并且无知。（Old Oligarch, 1.5）

这一区别点出了寡头派突出自我优越性的愿望，相反也让人看到民主派在平等的坚实基础上团结起来的愿望。这样，通过重新解释政治社会学词汇中"demos"这一术语，对立的阵营都表明了他们的政治倾向以及他们各自的政治抱负。

是什么使得这些极大的反差与情感成为可能呢？当然，老寡头强烈的反民主情感是与其他一些人共有的。在希罗多德的"制度之争"（3.80-83）中，寡头派的迈加比佐斯（Megabyzus）强调了民众的暴力、肆无忌惮以及自我放纵，似乎在上层阶级与无知愚昧的民众之间永远无法形成利益共同体（3.81）。这是一种传统的蔑视。跨越不同时代看，老寡头与忒奥格尼斯（Theognis）一样，也同样感到恐惧。与"忒奥格尼斯"之痛苦又无力的诗人形象一样，老寡头怒气冲冲地幻想着一种"好政府"，那里贵族能"惩罚坏人"，建立自利之政策，禁止穷人与普通公民畅所欲言。通过这些政策，他说"民众会很快受到奴役"（1.9）。

老寡头表达愤怒的方式是传统的，也是伦理性的。品格特征，以及基于

---

① 参见 Thuc.6.39；试比较第三章的"证据与资料"以及"民主的商谈"中涉及这段话的讨论，修昔底德笔下的演说也可以作为一个证据。
② 欧塔涅斯，波斯帝国奴隶主贵族，"波斯七贵"之一。欧塔涅斯是帮助波斯王室贵族大流士和其他奴隶主镇压高墨达政变，夺取波斯政权的人。在希罗多德《历史》卷三中，描述了夺权后这七位贵族如何讨论未来波斯政体的事件。欧塔涅斯主张建立民主制。——译者注

此的同类心态，是作为物质环境的自然产物而发展起来的。这一假前提给了老寡头理由，认为富有和出身良好的人，与那些穷人、底层人物以及"最坏"类型的人的主要对立，在于伦理方面，甚至是品味方面（文本 5）。对于他来说，伦理与品味最终是植根于经济之中的，而在这篇义愤檄文中它们发挥了独立的作用。现代学者常说古代的经济是"体现"在伦理思维之中的，但是老寡头表明了思考也可以从经济走到伦理。大致说来，这位作者的伦理立场有着品味的成分，因为他将大众看作是穷人、缺少教育者以及无价值的公民。但是作为一个群体，这些公民却团结起来，要求物质的资源，追求他们既不配享有、也不能理解的奢侈生活。这样在他看来，他们强大起来，但却是外强中干的暴发户（*arrivistes*）。在老寡头这样的伦理与品味的分析中，他承认了当时政治舞台上各种人类目的之间不可调和的矛盾。

对于他所属的寡头这一类人来说，民主的成功是一个需要面对的问题，因为如果正如我们的作者所主张的，民众是不义、低俗以及愚蠢的，那么民主制不过是建立在沙子之上的城堡。但是应归功于老寡头的诚实的是，尽管他贬低民众，但他颇为矛盾地承认了民主的成功。他痛恨这一既成的局面，但却有着足够的勇气去讨论民主制之所以成功的内在机制。正如他表明的，这一成功是基于民主的审慎及公正的政治。他们公平地将政治权力及物质奖励给予那些维持城邦军事力量的人，也就是说那些桨手、低级海军军官以及造船工（1.2）；他们聪明地将将军之类的重要职位留给了高等级阶层，而他们自己只保留些闲职（1.3）。他们允许所有人在公民大会上畅所欲言，因为他们知道穷人与百姓会提出对民主有益的建议，哪怕雅典因为允许人人发言，不可能成为"最好的城市"！雅典人拥护平等原则达到了这样一个程度，以至于在大街上行人到底是自由人还是奴隶，都是不确定的（1.10-12）。当然，严格地说来，这并不真实。但是作者的夸张可能暗示了雅典的权力在某种程度上依赖于民主派不遗余力地推动平等与自由的愿望。这些价值是民主所理解的正义的核心。民主派尽其可能追求它们并获得了非凡的成功。

在其关于变革的高潮性结尾中，老寡头说雅典人通常仅仅剥夺那些在职务上举止不端的人，也就是"做错了或说错了的人"的公民权（3.13）。这样，很少有雅典人会被根本剥夺公民权，而更少有人会被不公正地剥夺公民权。因而在雅典不大有希望在城邦中找到愤愤不平的"第五纵队"，酝酿一场反民主的革命。寡头领袖安提丰（Antiphon）在其自我辩护的演说中证实了这一观点，他认为自己不可能反对民主制，因为民主制并没有不义地对待他。雅典人促进了所有公民的自由与政治平等，是这一体系基本正义的标志。当然，安提丰发表这一观点时正有求于听众，但是如果这些理念不具有真正的合理性，他是不可能这样做的。从老寡头所提供的证据来看，雅典的反民主派左右为难：他们憎恶民主体系，因为这一体系存在着他们所认为具有缺陷的特征，并拒绝承认贵族天然的高贵性。但是他们同样理解民主成功的原因，并对于建立更适合他们口味的政体并不抱多少希望。

老寡头的心理源自他对于雅典帝国的分析。他们的帝国有着一种新型的军事强权，并不依赖于训练有素的重装步兵、富有魅力的将领及传统的男子汉气概等等。雅典的战舰保证了速度、灵活性与安全，提供了前所未有的能力将他们的意志强加给其他希腊人。这是与他们城邦内的新型政治结构相对应的。在两种情形中，雅典的民主派都将权力与物质奖励分配给所有的公民，而不只是给少数人。雅典的民众在其城邦内统治着贵族，他们已在将其在国内获得的局部权力扩展到其他希腊人那里（至少这是老寡头的观点。再说一遍，雅典人将所有的公民看作帝国和民主政府的受益者。就我们清楚了解的历史事实来看，领导着城邦进行帝国主义冒险的贵族，较之于普通公民受益更大）。

雅典的民众在国内外的成功，是老寡头愤愤不平的最终原因。尽管他不能表达出令人信服的理由，但他仍然坚定地相信民主并不是一种健全的体系，它对于社会与物质利益的分配是不公平的：国内外的贵族，都应获得更有利的分配。特别是他们理应成为荷马式的领袖，享受类似于格劳科斯和萨耳佩冬所得到的物质奖励与社会声誉（参见第二章的"精英派的反应"），在品味与伦理方面应当对自己的生活方式具有信心，也应当因为这种生活方式而得到尊重。老寡头无意中试图将精英派的偏见与对于雅典现实政治（realpolitik）的敬仰结合起来，这导致了一种模棱两可的困境，希腊人称这类困境为 aporia，这个词在字面上的意思是"没有出路"，即作者无路可走。这一段话中的 aporia 也许是其最鲜明的特征。民主不只是造就了成功的政治与帝国文化，而且其核心的信念，即正义需要民主的平等与自由，似乎在哪怕是其对手的寡头那里也赢得了高度的认可。

2. 现代与古代的困境

现代反民主派理论面临着一些相似的困难。斯蒂芬·霍尔姆斯（Stephen Holmes）在其《反自由主义的剖析》（*Anatomy of Antiliberalism*）一书中指出,反自由主义是一种多层级的传统,"他们的团结并不是由于整齐划一,而是在于少许的基本假定,而且更重要的是,有一个共同的敌人",即宽容、自由讨论与选举、宪政主义、公正的法律、主权在民(consent of the governed)等等。① 霍尔姆斯说明了一些反自由主义作家,主要有德·梅斯特尔(de Maistre)、施密特(Schmitt)、施特劳斯(Strauss)、麦金泰尔(MacIntyre)、拉什(Lasch)和昂格尔(Unger)等人,都具有一种倾向,即将自己当作医生,想参照古代文化传统来诊断自由的现代性"危机"。他们通常关注现代社会的"原子主义",即(所谓)已失去了他们道德方向的孤立个体。没有高贵的个体作为中坚力量去推动一种适当的文化,无教养的大众会过着一种盲目与没有价值的生活;特别是知识分子,会成为大众的粗鲁、无知与自私欲望的牺牲品。

即使是这样一个简要的概括,也能使我们看出古代与现代的反民主义者都想回到想象中让人肃然起敬的高贵过去,都想治疗由民主或者自由主义所带来的道德上的流行病。在这些带着返乡心情看待过去古典时代的反自由主义者,比如麦金泰尔和施特劳斯那里,有着复兴精英派的伦理与品性传统引人注目的努力,这是一种为柏拉图与亚里士多德所改造过的传统。但是讽刺的是,古代民主已经就正义与美德提出了自己强有力的论证,这些论证被证明不仅从效果上说是成功的,而且在从理智上说也从没有被驳倒。

因而古代民主的对手要真正地形成另一种有力的选择,必须对民主的关键理想提出更加根本的、坦率地说就要更为成功的挑战;他们既要批判,也要提出他们自己正面的方案。这么做的最好方式就是讨论正义问题。正如我们在前面的章节里提出来的,正义被广泛公认为希腊城邦的核心价值。但正义同样开始成为对雅典帝国进行国际政治讨论时的核心问题(参见第五章)。在公元五世纪末期,最通常的抱怨就是雅典人不公正地对待它的盟友,(通常是比喻意义上)奴役它们,要求它们交纳贡税,干涉别国内政。这些抱怨是伯罗奔尼撒战争期间斯巴达意识形态宣传战的核心。作为其结果,这一历史事件促使当时的人们对正义的性质进行再思考。相应地,对于民主最为成功的哲学挑战,来自那些能够以令人信服的反民主方式重新解释正义的人。这意味着首先要提出另一种平等理念。这又促使反民主的理论家将他们另一种平等观,与关于自然、社会学与自身利益的更宏观的理论结合起来,以便使大获全胜的民主平等观"去自然化"——政治的世界并非一定是这个样子的。

---

① S. Holmes, *The Anatomy of Antiliberalism* (Cambridge, Mass., Harvard University Press, 1993),3-4.

3. 自然与习俗

老寡头借助于自然来建立起他的政治社会学，其他人也讨论了自然（phusis）与法律、习俗或者习俗之间的关系——所有这些都体现于希腊词语 nomos 之中。① 赫西奥德与赫拉克利特都十分肯定人类的法律是基于神的法则或者谕令。这一宗教思想同样也是普罗泰戈拉理念的基础，他认为宙斯目睹了人类的残暴与愚蠢，就一劳永逸地确定了政治生活的主要美德：aidôs 与 dikê。这些发展缓和了（业已存在的）自然与（人为建立的）法律或者习俗之间的明显对立，但却不足以让人们消除持久的忧虑：自然（phusis）与法律（nomos）之间的关系是整个人类历史中困扰着思想家们的深刻问题，在公元前五世纪最后的三分之一时间里，这一问题在政治上日益重要起来，其原因既是精神方面的，也是社会方面的。

首先，一些称为"智者"的教师开始更深入地讨论伦理与政治问题——这些问题在传统上是专门属于诗人的领域。这些教师包括阿布德拉的普罗泰戈拉、埃利斯的希皮阿斯（Hippias of Elis）②、西奥斯的普罗迪库斯（Prodicus of Ceos）③、卡尔西顿的色拉西马库斯（Thrasymachus of Chalcedon）④、莱翁蒂尼的高尔吉亚（Gorgias of Leontini）、雅典的安提丰，也许还包括雅典的苏格拉底（尽管有着争议）。这些思想家并不属于一个密切联系的群体成员，只不过都属于一种理智潮流，这一潮流的特点是探讨政治问题、进行经验研究、深入思考修辞术以及如何教授修辞术、思考道德的客观基础——或者没基础。⑤ 这些思想家大都是通过柏拉图的负面描绘而为人们知晓。对于柏拉图来说，"智者"，即那些自称修辞术教师的人，或者说教授政治知识的教授，毋宁说是"猎取富人子弟的受雇猎人"（Sophist 231d）。但无论如何，贴上什么标签并不比他们政治学说的冲击更重要，我们可以将这些人都看成哲学家。

其次，伯罗奔尼撒战争的紧张与全新的局面使得当时的人，包括智者，都关注于 nomos 与 phusis 之间的关系。伯罗奔尼撒战争颠倒了之前所有在

---

① 尤其可参考 Guthrie, *Sophists*, 55-60; Kerferd, *Sophistic Movement*, 111-130。
② 埃利斯的希皮阿斯（Hippias of Elis），公元前五世纪末期的古希腊智者，大约与苏格拉底同时代。——译者注。
③ 西奥斯的普罗迪库斯，公元前 465 年—前 395 年，希腊哲学家，出身于西奥斯岛，后来作为使者来到雅典，成为知名的演说家与教师。——译者注
④ 卡尔西顿的色拉西马库斯，公元前 459 年—前 400 年，古希腊智者之一，是柏拉图《理想国》的对话者之一。——译者注
⑤ 一种一般性的论述，参见 Guthrie, Sophists, 44-54; Kerferd, *Sophistic Movement*, 4-41。

希腊世界进行过的战争习俗。希腊人传统上一般认为战争是两支重装步兵队伍在平地之上进行的，大多数是为了争夺有争议的边界地区，在几小时内进行，遵守严格的限制伤亡人数、保护非战斗人员的规则。由于雅典领袖伯里克利实施的"大战略"，伯罗奔尼撒战争几乎在所有方面都有所不同①：在伯里克利的建议下，雅典人撤退到城市中，避免了陆战，依靠海战，准备发动一场持久战，尽可能地破坏敌人的经济基础与政治同盟体系。他们形成了一种老寡头也不得不钦佩的"岛国心态（island mentality）"②。雅典人破坏了通常的习俗，强有力地表达了其民主体制能摆脱传统的限制。他们的独立性影响了整个希腊世界，而不只是雅典城邦。

特别是雅典人的战略，使得这场战争对于其敌人而言是一种漫长而又异常痛苦的经验。它所产生的一个后果就是无处不在的国内冲突。修昔底德对科基拉的描述只是典例化的，并未穷尽细节。对于雅典本身，我们却有一幅最清晰的画面。公民们经历了经济上的萧条、城墙之外财产上的损失（包括农场），还有他们与他们的帝国将会经历的种种不确定性。伯里克利必须强化标准的爱国主义修辞，劝说雅典人乐观地对待苦难。（文本6）

> 6. 你们每个人都正在感受这种痛苦，但是它对于你们所有的人的益处还远非清楚……但是，你们都是一个伟大的城邦的公民，你们所受到的教养和你们的出身是相符的，因此，你们要正视最严重的灾祸，绝不能有损于你们显赫的名声……你们每个人应当努力抑制个人的悲伤，致力于维护我们共同的安全。（Thyc.2.61.2–4）

哪怕这并不是伯里克利的原话，但这种发言作为对这一困难局面的回应，听起来还是高度可信的。

由于毁灭性的瘟疫于公元前430年袭击了雅典，并且持续了几年——虽然时有停息，雅典人感受的痛苦尤甚。4400名重装步兵、300名骑兵以及其他许多人都死于这次瘟疫。在修昔底德的描述中，人们开始放弃传统的习俗与法律——无论是宗教的还是公共的。他举例说，经常有人去偷别人为自家逝者准备的火葬柴堆，也常有人为了当下的享受而放弃遵守法律（文本7）：

---

① J. Ober, "Thucydides, Pericles, and the Strategy of Defense," in J.W. Eadie and J. Ober, *The Craft of the Ancient Historian* (Lanham, Md., University Press of American, 1985), 171-188.
② 岛国心态是一种认为自己社群最特殊、最优越的心态，不仅能形容地理上与世隔绝的社群，也可用于形容缺乏与其他社群交流者。常见特征是心胸狭隘、无知，且对外来的文化、理念、价值观敌视或缺乏包容。——译者注

第四章　公元前五世纪后半叶雅典对民主制的批判　　　　　　　　89

7. 不仅如此，在其他方面，由于瘟疫，也开始有了违法乱纪的情况。现在，他们明目张胆地冒险做一些事，这些行为在此前是不敢公开的，而且恰恰是他们不愿意做的。因为他们看到，命运变化是如此迅速，有些富人突然死亡，那些此前一无所有的人却继承了他们的财产。因此，他们决定迅速花掉他们的金钱享乐。他们觉得自己的生命和财富都如同过眼烟云。至于所谓荣誉，没有人愿意遵守它的规则，因为一个人能不能活到享受光荣的名号时，是很成问题的。但是一般人现在都承认，既光荣又有用的东西就是那些现时的享乐。(Thyc.2.53)

人们很难相信修昔底德叙述的这一事例的真实性或者历史性，我们应当将他对于这场瘟疫的描述，看作是他自己震惊于伯里克利在葬礼上颂扬的雅典政治，是如此的脆弱。但是根本的历史教训是成立的，不仅科基拉，在雅典也是如此：在紧张形势的压力之下，人性中特定的更黑暗一面会阻碍 *nomos* 的顺利运行。如果民主派通过大众选择可以否认传统的约束，那么人们同样也可以受自然激情的驱使而放弃习俗。

正是在这样一个令人困惑和恐慌的世界中，对于 *phusis* 与 *nomos* 的理论反思才登上了中心舞台。也许最引人注意的事实就是，很少有反思性思想家试图将 *nomos* 作为在这个不稳定世界中的安全与秩序的源泉。那些有著作保留下来的思想家，大多数将 *phusis* 的主张置于 *nomos* 之上（当然，大多数现实中的公民不得不继续相信 *nomos* 在实践中的价值与重要性，否则就不会有文明的生活）。我们有时可以确切地认出，那些推动"自然"的人是公元前411年到公元前404年在雅典发动寡头政变的领袖人物。因而对于政治思想史而言，公元前五世纪后半期提供了一个机会，看看知识分子如何试图去影响政治活动，或者政治活动如何影响知识分子。但是正如其所表明的，在任何个别的例子中，现存的证据并没有表明，在雅典特定的反民主思想和参与寡头政变活动之间存在着紧密的联系。现存的证据是有启发的，但并不足以确定地说明这一关联。①

即使是这样，我相信看到这一时期在变革性的行动与政治思想之间的关联，大体上是正确的。在伯罗奔尼撒战争20年之后，到公元前411年，雅典的精英认为他们做出的贡献与遭受痛苦的程度，与他们从城邦及其帝国得到的好处是不成比例的。而在另一方面，更穷的阶级从持续的战争，以及从

---

① 相关的问题与讨论，参见 Balot, *GICA*, 179-233。

公共节日、公共服务及公共设施所得收入的再分配中受益匪浅。很多精英成员都准备发起一场政治的变革。当时的思想家设法解释为什么民主派有关合法与正义的高调理念并没有"自然"的坚实基础，以及为什么精英成员在考虑自身利益时放弃习俗是合理的。自然提供了能够批评与反对现有习俗的确切规范。忠于法律曾经被认为是一种高贵的理念，但是当时的思想家却认为法律只不过是人为的产物。当我们以人的本性（自然）来确定我们的自身利益时，法律通常就会与其相矛盾。因而时机恰当时，精英就会以当时的这些思想为基础行动起来。他们于公元前411年第一次推翻了民主体制，公元前404年又第二次推翻了民主体制。这样一些情形最好地解释了所有现存的资料；正如我们会看到的，这种新理解说明了，在推动或者激发政治活动的过程中，为何政治思想扮演着重要的角色。①

雅典的安提丰被修昔底德视为举足轻重的名人（8.68），他利用了 *nomos* 与 *phusis* 之间的对立来挑战传统的道德与法律。安提丰认为，正义"就是公民不违反所在城邦的法律（*nomima*）（DK 87 B 44 A1）"，这是一种广为接受的传统正义理念。安提丰对于正义与习俗的挑战，源自他赋予"自然"的作用。他认为与法律相反，自然给人类利益提供了一种不同而更真实的标准。因而安提丰主张，如果法律与自然相矛盾，那么人们就不应当遵守法律。（文本8）

> 8.如果当目击者在场时，他就肯定法律的重要性，那么他就能根据自身的利益来最好地利用正义。但是，当无人看见时，他就会认为自然的需要有更大的重要性。因为法律的要求是人为的，但是自然的要求却是必然的。法律的要求并不是自然倾向的结果，而只是约定的结果；但是自然的要求却刚好相反。（Antiphon, *DK* 87 B 44, fr. Morrison in Sprague, *Older Sophists*）

因而法律与自然之间的冲突就很可能发生。因为在安提丰看来，很多事情从自然来看是有利的，但从法律来看却是不公正的，而"大多数从法律上说是正义的事情，从自然来说却是有害的"。违反法律的人，如果他们的行为诡秘，逃避惩罚，那么他们常常得到了（真实并且符合自然的）好处。然

---

① 对这些文本及其在产生或者激发行动过程中的作用的反思，参见 Q.Skinner, "Some Problems in the Analysis of Political Thought and Action," in J.Tully, *Meaning and Context* (Cambridge, Cambridge University Press, 1988), 97-118。

而违反自然要求的人，无论如何会受到惩罚。① 自然给安提丰提供了一个基础，他可以以此来批判法律、习俗以及传统的道德。

安提丰的分析并不特别是反民主的。但无论如何，安提丰是公元前411年寡头派幕后的知识分子领袖。在寡头派于公元前410年被镇压下去之后，安提丰也因为参与了这一团体而被判死刑。据说在他接受审判之后曾说过："一个有伟大精神的人（megalopsuchos）更应当关注杰出的个体的理念，而不是群氓的想法。"（Aristotle, EE 3.5.1232b6-8）可以理解的是，知道这些生平细节，我们会带着一种政治的眼光去阅读他现存的作品。想象一下，如果安提丰作为一位侨民，在福基斯（Phocis）② 荒凉的郊区过着平淡的生活，并写了这同一篇论文，那么情况看起来会有多大的不同啊！正因为变革者与理论家是同一个人，我们就能够以当时政治的眼光来看待安提丰对于法律与自然的讨论。③ 但是安提丰对寡头政体的拥护，是否并不同样受到他对既存法律与习俗批判的影响，这仍然难以确定。

同样的问题也涉及柏拉图的表兄克里提亚斯（Critias）。克里提亚斯是公元前404年到公元前403年寡头政府的一位领袖。他的著作留存甚少，但是残存的部分说明了他对民主有着强烈的反感。举例来说，他写了一篇《斯巴达政体》（Constitution of the Spartans），显然是为了表达他对斯巴达秩序与"好政府"典范的崇敬之情。据我们所知，他的同谋在克里提亚斯的坟墓上雕刻了一个人格化的寡头制，正在烧一个人格化的民主，下面还有铭文："这是对好人的纪念，他们曾暂时制止了雅典可恶大众的狂妄。"④ 克里提亚斯是一位坚定的反民主派，这一点是很清楚的。问题在于，如何解释他现存残篇中最有名的部分。

在克里提亚斯的羊人剧《西绪福斯》（Sisyphus）中，主人公发表了一个演说，试图将文明、法律与宗教解释为产生于"社会控制机制"。（文本9）

9. 曾有一段时间，人们的生活尚未文明化，仍是野蛮的，服从

---

① 对于违反了人法的那些人与违法神法的那些人，苏格拉底据说也曾做过类似的区分。试比较 Xen.Mem.4.4.21。一个有关安提丰关于法律与自然观点有益的讨论，参见 Barnes, PP, 508-516。这一段话的第一版的翻译是对 Barnes 的改动，第二版翻译则是 Barnes 的。

② 福基斯是古希腊的一个地名，西接奥索比恩和杜里斯，东滨爱琴海，北接奥普蒂恩，南临科林斯湾。——译者注

③ 有关安提丰身份的争论，我持"（只有）一位（安提丰）"的观点，这一观点在 Gagarin 的 Antiphon 中再次得到有力表达。有关人们所知道的安提丰的寡头情节及其与革命的关联，参见 Ostwald, Popular Sovereignty, 359-364。

④ Schol. Aesch, 1.39, tr, Levin, in Sprague, Older Sophist, 247.

于残忍的暴力；曾有一段时间，既没有对于善的奖励，也没有对于恶的惩罚。在我看来，接下来人们会确立法律作为惩罚者，这样，正义可能成为（对所有人同样的）僭主，甚至像奴隶那样傲慢。如果任何人犯了错误，他就会受到惩罚。接着，由于法律依靠暴力防止人们公开犯罪，他们便偷偷地作恶。在我看来，某个更聪明与智慧的人（第一次）为凡人发明了（对于神的）恐惧，作恶的人可能会感到恐惧，哪怕他们是偷偷地做、偷偷地说或者想什么事情……他以这些恐惧威吓着人们，他将神用语言安置在一个恰当的地方；他用法律压制了不法行为。（Critias, *Sisyphus*, DK 88 B 25, tr. Levin in Sprague, *Older Sophists*）

与普罗泰戈拉在其"大演说（Great Speech）"中所做的一样，西绪福斯叙述了人类从"自然状态"过渡到文明化、法律及宗教产生时期。但是西绪福斯的神学和人类学与普罗泰戈拉有着很大的差别。西绪福斯认为人类发明了法律，以便给所有人提供正义的条件。但是聪明的个人可以掩盖其罪行，所以人类并没有成功。唯一能够制止暗中犯罪的方法就是发明神灵，因为神能够随时随地监视恶行（在此，很容易让人想到安提丰的看法，即根据自然，偷偷地做坏事，通常对于那些能掩人耳目的人来说是最好不过的）。相信并且畏惧神，这是聪明的人有创意的发明，能将不法行为从人类社会中完全驱逐出去。但这一演讲继续说，事实上并没有强有力的理由去相信神的存在。

这一演说看起来是一种宗教人类学，在极简主义者（Minimalist）看来，西绪福斯想以理性的、人道主义的以及世俗的方式来看待宗教信仰。这一时期的其他思想家，比如普罗泰戈拉就质疑人能够知道任何有关神的事情（*DK* 80 B 4）。普罗迪库斯从理论上说明了宗教信仰起源于对于恐惧与不确定性的农业经验（*DK* 80 B 5）。这些理论并不具有明显的政治内涵。我们不得不再次猜测。克里提亚斯是由于被控参与了公元前 415 年亵渎毁坏赫尔墨斯像的活动而被监禁。如修昔底德所记载的（6.27-28），这些赫尔墨斯的神像在一个晚上受到了损坏，而此时远征西西里的准备正在进行中。雅典人认为这种破坏活动，以及大约同时对于厄琉息斯秘仪的嘲弄，是远征的一个坏兆头，也是密谋推翻民主制阴谋的一部分。西绪福斯有关宗教信仰的"谱系学"，表现出对于雅典宗教习俗与政治实践的威胁，这种威胁可能已体现在克里提亚斯的渎神行为以及他变革性的政治中。但是并没有确定性的证据说明，在西绪福斯的演说与克里提亚斯的行为之间存在着可能的关系。

4. 色拉西马库斯与卡利克勒斯的挑战

我会在第六章更为全面地讨论色拉西马库斯与卡利克勒斯。但是，将他们结合起来放在其公元前五世纪的背景中去进行研究，这种研究尽管简略，也是有意义的。因为他们的观点有助于丰富当时对于 nomos 与 phusis 的讨论，并说明这些讨论特别适合于分析这些对民主不满的人。

卡尔西顿的色拉西马库斯是公元前五世纪的一位智者，他的观点在柏拉图的《理想国》第一卷中得到了讨论。与其他大多数智者一样，在柏拉图的著作之外，我们对于色拉西马库斯所知甚少。柏拉图就哲学观点而言所表现的色拉西马库斯是否准确，我也不能确定。因为那些被认为是色拉西马库斯的观点，可能在公元前五世纪后半期已经很流行了。色拉西马库斯的基本观点就是正义是他者的利益（the good of another），他以不同的方式表达了这一观点，要么以强者为中心，要么是以政府为中心，后者对我们更为重要。（文本 10）

> 10. 我说正义不是别的，就是强者的利益……每一种政权都制定对自己有利的法律，民主政体制定民主的法律，寡头制定独裁的法律，依此类推。他们制定了法律明告大家：凡是对他们有利的，对于其服从就是正义的。谁不遵守他们的法律，他们就将其作为不法之徒而加以惩罚。因此，我的朋友们，我所说的正义，在所有的城邦中都是一样的，即现存政府的利益。政府当然是强者，所以对于任何正确推理的人来说，结论就是，不管在什么地方，正义就是强者的利益。（Plato, *Republic* 338c1—339a4）

对于色拉西马库斯来说，正义只是依靠习俗而存在，是一种"高贵的愚蠢"，人们在正义中被教导去干与他们自己的真正利益相悖的事情（当然，严格地说，他的表达似乎只是适用于弱者，即社会中守法的成员，而不适用于制定法律的统治者。根据他的定义，对于统治者来说，正义就是他们自己的好处）。色拉西马库斯所称赞的就是强者的生活，或者僭主的生活。这种人成功地获取尽可能多的财富与权力，既赢得了幸福，也赢得了他人的羡慕（*Rep.*343b—344c）。

色拉西马库斯的"法律社会学"对于民主的"正义"观构成了一个严重的攻击,我们要注意一下他与老寡头的对比。老寡头遵循了长期存在的政治平等原则,认为民主的体系将政治权力分配给保卫城邦的人——比如桨手,本质是正义的(他们可能没有品味、粗鲁、不文明,等等,但是这基本上是正义的)。色拉西马库斯却相反,试图"揭穿"人们所理解的并在现存的一些城邦中践行的正义,比如民主的雅典。[①]他认为流行的正义理念是受到自私所驱动的;法律是受到操纵的,以利于统治者。民主的法律与"正义",就像其所称的那样,目的在于让大众受益。他还认为,任何人,只要他真正的利益受到现存政权的损害,而他仍然"正义"地根据这一政权的原则行事,那么他要么是愚蠢的,要么是胆怯的,或者兼而有之。

尽管这些理念是以通常的方式表达出来的,它们还是反映着愤愤不平的雅典精英的心声。雅典的法律是不利于精英的,至少一些精英的感觉是如此。为什么在法律上要求富有、杰出的雅典人,将他们的身体与钱财奉献给伯罗奔尼撒战争这类他们并不认可的事情呢?为什么与奉献更少但更穷的同胞公民相比,他们并没有从帝国中受益更多?这些愤怒的甚至是变革性的问题,是从色拉西马库斯对于当时"正义"的实践所进行的社会学批判中产生的。

无论如何,根据《理想国》中其他人物的观点,这些态度在公元前五世纪末期已经广为流传了(雅典帝国自身可能也教育它的公民采取色拉西马库斯或者是卡利克勒斯的态度,参见第五章)。柏拉图的哥哥格劳孔(Glaucon)和阿得曼托斯(Adeimantus)报告说,他们经常从色拉西马库斯和其他人那里听到这样的观点(358c)。这一论证的另一种形式是这两位兄弟在《理想国》第二卷中提出来的。他们认为弱者在认识到自身的缺陷之后,就开始制定法律,使用"正义"一词,为的是防止别人占他们便宜。弱者出于恐惧而操纵着这一体制。这两位兄弟在这些防范性的社会契约中发现了正义的起源与本质。(文本 11)

11. 正义并不是因为它是善的而受到赞成,而是因为人们没有能力去做坏事。任何一个真正有力量为恶的人,绝不会与任何人订立契约,答应既不害人也不受害——除非他疯了。因此,苏格拉底啊,这一观点表明正义的本质就是如此;而且,这就是正义自然的起源。(*Republic* 359a7–b5)

---

① Barney, "Callicles and Thrasymachus."

有人会认为这样的社会契约论是必要的，甚至是善的，其原因在于一些自然的冲动应当受到社会的约束。但是这两位兄弟却认为这种社会契约违反了我们的本性。为了举例说明这一点，他们接着这个"社会契约"的说法，讲述了一个吕底亚的牧羊人巨吉斯（Gyges）的故事，他曾发现了一只隐形的戒指。他们用这一故事提出了以下的问题：一些有权力的人，比如巨吉斯，假如他能确信自己绝不会被抓到受罚，怎能不会最大限度地追求自身的利益呢？他们说，毕竟我们自然会将自大（self-aggrandizement）与自恋（self-indulgence）作为善（好）来追求。"但是人的本性都是在法律的制约之下，才被迫尊重他人的平等权利。"（359c）这种 nomos 与 phusis 之间的对比，并不是没有根据的猜测。两位兄弟与安提丰理论的一致是有意义的。我们正描述的这种图景说明了在公元前五世纪末期的雅典，在特定精英的圈子中，这些"背德者（immoralist）"对于习俗性道德的挑战已颇为盛行了。

柏拉图笔下的人物对法律与正义的政治性分析并不是独一无二的。其他人同样也发现社会组织中这些明显的"客观性"因素，其实是基于自身利益的计算的。举例来说，利用 nomos 与 phusis 之间的对立，一位公元前四世纪早期的演说者说道："没有人从本性上说是拥护寡头的或者民主的，而是哪一种制度恰好有利于每一个人他才去拥护，才会竭尽全力去建立这种制度。"（Lysias 25.8）在柏拉图《高尔吉亚篇》中的雅典人卡利克勒斯那里，"自然"被赋予了一种更为积极的作用。卡利克勒斯提出了有关平等、自然正义与自身利益的新理论，对于民主的平等观进行了强烈的质疑，认为这种平等为了得出正义而将自由等同于平等。

在柏拉图的对话之外，卡利克勒斯并不为人所知，但是大多数解释者都将他当作一个真实的人物，认为他与柏拉图的其他人物一样，生活于伯罗奔尼撒战争期间，可能支持柏拉图归于他名下的一些观点。[①] 卡利克勒斯提供了类似于柏拉图的兄弟们对于习俗与法律的分析，但是他进一步主张，自然在人类之间形成了等级，也就是形成了一种"自然正义"的标准，从而对于习俗进行了更为有力的指责。就"自然正义"的标准来说，民主式的平等显然是不正义的。因此自然的等级就产生了不同于平等社会的正义标准，有力者、强者、有智慧者和有勇气的人根据自然，都有着其正义的主张，而这是习俗性法律所不能认可的。不让卡利克勒斯为自身代言，乃是不正义的。（文本12）

---

① 有关卡利克勒斯是一位真实历史人物的证据，参见 E.R. Dodds, *Plato: Gorgias* (Oxford, Clarendon Press, 1959), 12-15; Kerferd. *Sophistic Movement,* 52。

12. 在我们自己中间塑造出最优秀、最强大的人，但趁他们还年幼时就把他们像狮子一样抓来，用符咒诱惑他们。我们奴役他们，对他们说有必要保持平等的份额，并说这样做才是正义的、公平的。但如果（在我看来）有一天出现了充满天资的人，他会站起来摆脱各种控制，打碎一切枷锁。他会把我们的证据、我们的欺骗、我们的符咒、我们的法律踩在脚下，这一切都是违反自然的。他会站起来宣布，他才是我们的主人，而以前他是我们的奴隶，符合本性的正义之光这时便会闪闪发光。（Callicle in Plato's *Gorgias*, 483e4–484b1）

与安提丰类似，但与色拉西马库斯不同的是，卡利克勒斯以自然作为基础来批评习俗性的道德。我们并不知道卡利克勒斯是否参与到了公元五世纪末期的寡头活动中，但是他的理念显然表现出了变革性的反民主精神。我们一旦理解这种精神是重要的，并且为精英所分享，就有助于解释柏拉图为什么一再回到这些主题上来。

但是传统的支持者，不得不对卡利克勒斯的论证提出一系列的回应。将 *nomos* 看作 *phusis* 的产物是可能的。举例来说，有一位公元前五世纪末期匿名的政治思想家，他的一篇短文在杨布里科斯著作中被发现，因而被人们称为"伪杨布里科斯"。他认为城邦、正义与法律都是因为自然以及自然的需要而产生的。（文本13）

13. 假如人从本性上来说是不能独自生活的，而是由于需要彼此聚合在一起，发现了我们所有的生活方式，以及对生活方式有用的所有技能；又，如果他们不可能在一种无法律的状态中一起生活（因为较之于他们独自生活来说，这会是一种更大的惩罚），那么就有了法律与正义对于人的统治，因为它们有着制约作用。而且它们绝不会变化，因为它们牢牢地植根于我们的本性之中。（Anomymus Iambilichi 6.1= *DK* 89,6.1）

与卡利克勒斯不同的是，他认为贪婪与自利都是源于对死亡的恐惧。因而在一个城邦之中，真正的权力产生于大的群体对于法律与正义的服从。遵守法律让公民彼此信任，让他们激烈地反对僭主，并创造愉快的生活方式。正如我们会看到的，城邦是自然的产物，而不是 *nomos* 或者说社会契约的产物，这种观点在公元前四世纪晚期在亚里士多德那里得到有力的发展。① 尽管从其背景来看，普罗泰戈拉有关社会整体与城邦起源的理念，能够进一步发展，从而反对在 phusis 与 nomos 之间对立这一流行的智者理念。

我们无从知道伪杨布里科斯是否特别地倾向于民主，但是他的理念体现着民主的法制及民主性正义的价值。而且他以自身的方式来反驳卡利克勒斯：因为如果力量从自然上说就是对的，那么大众大体上可以要求他们一方的权力：大众的力量能压倒任何个体，无论这一个体如何强大。② 因而这位匿名者提供了有力回应卡利克勒斯的资源：他接受了卡利克勒斯的前提，却得出一个相反的结论，从而重新恢复了民主制度的可信度。

5. 修昔底德笔下的帝国主义者再论自然与习俗

即使如此，这位匿名者并没有充分注意到在公民集体中可能存在的分歧。确实，也许一个单独的个体可能无法对付民众的力量，但是一个有了外援的群体却可能对付得了民众，更不用说甚至能邪恶地劝说民众追随自己的僭主了，尽管此人在牟取私利。这也是为何真的有许多人异口同声地利用 nomos/phusis 区别的不同内涵，以此为基础攻击民主派的伦理、法律与分配体系的原因。这位匿名者并没有压制类似于卡利克勒斯之辈的对话，但是像卡利克勒斯这样一类自私的人物是从何而来呢？正如我们在第五章的"亚里士多德分析帝国主义"，以及第六章的"柏拉图在《高尔吉亚篇》中论修辞与秩序"中会讨论的，柏拉图与亚里士多德经常将个体的性格与养育他的城邦的品性联系起来。通过其帝国主义，雅典的民主可能会教给这些个体以自私与自大，会为了他们自己的利益而去利用 nomos/phusis 的区别。这种分析的一些关键要素可以在修昔底德所描绘的雅典人在米洛斯（Melos）的表现中找到。

公元前 416 年雅典袭击了试图摆脱雅典人而保持独立的小岛米洛斯。当独立策略失败之后，米洛斯人转而站到斯巴达一方。这样，雅典人为了象征性地保持他们在整个帝国的地位，据说不得不去消除这些独立的苗头，更不

---

① 伪杨布里科斯反对在 phusis 与 nomos 之间的区别，可能反映的是德谟克利特伦理与政治的观点，参见 C.C.W.Taylor, "The Atomists," in A.A., long,ed., *The Cambridge companion to early Greek Philosophy* (Cambridge, Cambridge University Press, 1999), 181-204; Mejer, "Democritus and Democracy," 8; Cole, "Anonymus Lamblichi"。

② Cf. *Gorgias* 488c-489d.

必说那些反抗了。在修昔底德著作的第五卷中，他记载了雅典使者与一些不知其名的米洛斯领袖间的对话，双方在谈话中都探究了雅典的国际现实政治（*realpolitik*）的意义。这一对话可能从没有发生，至少是没有以我们了解的方式发生过，因为真正的雅典使者可能会回避使他们立场显得不那么正义或者光明的言谈（参见第五章的"有关雅典帝国主义的争论"）。因而，这一对话代表着修昔底德自己对于指导雅典对外政策的精神的解释。修昔底德曾是一位雅典将军，因而他的观点可能接近于基本的现实。在这一意义上，他清楚地理解了雅典人的侵略行为背后的冲动、激情和自我辩护。他的描述让我们理解了为什么 nomos/phusis 之间的关系可以被利用来论证特定的自利性政策。但是我们应当知道，修昔底德对于雅典人所作的特别描绘，为的是批评雅典人违背和放弃了高贵的政治理念。①

在整个所谓的"米洛斯对话"之中，米洛斯人所代表的其实是希腊传统的宗教信念与外交理念：（文本 14）

> 14. 然而我们相信神灵会保佑我们，像保佑你们一样，因为我们是以正义之师抗击不义之师；我们在力量上的不足将通过与拉栖代梦人（Lacedaemonian）②结成具有约束力的同盟而得到弥补，即使仅仅是为了我们与他们的亲缘关系，仅仅是为了他们的荣誉，他们也会来援助我们的。（Thuc.5.104）

他们相信神会帮助那些正义的人；他们寄希望于对于好运的微弱希望。最为引人注目的是，他们相信斯巴达人对于正义、高贵和荣誉的忠诚。在整个希腊差不多经历了 15 年的伦理剧变与军事动荡的背景下，这些观点显得惊人地幼稚。雅典人给出了一个冷冰冰的理性回答，以一种惊人坦率的方式，打断了米洛斯人悠久的传统主义立场。（文本 15）

> 15. 在我们看来，神以及人，迄今为止都在自然冲动的驱使下尽可能统治任何人。这个法则并不是我们的首创，也不是我们首先将它付诸行动；我们发现它由来已久，并将与世长存。我们遵守

---

① 一个类似的观点也出现在 A.Andrews in A.W. Gomme, with A.Andrewes. and K.J Dover, *A Historical Commentary on Thucydides* (Oxford, Clarendon Press, 1945-1981), vol. 4, 161 中。一个不同的解读参看 Powell, *Athens and Sparta*, 182-186。
② 拉栖代梦是古代斯巴达的别称。——译者注

这个法则。我们知道，你们及其他任何人如果有了我们现在的实力，也会做我们现在所做的事情……你们难道没有看到，利益是与其自身的安全保障紧密相关的，而正义和光荣却不能不伴随着危险……你们千万不要因为虚荣心而误入迷途；当人们预见有失荣誉的危险时，虚荣心总是会给人类带来毁灭性的灾难。因为无数的事例表明，那些明知自己即将陷入险境的人，仅仅是因为受到所谓"荣誉"一词的影响，就成为这个语词的牺牲品，以至于自愿投入不可挽救的灾难之中，招致荣誉丧失，而这更有失体面，因为这不是由于他们的不幸机遇所致，而是由于他们的愚蠢所致。（Thuc.501.5,107,111）

自然包含着利益的法则与权力的事实，它们可以压倒模糊不清的习俗性价值语词，比如荣誉之类的东西。与卡利克勒斯一样，雅典人借助于自然以说明他们打破习俗的合理性。为了质疑盲目赞同传统的价值语词，比如正义与荣誉，他们也与色拉西马库斯一样，诉诸政治（与军事）的实力。正如这一描述所表明的，修昔底德的分析说明雅典人的所作所为，都是基于自利的原则——无论是明确的还是（更可能）隐含的，这与卡利克勒斯的表达相类似。

至少到公元前411年，雅典的民主仍然是一个稳定的体系。雅典人显然将普通人类好斗与自私的特性转移到对抗其他城邦上，从而在他们的国内政治中形成和谐局面。但是正如修昔底德在第八卷中所指出的，他们国内的和谐是脆弱的。这个城邦已培养了终有一天会将贪婪、自私以及暴力引回雅典的公民。从城邦对于帝国主义的追求，以及它使用 nomos/phusis 的对立来说明并解释其侵略的合理性来看，这并不令人奇怪。结合我们已讨论过的将城邦看作战场的观点，以及有关法律与正义的反平等主义理论，这样对于公民集体的政治"教育"，很可能会有着惊人的后果：帝国的民主自身正在传播着反民主的革命。修昔底德是理解城邦的对外政策与城邦对自己公民的教育之间的关系的。他在头脑中将米洛斯对话与这种关系关联起来，以便对雅典长久以来的不明智和不义之举进行生动与独特的批评。

6. 苏格拉底与法律习俗

显然，在公元前411年的政变之后，战争影响了民主派对于惯常程序的忠诚。公元前406年，雅典海军在阿吉纽西岛（Arginusae）附近取得了一场决定性的胜利。但是在这场胜利之后很快刮起了一阵风暴，将军们未能成功救援遭遇海难的雅典船员，两位将军未能返回雅典。当其余六位将军回到城邦时，他们在公民大会上集体受到了审判。随后他们被判有罪，并因为没有拯救他们的船员而处死。根据色诺芬（Xenophon）(*Hell*.1.7.23-25）以及柏拉图笔下苏格拉底的叙述（*Ap*.32.b-c），这违反了不进行"集体"审判的雅典法律。①学者们曾争论过雅典人在程序上合法还是非法，但毫无疑问的是，雅典人打破了他们的惯常程序以发泄其愤怒。②当时很多人认为雅典人的行为是不义的，反民主派将他们的判决看作民主的放纵与不义特征的表现。而后来雅典人自己很快开始为这一并非必要的死刑后悔了（Xen,*Hell*.1.7.35）。修昔底德是对的：战争是残暴的老师，也教导残暴（3.82）。

据记载，在对指挥阿吉纽西战役将军们的审判中，哲学家苏格拉底坚决反对雅典人，这是他的首次政治亮相。（文本16）

  16. 雅典人啊！除了我参加公民大会之外，我从未担任过其他公职。有一次我的部落主持议事会时，你们决定集体审判十位将军，他们没有从海上战场救援幸存者——这样做是违法的，正如你们后来承认的一样。主席团成员中只有我一个人反对你们违反法律行动的意愿，我投票反对了你们。尽管发言者都准备在官员面前诋毁我，要把我投进监狱。你们也大声喧哗，怂恿他们这样做。然而我知道我一定要为法律与正义而不顾危险，不能害怕监禁或者死亡而支持你们不正义的考虑。（*Ap*.32a9-c3）

在这一柏拉图的文本中，苏格拉底强调了他对于法律与正义的忠诚。他的话证实了色诺芬的记载，即在充满恐惧与怀疑的审判之中，索福罗里斯库斯（Sophroniscus）的儿子苏格拉底说"他除了遵守法律之外不会做任何事情"。（Xen.*Hell*.1.15; cf.*Mem*.4.42）在这次审判以及七年后对他自己的审判中，苏格拉底坚定地承认他支持城邦的法律。公元前406年，苏格拉底实际上谴责了民众没有遵守其最好的原则；而不过七年之后，即公元前399年，苏格拉底受到了"腐蚀青年，不信仰城邦认可的神，而是信仰其他新神等罪

---

① 当时有六位将军受到了集体审判并被认为有罪。但雅典的法律规定只能进行个别审理，所以这么做是违法的。——译者注

② Ostwald, *Popular Sovereignty,* 431-445.

过"的指控,并被判死刑(*Ap*.24b; cf.Euthyph.2b)。他受到的审判及被处死是公元前五世纪末期民主的愤怒、猜疑以及恐惧的象征。

从此哲学家与政治活动家就将苏格拉底之死看作是哲人与政治关系的有力象征。更为特别的是,他们试图解释为什么相信自己清白的苏格拉底没有趁机从监狱逃跑;哪怕是他在等待喝下那臭名昭著的毒芹汁时,苏格拉底仍认为从监狱中逃跑是非法的,因而也是不正义的。正如色诺芬所说的:"他宁愿遵守法律而去死,而不是违反法律而活命。"(*Mem*.4.4.4)这位不可思议的人物对于希腊政治思想史意味着什么呢?特别是他坚定地遵守公元前五世纪末期世界中的 *nomos* 又意味着什么呢?

为了回答这些问题,关键是要弄清苏格拉底在其历史背景中的地位。但是要做到这一点,却面临着微妙的解释任务。我们所知历史中的苏格拉底的资料是极为复杂的,以至于哪一种苏格拉底的形象最为准确,也难以弄清,这长久以来被称为"苏格拉底问题"。这种说法是引人注目的,因为并没有很多其他有趣的哲学问题得到同样的称呼。一般说来,"苏格拉底问题"的重要性表现在,即使在今天,苏格拉底也是哲学的"圣人(patron saint)"。对于他的追随者而言,理解苏格拉底(真实的)的生活及其思想之间的关系通常是关键的。

在公元前五世纪末期到公元前四世纪早期也是如此。苏格拉底死后不久,他的很多同伴为了纪念这位伟大的人物,也更是为了对他的生活与思想进行辩护,开始写作"苏格拉底对话"。这些同伴包括司菲都斯的埃斯基涅斯(Aeschines of Sphettus)[①]、克力同与安提斯忒尼(Antisthenes)[②],但是他们的文本很少幸存下来。现存主要的资料就是阿里斯多芬、柏拉图、色诺芬与亚里士多德的。阿里斯多芬在他的《云》(*Clouds*)中描绘的苏格拉底是一个"思想研究所"的头儿,学生们在这里付费学习智者的修辞术,而知识

[①] 埃斯基涅斯,出身于雅典的一个村社司菲都斯,雅典政治家、演说家。出身低微,曾反对马其顿王腓力二世的扩张。公元前346年出使马其顿以后,又成了腓力政策的传播者。狄摩西尼等控告他叛国,支持马其顿的政策,他成功地进行了辩护。公元前330年,他反过来控告狄摩西尼受贿,抨击其道德品质,败诉后离开雅典,旅居罗得岛等地。他在诉讼中的讲演有《驳提马尔科斯》《出使之罪》《驳克忒西丰》。他的演说口才出众,文辞优美。——译者注

[②] 安提斯忒尼,公元前445年—前365年,古希腊哲学家,苏格拉底弟子,雅典人。古希腊犬儒学派的奠基人。因为母亲是一位色雷斯女奴,所以他不是全权的公民。青年时期曾跟随智者高尔吉亚,并传授智者的学说。年轻时曾参军作战,先是智者高尔吉亚的学生,后来一直跟随苏格拉底学习,自视为老师的精神传人,曾亲见苏格拉底饮鸩而死。——译者注

分子在这里研究诸如天体运动之类的自然现象。尽管我们从这部喜剧中可以知道雅典人对苏格拉底的公开看法的一些细节，但是大多数学者并不认同苏格拉底曾教授修辞术、研究自然世界或者为他的教学而收费。阿里斯多芬笔下苏格拉底的这些特征，与苏格拉底志同道合的同伴柏拉图与色诺芬著作中的苏格拉底根本是对立的。相比之下，亚里士多德（*Metaphysics* 1078b27-32）提供了一些细节：苏格拉底讨论过归纳推理及一般定义，但是并没有将普遍性或者定义看作是相（Forms）那样具有独立的存在（关于相，参见第六章的"哲学统治者"）。这些细节有助于我们理解在柏拉图对话录中表现的苏格拉底，也许我们能从这里获得历史上的苏格拉底的一些信息。即使如此，它们并不能直接地帮助我们理解，作为公元前五世纪末期一位知识分子的苏格拉底为何如此重要。

要深刻领会苏格拉底的生活与思想之间的关系，以及更细致地研究他的伦理与政治思想，柏拉图与色诺芬是主要的资料来源，这两人是仅存的两个作品完整保留下来的早期"苏格拉底派"。就柏拉图的文本来说，我们一开始肯定会怀疑这是由其作者的思想所加工与创造出来的文学作品。但是，柏拉图的所有作品（包括一些很可能是伪称的作品）中，有二十多部可以被称为"苏格拉底"的。这个词我指的是在主题上和方式上都有独立的证据表明（比如色诺芬的作品），① 它们代表着历史上真实的苏格拉底在雅典的对话。不过，这并不表明我们知道这些作品之间创作的年代顺序，以及它们与柏拉图其他著作之间的时间顺序是怎样的。这些作品包括《申辩篇》（*Aplogy*）、《游叙弗伦篇》（*Euthyphro*）、《克力同篇》（*Crito*）、《卡尔米德篇》（*Charmides*）、《拉克斯篇》（*Laches*）、《吕西斯篇》（*Lysis*）、《伊翁篇》（*Ion*）、《欧绪德谟篇》（*Euthydemus*）、《普罗泰戈拉篇》（*Protagoras*）、两个《希庇阿斯篇》（*Hippias*）以及《高尔吉亚篇》。在这些对话录中，柏拉图是通过他自己的理解来阐释苏格拉底的生活与思想的。举例来说，柏拉图在其中并没有表现出苏格拉底对于相（Forms）的思考。事实上，对照一下（前面）亚里士多德的证据，就说明了柏拉图并没有特别偏离苏格拉底自己的哲学对话，正如柏拉图自己的解释一样。②

因为柏拉图在哲学传统中的地位，以及他的连贯、可信及光彩夺目的书写，长期以来人们认为较之于色诺芬，柏拉图进行了更为准确的描绘。很多人更喜欢他的这些对话而不是色诺芬的作品，这是因为人们感觉到色诺芬利

---

① J. Cooper, "introduction," in *Plato: Complete Works* (Indianapolis, Hackett, 1997), xiv-xv.
② Cooper，"Introduction," xv-xvi.

用了柏拉图对话作为他自己作品的源泉,也因为(经常有人说)在哲学上,色诺芬的苏格拉底并不如柏拉图的苏格拉底那么有趣。柏拉图的苏格拉底马上让人着迷和疯狂,而色诺芬的苏格拉底则较为沉闷,更为传统,不那么感人。这种对比使得学者们认为色诺芬的主角,不过是整天在唠唠叨叨地进行道德与习俗的说教,绝不可能赢得柏拉图这样的天才人物的注意,也不可能开启一个西方哲学传统。

我认为我们并不可能克服我们与历史上的苏格拉底的距离,发现有关他的各种细节。事实上,他最为重要的特征就是有能力让人们对他的生活与思想的理解产生高度的发散性。[①] 这样,在苏格拉底的生活与哲学中什么是至关重要的问题上,我们就有了这两种非常不同的个体化的、多样的解释。一般说来,作为历史学家,我们认为作者总会以一种表达与捍卫他们自身的兴趣与关注点的方式,来组织他们对于过去的回忆。作者当然可能保留了事实与合理的材料,但他们是根据其自身的前见、信念、思虑与世界观来解释这些材料的。因而他们的作品常常更多讲的是他们自身及其周围的事情,而不是任何先前的事情。在此,情况也别无二致。柏拉图与色诺芬都可以说保存了有关苏格拉底的独立材料,而且都按照他们自己的文学与哲学任务来解释这些材料,这些任务主要包括反驳攻击者、捍卫苏格拉底。他们所叙述的事实很可能是准确的,但他们的解释却更可能是他们自己的。

为了理解现存的证据所提供的各种可能性、冲突与问题,我们可以参照 nomos 来解释他们描绘的苏格拉底。与伪杨布里科斯一样,苏格拉底与当时的那些哲学家有着分歧,比如卡利克勒斯,后者为了自身利益而攻击对法律的忠诚。柏拉图描述了苏格拉底与克力同在监狱中的一次对话,表现了苏格拉底的忠诚。克力同认为,因为陪审员对苏格拉底的判决是不义的,也因为还有很多哲学思考留给他去做,因而对于苏格拉底来说,现在逃离这个城邦,拯救他自己的生命,执行他的哲学的使命,不是更有意义吗?

在《克力同篇》中,苏格拉底通过与城邦的人格化的法律(Nomoi)进行的一个想象对话,来说明了他对于这一问题的看法。这也是柏拉图对于如何最好地理解苏格拉底在其临死之前的行为与思想的表达。通过"法律"所提出的论证,苏格拉底肯定了他(和其他的成年公民一样)在成长、结婚、养育孩子等方面所受法律之惠,因此他有义务要么劝说城邦改变其法律,要么遵守既成的法律(Crito 50e,51d,51e-52a)。在他履行了对于城邦的爱国服务之后,如果现在他不遵守陪审团的判决,他会给人们留下一个荒谬的印

[①] See Cooper, "Notes on Xenophon's Socrates"; Nehamas, *The Art of Living*.

象。(文本 17)

> 17. 你比瘸子、瞎子或者其他残疾人更少出境。显然你对这座城市和对我们法律的感情比其他任何雅典人都要深厚。一座城市如果没有法律,还有谁会在乎它呢?而且,除此之外,难道你不想遵守你的约定吗? (Crito 53a)

他的论证强调了公民与法律之间的社会契约,因为雅典的陪审团是通过合法有效的程序判决他有罪,对此,如果他不服从的话,就会无可挽回地破坏法律。

在许多重要的问题中,让我们注意:苏格拉底将他自己当作是法律的孩子与仆人(50e),① 这是一种强有力的想象。如果从民主法律的背景来看,这种想象让苏格拉底认可城邦法律对于个人具有强有力的权威。在很大的程度上,他的态度是与雅典的民主信念一致的,即个体必须敬畏、尊重与服从法律。而且与雅典的民主派也一样的是,苏格拉底同样能够批评法律,在他认为必要时也试图修改法律。苏格拉底还认为,如果人类的法律与从事哲学的神圣使命相冲突,那么人们就有理由不服从这种法律(Apology 29c-d)。也许正因如此,这一论证表明了人类的法律在有效性上并不是第一位的(当然,我们要注意,这与柏拉图申辩的目的是一致的,即他首要的兴趣是将面临"不虔敬"指控的苏格拉底描述成遵守神的命令的人)。

但是在"越狱"这一情形中,苏格拉底却认为公民不服从对于他说是不可能的,因为他并没有能让陪审员相信他是无辜的。他说他的最高原则就是"不伤害"原则:(文本 18)

> 18. 那么好好想一想,你是否在一点上同意我,从而由此出发开始我们的讨论,即,在任何时候都不能为了保护自己,而通过报复的手段对他人行不义或者以牙还牙。或者你会同意这个前提?
> (Socrates, in Plato's Crito 49d5-9)

这种信念表明,在苏格拉底看来,他不能损害他与之订立了契约的法律,甚至哪怕是陪审员的判决伤害了他(这是一个有争议的问题),他也并

---

① 有关 Crito,尤其可见 Brickhouse and Smith, *Plato's Socrates*, 141-155, Kraut, *Socrates and the State*, 5-24, Ober, *PDDA*, 179-189。

不会反过来伤害法律。

苏格拉底的论证看来类似于现代哲学称之为"道义论（deontological）"论证：他相信不管其后果是什么，"不伤害"原则必须因其自身而作为一个原则被遵守。但是苏格拉底的情况也有令人瞩目的不同，苏格拉底遵守不伤害的原则，并非特别因为这是一种不可妥协的规则，而是因为他的自我想象：他的自尊（self-respect）依赖于不伤害他人；他的原则来自他的品性，而不是他对于规则的严格遵守。同时，他相信他之所以不能损害法律，是因为这样做会对年轻人有**负面**的影响，造成损害城邦利益等有害后果（*Crito*,53c,54c）。这样，我们同样发现了"后果主义"的道德推理，即关注于一个行为负面或者消极的后果而进行的推理。苏格拉底将这两种解释结合在一起，就提供了一种有关他与国家之间关系的道德推理的模式，这与大多数二十世纪的道德哲学是不同的。

色诺芬笔下的苏格拉底则提供了一个对法律重要性不太详尽的论证。根据色诺芬的观点，苏格拉底将正义等同于合乎法律（*Mem*.4.4.12）。从表面上看，这一理论有些说不通：难道不存在着非正义的法律吗？进一步说，如果所有的法律都是正义的，那么一个城邦不得不改变其法律的基础可能是什么？在一段简短的著名对话中（*Mem*.4.4），苏格拉底强调了坚持遵守所有国家法律的积极后果。他向智者希皮阿斯说明，遵守法律的城邦在战争与和平时期都表现良好，因为首先，它们获得了对政治健康最为关键的甚至可以说是根本性的和谐。① 这样，色诺芬笔下的苏格拉底强调了遵守法律的积极后果，而不是强调忠诚于任何不可妥协的或者说道义论的原则。他并不认为正义的理念能够通过列举什么是合法的、什么是非法的而得到详细说明。正如他详细地解释的，不服从实在法（positive laws）当然不可能是正义的，因为其后果是毁灭性的。批评实在法的唯一理由可能在于，订立的法律违背了更高的（比如神）法，而不是这些法律本身是不正义的。这是对"后果主义"论证的简化形式，旨在说明法律通常是正义的，因为遵守法律一般是有好处的。

基于我们资源中的这些基本共识，我们有着充分的理由认为历史上的苏格拉底既关心法律的理论问题，也坚定地支持国家的法律，甚至哪怕个别的法条或者规定对于他来说是错误的，他对法律仍然保留着忠诚。这也许是因为，如果他违反法律，或者就遵守哪一条法律而挑挑拣拣，他就会给法律或者给他的公民带来极大的伤害，甚至会同时伤害这两者。苏格拉底对法律问

---

① 有关这些论证，参见 Morrison, "Xenophon's Socrates"。

题强烈的兴趣,可以从柏拉图在《大希皮阿斯篇》(*Hippias Major*)中所表现的苏格拉底身上进一步看出(284d1-e8)。在这里,苏格拉底认为真正意义上的法律不可能是不正义的。尽管很多现存的法律是不正义的,但这样的法律其实是配不上"法律"的称呼的。我们要注意:这种法律的"理念论",与色诺芬笔下忠诚于法律"实证主义"的苏格拉底形象有着多大的冲突。① 这也是与苏格拉底在《克力同篇》中对于实在法的肯定相冲突的,尽管不是那么强烈。我们可能永远也无法准确地知道在这些立场中,哪些是苏格拉底自己的观点——如果有的话;或者,他的观点是不时发生变化的。即使如此,可以公平地说,历史上的苏格拉底是在阻击公元前五世纪末期对于法律的各种挑战。由于他对他的母邦雅典的忠诚,人们同样有理由认为,苏格拉底增强与深化了对法律的民主承诺。

7. 言与行

苏格拉底的例子说明有关 *nomos* 与 *phusis* 的诸观点,是在与人格一致性(integrity,真诚性)的关联中形成的。苏格拉底在对于将军的审判中弃权,恪守了他先前与法律的约定,保持了他的人格一致。他甚至不惜以生命为代价去维护法律的价值,终身忠诚于雅典法律,做到了言行一致。在这种情形下,他的生命与思想都构成了对于民主派的批判,但却是一种善意的批判。一般说来,民主的理念对他而言还是值得接受的。但是现实中的民主派,通常并不知道他们的理念要求什么东西,也不曾培养起一种践行其理念的伦理品格来。

在《拉克斯篇》(*Laches*)中,柏拉图再次强调苏格拉底做到言(*logos*)与行(*ergon*)或者行与言一致的努力。苏格拉底认为如果没有言行之间的真正和谐,那么勇气(这是讨论者正努力去定义的)就不可能存在。在包括两位雅典将军在内的所有对话者中,苏格拉底表现得最可能达到这样的和谐。苏格拉底人格一致的这一面也为色诺芬所特别地强调(*Mem*.4.4.1)。因为并没有理由认为我们前面所引用的章节是色诺芬借鉴了柏拉图的观点,我们可以合理地认为,言行一致是苏格拉底的自我想象与生活方式的特征,这也是他的学生们努力去把握、理解以及赞颂的。我们要注意由于这些作者妙

---

① 参看 Morrison, "Xenophon's Socrates"对于这些术语的讨论,他也有益地讨论了这种区别意味着什么。

第四章　公元前五世纪后半叶雅典对民主制的批判　　　107

笔生花,保持言行一致地公认雅典理念在苏格拉底这一特立独行的雅典人身上得到了最好的表现。他们的言外之意就是,其他的雅典人在践行他们自己的政治理念上有着一定的困难。尽管后来色诺芬与柏拉图运用苏格拉底人格一致的品格来批评与反对民主,但或许正是苏格拉底的生活方式以及他的公开论证,给民主派就如何成为他们"最好的自我"提供了一种指导。苏格拉底对于提高他的同胞公民的伦理品格有着真正的兴趣。

相形之下,其他的人利用了言与行的区别,美化了他们对自私与物质目标的追求。举例来说,当雅典人在米洛斯嘲笑"荣誉"一词时,他们将言（*logos*）与行或者事实（*ergon*,复数为 *erga*）加以对比,并含蓄地将后者放在一个优先的地位。这种修辞术对于个体有着一种实质性的冲击,因为雅典城邦的个人也同样能有理由认为传统的价值（比如雅典的民主）只不过是一些词语或者名称,在现实中并没有实在的基础。而这种思想的后果可能导致类似于卡利克勒斯之类的主张。

我们可以在欧里庇得斯的《腓尼基妇女》（*Phoenician Women*）中看到这些主张的生动表现。这一戏剧上演于公元前409年,正好在公元前411年血腥的寡头革命发生的两年之后,可以看作对于寡头血腥暴动的一种批评。在俄狄浦斯（Oedipus）因为政治的混乱而被放逐并离开底比斯之后,俄狄浦斯的儿子波吕涅克斯（Polyneices）返回了底比斯,提出他自己对于王权的合理要求。而他的哥哥,当时在位的埃特奥克勒斯（Eteocles）,拒绝接受他们轮流执政的约定。他们的母亲伊奥卡斯特（Jocasta）则劝说他们避免即将来临的暴力,因为耐心的协商才能得到最好的结果（453）。

但是他们的对话很快变成了争吵。波吕涅克斯声称他对王位的要求显然是正义的,因为他们先前有着约定——我们可以比较一下苏格拉底源自"先前约定"的论证。埃特奥克勒斯则加以反驳,认为语词并不能反映,更不用说在拥有冲突的自我利益观的人们当中产生价值共识了（文本19）。

> 19. 如果每个人都同样定义正义与智慧,人们就不会有什么争论或者斗争了。但实际的情况是,如今人世间并没有什么"正义""平等",它们只是一个名,实际上它指的并不是同一个东西……我愿去星星与太阳升起的地方,或者钻到地底下去,去取得我的权力,为的是当上僭主,这才是最伟大的神……丢了西瓜捡芝麻,这不是男子汉气概……我绝不会将我的王权交给他。如果人们必须要行不义,那么最好就是为了僭主的地位,虽然在别的所

有的事情上要敬神。(Eteocles, in Euripides, *Phoenician Women*, 499–525, tr, D.Kovacs, ed, and tr., *Euripides*, Ⅴ, Loeb Classical Library, Cambridge, Mass., 2002)

埃特奥克勒斯将他对于词语的意义与所指的有趣观察，转而作为他"不道德"地追求僭主地位的理由。埃特奥克勒斯与卡利克勒斯与科基拉人（Corcyraeans）一样，由于缺少共同的道德理解，便在追求他自己狭隘定义的自身利益时，退回到了"男子汉气概"与"勇气"这些价值。词语只是那些能有效地利用它们的人的一种"技术性"力量。埃特奥克勒斯拒绝"轮流统治与被统治"这种民主的标语。他在缺乏约束性 nomoi（法律）的情形下，刚愎自用地退回到他贪得无厌的欲望之中。勇气与贪婪，至少在埃特奥克勒斯这样的人看来，都是一些实用主义价值：单纯的词句不会带来什么区别。

8. 民主的认识论与相对主义

然而在民主的雅典，单纯的言语就造成了很大的差别。正如米洛斯人所发现的那样，在公民大会中说出的言语能够转化为有着持续性效果的法律与命令。也正如苏格拉底所知道的，在法庭上说出的言语能转化为司法的判决（它们本身就用言语表现），同样有着实践的意义。民主的批评者自然会对政府的公共"言语"提出质疑，这主要是通过对民主的认识论（epistemology）的关注而实现的。这个转变不难，因为希腊词 logos 既有"言语"的意思，也表示"理性""说明""论证"。放纵的、没有受过教育的大众怎么能使用其公共的"言语"，在一个现实的世界里取得积极的效果呢？大众怎么能有着足够的远见统治城邦呢？更不用说统治一个帝国了。大众以什么作为其知识的来源，从而运用语言建立一种健全的政治文化呢？这些问题通常影响了我们所讨论过的反民主派信条中的精英色彩。

为了弄清楚反民主派攻击的是什么，让我们再次从一个不同的视角考虑一下民主派可能说出的理由是什么。学者们有时指出民主的商谈与相对主义认识论之间的关系，后者以普罗泰戈拉的表述最为人所知。普罗泰戈拉的一般性相对主义概括在他知名的"人的尺度"这一学说中（文本 20）：

第四章 公元前五世纪后半叶雅典对民主制的批判　　109

20. 人是万物的尺度，是存在的事物之所以存在的尺度，也是不存在的事物之所以不存在的尺度。(Protagoras,cited by Socrates at Plato, *Theaetetus* 152a2-4,tr.Guthrie,*Sophists*,171)

　　柏拉图笔下的苏格拉底解释了这段话，认为这意味着如果我感觉到风冷，那么风对我来说就是冷的；而如果你感觉到它是冷的，那么它对你来说就是冷的(*Theaetetus* 152b)。对这一具有挑战性命题的研究会使我们超出这本书的范围，不过，大多数的讨论与我们这里的目的并不相关。[①]

　　与这里的讨论相关的是，人们可能试图在普罗泰戈拉的相对主义基础之上为民主进行辩护。事实上，一些学者认为普罗泰戈拉的大演说(Great Speech)与他的相对主义是紧密地联系在一起的。相对主义可能在两种方式上支持民主的程序。第一，人们会认为相对主义能鼓励人们尊重其同胞公民的意见，因为所有的感觉都应当加以考虑。[②]普通人的观点也值得考虑，因为他们也具有作为"尺度"这一人的能力。因而通过其商谈的实践等活动，民主应当说是在承认人们认识论中的这一事实。我们要注意到，如果"正义"与"好(fine)"之类的概念都是与个体相关的，那么埃特奥克勒斯对于正义的分析就可能有某种认识论上的合理性，否则其合理性无从得来。

　　第二，人们可以将普罗泰戈拉的相对主义提升到整个政治文化的水平上：民主的商谈因此而能够产生对于民主派来说最好的决策。因此普罗泰戈拉的认识论，就像他的支持平等的大演说一样，有助于说明民主的公民大会中决策程序的合理性。虽然民主的公民集体主要是、也必然是由非专家组成，但公民大会仍然能够做出好的政治决策，这是因为他们是按照看起来什么是对公民最好而行事的。但是要注意到，在适当的条件下，普罗泰戈拉的相对主义，同样也强化与体现着将政治仅仅看作权力游戏的反民主派观点。换言之，如果从整个文化的层面上来理解普罗泰戈拉式的相对主义，它并没有给予民主更多的优先性，正如它并不更多地反对寡头制、君主制和僭主制一样。[③]

[①] 学者们曾长期争论，到底是一般的人还是个别的人才是事物的尺度；哪种主体会对这一观点提出导议；这一演说是否适用于所有的评价性与知觉性内容，或者只是适用于"正义""美"之类特殊的内容(或者范畴)，而不能适用于"好处"之类的内容。对于相关问题的有趣讨论，参见 Schiappa, *Protagoras*, 117-133; Guthrie, *Sophists*, 181-192; Barnes, PP, 541-553 (与普罗泰戈拉式的相对主义相关的不同主题); Kerferd, *Sophistic Movement*, 83-110; Keyt and Miller, 'Ancient Greek Political Thougt," 306-308。

[②] 有关这种可能性，参见 Farrar, *Origins*, 62-64, 75-77。

[③] Keyt and Miller, "Ancient Greek Political Thought," 306-308.

但是无论选择哪条道路，普罗泰戈拉式的相对主义在总体上，特别是在政治文化的层面上面临的主要问题，就是它看起来似乎自相矛盾（self-refuting）。① 以公民大会的决议为例，正如苏格拉底在《泰阿泰德篇》（Theaetetus）中指出的（177c-179b），公民大会可以在公民认为最好的基础之上进行决策，其前提就是这些决策对于城邦来说会是最好的。但是将来公民们会渐渐明白他们的决定会给城邦带来损害，在这种情况之下，他们先前的决定就一定是错误的。② 但是即使在这一点上，一些人还曾试图去区分有利的主张与好的、正义的主张，以维护普罗泰戈拉式的相对主义。我们并不清楚这些动机是否最终起到作用，但不管怎样，人们会最终发现相对主义是这样一种立场（或者一系列相关联的立场）：它既难以得到合理性证明，又难以被很快摆脱。

最终有关的是，雅典私人自由具有"彼此宽容（live and let live）"的特征，这一特征同样是建立在某种相对主义之上的。③ 但是雅典人自己并不以相对主义的观点而闻名，举例来说，雅典人的私人自由，是源自对其他公民的尊重而不是相对主义。雅典人尊重其公民同胞，是指可以让他们做出自己的、但是可能包含着潜在错误的选择，至少当这些选择并不会对城邦产生负面影响的情况下是如此。然而，尽管雅典人在法律上允许多种生活方式的选择，但他们经常用善恶语词来批评其他公民的选择（参见第三章）。如果他们认可（个体的）相对主义，这就说不通了。

而且，在公共讲坛上，雅典的意识形态在城邦的利益与智慧有关的问题上采取了一种强烈的非相对主义立场。民主派认为他们的公共集会以及其他的公共实践，必然有助于他们做出最好的决策。他们同样相信之所以应当考虑他人的意见，这是由于尊重与平等的事实，而不是因为相对主义的认识论。他们也的确相互批评对方的观点是错误的，并且不会承认最终所有的观点同等重要。他们肯定相信民主的美德会将人们变成更为幸福的人。他们还毫无保留地认为他们的生活方式是最好的，并且他们的立法家通常的理解也是正确的。这并不意味着不可能发生错误，而是说在通常的情况下，雅典的制度、法律与公民会尽可能为整个共同体产生最好的结果。雅典人相信他们的城邦对于其他人来说是一种教育的榜样，是可能最好的生活场所，是最有利于其公民幸福的（cf.,e.g.Thuc.2.37.1,Aesch.3.4-6）。虽然并未用哲学来表

---

① 参看 Barnes, *Presocratic Philosophers*, 541-553, M.F. Burnyeat, "Protagoras and Self-Refutation in Plato's Thesetetus," *Philosophical Review* 85 (1976), 172-185。

② 参看 Keyt and Miller, "Ancient Greek political Thought," 306-317。

③ Keyt and Miller, "Ancient Greek political Thought," 306-308; Taylor, *Plato: Protagoras*, 83-84.

达,但雅典的民主派强烈地相信有关个体与政治健康非相对的明确标准。

当然,到了公元前五世纪末期,很多民主派都熟悉了文化上的多样性。举例来说,希罗多德(Herodotus)的《历史》(Histories)列举了在当时整个已知的世界中能够发现的多种文化与政治结构。但并不清楚的是,他或者许多别的人是否曾将这种现象用来作为文化相对主义的证据。希罗多德认可品达的"习俗(nomos)是主宰"的诗句,他认为"每个人都深信,他们自己的习俗(nomoi)是最好的"。(3.38)乍一看,这似乎包含着文化相对主义,然而回头想一想,希罗多德的这句话并没有这一内涵:[1]在这一段落以及其他段落中,希罗多德看出各地风俗有异,但是并没有论证所有的信仰都同样是合理的。希罗多德的确认为人类的文化应当受到尊重,至少不能因为其不同的信仰而受到嘲笑。但是他同样也认为有着 isonomia(法律面前人人平等)之类价值的政治体系,较之于缺少这些价值的其他体系(比如波斯君主制),能够取得更好的结果。希罗多德的《历史》传递出了这样的信息,即人们可以通过观察谁赢得了重要的战争,谁的体系更为持久,谁的公民更为幸福,从而获得对于健康政治的理解。

雅典人同意这一点。民主派希望通过将问题提交给公共的审查与辩论,从而获得正确的伦理判断与政策决策。他们相信形成一个审慎与见多识广的公民集体的可能性,因而公民们的公开演说被认为(而且确实)能够在最大限度上做出成功的现实决策与行为。他们在世界上的成功,当然依赖于他们对于政治与军事情况的正确认识。

9. 民主的认识论与不可靠的修辞术,或者何处是真理?

原则上说,民主所主张的政治智慧,也正是民主的批评者所揪住不放并且否决的。同样,民主的批评者不是相对主义者,他们认为民主通常会在伦理与审慎方面犯错误。我们考虑一下希罗多德笔下的美伽比佐斯(Megabyzus)在概括民主的轻率与愚蠢时所提出的鲜明意象。(文本20)

> 20. 不管君主做什么事情,他还是在他判断的基础上才做的;但是大众缺乏智慧,他们能够懂什么呢?民众没有受到教育,也不知道高贵与适中。他轻率随意地冲入政治,像一条泛滥的河那样地

---

[1] Keyt and Miller, "Ancient Greek political Thought," 306-308.

盲目向前奔流。（Megabyzus,Hdt.3.81）

在《祈援人》中，欧里庇得斯笔下的底比斯传令官说出了心里话（420sBC）："人民不能正确地判断演说的好坏，又怎样正确地领导国家？"（417-18）修昔底德与苏格拉底是公元前五世纪民主派认识论主要的批评者。

修昔底德的《伯罗奔尼撒战争史》讨论了民主的"知识"及其不足。[①] 举例来说，就公元前六世纪末期废黜庇西特拉德僭主制而言，他显然纠正了民主派对此的传统说法。（6.53-59，文本22）

22. 无论如何，雅典大众都以为被哈尔莫迪乌斯和阿里斯托盖通所刺杀的希帕库斯是当时的僭主，而不知道希庇亚斯是庇西特拉德诸子中的长子，拥有真正的权力，而希帕库斯和忒撒罗斯（Thessalos）只是他的弟弟。（Thuc.1.20.2）

在其描述的公民大会场景中，这些批评更令人震惊。举例来说，在公元前415年，雅典人讨论了在陆地上全力进行与斯巴达的战争的同时，袭击西西里的风险性与可行性。修昔底德在《伯罗奔尼撒战争史》第六卷一开始，就详细提供了有关西西里复杂的风土人情、种族间的联系以及政治发展的情况，这提醒他细心的读者注意，在接下来有关西西里的辩论中的指导性假设都是缺乏依据的。"西西里辩论"的最终"赢家"阿尔喀比亚德建立了一个愿意为各种错误理由去战斗的公民同盟：个人的收益、兴奋、他们自己男子气概的感受、毁灭性的野心以及恐惧。他们心血来潮的决定，受到领袖们的断言的指引，这些断言表面上看起来是可能的，但最终却并不靠谱，也许还是自私自利的。（文本23）

23. 西西里诸邦居民是由多种族混合而成的乌合之众，他们的公民组织经常会遇到变化与调整。而且没有人武装起来自卫，也没有通常的要塞之类的保卫自己祖国边疆的设备……这样的一群乌合之众，你们不必指望他们会做出一致决定或采取协调行动。毋宁说，如果我们向他们提出一些有诱惑力的建议，特别是据说他们正因内乱而四分五裂，他们很可能将单独与我们订立协议。

（Alcibiades, at Thuc.6.17）

[①] 尤其参看 Ober, *PDDA*, 52-21。

只有最终失败的 *ergon*（行动）才使雅典人相信，他们的 *logoi*（言语）早就误入歧途了。修昔底德利用了言与行（*logos/ergon*）的区别，说明雅典人为什么在西西里被打败了。而在他们失败之前，阿尔喀比亚德早已被放逐，并正为另一方进行战斗。

修昔底德对于民主演说的关注是无处不在的。无论是民主派还是他们的对手都担心公开的演说，对于做出生死攸关的决策来说是一种不可靠的工具。从实践上来说，这种担心是可以理解的：如果寡廉鲜耻的演说者运用最新的技艺，劝说公民行不道德或者鲁莽之举，或者既不道德也鲁莽的事，那怎么办呢？真正地知道什么是正义的、什么是有利的，较之于它表面上看起来要困难得多。

阿里斯多芬在他于公元前 423 年创作的《云》中表现出了这种肆无忌惮的修辞术的荒诞可能性。作为一位滑稽的"思想所"的领导，苏格拉底教导学生们掌握语言的窍门，这样就用不着还债、逃避犯罪的指控及在日常生活中让人不厌其烦的各种义务。为了让人们注意当时政客的无聊小聪明，阿里斯多芬在两种人格化的观点，即"正理（Better Argument）"与"歪理（Worse Argument）"之间设计了一次虚拟的辩论：歪理声称他将发明一种新的修辞方法来胜过其对手；而正理对此则回答道："这些东西在这些无知的人（观众）当中很盛行啊。"（897-898）这一回合表明，哪怕是在至关重要的公共能力上，雅典的公民已成为享受演说之乐的听众了（cf. Thuc.3.38）。阿里斯多芬表明，智者式修辞尽管极其聪明，但最终是自私并且空洞的。这使得这一批评更有力度。（文本 24）

24. 事实上，我早就气得不行了，恨不得用相反的论证来驳倒这一切。那些有头脑的人总把我当作"坏论证"，正因为我首先发明了驳倒一切法令和正当的方式。这法术值千万两黄金：选择一个不利的位置，然而赢得争论。（Worse Argument, Aristophanes, *Clouds*, 1036-1042）

歪理问：如果正义真正与神同在，那么宙斯为什么没有为他锁住自己父亲而受到惩罚呢？此时，这种空洞性变得更加突出了。

修辞术潜在具有颠覆性。[①] 在雅典，修辞术成为一个特别的问题，因为一些智者努力增强修辞术的哲学与教育学的基础，并到雅典传播他们的发

---

① 有关对修辞术理论的深入讨论，参见 Barnes, PP, 516-522, 523-529, 541-553。

现。例如莱翁蒂尼人高尔吉亚在公元前427年作为使节被派遣到雅典,他认为语言对于灵魂有一种神奇的效果,甚至能够开脱特洛伊的海伦做下的任何错事。(文本25)

> 25. 因为演说(语言)劝说其听众的灵魂,迫使它遵守语言所说的,赞扬语言所做的……语言对灵魂状况的力量可以和药物对于身体状况的作用相比。正如药物作用于身体内不同的体液既可以治病也可以致死一样,语言也是如此,不同的话能使人悲伤、快乐或者恐惧,有害的劝说还能迷惑和麻醉灵魂。(Gogias, Helen, 12.14 [=DK 82 B 11])

而且,普罗泰戈拉显然是在自己的相对主义理论基础之上,写下了一部两卷本的《相反论证》(Contradictory Arguments [Antilogiai]),对于我们来说它只有存目。亚里士多德认为普罗泰戈拉有一种自负,宣称自己能够"使得弱的论证变得有力"(Rhet.2.1402a23),这正是阿里斯多芬讽刺过的修辞策略。

这些作品似乎影响了公元前400年左右一位匿名的作者,他写下了名为《双重论证》(Dissoi Logoi)的短文。这篇文章以列举潜在问题的方式,提出了对善与恶、高贵与低劣、正义与不义等等本质的论证:"有关正义与不义的问题,同样也可以提出双重的论证。一些人说正义是一件事,而不义是另一件事;另一些人则说正义与不义就是一回事。"(Dissoi Logoi 3.1)① 相对主义与修辞术有力而危险地结合起来。在这样一种思想氛围中,当时的人们很可能质疑受到智者影响的公共演说的价值,怀疑它们是否真的能够作为民主决策的正确向导。

有意思的是,在民主派看来,在这些作品中体现出的相对主义观点存在着潜在的问题,它们并不能作为其民主政治的基石。但是细心的观察者通常将"智者式"的修辞术看作民主的特征,雅典人似乎一直进退维谷。一方面,柏拉图所描述的高尔吉亚教授修辞术,但不曾深入考虑过其学生是否懂得对错的本质(Gorg.459d-60a)。另一方面,修昔底德强调民主的争论通常因为发言者之间的敌意竞争、反复无常的民众的无知、个人追求与城邦利益相悖的私利,使得城邦处于危险之中。举例来说,一位本来不太出名的演说者狄奥多图斯(Diodotus)强调了任何演说者在向全体公民表达自己观点时必然体验的恐惧。(文本26)

---

① Tr, Sprague, *Older Sophists*.

26. 如果有一个人提出了一种好意见，但是如果有一点私利嫌疑的话，我们就十分怨恨他谋私利，从而使城邦失去了他所提议的利益。于是出现了这样一种情况，一个明显有益的建议和一个有害的建议同样地被人怀疑；结果人们发现，主张采取最凶恶政策的鼓噪者必须欺骗人民以赢得同意，而最优秀的出谋划策者要想取得人民的信任，也一样必须说谎。（Thuc.3.43）

他明确地指出了民主商谈中潜在的公共信任与领导的问题。狄奥多图斯的对手克里昂指责雅典的听众损害了商谈。根据克里昂的观点，雅典人已经"只是欣赏语言表演的听众，而不是讨论城邦事务的公民"。（Thuc.3.38）[1]

在强调民主商议的不足性之上，修昔底德并不是绝无仅有的。与他所处的时代相差不远的希罗多德也记叙道，雅典的公民大会很容易为一些自私的演说家欺骗，比如米利都的阿里司塔哥拉斯（Asistagoras of Miletus）（5.97）。[2] 与修昔底德所说的例子更类似的是，希罗多德说明了民众的贪婪欲望有时能影响他们健全的判断，他们为了迅速获得财富而赞同米尔提亚戴斯（Miltiades）向帕洛司（Paros）的远征（6.132）。[3] 民主辩论的结构使得雅典的公民大会很容易受到从这一角度出发的批评，因为民主依赖于自由地表达相互冲突的观点，依赖于持续不断的、吵吵嚷嚷的争论，依赖于或富或穷的公民的参与。尽管民主将相互冲突的论证看作一种政治与认识论上的美德，但它的批评者却攻击它正是极端民主性误判的源头。

修昔底德着重指出，民主的演说与商议，并不能替代有关历史和当下政治与军事现实的准确知识。在任何现实的政治中，行（ergon），也就是事实，必须优先于不过是语言的 logos。但是这一强烈的信念，并没有让修昔底德对于民主的批评更容易。寡头同样也常常会做出坏的决定，比如米洛斯

---

[1] 公元前四世纪对于民主争执不下的这些批评是很寻常的，试比较 Balot, "Fee Speech"。

[2] 希罗多德的《历史》中记载，米利都的阿里司塔哥拉斯在雅典公民大会发表演讲，说服了雅典人帮助米利都人，与波斯进行战争。——译者注

[3] 在马拉松战役之后，米尔提亚戴斯在雅典的声誉日益高涨，他向雅典人要七十只船、一支军队还有金钱，但是不告诉他们他要率领他们去进攻哪一个国家，而只是说如果他们追随他的话，他会使他们发财致富；雅典人听了这话深信不疑，就把船给他了。他率军乘船前去进攻帕洛司，他的借口是，帕洛司人在先前曾首先派遣三段桡船和波斯人一起进攻马拉松，因此要受惩罚。实际上他之所以怨恨帕洛司人，是因为帕洛司人提细亚斯的儿子吕撒哥拉斯曾经在波斯人叙达尔涅斯面前讲过他的坏话。但是雅典人的进攻并没有取得胜利，因此米尔提亚戴斯便十分不光彩地回来了，他既没有带回财富，也没有占领帕洛司，不久后因受伤而死去。——译者注

人曾做出了抵抗雅典人的权力这一极为鲁莽的决策。而且某些时候，雅典的民主也能够做出正确的决策。例如在修昔底德看来，雅典人推翻先前的决定，宽恕大多数米提利尼（Mytilene）公民的生命，只是处决了那些领导米提利尼反对雅典的领袖，就是正确的。无论是从道德（比如在这一个例子中）上，还是从实践上（比如他们建立帝国的过程中）来说，民主的成功极大地反驳了修昔底德的批评。

如果民主只是混乱与贪婪的，如果公民大会经常做出糟糕的决定，那么雅典人是如何能在一个充满竞争的真实希腊政治世界中取得如此惊人的成功的呢？对这一问题，修昔底德给出了一个有趣的回答，即一些杰出的领袖（以某种方式）上升到了政治的顶峰，并领导人民——不管他们是否愿意，为城邦做出了正确的事情。举例来说，在伯里克利的领导之下，雅典"名义上是民主制的，但是事实上却为第一公民所统治"。（2.65）在修昔底德看来，雅典之所以成功，只是因为它是一种改头换面的寡头制（我们要注意到，修昔底德最好的一位解释者与翻译者——托马斯·霍布斯，将修昔底德看作一位公开的君主主义者）。正因为如此，雅典的成功并不会阻碍修昔底德对作为一种体制的民主制所进行的批评，因为这一体制本身并不能保证新的一位伯里克利会出现，甚至即使出现了，都不能保证他被承认为一位杰出的领袖。就修昔底德的记叙来说，雅典的后伯里克利时代的领袖大多是自私的，并不爱国，他们更关心的是胜过其政治对手，而不是给城邦提出好的建议。因而，尽管伯里克利在其葬礼演说中提及雅典的辉煌（2.36-45），他自己却应当受到批评，因为他并不理解他自身在雅典民主体系中的重要地位。在修昔底德看来，民主的意识形态会限制最杰出的民主领袖的视野。①

10. 苏格拉底与雅典

苏格拉底对民主的批判则与众不同，有多个层面。在柏拉图描绘苏格拉底的受审中，苏格拉底就他腐蚀青年的指控，反问了他的一位指控者美勒托（Meletus）。美勒托声称法律与普通公民都以积极的方式教育年轻人，而苏格拉底却伤害了他们。对于这一点，苏格拉底的回应是，只有专家，而不是普通的公民大众能够改善马。类似地，对于改善人来说不是一回事吗？（25a-c）他的论证包含着一种人类繁荣的客观概念，类似于专业驯马师给马

---

① Balot, *GICA*, 147-149.

所带来的繁荣状态。

更为重要的是，他的论证同样表达了对于民主决策的反感。这一 technê 的或者说从专家入手的论证，在苏格拉底的武器库中是经常被使用的一件武器。苏格拉底从某种被认可的人类行为（比如养马）的专家，转向讨论人类灵魂这一令人困惑的问题。色诺芬与柏拉图一样，多次注意到了苏格拉底运用 technê 论证来批评民主的公民大会。举例来说，在柏拉图的《普罗泰戈拉篇》中，苏格拉底认为美德就是知识。而如果有人能掌握知识的话，那也只有少数人才能做到。他的论证批评的是民主派声称能掌握知识或者慎议（prudence）的自信，更别说对民主派能掌握美德的自信。（文本 27）

> 27. 所以，我观察到，当我们在公民大众上相遇时，如果国家要兴建某些工程，那么我观察到，就建造工程提出建议的是建筑师，如果要造的是船，那么能提出建议的是造船师。其他被公民大会当作可以学习和传授的事情也莫不如此。如果不被他们认为是行家的人想要提出建议，那么无论他有多么英俊和富裕，或者他的出身有多么高贵，其结果都不会有什么区别……但是讨论的事情若是涉及这个国家的统治，那么站起来提建议的可以是建筑师、铁匠、鞋匠、商人、船主，无论他们是富裕还是贫穷，也无论他们出身高贵还是低贱，而无人会驳斥他们……究其原因，正在于他们并不认为这种事情可以学习的或是有人能够教导的。（Socrates, in Plato, *Protagoras*, 319b5–d5）

色诺芬笔下的苏格拉底也进行了类似的论证（比如 *Memorabilia* 1.2.9, 3.14-5, 3.7.5-9）。因而从本质上说，将这种形式的论证归之于历史上的苏格拉底是合理的，哪怕我们并不能确定他是在什么特定的情境中进行这种论证的。对于苏格拉底来说，假如能找到专家，应当向他们，而不是向大众或者演说家咨询所有重要的政治问题（参见 *Gorg.* 455b-c）。这一观点直接地与有关教育的传统民主理念相对立，比如在普罗泰戈拉的神话中，在雅典的修辞术中，以及在民主派公诉人美勒托的回应中所表达的观点。那么，苏格拉底是怎么看待他自己与民主的关系呢？而且同样重要的是，他被看成什么样的人呢？

在柏拉图《申辩篇》的后面，苏格拉底将自己看作雅典大众的施惠者。他将民众比作一匹马，而将他自己比作牛虻，整天刺激着这匹马，指责它

(30e)。民众需要提升,因为它是懒惰(30e)、怯懦(34e-35b,38d-e)、贪婪的,并且容易受到误导(29d-e)。因而,在受审当中,苏格拉底将自己表现为一个民主的善意批评者。他运用自己聪颖的天赋,去教导有着严重缺陷的雅典人明白他们真正的利益在什么地方(当然,在审判中,这又可能是一种有用的修辞立场)。

这并不意味着他认为自己具备了他认为对于充分实现美德所必要的知识,相反,他知道自己缺少最伟大、最重要的知识(道德的真理)。而他的同胞并没有意识到他们的无知,就这一点而言,他认为自己比他的同胞领悟得更多。考虑到苏格拉底对待法律的态度,以及他对待其同胞公民伦理幸福的态度,我们可以得出结论:苏格拉底是一位善意的批评家,他努力鼓励雅典人认清他们自己的理想的完整含义并且加以践行。如果我们认为苏格拉底是按照雅典的基本前提过一种楷模生活,那么我认为我们能够看出为什么他的生活与思想,能对其同胞公民提出这样的要求。他们的确处死了苏格拉底,但却不能忽视他。

苏格拉底提升其同胞公民的愿望,并不能掩饰一个事实:其政治理念可能具有极端内涵。他反对雅典进行公共教育的准则,反对民主所声称的智慧。他反驳了所有认为自己可以令人信服地解释美德,解释他们生活的对话者。苏格拉底发现民主制是一种有着重要缺陷的政府形式,不过,尽管学者们认为,苏格拉底相信人类不可能获得道德的真理,这或许可以淡化苏格拉底的这种批判立场。在这种情况下,民主可能是一种合理的方案,至少试图改变民主要付出更高的代价。①

我认为我们应当反对这种观点。苏格拉底一直在追求智慧,并且认为认知方面的进步是可能的。而且他还认为有可能多多少少地接近智慧。在苏格拉底看来,他自己就是一个榜样,他认为自己取得了较之于他的同代人更高程度的领悟。除非他认为他以及其他人,能够从他的讨论中学到有价值的东西,否则这些讨论就会毫无意义。因此即使人类绝不能获得完全的道德知识,对于苏格拉底而言,将政治权力给予那些有着更多(而非更少)道德领悟力的人似乎也是合理的。

我们会问,既然苏格拉底希望通过改进其公共制度而改善城邦,为什么他没有追求更积极参与政治的生活呢?至少在对参与阿吉纽西战役的将军进行审判的过程中,苏格拉底采用了一种公开的立场,对抗那些被广泛认定为不义的程序。在其他时刻,比如说雅典人就处死米提利尼人,或者就远征米

---

① Kraut, *Socrates and the state*, 194-244; see also Brickhouse and Smith, *Plato's Socrates,* 155-166.

第四章 公元前五世纪后半叶雅典对民主制的批判 119

洛斯或者西西里，以及对赛翁尼（Scione）①进行可怕攻击，提议钉死萨摩斯（Samian）②的反抗者进行投票时，他为什么不同样这样做呢？而且他为什么不根据他对于道德进步的信念，在总体上改造民主的制度呢？根据他自己所说的，如果他或者他的朋友能以某种方式获得政治权力，力争改变大众的品格，防止他们行不义的倾向——或者至少是限制这种倾向，那么雅典城邦不是会变得更好吗？

苏格拉底的回答绝对是实用主义的：任何反对民主、试图制止不义的人，都不能保全自己的生命。"真正捍卫正义的人，如果想要活下来，哪怕是很短暂的时间，也一定要保持自己作为个体公民，远离公共生活。"（31e-32a,cf.32e）苏格拉底相信他参加私人对话——正如我们看到他对柏拉图与色诺芬所做的，而不是参与政治——更不用说去参加革命活动，可以更成功地改善雅典人的品格。他可能是对的。尽管雅典人可能是执迷不悟的，但是没有任何反民主的思想家能说，雅典人没有成功地达到它的目标。如果雅典的民主差不多是无法阻挡的，那么苏格拉底的估计可能是有道理的。如果他鲁莽地进入政治领域中，就可能只是会被当时的既得利益者"消灭"掉，这样就会减少他道德上的积极影响。与这种反应一致的是，苏格拉底同样令人信服地重新定义了"政治的事情（political）"，因而可以真心实意地宣称他自己是雅典唯一真正的政治家（Gorg.521d；参见第六章）。这话的意思是，他是唯一提出旨在于让其公民同胞更好，而不是阿谀或者奉承他们的意见的公民。

其他人可能会有不同的看法。举例来说，当时三十僭主想要处死萨拉米（Salamis）的勒翁（Leon），便下令苏格拉底去他家逮捕他，苏格拉底拒绝了。苏格拉底说尽管他可能因为不服从命令而被处死，但他仍没有遵守命令，而是直接回家了（Ap.32c-e）。他提及这件事，是作为说明他人格一致的例子。苏格拉底在压力之下保持人格一致，是柏拉图与色诺芬叙述的主题。特别是苏格拉底强调，他试图去做到他经常在其对话中所说的："直接地说，我再次以行动而不只是以话语表明，死亡对于我来说根本就是无关紧要的。绝不做不正义不虔敬的事情，对于我来说是最为重要的。"（Ap.32d）一件较

---

① 赛翁尼是帕利尼半岛上的一个城邦，在伯罗奔尼撒战争期间，雅典曾进攻赛翁尼。——译者注
② 伯罗奔尼撒战争期间，萨摩斯内部也爆发了民主派与寡头派的斗争，民主派支持雅典，而寡头派则反对雅典。寡头派约三百人发动叛乱，民主派在雅典的支持之下平息了这场叛乱，事后三百人中大约三十人被杀死，对于这次暴动负主要责任的其他三个人被放逐。——译者注

为平常的事情乃是,苏格拉底(他坚决地拥护法律)并没有遵守来自当局的命令。但是,如果说他并不认可三十僭主是一个合法政治权威,这种显然的不一致性就可以得到解释了。但更重要的是,为什么苏格拉底并没有对这一命令采取公开对抗的立场呢?为什么他不离开这一城邦以示抗议,从而加入抵抗民主的活动呢?①

同样,苏格拉底也可以再次回答说,他活着较之于死亡可以更多地行善。显然,他无论如何都并不能阻止处决勒翁,而就神明赋予他要像牛虻那样刺激与提升雅典人的使命来说,加入抵抗活动就太冒险了。但是这些都不太可信。智识平平者会接受一种直截了当的观点,即真正道德的英雄应当英勇地关注他人,坚持信念慷慨赴死。这是我们在类似于耶稣基督以及马丁·路德·金(Martin Luther King)这些英雄那里所看到的。事实上,苏格拉底在萨拉米的勒翁事件中的立场太过于看顾自己的道德之善了。或者更厚道地说,苏格拉底没有遵从僭主的命令,已采取了相当勇敢的立场,但是他并没有表现得像凛然大义的英雄,而无论是柏拉图还是色诺芬都宣称他有这样的地位。

我们也可以从同样的角度考虑苏格拉底对于雅典帝国的态度。雅典帝国的臣民由于纳贡要求,由于被雅典干涉内政,因而感觉到承担了不公平的负担(参见第五章)。雅典人自己可能也曾认识并担忧他们的帝国(至少在某种程度上)是专横和不义的。可是,人们经常说起苏格拉底在参与雅典的对外战争时表现得勇敢和爱国。他自己显然认为这种服务表明了他的勇气、荣誉感以及忠诚于雅典政府。雅典人可能认为他们的帝国是正义的,或者是必要的,或者两者兼而有之——苏格拉底可能也曾认同这一点。他同样可能认为他必须参战以保卫雅典。毕竟,雅典法律命令他去战斗,而他对这些法律有服从义务,除非他能说服民众改变这些法律。

然而在他叙述的萨拉米的勒翁这一插曲中,苏格拉底表明他极不愿伤害他人,在别的地方他也常常说明这一点。即使苏格拉底可以认为他是出于正义的理由,为保卫城邦而战斗,他也仍然必须面临一系列棘手的问题。我并不认为他曾这样做过。雅典的帝国主义是雅典人对于权力的占有欲与渴求的表现,难道苏格拉底的军事服务没有帮助雅典的这种帝国主义吗?他在战场上的服役,难道没有因此而刺激了他的同胞公民身上所有低级的本能吗?而他自己终其一身都在反对这种本能。他冒着生命危险去增强雅典帝国的力

---

① 对于这些问题的一个有趣讨论,参见 G, Vlastos, "Epilogue: Socrates and Vietnam," in *Socratic Studies*, 127-133。

量，是否传递了一个错误的信号呢？因为这并不是关心外邦人或者他的同胞公民的灵魂的好方式。而反对伤害之更高法则当然会阻止他遵守有利于帝国主义的人类法律。

因为苏格拉底在伦理与智性的基础上对于民主进行的所有合理批评，所以，他也同样会由于没有能最大限度地践行其理念而受到批评。当然，雅典的陪审团并不是因为这一理由而判定他有罪，毋宁说他们的判决主要是因为公元前五世纪末期城邦中弥漫着的愤怒与猜疑的气氛。苏格拉底确实是个怪人，但他之所以被处决，是因为他是一个不合时宜的怪人。在伯罗奔尼撒战争末期，当时的人发现了苏格拉底对于克里提亚斯、阿尔喀比亚德以及其他一些应当受到严厉惩罚的人有着影响，所以在《回忆苏格拉底》（*Memorabilia*）中，色诺芬努力去淡化苏格拉底对于这些人所谓的"教导"。（参见文本 28 的记载。）

28. 雅典人啊，你们指控智者苏格拉底，是因为他被认为是破坏民主制的三十僭主之一的克里提亚斯的老师？（Aeschines 1.173）

当雅典人尚未被失败、苦难、瘟疫所困扰，也不曾为近来对 *nomos* 与 *phusis* 的再评价所引发的道德困境所困扰时，苏格拉底的同胞公民可能最多视其为一个可笑的人物，而不是一种威胁。雅典人应当为他们给予苏格拉底长期进行公开对话的自由而受到称赞。同样地，他们应当为处死这样一个终身遵守法律、致力提升其同胞的人（即使不是英雄）而受到指责。

第五章　帝国主义

帝国主义通常是作为一种现代特有的现象而被人们讨论。特别是马克思主义者，通常将帝国主义看作晚期资本主义的产物，有时也将帝国主义看作导致全球无产阶级起义爆发的阶段（cf. Lenin's *Imperialism: The Highest Stage of Captitalism*, 1916）。但是在这一章中，我们是基于帝国主义这一概念能够有效地适用于前资本主义社会这一前提，来讨论古代希腊的帝国主义理念。古代的讨论有助于将我们从现代严格的分析中解脱出来，将我们的注意力集中于人类的激情、政治的情境以及帝国主义的伦理后果这些问题。在此，公正分配问题与人品善恶的伦理评价依然是联系在一起的，它们都包含在什么样的政治体系能最好地维护帝国主义的更广泛的讨论之中。我们通常可以在古典时代末期，发现有关这一古代讨论最有启示性的视角。

1. 亚里士多德分析帝国主义

亚里士多德在他的一本晚期著作《政治学》（*Politics*）中警告，穷兵黩武的国家对于其他国家是一种威胁，对于其自身也是一种威胁。对于其他国家的威胁较容易理解，在亚里士多德看来，这主要是指奴役那些在本性上并不适合于被奴役的人——这样的行为会被认为是一种极度的不义。即使帝国主义者也会这么看，因为帝国主义者也要求被他人，特别是他们的同胞公民公平地对待。这样，从正义的视角来看，亚里士多德注意到在帝国主义当中有一种矛盾："大多数人似乎都认为，政治之术就是专制之术，那些涉及自己时被视为不义不利的事情，他们却可以毫无羞耻地加之于其他人，因为他们在自己人当中要求公正统治，但牵涉到其他人时，他们就把公正抛到了脑后。"（*Pol.*7.2.1324b32-6）亚里士多德震惊于雅典人缺乏公正，他们通常并不将施于自身的准则运用于其他人身上。而无论是古代还是现代大多数哲学的论述中，正义都要求公正无偏（impartiality），否则它就没有意义。

与帝国主义有关的一个不太引人注意的问题是，它威胁到国内政治的健康。帝国主义教导公民高度赞扬那些强取豪夺、最大限度地获得物质财富的品格（7.14.1333b5-29）。这就错误地满足了公民身上卑劣的激情，因而会让他们不去力行高贵的活动，比如和平地进行政治合作或者对真理进行哲学的沉思。在一种极端的情况中，对于公民欲望的这种引导会导致一种危险的信念，认为个体公民应当努力获得足够的权力来统治他们自己的城邦（7.14.1333b32-3）。公民看到了他们的城邦在国外的行动，会认为侵略行为是值得称赞的。因而他们开始相信在城邦内的侵犯而不是商谈才是政治的健康形式。这进而导致在国内政治中形成不义的等级制，甚至是僭主制，从而使得城邦不能保卫自身。公民之所以愿意保卫城邦，是因为他们受到城邦应有的尊重，而不是城邦强迫他们为僭主的利益而工作。

但是仍然存在着问题，即所有的城邦都需要保卫自身。他们必须进行有意义的文化动员，向公民们灌输爱国主义的自我牺牲是一件好事，维护城邦的勇气是一种主德。但是勇气自身在诸德性中是帝国主义式的，它倾向于否定正义与自制的主张，理由是：如果没有士兵英勇地保卫城邦，这些和平时的美德就会没有用武之地，或者没有存在的理由（raison d'etre）。如果放手让勇气自行其是的话，那它会压倒其他美德。将勇气与大多数国家自我扩张的倾向结合起来，那么结果一定是好斗的全体公民，他们会在自卫的名义之下发动扩张战争。简而言之，这解释了古代地中海地区城邦国家独特的侵略行动，特别是三个帝国主义巨头：斯巴达、雅典与罗马。这样一种意识形态也在马基雅维利的《论李维》（*Discourses*，1517年）对罗马共和国的独特重述中得到阐发。在帝国主义的城邦中，勇气成为公民最杰出（par excellence）的美德。举例来说，伊索克拉底（Isocrates）走得更远，甚至认为正因为诸神赞美雅典人天性勇敢，因而才带来（与波斯人的）战争，为的是让这种勇敢享有其应得的光荣（Isocr.4.84）。希腊人发现战争既能让人情绪激动，也能激发智慧。城邦在防卫力量上的文化投入，产出的副产品远远超出了国防。

但是当时很多人看到这种投入是毁灭性的，至少在其古典希腊形式上是如此。在本书的后面，我们会特别地分析柏拉图，他试图改造当时沉溺于勇气与帝国主义的政治，并建立他自己基于先验知识的乌托邦政治。现在我们只要指出，柏拉图与亚里士多德都承认希腊的帝国主义文化是一种问题。在《法义》中，柏拉图批评了斯巴达之类的国家将勇敢作为其至高美德，认为它的重要性按顺序应当排在第四（630d-631d）。作为一种"垫底的美德"，勇敢只有在追求其他更高级的美德，比如在追求正义之中才有意义。亚里士多德也发现斯巴达人，以及类似于他们的一些人，已经开始歪曲勇气，因为他们贬低了这一美德本身，而更看重从中产生的物质利益和荣誉。根据亚里士多德的观点，斯巴达帝国主义的巨大成功恰恰将他们的勇敢变成了邪恶。

这些古典时期后期对帝国主义的批判，主要关注帝国主义给希腊政治思想提出的两个基本问题。首先，为什么国家之间的侵犯会被称为不义的呢？又是如何称之为不义的呢？拿走合法地属于他人的东西是不义的，这是一种显然的答案，但是这一回答却必须让位于对希腊思想家在国际关系、国家间正义以及战争伦理等方面的看法的更深入的探讨。为了解决这些问题，我们必定不仅要讨论这些问题的伦理基础，而且也要考虑古代的思想家对于扩张主义的冲动最初为什么出现以及如何出现的观点。我们也会讨论帝国主义的自我辩护，这种辩护可能令人不安地过于"现代"。其次，帝国主义的影响是什么呢？柏拉图与亚里士多德认为帝国主义既表达了过多的欲望，也刺激了这种欲望。成功的帝国主义带来令人萎靡不振的奢侈、堕落和物质至上主义。因而，无论美德可能对于帝国主义事业有多大帮助，但是在达到帝国主义目标的过程中，美德立刻就变得面目全非，甚至是毁坏殆尽了。正如在内政分析中一样，在国际关系中，希腊政治思想家关注正义与美德，或者毋宁说，不义与邪恶，并且在外交政策与国内政治健康之间建立了有意义的联系。

2. 定义与历史

在这一章中，"帝国主义"指的是有步骤地并吞他人土地和支配他人的努力，试图在将来维持自身权力，并通过征服别国取得长期的利益。① 这一定义就排除了通常的突袭远征或者普通的征服。色诺芬想象中的波斯王居鲁士（Cyrus of Persia）认识到了这种区别。（文本1）

> 1. 我们丝毫不能懈怠，我们绝不能沉湎于生活的快乐之

---

① See further Harris, *War and Imperialism*, 4.

中。在我看来,建立起一个帝国虽然是十分重要的工作,但是,更为重要的是使其安定、安全。拿下这个帝国,仅仅依靠一时之勇就可能做到,但是要守住这个成果,离开了自我约束和自制,离开了不断的努力,那便绝无可能。(Cyrus,in Xenophon, *Cyropaedia*,7.5.76,cf.8.7.7)

帝国的权力可以采取多种方式显现出来:占领土地;强迫服兵役;交纳贡赋;干涉内政;否认自主的外交政策;驻防,等等。帝国主义之所以是一个用来批评他人的术语,关键在于帝国主义的臣民是被迫服从者,他们缺乏自我决定这一基本的利益;无论是在政治上、军事上还是在经济上都是如此。

这里有必要提及亚里士多德对于僭主与君主之间所作的区分,因为我们会发现在希腊思想中,帝国主义是僭主制的对外政策。亚里士多德认为君主是为了臣民的善,通过法律统治心甘情愿的臣民。然而僭主却是为了其自身的好处而非法地统治不情愿的臣民。(*Pol*.3.14.1285a16-29,5.10.1310b31-1311a8;cf.Isocr.8.91)君主为了他的臣民而公正、高贵并且卓有成效地进行统治,因为他们在美德上是杰出的;而僭主在各方面都正好相反。因为一些我们将要讨论的原因,臣民有时明确地用僭主的比喻来描述帝国主义者,而有时则是隐晦的。但是无论是明确的还是隐晦的,帝国主义国家的行为都类似于僭主,他们都为了自己的好处,不征得其臣民的同意就剥削他们。但是,如果我们意识到个人式统治者总是称自己是"君主",并自诩为真正的政治家,却仍然会被他们所压迫的人贴上"僭主"的标签,我们也就不必纠结于君主与僭主的术语分辨了。

"压迫"自身已经是一个批判口号。但是,确实还存在着一些模棱两可的情况,包括出于自利而对僭主制的否定,以及关于帝国剥削究竟有多重、可以有多重的争论。但是,臣民自己的视角是重要的,因为,他们的认同或者否认,乃是帝国主义(是否存在的)**极**为关键的标志。尽管一些人认为希腊术语"霸权(*hegemonia*)"而不是"帝国主义"更为适当些,无论过去与现在,唯一从这一意识形态标签中受益的,还是帝国主义者。对于希腊人来说,霸权包含着"领导权",因而它就可以用作自我服务的意识形态面具。[①] 希腊人并没有与"帝国主义"恰好相对应的母语词汇。他们词汇中

[①] 对于霸权及一些相关问题的有趣讨论,参见 J.Wickersham, *Hegemony and Greek Histotians* (London, Rowman and Littlefield,1994)。

与这种权力的运用相应的是 archê，它的本义是"首要的地位或者权力"，更直接地说就是"统治"。"帝国主义"作为一种标题词，其有用性在于它能包含以国家名义进行的各种形式的剥削，并侧重于维系权力和限制他人自由。这一坦率的评价性术语，无论它的意义怎样含混，正是我们所需要的。

在波斯战争刚刚爆发之前的一个时代，哲学家赫拉克利特写道："战争是万物之父，也是万物之王。它使一些人成为神，使一些人成为人，使一些人成为奴隶，使一些人成为自由人。"（DK，22 B 53）在接下来的两个世纪里，历史会以作者可能料想不到的方式来表明这一观点的正确性。① 因为在公元前 490 年代，波斯君主大流士（Darius）在马拉松平原与雅典人以及普拉提亚人（Plataeans）②作战，希腊人取得了胜利。他们的胜利使得大流士的儿子薛西斯（Xerxes）对希腊人发起了一场大规模的战役，而其高潮是希腊人在萨拉米（前 480）和普拉提亚（前 479）取得了对波斯人的胜利。最终在（前 466）攸利密顿（Eurymedon）战役之后，波斯人基本上被赶出了爱琴海地区。希腊人一开始就认识到这些交锋是关系到他们的人民能获得自由还是受到奴役的战斗。但是他们一定没有预见到这些战争中雅典领导权的后果。波斯战争导致了更多的战争，但这些却是在希腊国家共同体内部的战争。雅典人于公元前 478 年取得了对抗波斯的希腊同盟的领导权，但随后他们将其同盟转变成帝国臣民，这种状况一直持续到公元前五世纪末期（前 404）。这些臣民接着服从于斯巴达的帝国主义者，随后又服从于马其顿的腓力。东地中海人在古典时期看到了一系列帝国相继兴起。战争，特别是帝国主义战争已真正成了万物之父。每当战争出现时，当时的人们明白，他们到底是自由的还是被奴役的，此时悬于一线。

无论过去还是现在，人们很难为国家之间的伦理与法律建立一种坚实的基础。在现代国际关系理论中长期居主导地位的"现实主义"学派认为，道德、义务与正义对于分析国际事务来说，并不是有用的概念工具。作为"准个体（quasi-individuals）"而行动的国家，追求与当下"现实的权力格局"一致的自身利益。③ 这种现代的理念最早源自修昔底德的《伯罗奔尼撒战争史》，其中雅典的发言人认为，人的本性驱使国家寻求统治权，而诉诸正

---

① 对于这一残篇的解释，参见 Kirk, Raven, and Schofield, *Presocratic Philosophers*, 193-194.

② 普拉提亚是雅典的一个邻邦，波斯战争期间希腊联军在普拉提亚战役中取得了胜利。——译者注

③ Brown, "International Affairs," 515.

义是弱者最后的策略（Thuc.1.76）。现实主义，在修昔底德、马基雅维利和霍布斯的古典形式中，一般都明确保留这种对人性的悲观看法。甚至对于温和的现实主义者来说都是如此，他们认为道德，尽管值得考虑，但却是可以变动的：在极端的情况之下，或者在自卫的行动中，国家可以违背道德，尽管也许有些遗憾。①

虽然对外政策通常是基于这些审慎自利考虑，但是其他一些政治思想家主张我们对于我们边境之外的人们也负有责任。麻烦在于如何为这些责任提出正面的论证。这种论证可能基于一种全球正义原则的公正无偏性之上，或者基于尊重所有人作为人具有的特别"能力"这样一种世界主义理念之上，或者基于我们维持多元世界的秩序，或者维持适于人类居住的全球环境这一共同利益之上。②不过，对此处讨论最有启发的论证是将分配正义的（特别是罗尔斯）自由主义原则扩展到国际中的尝试。全球世界却让这些原则处于风险之中，因为这些原则本来是用以解释我们的一个直觉，即各个社会被视为了共同的善而成立的集体组织。但国家之间是否能以这种模式进行理解，就存在着很多疑问。古典时期的希腊人在讨论这些问题时提出了有意思的视角，因为他们认为自己在文化上是统一的，但在政治上却是分离的。这种将多样性结合在一个整体之中的局面，导致了在希腊世界和更广泛的爱琴海世界里，形成有关伦理、品格、人性、审慎和正义的新观点，甚至是引人瞩目的新观点。希腊思想家讨论的并不只是理想的国际关系，而且同样也讨论非理想化的世界、这种世界的毛病以及种种机会，后者甚至更为重要。他们之所以关注这些问题，是因为他们有一种不言而喻的信念，即战争是人类境况中的一个普遍特征，无论人们是否愿意相信它。（文本2）

> 2. 我们现在的所有训练，皆是为了战争，[625e] 我们的立法者规定这一切，在我看来，均着眼于战争。因此，立法者制定公餐很可能是因为，他发现一打起仗来，大家会因行动而被迫 [e5] 在那段时间一起用餐，以便防卫。我认为，立法者会谴责多数人的无知，他们没有认识到，他们一生都在与所有城邦进行一场永无休止的战争。(Cleinias, in Plato, *Laws* 625d7-e7)

---

① 参见以下有益的讨论：D.R. Mapel, "Realism and the Ethics of War and Peace," in Nardin, *Ehtics of War and Peace*, 54-77。
② Brown, "International Affairs" 有益地总结了这些论证，它们是在相当长的时间中在专家文献中发展起来，他还提供了一个很好的书目。有关能力，参见 M.C. Nussbaum, *Women and Human Development*。

对于他们来说，这是亲眼可见的事实。

毫无疑问，古代希腊人将自己看作一个"泛希腊的"共同体，由共享的宗教、语言及习俗而统一起来。（文本 3）

> 3. 要知道，世界上没有任何地方有那样多的黄金，有那样美好肥沃的土地，足以买动我们的欢心来站到波斯人的一方来奴役希腊。即便我们想这么做，那也有许多重要理由使我们不会这样做。首先和最主要的，是我们诸神的神像和神殿被烧掉和摧毁，因此我们必须尽力为他们复仇，哪里还能够和干出了这些勾当的人缔结协定？其次是，全体希腊人在血缘和语言方面是有亲属关系的，我们诸神的神殿和奉献牺牲的仪式是共通的，而我们的生活习惯也是相同的。雅典人如果背叛这一切，那是很不当的。（Hdt.8.144.1-2）

希腊人认可国家之间的交往与合作的规则。他们的精英通常与其他国家的精英有着"仪式化的友谊"（xenia）的较强联系。他们通常为了对付敌人而建立军事同盟。有时一些小的群体在族群血缘关系之上结合起来，比如爱奥尼亚人（Ionian）与爱奥尼亚人结盟，多利安人（Dorian）与多利安人结盟。但是这些不过是脆弱的同盟，当面临着更大的利益时，它们很可能瓦解。所有这些同盟的特征在希腊"国际政治"的奠基性文本《伊利亚特》中都可以看到。古风时代与古典时代同样尊重战争的仪式性"规则"，其中包含着正式宣战、不斩来使、为归还死者遗体而休战等等规则。将希腊人看作同一个共同体的成员，有着坚实的基础。

即使如此，虽然在个体与城邦之中一直存在着相似性，在国家间的行为中，古典希腊城邦通常并不认为他们自己应当受到城邦内部（intra-polis）的伦理标准制约。在城邦群体内部的人与城邦群体之外的人之间，有一条截然的界限。① 从荷马史诗时代开始一直是如此。荷马的英雄尽管至少在原则上认可国内明确的正义与自制规范，但他们从成功地袭击邻邦中获得了荣耀与声誉。梭伦同样也指责有些贵族对待其雅典同胞如同对待国外的敌人一样，但他敦促雅典人在恢复萨拉米属地上要"不顾廉耻"。同等地对待所有人的世界主义伦理只是在希腊的晚期才出现（参见第八章）。古典时代的希

---

① Balot, *GICA*, 58-98.

腊人接受了某种西塞罗（Cicero）①意义上的有限度的世界主义，不过稍有不同（Mutatis mutandis）。根据这种观点，我们对于我们的城邦有着特别的义务，与此同时，我们对于属于同一个"国家"的其他城邦有着较弱的义务，对于普遍人类则有着更弱一些的义务（De Officiis, I.50-58）。但是，在希腊人与希腊人称之为 barbaroi（野蛮人）的非希腊人之间，存在着难以逾越的界线。无论希腊人就此划出了何种界线，亚里士多德总是对的：公平无偏性通常并不是国家间伦理思想的一个部分。

3. 君主制帝国主义

自由与奴役、西方对抗东方、帝国的继起，这些都是希罗多德记载的波斯战争史的主题。正是通过转向历史文本的具体细节，我想我们可以最好地理解希腊思想对帝国主义的理解。就这一主题而言，必须用对历史细节的关注来规训相关的哲学思考。希罗多德在写作其历史时，承认其目的在于纪念希腊与波斯的光荣行为（1.1）。他在写作上继承了荷马纪念武士们军事上的丰功伟绩的传统。

但是对于战争的光荣的赞颂，也成就了战争作为万物之父的地位。战争显然可能让人上瘾。（文本4）

> 4.尽管他们先前对于这类事比别人更加小心，但他们（斯巴达人现在）却十分热衷于战争与冒险，结果对于他们的盟友或者恩人也不放手。（Isocrates 8.97）

近东诸王国发动战争、扩张以及夺取更多土地的压力特别强烈。希罗多德将个体的激情看作帝国主义的关键动机：前赴后继的诸君主，包括克罗索斯（Croesus）②、冈比西斯（Cambyses）③、大流士、薛西斯，还有其他一些

---

① 西塞罗，公元前106年1月3日—前43年12月7日。古罗马著名政治家、演说家、雄辩家、法学家和哲学家。出身于古罗马 Arpinum 的奴隶主骑士家庭，以善于雄辩而成为罗马政治舞台的显要人物。从事过律师工作，后进入政界。初始时期倾向于平民派，之后成为贵族派。公元前63年当选为执政官，在后三头政治联盟成立后被三头之一的政敌马克·安东尼派人杀害。——译者注
② 克罗索斯是吕底亚的君主，曾经征服过包括希腊在内的很多地方。——译者注
③ 波斯帝国君主。居鲁士的儿子，其父死后继位。公元前525年灭亡埃及，后国内发生起义，在返国途中暴卒。——译者注

人，都有着对于掠夺不可遏制的冲动。他们希望通过无穷的扩张获得财富、权力以及名誉。他们自己的自由，就在于对臣民的剥削，对更多土地的无穷掠夺。换言之，对于他们来说，自由就是自由专横地统治（事实上是奴隶的）臣民。这样描述波斯统治的方式，反映了希腊人的意识形态，但是它也包含着一定的真实性。尽管希罗多德并不是对于人性进行系统性建构的理论家，但是他的作品描绘了一幅引人关注、也令人不安的画面，说明了人们事实上如何行动，以及为什么这样行动。

希罗多德还分析了特定的文化价值、实践与制度如何刺激了个人的帝国主义激情。对于头脑复杂的希罗多德来说，他很难相信扩张主义者的动机能只是源于个人的欲望。不，他阐明帝国主义是一种文化现象。[①] 薛西斯在谋划对希腊的进攻时，指出了一位年轻君主面对其人民的历史时，可能经验到的压力。（文本 5）

> 5. 那么，居鲁士、冈比西斯和我的父亲大流士所取得的成就，他们所曾征服从而加到我们的国土上面来的那些民族，那是没有必要再列举给你们了；这一切是你们知道得非常清楚的。但是，就我而言，自从我登上王位以来，我就在想我怎样才能不致落在其他各位先人的后面，怎样才能为波斯帝国取得不比他们更差的威力。（Hdt.7.8.a）

薛西斯面对历史时的心态，栩栩如生地说明了国家精神风气是建立在叙述与历史记忆之上的，二者在恰当的（或者不当的）情形中，都会导致帝国主义侵略行为。在波斯，甚至在整个古代地中海地区，这种压力都受到男子气概（masculinity）理念的推动：君主，甚至是他们的部下，都要符合其文化中传统的"男子气概"及"勇气"的好斗形象（3.120，3.134），否则他们可能被视为孱弱、缺乏进取心的人。在这些野心勃勃的君主看来，哪怕是神，都会认同并推动帝国主义（7.8）。宗教鼓动战争并不只是中世纪的现象，这种战争产生于古代宗教与政治的紧密结合。

如果君主被迫进行扩张，那么仍然存在一个问题，即君主是否会成为好的帝国主义者。公元五世纪末期，《空气、水与地方》的希波克拉底派（Hippocratic）作者发现，人民由于臣服于僭主而变得衰弱，失去勇气。（文本 6）

---

① Balot, *GICA*, 99-108; Said, *Culture and Imeperialism*.

6. 只要人民并不是他们自己的主人,没有统治他们自己,而是处于僭主的统治之下,他们就没有理由为战争进行训练,而有充分理由不好战;因为对他们来说,二者相当不同:在僭主的统治之下,好战的人很可能被强迫为主人的利益而参加战争,去忍受困苦,在远离其孩子、妻子和其他亲人的地方孤独死去。不管他们有着多么高贵与勇敢的事迹,他们不过是为了其僭主攻城掠地,他们自己得到的只是危险与死亡(Hippocratic *Airs, Waters, Places*, 16.tr Gagarin/Woodruff)。

这种为希罗多德多次提及的观点(5.78),通常是与半种族主义的偏见结合在一起的。它认为可能是由于亚洲温和的气候,所以亚洲人生来是怯懦的。希罗多德对这一问题的态度是暧昧的:他描绘了居鲁士和大流士成功地扩展了波斯,也称赞了薛西斯精锐部队士兵的个人勇敢。但是他主要还是在指责波斯的部队,认为他们是因为害怕惩罚而战斗。在他看来,这让他们的帝国主义不大可能成功地扩展。根据希罗多德的观点,波斯人是在持续的监督下战斗的,有时是受到驱使而不得不走上战场。但希腊人是为自尊、为了荣誉、出于对自由的承诺、出于对公正法律的服从而战。① 这也是薛西斯为什么在温泉关发现,他的军队包含着"众多随从,但说真的,很少是真正的男子汉"。(Hdt.7.210)

因而希罗多德指出了(他所认为的)君主制固有的特征,由此认定君主不能够成为成功的帝国主义者。在他记载的所谓"体制辩论"中,他从一种理论的高度论证了这种理念。在这一争论中,波斯一个支持民众政府的人物欧塔涅斯批评了君主制,因为这一制度具有妒忌与傲慢的邪恶特征(3.80)。尽管这一争论被安排在波斯,但无疑反映了希腊的政治思想。欧塔涅斯说,妒忌产生于君主对他的臣民中杰出人才的恐惧,这导致他的臣民性格恶化。另一方面,傲慢则是由于占有过多的财富和其他好处而产生的(3.80)。君主在其终身任期中将这些邪恶品性发展到极致:绝对的权力至少会**趋向于**绝对的腐败。君主的品性,与他的政权在政治上的成功与军事上的强大有着紧密的关系。在色诺芬《居鲁士的教育》中,一个人不无深刻地指出,邪恶的

---

① See E.G, Millender, "*Nomos Despotês*: Spartan Obedience and Athenian Lawfulness in Fifth-Century Thought", in V.Gorman and E. Robinson (eds.), *Oikistes: Studies in Constitutions, Colonies, and Military Power in the Ancient World Offered in Honor of A.J. Graham* (Leiden, Brill, 2002), 33-59.

亚述王最恨的并不是冒犯他的人，而是那些看起来比他更好或者更有美德的人。因而他最终必定会造就邪恶且有缺陷的公民，他们越来越难以保卫君主或者他们自己（5.4.35-36）。

有关君主制虚弱本质的这种阐述，在其他的文本以及其他一些情形中可以找到类似的例子。举例来说，埃斯库罗斯的《波斯人》（前472）就是纪念希腊人杰出的理性与勇气的，认为这是他们在萨拉米取得胜利的基础。这部戏剧注意到了波斯人缺少言论自由，薛西斯蛮横鲁莽，以及波斯对外政策连连失败。这就将对君主性格的批评，提升到对君主制的系统批评。类似地，在公元前四世纪，德摩斯梯尼认为由少数人统治的"王朝"通常造就怯弱的公民，因为他们不能够公平地分配勇气所得到的奖赏，并从而不能像民主制那样，形成有效的社会羞辱（social shame）规范（60.25-27）。在另一处他说，马其顿的腓力将所有的帝国主义荣誉都归于自身，为朝廷中沉湎于声色犬马的谄媚者提供奖赏（2.15-20）。这使得他成为不那么成功的帝国主义者，这同时还因为，正如德摩斯梯尼所看到的，自由体制下的人们不太容易信任僭主所统治的邻国，因为它们通常是扩张主义者（1.5）。僭主不只是在他们自己的政体中造成了不满，而且同样也挑起了其他国家的敌意。伊索克拉底同样相信波斯人不可能具有男子汉的美德，因为普通公民被训练得奴颜婢膝，官员也不尊重平等或者爱国主义，每个人在君主面前都必须卑躬屈膝，这就使得波斯人奸诈和胆怯（4.150-152）。我们要注意到所有这些分析都试图用严格的因果性链条，将君主自身的性格、政体本身、君主制所产生的个体与社会的邪恶品性，以及君主在国际上造成自我孤立的倾向，紧密地联系起来。显然，这一分析很大程度上受到民主进行自我界定、确定自身优越性的努力的影响。如果民主派对于自由与平等价值的论证是有效的（参见第三章），那么僭主从内部阻碍了实现其帝国主义野心的看法，必然有着相当的正确性。

波斯人和其他"野蛮人"传统的负面形象，在很大程度上有助于解释公元前五世纪希腊人的政治的自我定位。但是这些传统的负面形象，与波斯人成功地扩展他们的帝国或者地中海政治中的长期霸权并不一致。因而，在公元前五世纪雅典帝国瓦解之后，政治思想家开始既从实用的立场，也从伦理的立场，重新评价君主制帝国主义的优点。根深蒂固的民主派，比如德摩斯梯尼，虽然继续仇视马其顿的腓力之类的君主，但是他们开始看到其效率，并且将其作为证据，以唤起同胞公民的恐惧与愤怒（文本7，cf.Dem.18.235）。

第五章 帝国主义

7. 因为腓力独自掌控所有的事情，无论是公开的还是秘密的，他同时是将军、统治者与司库，他自己也一直与他的部队共同战斗；这使他有一个显然的优势：他可以迅速地在恰当的时机采取军事行动。（Demosthenes 1.4）

还有其他人讨论了在开明君主领导下成功扩展帝国主义的可能性，这正是公元前460年色诺芬《居鲁士的教育》（*Cyropaedia*）的主题。在这里，以及其他地方，比如在《阿格西劳斯传》（*Agesilaus*）与《远征记》（*Anabasis*）中，色诺芬的主要兴趣在于领导，或者更为准确地说，就是什么类型的领导能够建立一个统治其他人的有效而稳定的政府（1.1.1-3）。他看到了政治生活中固有的不稳定性，因为"人们联合起来只是为了反抗那些他们认为可能会对他们形成统治的人"。（1.1.2）但是他认为居鲁士却是唯一的例外，因为居鲁士具有相应的知识与美德，他统治的都是自愿的臣民。我们可以推测色诺芬（以及下面我们将讨论的伊索克拉底）虚构出这样一个理想的统治者，主要是梦想在公元前四世纪混乱的希腊世界中维持一种稳定政治。（参见第四章与第六章。）

之所以成为一位成功的帝国主义者，是因为居鲁士首先发展了仁慈、善良（*philanthrôpia*）、勇气、自制和远见卓识的美德。色诺芬耐心地说明了每一种美德是如何有助于居鲁士征服大半个亚洲的。他首先说明了居鲁士在他自己的人民中建立了基地：居鲁士以极大的政治审慎，重新对他的祖籍波斯人进行了调整，降低了根深蒂固的等级制的重要性，增加了机会平等。① 甚至是普通波斯公民，都被给予了过去仅仅留给上层阶级的携带重装甲的机会——按照大众要求，决定在功绩的基础上进行奖励，分配荣誉（2.3.4-16）。居鲁士最有远见之处在于他认为，领导应当通过向其部下显示善意与友谊，比部下本身更好地理解他们的利益，才能最佳地激励他的部队（2.4.10）。

在从波斯人那里赢得准"共和式"支持之后，居鲁士通过军事征服扩大自己的统治，这是通过与亚述的变节者格布里亚（Gobryas）② 和伽达塔（Gadatas）③ 的巧妙外交，并通过让他的臣民获得在先前主人那里无法想

---

① 有关这些以及其他相关主题，参见 Gera, *Xenophon's Cyropaedia*, 163-164, 176-177; Nadon, *Xenophon's Prince*, 39-40,55-60 提出了一个更悲观的评估；还可参见 Tatum, *Xenophon's Imperial Fiction*。
② 格布里亚（Gobryas）是亚述的部落长老，与亚述王反目而加入了居鲁士的部队。——译者注
③ 伽达塔（Gadatas）是依附于亚述的邻邦君主，后与居鲁士结盟。——译者注

象的更全面的福利。他的自制,使得他与他的波斯人避免了由于自我放纵所带来的软弱与激情,并能对他的朋友与同伴进行恰当的奖赏(4.2.42-6;cf.1.6.45)。总之,对于建立与维护一个帝国,保持帝国的繁荣昌盛来说,他都是一个理想的统治者(8.7.7)。这种印象一直贯穿于整部著作之中。

即使如此,色诺芬请他的读者思考居鲁士的生命与遗产的局限性。这类怀疑最为可信的资料在这部著作的最后一卷(8.8)。在这一卷中,这位伟大的君主居鲁士死去之后,他的后继者争吵不休,古老的道德岌岌可危,帝国开始瓦解。尽管先前的评论家曾认为这最后一卷可能有残破,因为它与居鲁士临终情形看起来极为不和谐(8.7),更为合理地是将其理解为对君主制的成功及帝国主义提出的质疑。马基雅维利,一位色诺芬最细心的读者,提出了同样的问题:有美德的君主常常为逊色不少的儿子所继位,这样的王权常常会变成僭主政体。(*Discourses*,1.2;cf.Polybius 6.8-9)

但是色诺芬同样认为帝国主义本身在一定程度上也值得指责。甚至居鲁士都不能劝说巴比伦人(Babylonians)自愿地服从他。因而他不得不借助于不光彩的策略来维持他自己的权力,这就是培养由阉人组成的卫队,化装出行以显得更加威风,招募由间谍组成的真正部队以猎捕潜在的反叛者。而且,当居鲁士返回他的祖国波斯时,他聪明的父亲冈比西斯(Cambyses)表达了对于他会将其帝国主义的自我扩张对准波斯本身的担心。(文本8)

> 8. 但是你,居鲁士,如果你们凭现在的运气试图去统治波斯人,就像由于贪婪而统治世界其他部分一样,或者你们,我的子民,对他的权力感到嫉妒,想要去夺取他的权力的话,我保证你们会把很多好的东西都夺走。(Cambyes,in Xenophon, *Cyropaedia*,8.5.24)

他的观点对居鲁士并非为其自身的利益,而是为其他国家的利益而去统治这些国家的能力提出质疑。也许其潜在之意是,哪怕是最聪明、最有美德的君主,也只能通过帝国主义获得有限的好处,人性就是这样罢了。不仅是像居鲁士这样的君主不得不对付邪恶的臣民——这是马基雅维利称之为"实际上的人(men as they are)",而且他们不与神植入(包括王室在内的)所有人心中的不知餍足的欲望进行斗争(8.2.20)。①

---

① 参看冲突的评估:Nardon, *Xenophon's Prince*, 139-146 and Gera, *Xenophon's Gyropaedia*, 280-300。

伊索克拉底对于君主制帝国主义的前途有着非常不同的理解。他认为公元前四世纪希腊的麻烦可以通过泛希腊联盟对野蛮的波斯人进行东征得到解决，在其《泛希腊集会演说辞》（*Panegyricus*）中论述了有关雅典与斯巴达共同承担这项远征任务的领导权后，伊索克拉底又在《致腓力》（*Address to Philip*）（前346）一文中，总结说腓力会成为希腊最好的领袖。在这些著作中，他主要关注的是好领袖的品质，或者说在一个国际世界中，是什么使得对于领导权的主张是合理的（4.21-22，98-99）。我们要注意，他的任务与色诺芬是不同的，因为在希腊的世界中，与亚洲的世界刚好相反，孤家寡人的统治恰恰是可疑的，而不是公共繁荣的首要条件。伊索克拉底以一种广阔的视角来看待希腊的历史，认为个别"伟人"，比如阿尔喀比亚德、科农 [Conon]，狄奥尼修斯 [Dionysius]（5.58-65）、阿格西劳斯 [Agesilaus]（5.86-87）、赫拉克勒斯 [Heracles]（5.109-115）和阿伽门农（12.76-83），在改造希腊政治的过程中曾经起到过关键作用，因而现在也能起到这样的作用。

伊索克拉底意识到对这些人物的道德看法是众说纷纭的（即便宽容地看待他们）。但是他确信马其顿的腓力如果表现出对于所有希腊人的适当尊重，是能够与这些人的卓越与能力比肩的。这一判断是建立在腓力的祖先帕迪卡（Perdiccas）的事迹之上的，他正是在独具慧眼的真知灼见之上建立了马其顿王国：虽然希腊人不能容忍孤家寡人的统治者，但像马其顿之类的其他国家，离开了这样的统治者就不能实现繁荣（5.105-108）。因而要在国际政治上取得成功，腓力必须劝说希腊人停止相互攻击，迫使野蛮人服从于希腊的统治，言行应当彼此一致。如果腓力真正想获得成功，应当将他杰出的智慧与勇气、虔敬和忠诚结合起来。同样，考虑到腓力的儿子亚力山大的一生，我们会怀疑这些品质传递到下一代的可能性。亚历山大是取得极大成功的征服者，但是却是一位注定要失败的政治家（cf.Plutarch *Moralia* 207D 记载罗马皇帝奥古斯都 [Augustus] 时看到了这一点）。

显然伊索克拉底是从一种积极的眼光看待腓力征服波斯的可能性的。他写道，这可以使得腓力在"其灵魂中的品格、仁慈以及他友好对待希腊人的意愿上"与赫拉克勒斯相提并论（5.114）。伊索克拉底看到帝国主义可以给希腊人带来多种好处：解放伊奥尼亚的希腊人，恢复希腊的自尊，建立诸城邦，安置惹是生非的雇佣兵，保护希腊大陆的安全，证明腓力的荣誉，为过去的损失复仇。他同样也看到希腊的穷人也能够由劫掠波斯惊人的财富而得到安抚（他显然并不与其他人一样，担心财富的膨胀会败坏希腊人的性格，尽管他乐观主义的原因并不完全清楚）。换言之，伊索克拉底将帝国主义视为在希腊世界之中达到和平与和谐的一种资源。但是他几乎没有想要去（向我们）说明这样的政策可能对波斯人所造成的破坏。在某种程度上，这对于他来说没有问题，因为他想象未来的战争就是复仇战争：波斯人首先奴役了伊奥尼亚人，攻击了希腊人，毁坏了希腊的庙宇等等。但是更为深刻的是，伊索克拉底相信野蛮人自然会对其他人采用侵略与敌对的态度，而希腊人自然会基于根深蒂固的敌意，培养起对于波斯人持久的憎恶（4.157-159；cf.Dem.21.48-50）。这种自然的憎恶很容易受到宗教解释的影响，因而修辞上的鼓动就是必需的：（文本9）

> 9. 那些想与神保持良好关系的人，那些同样想维持其自身利益的人，他们想攻击谁呢？难道他们会不攻击那些既在本性上是他们的敌人，又是他们祖先敌人的人吗？而且他们能够获得大量的财富，至少能够保卫他们自己的财富。（Isocr.4.184）

4. 自然的优越？

这样，自然的差异，就是伊索克拉底为君主的扩张主义行径进行道德论证的基础。希腊人优越性的基本理念在古典文化中是广为流行的，因而毫无疑问，伊索克拉底相信他的论证会有说服力。[①] 比如柏拉图就认为，一些根本性的差别将希腊人与野蛮人区分开来，所以与野蛮人的军事冲突，完全有别于希腊共同体内部的冲突。（文本10）

> 10. 那么我们要说，当希腊人对野蛮人开战或者野蛮人对希腊人开战时，他们在本性上是敌人。因而他们之间的冲突必须称为战争。但是希腊人与希腊人打仗，我们就说他们在本性上仍是朋友，只不过在这种情况下希腊是病态的，是由于内讧而分裂，因而他们的冲突必须被称作内战。（Plato, *Republic* 470c5-d1）

阿里斯多芬将非希腊人表现为奴性、愚蠢、低等和可笑的形象。在欧

[①] 一个对基于希腊自然的优越性之上的传统希腊论证的介绍，参见 R. Kraut, *Aristotle* (Oxford, Oxford University Press, 2002), 290-295; Guthrie, *Sophists*, 155-163。

里庇得斯的《伊菲革涅亚在奥利斯》(*Iphigeneia at Aulis*，创作于公元前 405 年) 中，标题人物伊菲革涅亚坚持认为："母亲啊，雅典人统治野蛮人才是对的，而野蛮人统治雅典人却是不对的。因为野蛮人是奴隶，而雅典人却是自由人。"（1400-1401）这种态度是基于一种特别的自然理念，最终会导致一种自我证明的理念，即奴役波斯人不只对希腊人是好的，对波斯人也是好的。

这样的理念有助于形成亚里士多德"自然奴隶"的理论。其他希腊人通常并不明确提出亚里士多德的这种论证：为什么（优越的）希腊人要为（低贱的）波斯人的利益担心呢？也许是因为整个历史上大多数人都认识到了所有人类基本的相似性，如果希腊人要清楚地看待这一问题，就会感到羞愧。（文本 11）

> 11. 没有一物与他物的相像与同等，有如我们所有人相互之间那么相似。不仅如此，如果坏习惯和错误信仰还没有扭曲我们较弱的心灵，那么，没有一个人与其自我的相像，会赶得上所有人之间的相互相像。因此无论我们会怎样界定人，一个定义就足以定义所有人，这就充分证明了人与人之间没有类的差别。(Marcus, in Cicero, *Laws*.129.130)

总之，亚里士多德的论证就是，由于一些人（解读为波斯人）在本性上更适合于奴役，因为他们的智力低下，因而在一个（希腊）主人的理性监督之下，他们通常能够过上一种更为繁荣的人类生活（更多的讨论，参见第七章）。但是即使在古典时代，这样的态度也并非没有异议。比如在回顾先前有关奴役的诸多意见时，亚里士多德提到，有人认为奴役纯粹产生于习俗，比如法律与暴力，尤其是那些只是由于战败而沦为奴隶的。即便是亚里士多德也同意，至少在那些例子中，奴役是与自然（本性）相反的，因为找不出相应的自然差别来证明奴役战俘是正当的。在亚里士多德看来，这种错乱源于自然并没有能力在每一个例子中充分实现其目的。事实上，理性的希腊人可能会不恰当地变成奴隶。这并非是反对奴隶制本身，只是反对其不合法的应用。（参见第七章。）

对于政治思想史家来说，亚里士多德的反驳，使得一些重要的理论家的观点的存在更为可信，这些理论家不是从实践上，而是从原则上质疑了奴役的合理性。在智者阿尔基达马（Alcidamas，约公元前 370 年）仅存的一条残篇中,也可以看到作为他们观点的基础的"废奴主义"态度:"神将自由给予所有人,自然并没有将任何人创造为奴隶。"① 与之一致的情感出现在公元前五世纪安提丰《论真理》的残篇中,它强调了我们人类面对运气的共同脆弱性。(文本12)

  12. 我们敬佩和尊重我们邻邦的法律,但是对那些遥远的邦国的法律,我们既不敬佩也不尊重。在这样一点上,我们彼此对待的行为是野蛮的,虽然我们所有人的自然禀赋在一切方面都是平等的,我们都可能是[外邦人],也可能是希腊人。我们可以发现,每个人都天生具有人所必有的任何一种能力的特征。 在这些方面,我们没有一个人注定是一个希腊人,或者野蛮人。我们每个人都用自己的口鼻呼吸空气,我们在高兴时都会笑。(Antiphon *DK* 87B 44, tr Gagain/Woodruff)

  最后,智者吕科弗隆(Lycophron)注意到了与出身贵贱相关的"抽签式运气"(Aristotle fr.91 Rose)。② 这些有关出身的运气相关的观点,可能构成对奴隶制进行攻击的基础。古典时期的希腊人表达了普遍权利的基本思想,虽然并没有给出结论。

5. 有关雅典帝国主义的争论

  正如我们所见到的,希腊人对帝国主义的反思性考察,是从对近东王国的分析开始的,并且是直接地在与其他王国的联系中来思考的。除了三个地中海城邦,即斯巴达、雅典和罗马,在相当程度上推行了帝国主义之外,普通的希腊城邦并没有参与其中。在公元前六世纪末期到公元前五世纪希腊政治思想的形成时期,帝国主义是非希腊人(比如波斯人)对希腊人施加的。传统的希腊战争是边境战争,并不征服大片领土,少有对于外国领土的稳定管理。因而帝国主义一开始被说成是专制君主的特征。正如我们会看到的,只是在古典时期之后,雅典将强大的海军与极端的民主结合起来才具有帝国

---

① Tr.Garnsey, *Ideas*, 75.
② See Guthrie, *Sophists*, 152-155 at 153-154; Garnrsey, *Ideas*, 75-78.

主义的特征。① 值得注意的是，希腊人之所以能全面丰富地思考帝国主义，是因为它对于希腊世界来说完全是陌生的。它是外来者带来的东西，而不是一个城邦自己所从事的东西。相形之下，当涉及的是他们文化中早就包含着的实践或者理念时，比如奴役制度，古典时期的雅典人就并没有太多的思考。

但是无论在希腊人的观点中对野蛮人的奴役有着多大的争议，至少他们在原则上是反对奴役其他希腊人的。因而对希腊共同体内部帝国主义的考察，可以使我们更接近于现代对于帝国主义与国际关系的讨论。在承认相互彼此责任的国家间，是什么样的（如果有的话）法律与伦理规则主导着它们之间的关系呢？通常对于这些问题的讨论是回顾性的。它们提供了对帝国主义事后性的（ex post facto）证明，其中心是解放（liberation）的理念、为他人带来文明或者启蒙，防止外来者的入侵，以及（再次）对于统治的自然权利或规律。举例来说，斯巴达人曾大言不惭地说他们攻击雅典帝国，是为解放希腊人。但是他们随后自己建立了一个严酷的帝国。更为重要的是，希罗多德说明希腊的第一个大型的"内部（internal）"帝国，即公元前五世纪的雅典，是希腊人对抗波斯人侵略的结果。尽管希罗多德赞扬了雅典人在波斯战争期间的自我牺牲、领导、勇气以及对希腊自由的贡献，但是希罗多德认为当波斯人的威胁结束之后，雅典人就图谋从斯巴达人那里篡夺军事指挥权（8.3）。在整个公元前五世纪，雅典人利用了其具有美誉的领导经历，来证明其在希腊境内推行帝国主义的合理性。

希罗多德是有记录以来首个对雅典的帝国主义进行批判的思想家。② 在他批评雅典人篡权专断不久之前，他还称赞过雅典人放弃了在海上领导希腊的主张。因为"内战比一致的对外战争更加可怕，正如战争之不如和平。他们懂得了这样一点，故而他们便让步并放弃了自己的要求"。(8.3) 这种"泛希腊"的观点给希罗多德提供了一个框架，将雅典与其他希腊国家的关系，表现为类似于城邦之内的公民关系。对于希罗多德来说，帝国主义的雅典是东方帝国主义的后继者。但是因为雅典先前给希腊人带来了很多好处，也因为它义正词严地拒绝过波斯式统治诱惑，牢记希腊人之间的亲情，解放所有希腊人，所以更容易受到批评（c.f.8.144）。在希罗多德看来，正义主要

---

① 有关希腊世界帝国主义的新奇性，见 Raaflaub, *Discovery of Freedom,* 118-128；特别是其中第122-126页中对伯罗奔尼撒联盟的霸权问题，雅典帝国主义与斯巴达帝国主义态度的不同。也许值得注意的是，斯巴达在公元前八世纪吞并麦西尼亚中具有扩张取向的帝国主义的先例。

② Balot, *GICA,* 114-135.

在于满足自己的善,并不贪得无厌觊觎他人的善。因而对于雅典来说,从其他希腊人那里索取贡税,既是不义的,也有些近乎背信(cf.42)。这也是极度的鲁莽,因为希罗多德认为城邦与王国都有着有规律的代谢兴衰,繁荣总不会持续太久(1.5)。因而一个原本为波斯人降下的神谕,也同样不祥地适用于雅典人:"洞察一切的正义女神(Dikê)会战胜傲慢女神(Hubris)的孩子,即极度的贪婪(Koros)。"(8.77)在希罗多德的叙述中,这种宗教性的预言的理解既基于历史事实,也基于希罗多德所理解的人性。

希罗多德说明了东方的专制主义导致了不成功的帝国主义。但是具有讽刺意味的是,波斯文化同样将帝国主义作为君主成就的象征而加以鼓励。将这些解释放在一起,说明东方的专制主义内在地具有自我毁灭性。相比之下,雅典的民主造就了能够推行帝国主义的勇敢公民。但是在希罗多德重构的历史中,雅典人受制于他们自己领导人的性格缺陷。如果普通的雅典人没有忽视他们自己真正的利益,这本来不会发生。希罗多德对于忒米斯托克勒斯(Themistocles)的叙述十分明确地表现出这些观点。忒米斯托克勒斯是萨拉米战役中一位卓越、精力旺盛并且成功的领袖,在公元前479年希腊取得胜利之后,忒米斯托克勒斯就露出了他的真实面目。他利用对希腊舰队的指挥权,向一些小的希腊岛国勒索钱财(8.111-112)。希罗多德说他一向贪婪,想要得到更多的钱财(8.112)。但是雅典人追随他以及其他一些贪得无厌的人,因为他们很容易被欺骗(1.60,5.97),也因为他们如同他们的领袖(6.125)一样喜欢钱(6.132)。不幸的是,这是米尔提亚戴斯在马拉松战役之前给卡里马科斯(Callimachus)①的规劝的真正与最终的意义,虽然可能是无意识的②:(文本13)

> 13.卡里马科斯,今天是在两件事情当中任凭你来选择的日子,或者是你使雅典人都变为奴隶,或者是你使雅典人都获得自由,从而使人们在千秋万世之后永远怀念着你,甚至连哈尔莫迪乌斯与阿里斯托盖通都比不上你……现在这一切都关系到你,一切都在于

---

① 卡里马科斯,是马拉松战役的总指挥。——译者注
② 在马拉松战役之前,因为波斯军队人数众多,雅典的十位将军对于是否参加作战相持不下。在十位将军之外,还有一个人也有投票权,这就是抽签选出担任波列玛尔科斯的那个雅典人(原来根据当时雅典的习惯,波列玛尔科斯和将领们是有同样的投票权的),而这时的波列玛尔科斯就是阿披ese纳伊区的卡里马科斯。将领们的意见有分歧,且错误的意见有占上风的趋势,于是米尔提亚戴斯就到这个人那里去劝说他支持雅典参加。后来卡里马科斯投票赞成参战,雅典人最终取得了胜利。——译者注

你了。因为如果你同意我的提议，你就可以使你的国家得到自由，使你的城市成为希腊的第一。（Hdt.6.109）

对于雅典人来说，成为第一和得到自由就意味着取得统治其他希腊人的权力，并且运用这种权力。

在进行这种论证时，希罗多德采用了他自己讲的故事中某些被废黜君主的"聪明警告者（wise warner）"的立场，比如克罗索斯（Croesus）[①]，他是"通过痛苦而得到教训"的。[②]这样，希罗多德并没有描述雅典的衰落（事实上在公元前420年代他写作的时候，雅典并没有衰落），而是巧妙分析和谴责了雅典的国内政策与对外政策选择。对于希罗多德来说，雅典人过分的欲望既鲁莽也不义，因为作为帝国主义后果之一的奢靡，会使得沉迷于其快乐的那些人丧失战斗力。正如在这部著作的结尾居鲁士所解释的，自我放纵让人成为臣民而不是统治者：（文本框14）

14. 居鲁士说，温和的土地产生孱弱的人物：极其优良的作物和勇武的护卫者不是从同一块土地上产生出来的。波斯人认可这一点，就离开了，听从了居鲁士的正确判断；他们宁可住在崎岖的山区做统治者，而不愿住在丰饶的耕地上做奴隶。（Hdt.9.122）

但是希罗多德对雅典帝国主义的批评还不止步于此，他进一步让雅典的梭伦对可能的帝国主义者提出道德建议。当富有的克罗索斯让梭伦说出地球上最幸福的人时，梭伦说是（并不著名的）雅典人特勒斯（Tellus），他有着够用的财富，生活在一个繁荣的城邦，有一群健康的子孙，也有着足够的勇气为城邦赴死（1.30）。基于这样的考虑，梭伦建议克罗索斯考虑一下整个生命何所求，怎样获得与人类——而不是神、动物与僭主，或者贪婪的帝国主义者——的地位适合的善。对于希罗多德来说，这正是雅典人的问题：他

[①] 希罗多德在记述雅典的立法者梭伦和东方君主吕底亚君主克罗索斯对话。当时吕底亚是最富有的国家，克罗索斯向梭伦炫耀自己的财富，并问梭伦谁是世界最幸福的人。梭伦举出的两个最幸福的人，都是希腊人。克罗索斯火了：难道我拥有的一切都不算数？梭伦意味深长地说：你还没有到你人生的尽头，我怎么可以下结论？梭伦的话，不仅预言了克罗索斯的个人命运（他不久就成为别人的阶下囚），而且也预言了他所代表的制度的命运：专制会一时聚敛财富，但其繁荣不可长久。——译者注

[②] J.L. Moles, "Herodotus Warns the Athenians," *Papers of the Leeds International Latin Sminar 9* (1996), 259-284.

们缺少对于幸福美好的人类生活的基本要素的理解,哪怕他们在帝国主义扩张上获得了成功。① 这种批评在柏拉图的《高尔吉亚篇》中得到了极大的发展。

那么雅典人该怎样为他们辩护呢? 没有现代的思想家会论证帝国主义的合理性,但是雅典人的观点,和现代修辞与政策分析令人不安地一致,尽管并非与现代政治哲学一致。在整个公元前五世纪里,希腊人试图利用对波斯战争的记忆为他们的帝国主义利益服务。他们经常为了对抗斯巴达与科林斯这些城邦的竞争主张,而找出历史的根据(Hdt.70139; Isocr.4.98)。事实上,雅典的传统认为,所谓"勇敢的斯巴达人"愚蠢并且恐惧,想将伯罗奔尼撒置身于波斯战争之外,但这对于他们自己以及其他希腊人来说都会引起灾难(Isocr.12.51; 4.93; Lys.2.44-6)。虽然众所周知,斯巴达人最终帮助了雅典人,但这同样也是出于恐惧(Thuc.1.74),并且是在雅典人做出榜样的羞愧之下被迫进行的(Isocr.5.97)。这些论证有着历史的真实性,但是雅典人发现其希腊同胞迟迟不能接受他们从这些史实中得出的结论。

雅典人的结论是,在波斯战争之后雅典人保持其对于希腊的"领导权"是合理的。这样领导权的动因来自何处呢? 在早期,对于波斯人的复仇,或者说领导一个对波斯进行的泛希腊东征圣战是一个可信的动因。无论哪种方式,雅典人都可以不用欺压他人而保持其领导权。在这种情形之下结盟的语言更具有说服力。但到了公元前五世纪最后二十五年里,雅典人已经不再受人欢迎,抵抗雅典的帝国主义的行动已经成为一个普遍现象。(文本 15)

> 15. 在引发叛乱的各种原因中,主要原因都是缴纳贡金或提供舰船的数目不足,或是拒绝服役。因为雅典人横征暴敛,对那些不习惯于而且也不愿意为雅典人受苦的人施以暴力,因而令同盟国苦不堪言。在其他方面,雅典人已不再像起初那样是得人心的统治者;雅典人已经不再以同等力量投入战场,所以相应地就容易强迫任何想脱离同盟的盟邦回到同盟来。(Thuc.1.99.1-2)

举例来说,在伯罗奔尼撒战争期间,斯巴达人成功地利用了"自由"与"解放"作为口号,鼓励盟邦退出雅典帝国,激发起他们对斯巴达的忠诚。雅典的盟邦臣民诉诸自由以及斯巴达人男子气概的理念,请求斯巴达人的帮助(Thuc.3.13)。修昔底德描绘了雅典一个强大的臣属之邦的公民即米提利

---

① Cf. B.King, "Wisdom and Happiness in Herodotus' Histories" (PhD, Princeton University, 1997).

尼人（Mytilenians），用以强调不平等问题：在修昔底德笔下的一次演说中，米提利尼人分析了雅典的欺压行径，将其视为对盟邦之间应当维持的平等的侵犯（Thuc.9-14）。米提利尼人看到雅典人奴役别的"同盟国"之后，担心起自己的独立问题，因为雅典人成功地以贡赋增强了他们自己的力量，破坏了同盟国之间的忠诚，并抱怨米提利尼享有的平等地位（Thuc.3.11）。修昔底德对米提利尼人的关注进行了理论分析，但是他对于雅典批判的视角，毫无疑问是许多臣属的国家都共有的。显然雅典人并不是为了被统治者的好处而进行统治的领导者，也没有得到他们的认可。

奇怪的是，如此憎恶雅典人统治的，首先是同盟国家的精英而不是大众。"老寡头"说到雅典人是靠安插民主党人在他们臣属的国家中而获得同盟时，也说道：（文本 16）

16. 关于同盟者，他们航行出去，控告他们；他们憎恨贵族，因为他们认识到统治者应受被统治者的憎恨，假如在同盟国城邦中富人和贵族强大起来，雅典平民的帝国就维持不了多长。因此他们剥夺贵族们的公民权，夺取他们的财产，放逐、杀害他们。但对下层"暴民"，却加强他们的力量。（Old Oligarch 1.14）

让我们再看看当时人们对于这种策略的反响。可能真实的是，雅典臣属国家的大多数公民希望和平、秩序与民主，这样他们愿意放弃政治的自主性，交纳贡赋来获得这些好处。而且雅典人在西西里军事远征失败（前413）过程中，一直有些同盟国对雅典不离不弃。但是即使帝国受到一定程度的欢迎，但是雅典四处勒索自肥而损害其臣属之民，并且沉迷于权力难以抵抗的快乐，在道德上仍然是受到非议的。这也是为什么在公元前四世纪雅典人重建"霸权"时，他们订立了一个盟约，清楚地说明它区别于公元前五世纪的帝国之处就在于给予同盟以自主权以及财产权（378/7 BC）。①（文本 17）

17. 让人民来投票：任何希腊人，或者生活在大陆的野蛮人，或者那些岛民，只要他们并非臣服于（波斯）君主的，如果他们希望成为雅典人的同盟或者其同盟的同盟，就应当允许他们这么做，

---

① 有关希腊帝国是否曾广受欢迎的棘手问题，参见 Samons 的 *Athenian Democracy*, 241-279，包括其导言、收集的文本及论文。

同时还保持自由与自治,在他们希望的任何制度下生活。他们用不着接受驻军,也不用交纳贡赋,其缔盟条件与基奥斯人(Chians)和底比斯人(Thebans)以及其他盟友相同。("Cherter of the Second Athenian Confederacy", Harding 35= IG II 243, tr. P. Harding, *From the end of the Peloponnesian War to the battle of Ipsus*, Cambridge, 1985)

从政治思想的角度来看,在雅典的帝国主义中有两个问题:不义与不智。

显然,雅典的臣民更关注的是他们认为自己正遭受着的不义。"不公平"的呼声必定曾是臣属国家演说中一个共同特征。这有助于理解雅典人为何一再想证明他们自身的合理性,一再想保证他们自己走的是正道。同盟的抱怨显然是出于对正义与平等的关注。正如我们所看到的,希腊的正义观在本质上依赖于平等的理念:正义意味着平等的东西,即物质利益、荣誉和尊重必须分配给平等的人们。不义问题的产生是与雅典帝国发展的道路相关的。雅典人将其自身作为对抗波斯的泛希腊同盟的领袖,换言之,就是作为为了获得明确的、得到公共认可,并且有着共享的公共善而建立起来的自愿性联盟的领袖。他们以及其同盟,将雅典对希腊的领导权类比为城邦内个人对其公民同胞的领导。这一类比使得米提利尼人对于平等的诉求有了意义,并且可能对雅典帝国主义者自身有些制约(Thuc.1.77)。但有趣的是,这种泛希腊的语言会回过头来困扰雅典人,当雅典人越来越公开地成为帝国主义者时,他们侵犯了同盟内部(至少在理论上)存在过的平等。因而雅典人明显的不义招致了批评,这一批评运用了反对奴隶制的语言。

由于公元前五世纪的时候雅典流传下来的演说甚少,雅典人对这些指责的反应我们所知有限,当时的雅典帝国正在扩张与防卫,雅典人越来越担心在伯罗奔尼撒战争期间失去权力。至少在雅典,政客与演说家都公开地将雅典对于其他人的统治看作是正义的,因而并没有多少余地来公开批判雅典对外政策的一般目标。我们现存的公元前五世纪的文献资源,主要是修昔底德、阿里斯多芬以及老寡头的作品,大多把雅典人描述为总体上认为他们应当进行统治,其他希腊人会从他们的领导中得到好处,并且雅典人是因为害怕他人而不得不统治。①

公元前四世纪的文献提供了雅典帝国主义进行自我论证的一些细节。公元前390年吕西阿斯(Lysias)所作的葬礼演说,让我们得以一瞥公元前四

---

① 与此及其他一些相关的主题,参见 Raaflaub, *Discovery of Freedom*, 166-181。

第五章 帝国主义

世纪雅典大众进行的合法性自我论证。特别是，这一葬礼演说，以及可能受到它影响的文本，说明了在雅典民众中流行的论证形式。这种论证方式经久不衰，顽强存在（cf.Isocr.4.74）。当然，吕西阿斯以及伊索克拉底在其演说与政治小册子中都有着他们自己特别的、带有时代特征的兴趣。正如我们在第三章的"证据与资料"一节中所看到的，我们可以运用公元前四世纪有关民主意识形态的相对可靠的资料，将民主思想的脉络回溯到更成问题的公元前五世纪的资料中，比如修昔底德那里。① 这是一种可行的方法，但是我们必须注意到修昔底德自己的文本、意识形态以及其教导的目的，也出现在他所描绘的演说中。除了找出并分析雅典人对帝国主义的自我证明之外，我们同样要注意修昔底德自己对于这些问题的表现方式。

吕西阿斯可能写于公元前490年的《葬礼演说》，对于我们此处的讨论来说是一个关键的文本。吕西阿斯在这篇演说中的表现方式，基本上与其他已知的这类演说是一致的。② 在这种场合中，演说家进行的演说，通常是以讲述雅典的神话开始的，然后转而对更加切近的历史事件进行理想化的描述，同时也表现出城邦的正义、慷慨、对于弱者的同情、希腊人明智审慎的领导等等。这一城邦"历史"的高潮在于称赞那些近来在战场上捐躯的人，特别是赞扬了他们的生活方式符合其祖先表现出的理想。作为一种体裁，葬礼演说对于城邦来说，提供了一个极好的有关政治美德的德目表，显然这旨在对活着的人进行一场教育。

吕西阿斯详细地说明了波斯战争期间，雅典人在希腊人战胜波斯人中发挥了独特作用的主张，在一个经常就胜利的功绩归属发生争执的世界中，雅典的爱国主义者不得不强调这一点（cf.Hdt.7.139）。相比之下，他批评了伯罗奔尼撒人的懦弱决策——他们在波斯入侵的最后时刻退缩回他们的本土（2.44-46）。这种对波斯战争的"雅典中心主义（Athenocentric）"历史观，有助于雅典人说明他们在公元前五世纪有资格"领导"其他希腊人。接下来就夸张歌颂雅典帝国。雅典人拯救了其同盟，让他们免于内部冲突，使他们在城邦内平等地生活，而不是作为富人的奴隶（Lys.2.55-56）。这样，雅典人通过其帝国主义，将其同盟放到了一个更加公平与稳定的基础之上。波斯君主看到，在雅典的领导之下希腊的力量凝聚起来，就让出了他的一些土地。雅典人保护与领导了其他希腊人［人们也可以在柏拉图的《墨涅克塞诺斯篇》（Menenenus）讽刺性的葬礼演说中看到这些标准的观点］。吕西阿斯

---

① 这一方法已被有效地得到运用，参见 Raaflaub, *Discovery of Freedom* and Ober, *MEDA*。
② Loraux, *Invention* 最好地讨论了《葬礼演说》这类笔法。

说，雅典人在阿戈斯波塔米（Aegospotami）海战（前405）中的失败，最终使得波斯人征服了很多希腊城邦，并且使整个希腊处于恐惧与奴役的状态之中（2.58-60）。而在雅典人的主导下，希腊的处境更好。

在其他公元前四世纪的葬礼演说中，故事都差不多。举例来说，在波斯战争之后，德摩斯梯尼在公元前338年的葬礼演说中说道，雅典人阻止了其他希腊人表现出 pleonexia——一种与贪婪、自我膨胀以及不义相关的恶。他说雅典人经常站在正义的一面战斗，为了希腊的利益而不惜牺牲自己的生命（60.11）。在别的地方，德摩斯梯尼也多次提到，雅典人在本性上不适合去追求 pleonexia，毋宁说，他们通常习惯于防止帝国主义者威胁他人的自由（8.41-42）。这些观点是令人吃惊的，因为在公元前五世纪，pleonexia 是通常用来批判雅典帝国主义的一个术语。显然，公元前四世纪的雅典人对于其推行帝国主义的批判是敏感的，他们尽可能地说明其帝国主义的合理性，避免在伦理上受到任何对其领导权的批判。

在伊索克拉底的《泛希腊集会演说辞》（Panegyricus）[①]、《泛雅典娜集会辞》（Panathenaicus）中，这些理念得到了无比详细的阐述。这都是公元前四世纪为精英读者群写作的政治小册子，尽管它们似乎包括了各种雅典公民可能广泛认同的很多感受。在这些作品中，伊索克拉底赞颂了雅典文明化的力量，它建立了民主制，保障了希腊的安全并促进了希腊的繁荣：（文本18）

> 18. 他们对我们带来的益处只要稍微想想就明白，他们回报时充满感激的话，就对了。因为我们接管了他们的城邦——其中一些已完全为蛮子所毁坏，其他也遭到劫掠。我们领导他们的方式是，尽管他们给予了我们少许财产，但是他们留下的却丝毫不亚于那些根本不交贡赋的伯罗奔尼撒人。（Iscocr.12.69）

根据伊索克拉底的观点，雅典人想成为军事的领袖而不是僭主（5.80），他们给予其同盟以自由，鼓励他们的发展与繁荣；雅典人在各国建立了民主体制，为了自卫而创立殖民地（5.103-107；cf.12.48,53,67）等等。但是色诺芬不无愉快地提及，在公元前405年，雅典帝国行将没落时，雅典人"认为

[①] 公元前380年，伊索克拉底在奥林匹亚集会上发表《泛希腊集会演说辞》。这是他最著名的演说，正是这篇演说使作者在古希腊世界有了巨大名声。伊索克拉底是古代雅典著名的雄辩家。在其经历的将近一个世纪的生命历程中他见证了希腊城邦由盛而衰的历史，因此，这篇演说辞史料价值巨大。——译者注

自己别无选择，势必要遭受他们以前施加给其他希腊人身上的那些痛苦。他们之所以虐待这些小城邦的人民，并不是为了报复他们，只是出于傲慢，只是因为他们是斯巴达人的同盟"。(*Hellenica*.2.2.10) 在阅读过修昔底德所描述的米洛斯对话后，人们可能会赞同色诺芬的观点。

  在这一背景之下，我们就能更好地理解修昔底德所描述的雅典的自我论证。在修昔底德的文本中，比我们在公元前四世纪的葬礼演说和相关性著作中看到的形势更加混乱。比如说在雅典国内就帝国主义相关的对话中，修昔底德的文本反映，雅典的有识之士似乎曾认识到帝国主义在道德上的困境，不过又借助雅典人的成就、光荣以及幸福来掩盖。举例来说，在修昔底德所记载的演说中，伯里克利承认建立一个帝国可能是不义的，但是他认为雅典人如果想放弃其帝国，就可能会让自己处于险境之中。(2.63.2) 他同样宣称："我们勇敢无畏地攻入每一片海洋，进入每一块陆地；我们在各地所造成的不幸，或所布施的恩德，都为后世留下了不朽的纪念。"(Thuc.2.41.4) 修昔底德笔下的伯里克利公开承认了雅典帝国主义的道德困境，但历史上的伯里克利不大可能公开承认这种困境。然而，雅典人很可能认识到了与帝国主义相伴的道德问题，因为他们持续不断地感到需要对其帝国主义的合法性进行确认（cf.Iscocr.4.100）。①

  我们可以从修昔底德描述的雅典人在国外的演说，来更多地理解他们这种自我确证的努力。② 修昔底德记载了在战争爆发之前雅典人在斯巴达所作的一次演说（1.73-78）。雅典的使团说，他们的目的并不是说明自己的合理性，而是让斯巴达人在进行一场可能是不必要的战争之前仔细地思考。但是这一演说的确充满了合理性自我论证，我们可以从中发现许多公元前四世纪所熟悉的修辞术立场。使者们回顾了在波斯战争期间雅典人的领导与勇气，并且也主张雅典为希腊的胜利起到了主要的作用（1.73-74），他们同样也报告了他们的"同盟"曾自愿地选择他们为领袖，而斯巴达人却拒绝帮助其同胞的希腊人结束对抗波斯人的战争（1.75; cf.Isocr.4.72）。正如我们在公元前四世纪所看到的那样，这些都是雅典人的自我论证主题中的通常基调。雅典人还强调了他们给他人带来的好处、他们相对的节制，以及因此他们应该拥有统治权:（文本 19）

  19. 我们的所作所为不足为怪，与人类的普遍习俗也没有相悖

---

① Raaflaub, *Discovery of Freedom*, 168.
② 对这些观点更多的看法，参见 Raaflaub, *Discovery of Freedom*, 166-181.

之处；如果我们确实接受了一个奉献给我们的帝国，而且不肯放弃它的话，那是由于三个最强有力的动机所驱使，即：恐惧、荣誉和利益。我们也不是首创这个先例的。因为弱者应当臣服于强者，这一直就是一条普遍的法则。同时，我们相信我们自己是无愧于这种地位的，而且迄今为止你们也是这样认为的。当你们考虑到利益的时候，才开始高喊正义的口号——当人们有机会以武力获取更多利益之时，没有人会因为这种考虑而放弃其雄心。（Thuc.1.76）

人们可能会怀疑当一支舰队驻扎在港口威逼时，怎么会有自愿的选择。但是帝国主义者通常强调他们"领导"的必要性（cf.Xen.*Cyropaedia* 1.1.3-4, Lys.2.47; Isocr.4.71-2,4.99-100）。最终雅典人强调他们相对于斯巴达人较为温和，因为他们建立了公正的陪审员法庭来听证涉及同盟者与雅典人纷争的案件（Thuc.1.76-77; cf.Isocr.12.56-77）。有理由相信，公元前五世纪的雅典人已经发展了这样一套自我论证的套路。有关这一点的一个证据就是，公元前五世纪雅典的悲剧充满了这样的场景：雅典人给其他不太人道的城邦带去了正义、启蒙和文明（有关公元前四世纪类似主题的处理，见 *Menexenus* 244e）。

将雅典人作为我们现代民主修辞（rhetoric）的一面镜子来看，似乎十分具有吸引力。如果雅典人的扬扬自得显然看起来让人反感，那么我们怎么去思考后冷战时代美国所进行的民主修辞呢？一个学者曾这样来描述这种修辞：

> 冷战结束后，美国政府关于"世界新秩序"的修辞，它那种孤芳自赏的气味、难以掩饰的胜利情绪以及它对责任的承诺，都是康拉德在霍尔洛德身上描写过的：我们是老大，我们注定要领导别人，我们代表着自由与秩序，等等。没有任何美国人能逃脱这种感觉体系。但康拉德对霍尔洛德和古德尔的描绘中所包含的警告却很少受到注意。因为在帝国的背景下，权力修辞术能使人产生一种仁慈的幻觉。[①]

与当代美国的比较，使得修昔底德所表现出的雅典人冷酷的自我论证具有可信性，即使我们相信修昔底德在其他地方可能为了自己的写作与教化的目的而强调了雅典帝国主义道德上的可疑性。

---

① Said, *Culture and Imperialism*, xvii.

至少在修昔底德的文本中，雅典人自我论证的观点，与其他运用纯粹现实政治语言的讨论是同时并存的。他们最为令人齿冷的、也是最不具有说服力的论据就是，当帝国被给予他们时，他们便接受了，这并不违反人性：人性驱使着强者统治弱者。从表面上说，这听起来像是从关于 nomos 与 phusis 的智者思考中援用理论论证。雅典人说斯巴达人也会干同样的事，米洛斯人或者其他什么人如果有了足够的权力也会这样做（1.76，5.105）："我们对神灵的信仰，对人的认识，使我们相信，自然界的必然法则就是将其统治扩展到任何可能的地方。"（5.105）这样的思考既设定了对人性的悲观看法，也设定了有关国家间关系无关道德的观点。雅典人将人性理解为恐惧、妒忌、贪婪与野心等等这些激情，他们将这些激情的首要性的信念，转化为有利于强者的帝国主义一般规律。

这一论证显然有着智者式的弦外之音，因此，公元前五世纪末期雅典人可能发展出了这类表达式。① 这仍然还是有待讨论的问题。但是，就我们对于公共修辞（参见前面所提及的对美国式修辞的分析）以及雅典人自我论证方式的一般了解来说，这些论证很可能表现的是修昔底德对雅典帝国主义的态度。对于修昔底德来说，雅典人显现出一种实践精神，而"智者们"找到了聪明的方法对之进行理论化，为之进行论证。修昔底德可能会认为这些论证，或者说这些论证中的一些，正是雅典人在追求其无情的帝国主义过程中**心中必然所想**的。换句话说，修昔底德为了让他的读者弄明白雅典人真正的动机是什么——至少就他所发现的而言，于是，他就让这些演说从雅典人嘴里说出来。②

雅典人将恐惧作为一种主要的动机（文本 19），他们在斯巴达非常有意思地论证说，帝国主义是一种冲动或者必然性，驱动着类似于他们的国家。恐惧与冲动并不只是受害者的特征，也是帝国主义者自己的特征。这话强烈颠倒了通常的看法，但是却是一个复杂的颠倒。因为它不只表明了人类是受到物质的或者虚荣的激情所驱使，而且其他人同样受制于这些激情的驱使，于是这就使恐惧完全成为推动政治的一个主要动机。根据修昔底德的观点，

---

① Raaflaub, *Discovery of Freedom*, 335 n. 14.
② 修昔底德构思这些演说并让它们由雅典人说出，有其教育目的。参见 H. Yunis, "Narrative, Rhetoric, and Ethical Instruction in Thucydides" in L.C. Montefusco, ed., *Papers on Rhetoric* IV (Rome, Herder Editrice, 2002), 275-286; and Yunis, "Writing for Reading: Thucydides, Plato, and the Emergence of the Critical Reader," in *Written Texts and the Rise of Literate Culture in Ancient Greece* (Cambridge, Cambridge University Press, 2003), 189-212。Yunis 的著作让我们明白，我们最好不要过于相信这些演说实际上就是按修昔底德描述的样子发表的。

斯巴达人不可避免要展开一场对雅典的战争，因为斯巴达人害怕雅典权力的持续增长（Thuc.1.23）。也许讽刺的是，雅典人对于其他希腊人的专制统治，意味着他们必须考虑自我保护与自由，被迫保持自己的僭主统治。正如修昔底德所描绘的演说者主张的：（文本20）[①]

> 20. 你们没有看到，你们支持的帝国是僭主对于心怀不满的臣民的专制统治，他们总是想办法反对你们；他们服从你们的基础，不是你们的自杀性的让步，也不是他们忠心耿耿，而是你们的武力优势。（Cleon,Thuc.3.37）

有时这种理念被转化为一种论证，即在其政治变化中，处于奴役威胁之下的雅典人，不能够像一位管家那样，估算他们的帝国要扩展到什么地方为止（Thuc.6.18）。换言之，他们唯一的拯救出路，就在于无穷地追求自我扩张。

强制、必然性与本性的恐惧这些词语是当时与现在典型的战争叫嚣。恐惧当然会使人们受到刺激而采取政治与军事行动。即使修昔底德本人希望强调恐惧的重要性，然而这仍然可能是伯罗奔尼撒战争紧张岁月中雅典领袖们使用过的一类词语，充分说明了公民易受感染的恐惧和野心。但是它们还说明了政客们身上更为重要的东西：他们为了转移对国内问题的注意力，为了凝聚人心，或者为了获得他们自己的地位而鼓动一些强硬的议程。至少这可以算是针对伯罗奔尼撒战争期间雅典政客的一种批评。（文本21）

> 21. 啊，最明智的农民啊，如果你们想知道和平女神离开这里的缘故，请听我说，首先是菲迪亚斯（Pheidias）因为遭受了灾难而开始捣乱[②]，其次是伯里克利，因为担心受到牵累，又害怕你们的暴躁和残暴方式，因此趁灾难还没有降临到他的头顶，先用计煽动民众，通过了麦加拉（Megarian）禁令[③]，往人们的心里扔进火星；

[①] 有关这些帝国主义的约束，参见 V. Wohl, *Love among the Ruins* (Princeton, Princeton University Press, 2002), 171-214.

[②] 这一事件的背景是，当时伯里克利的好友、雕塑家菲迪亚斯受到了激烈的攻击，因为他受到指控，将伯里克利的形象刻在雅典娜雕像上的盾牌上，因而被捕入狱，并死在狱中。这件事情引发了人们对于伯里克利的攻击，据说伯里克利为了避免受到法庭的审判而挑起了伯罗奔尼撒战争。——译者注

[③] 麦加拉本为斯巴达的盟国，却又与雅典套近乎，但最终还是选了伯罗奔尼撒同盟。麦加拉反复无常的行为让雅典深恶痛绝，遂于公元前432年颁布了一纸禁令，不许麦加拉的商船进入提洛同盟诸国港口，禁止麦加拉人与雅典帝国任何地区进行贸易。——译者注

他煽起了战争的火焰,全希腊狼烟滚滚,这里那里,人们哭瞎了眼睛。可怕的消息传来,葡萄藤哀号,复仇的怒火一起,酒桶与酒桶相撞、破裂,没有谁能制止这场冲突,于是和平女神默默退隐。
(Aristophanes, *Peace*. 603-614)

6. 最后的思考

那么帝国主义与民主的关系是什么呢?对于希罗多德以及其他希腊民主制的批判者而言,雅典的民众受到了其领导人的蛊惑,从而将其权力扩张到其他希腊人之上。人们可能将雅典的领袖看作推动雅典帝国主义的始作俑者。修昔底德修正了这些观点,认为民主有利于将民众及其领袖团结在一个有着自我意识的、取得相当成功的帝国主义联合体中。他认为僭主并不能成为好的帝国主义者,因为他们不得不在国内花费大量金钱与精力来自保(1.17)。民主派在其自身之中有着良好的相互信任与和谐,从而能克服城邦内的贪婪与野心的问题。作为一种历史事实,雅典的民主的确非常成功地做到了这一点。

但是修昔底德给他描绘的民主帝国主义还添加了另一层的解释。在修昔底德的解释中,雅典人发展起了一种有利于帝国主义的国民精神。他就以出访斯巴达的科林斯人的口吻发表了关于这一点的演说:(文本22)

> 22. 他们在为城邦的事业慷慨捐躯中,将身体视为完全属于他人;他们还特别注意培养自己的精神,以便为城邦尽心效力。对他们而言,如果头脑中的计划未能实现,他们认为就如同失去了属于自己的东西。但如果他们追求并获取了什么东西,却又认为它与未来要做的事情相比不值一提……一言以蔽之,雅典人的性格是生来就不享受和平安宁的生活,也不让别人享受和平安宁的生活。
> (Corinthians.Thuc.1.70)

科林斯人说明雅典人的品格是自然形成的,但是,这一演说同样也使人们注意到雅典人爱国主义精神的政治建构,这种精神表现在他们愿意为其城邦做出牺牲上。我们在第三章看到,这种自我牺牲的意愿是通过雅典的民主教育而灌输的。这样,在修昔底德的解释中,自然、文化与历史都有助于雅典帝国主义特性的形成。民主释放了公民的热情,因为他们都共同分享着帝国的物质奖励与光荣,甚至低等阶级也可以享受到征服的红利。雅典海军力量既让他们具有前所未有的速度,从而能够镇压远方的反叛,也使他们具有前所未有的能力以抵抗劫掠与围攻。民主之所以能产生新的力量,在某种程度上正依赖于帝国可能获得的物质利益。修昔底德的解释是有关民主帝国主义的一个独特并引人注目的观点。

当然,对于修昔底德而言,帝国主义的雅典并不能免受批评,比如对其不义、邪恶以及不审慎的批评。在修昔底德的描述中,雅典的政治家克里昂批评他的民主派听众过于感情用事,过于好面子,过于沉迷于听好话所产生的快感。他说所有这些都让帝国处于危险之中(Thuc.3.40)。修昔底德认为,如果没有类似于伯里克利这类伟人的领导,民主就会过于短视、自满,不能成功地进行扩张。伯里克利进行了理性的引导,让人民自制,因而就赋予民主城邦它本性上并不具有的美德。修昔底德说,在伯里克利死后,错误的领导使得雅典城邦的权力式微。(文本23)

23. 他的继任者们情况就不同了。他们彼此间大都处于平等地位,而每个人都想力争居于首要地位,最终他们居然准备靠牺牲整个城邦的利益来迎合民众的幻想。这种情况,正如我们所预料的那样,在一个伟大的、帝国主义式的城邦中,必然会导致许多错误,特别是西西里远征的错误。(Thuc.2.65)

(有关对后伯里克利时代领导的批评,参见 Isocrates's speech *On the Peace* [355 BC, 8. 121-133]。)修昔底德批评的主要并不是雅典人的不义,而是批评他们在伯里克利死后鲁莽地处理战争问题。这一点使得修昔底德的批评看起来并不具有说服力,因为在伯里克利死后,雅典帝国仍持续存在三十年,并没有被撼动,更不用说在伯里克利成为霸道的领袖之前它就已经成功了。

但是在另一方面,柏拉图却回到了希罗多德式"聚敛财富"的批评。在其对话录《高尔吉亚篇》结尾,他笔下的主人公苏格拉底批评了包括伯里克利在内的民主领袖,因为他们满足的是民众的物质欲望:(文本24)

24. 卡利克勒斯,你现在做的是差不多的事情。你赞扬那些用豪华宴席款待雅典公民的人,人们想吃什么他们就提供什么。人们说这些人使我们的城邦伟大,而一点儿都没有意识到,由于这些过去的政治家,我们的城邦变得腐败与溃烂。因为他们一点儿都不注意纪律和正义，而只是用船坞、城墙、税收以及类似的垃圾来喂养我们的城邦。因此，当城邦危机到来时，他们就把罪名加到他们现在的建议者身上，说是他们引起了城邦的不幸，而对 [过去的领导人] 忒米斯托克勒斯（Themistocles）①、塞门（Cimon）②和伯里克利则依然大加赞赏。事实上，他们才应该为城邦的麻烦负责。（Plato, *Gorgias*.518e1–819a7）

与修昔底德相比较而言，柏拉图将伯里克利看作只不过是又一个"讨好"民众最卑劣的本能与欲望的领袖而已。无论如何，哪怕是那些承认民主曾达到其帝国主义目标的人，也会批评民主的邪恶与鲁莽。修昔底德与柏拉图都关注性格上的恶，他们相信这种邪恶会败坏民主的城邦（或者体现了民主城邦的腐败）。

将雅典的帝国主义与公元前四世纪短命的斯巴达帝国主义进行比较，是有启示性的，因为斯巴达被公认为美德的楷模。在公元前五世纪雅典帝国没落之后，斯巴达形成了自己的爱琴海帝国（当然，正如雅典人要提醒他们的，斯巴达人自公元前八世纪以来就在伯罗奔尼撒成了某种帝国主义者，因为他们吞并了麦西尼亚 [Messenia]，并且领导着伯罗奔尼撒同盟。参见第二章）。斯巴达以具有最稳定的希腊政体而知名，这部分是因为它著名的"混和"制度：君主、选举的"*ephors*（监察官）"、长老议事会以及公民大会，它们相互监督和制衡（cf. Polybius 6.48–50）。马基雅维利（Machiavelli）认为，这样一种制度只适合于具有有限军事防御目标的陆基强国（*Discourses* 1.6; cf. Polybius 6.49–50）。至少对于马基雅维利来说，斯巴达之所以不能够建立起一个成功的帝国，是因为它反对移民，因而它的人口较少（*Discourses* 2.3）。

---

① 忒米斯托克勒斯，公元前 525 年—前 460 年，雅典政治家、统帅。贵族出身。公元前 493 年起多次当选为雅典执政官。公元前 493—前 492 年修建比雷埃夫斯港。公元前 490 年参与指挥马拉松之战，击败波斯军。主张发展海军，控制海洋，铸造海上利剑。公元前 483 年说服公民大会用开采银矿的收入扩建海军，建造三层桨战船，建立一支拥有 200 艘战船的舰队，使雅典成为海上强国。公元前 480 年当选为将军。温泉关失守后，组织雅典居民撤退，并参与指挥希腊海军在萨拉米海战中战胜波斯舰队。约公元前 471 年被逐出雅典。死于波斯。——译者注
② 塞门，公元前 510 年—前 450 年，雅典政治家和统帅。贵族派首领。他对斯巴达友好，与伯里克利的政策相抵触。公元前 478 年当选将军，参与组建提洛同盟。后多次当选将军，与波斯军作战，前 468 年攸里梅敦河战役中打败波斯舰队，将地中海东部的波斯人清除殆尽。公元前 462 年率兵助斯巴达镇压希洛人起义，未成。企图阻止民主派改革，失败。次年被放逐。后重返雅典，在对波斯战争中死去。——译者注

相形之下，古典时期的希腊人认为，斯巴达对于美德，特别是勇气的严格培养，是与其杰出的军事力量极为符合的。但是很多人同样认为，作为帝国主义者的斯巴达人，并没有继承曾造就斯巴达伟大的传统理念，特别是财富的剧增腐蚀了斯巴达的传统美德（Xenophon, *Constitution of the Spartans*,14; Isocr.8.95-96,8.103）。更为重要的是，斯巴达人践踏了正义，向波斯出卖了爱奥尼亚的希腊人（Ionian Greeks），成了希腊普遍憎恶的对象（Isocr. 4.11-18, 8.97-102）。他们的不义导致了内部纷争，而且让许多希腊城邦，特别是雅典深受其害（Xen.*Hellenica*,2.3-4）。这在色诺芬的著作中可以明显地看到，尽管他一直称赞斯巴达对于纪律与正义的培养。他描绘了一个他想象的波斯居鲁士，通过推行帝国主义而平息了内部纷争（*Cyr*.7.4.1-7），通过对比更尖锐地批评了斯巴达。因而，对于恶与不义的政治批评超出了君主制与民主制，指向了许多希腊人认为具有最多美德的斯巴达政体。这些跨体制的批评居然在总体上大致相似。

但是在雅典人的公众讲坛上，可以看到很多对于帝国主义后果的不同论述。阿里斯多芬与欧里庇得斯在其众多的剧作中将战争作为中心的主题。尽管他们并没有对帝国主义进行理论化总结，但是他们所表现的战争及其后果，有助于描绘那些投票赞成赤裸裸帝国主义冒险的雅典公民的政治形象。与修昔底德一样，伊索克拉底、柏拉图以及这些剧作家都认为帝国主义是基于军事强权与暴力之上的。因而帝国主义通常将痛苦与权力及物质利益一起，带回给家乡的人民。

阿里斯多芬的几部戏剧，包括《阿卡奈人》（*Acharnians*, 425 BC）、《和平》（*Peace*, 421 BC）、《吕西斯特拉塔》（*Lysistrata*, 411 BC），都生动地表现了雅典连年的战争所带来的痛苦，说明了和平多方面的好处。举例来说，《吕西斯特拉塔》中的主人公吕西斯特拉塔组织了一个泛希腊的妇女同盟以阻止雅典与斯巴达之间的斗争。为了做到这一点，她策划了"性罢工"并监督着妇女们接管雅典卫城。这一戏剧对于雅典男人以及他们的政治修辞进行了独具一格的批评：在保卫他们的城邦与家庭的幌子下，这些男人们耗费着资源，为的是追求男性终极性梦想——征服。令人吃惊的是，雅典传统宣称：早先雅典人（当然是男人）曾通过抵抗帝国主义的亚马逊人[①]来建立他们的政治秩序的（Lys.2.4-6）。阿里斯多芬却肯定地说，男人的好战正在逐渐伤害**雅典**的妇女与家庭。故而，雅典人的睚眦必报不过是举动轻率、年少

[①] 在古希腊传说中，亚马逊人是一个完全由好战的妇女组成的部落—国家。她们特别痛恨男子。——中译者注

气盛并且误入歧途的。男人不能够理解他们家庭的重要性，不能理解和平的好处，以及他们与斯巴达人的重大共同点。我们要知道：伊索克拉底是公元前四世纪的泛希腊主义者，他在《论和平》(On peace)中主张，只有和平，而非不正义的战争，才能带来真正值得称道的好处。因而，只能在保卫或者促进和平的前提下才能诉诸战争。

讽刺的是，我们在《吕西斯特拉塔》中看到，只有阿里斯多芬笔下的女人们，而不是真正的男人，才可能具备泛希腊主义的意识。为什么情况会是这样呢？答案可能在于，男人有太多的事情要通过战争来孤注一掷地解决——他们作为男人的自我想象、他们垄断政治权力的合理性，都依赖于他们保卫城邦的能力。男人从战场的征战中获益，而待在家里的妇女是得不到这种好处的。也许阿里斯多芬认为，这些好处对于城邦的利益并没有什么贡献，事实上，如果正确地理解男人的自身利益的话，那么这些好处甚至无益于男人。这挑战了流行的意识形态，即认为战争让男人有男子汉气概，并教会他们有用的技能。欧里庇得斯笔下的一位人物对于这一观点的话，被表明显然是错误的。(文本25)

25. *海伦受苦并非自愿，乃是因为神。而且这对于希腊大有好处，因为对武装与战斗本来毫无所知的希腊人，变成英勇善战的男人。结盟教给了凡人一切。*(Menelaus, in Euripides, *Andromache*, 680–684)

雅典的男人如果想赢得和平的红利，那么就需要对于他们的主德有一种完全不同的理解。但是这并不意味着阿里斯多芬就是一个反战分子。他的戏剧意味着对于穷兵黩武的反思，却并没有主张以一切代价避免战争。可以说阿里斯多芬希望他的同胞公民在温顺的和平主义和肆无忌惮的帝国主义之间保持中庸之道。

欧里庇得斯的战争剧也可以加以类似的解释。雅典人通过对这些戏剧进行仔细反思，开始能够评估战争对于他们自己与他们臣属之民的代价。举例来说，在类似于《特洛伊妇女》(*Trojan Women*，公元前415年)之类的戏剧中，欧里庇得斯给希腊人对于特洛伊的劫掠安排了一个可怕的结局。在为性的侵犯、孩子的丧命、宗庙的毁坏发出大量非常自然的哀叹之后，预言家卡珊德拉(Cassandra)一针见血地说明了，特洛伊战争甚至给胜利的希腊人也造成了损失：(文本26)

26. 为了追回一个女人和一段激情,即海伦,希腊人失去了无数男儿。他们那智慧的将军,为了最可憎的东西,丢掉了最珍贵的东西。为了兄弟的老婆而牺牲了自己和孩子的天伦之乐。而那个女人原是自愿出走,并非被劫持离家的。希腊人自从踏上了斯卡曼德罗斯河岸起,便相继死亡。并非是因为他们的国土受到侵占,也不是因为他们祖国的城池受到破坏。阵亡者倒在异国的土地上,看不见自己的儿女,也没有妻子在身边给他穿上送终的衣裳。家里也出现了与兵营类似的情况:妻子们丧失了勇敢的丈夫,死时已是寡妇,父母死时家里没有儿子,白费了养育儿子的辛苦。(Euripides, *Trojan Women*, 368-381)

　　无论雅典的听众如何认定希腊远征特洛伊的正义性,都不可能不带着些许同情来看待这些妇女的苦难。在公民大会上,雅典人仍然是执拗的现实主义者。他们好战的政策看不出什么变得更和平的迹象。一般说来,雅典人并不希望一个寻求和平的政治家。但是至少雅典人曾听到这类对战争的批评并做出反应,这是民主有能力接受自我批评的另一个标志。

　　我们很难去评估这样的戏剧体验对于雅典公民的影响,他们仍然投票进行帝国主义战争。或许,这些喜剧与悲剧缓和了那些可能的极端愤怒反应,有助于雅典人退后一步思考,并更清楚地认识到他们的自身利益。这一点至少在公元前 427 年曾发生过,当时雅典人第一次投票处决所有米提利尼(反叛)的男人,后来他们改变了主意,并重新考虑了这一问题。[①]他们赦免了大多数人,但仍然处决了一千多密谋策划者。他们将大多数米提利尼的农地分配给了雅典人(Thuc.3.36-50)。这也许是**他们**对于中庸之道的理解,但绝不符合我们的伦理标准。但无论是这种不一致,还是我们对于希腊历史与政治思想的认识,都并不妨碍**我们**将欧里庇得斯与阿里斯多芬的戏剧理解为对于和平的急切呼吁。我们的中庸之道不同于雅典人;我们对于暴力与愤怒的反思较之于雅典人更为实在。因而,这些对帝国主义、战争与和平的戏剧化讨论,会对我们有一种不同的影响。如果它们的确有这样的影响,那么,我们对这些戏剧的"误读"就最好不过了。

[①] 有关观剧可以带来的情感教育,参见 M.C. Nussbaum, "Tragedy and Self-Sufficiency: Plato and Aristotle on Fear and Pity," in A.O. Rorty, *Essays on Aristotle's Poetics* (Princeton, Princeton University Press, 1992), 261-290。

第六章 公元前四世纪的变革

苏格拉底之死在柏拉图的生活中是一个标志性的事件,而三十僭主的政变对于每个人的生活都是一个转折点。(参看第四章的导论及"自然与习俗"。)雅典人从不曾见到如此血腥的内部纷争。有证据表明三十僭主的残暴与贪婪,可能源自公元前五世纪最后三十年典型的意识形态狂热。但是随着伯罗奔尼撒战争的结束、苏格拉底的死、雅典帝国的没落,特别是对近来血腥寡头统治的体验,希腊政治思想开始(几乎是被迫地)出现新的转向。与公元前五世纪末期对民主尖锐批判的话语相比较,公元前四世纪的思想家发展出了关于非民主形态政府的新的正面理想。特别是这些思想家将君主制理想化,但同样也为传统的贵族制所吸引,比如斯巴达以及(主要是想象中的)雅典"祖先的"贵族制。对于最为深刻的思想家柏拉图与亚里士多德而言,这一新传统主义为政治的未来发展的激进方案设想提供了基础。

在伯罗奔尼撒战争期间,雅典的持久战战略(参看第四章的"自然与习俗")摧毁了希腊的经济基础,减少了其劳动力资源,并使得内战司空见惯。色诺芬在其有关从公元前411年到公元前362年希腊世界的历史(《希腊史》[Hellenica])中生动地表现了这些问题。这一著作核心的道德问题就是围绕着对三十僭主的简洁叙述。① 在色诺芬的描述中,这些僭主曾建立了一个反城邦(anti-polis),由柏拉图的表兄克里提亚斯(Critias)以及他的叔叔卡尔米德所领导,并得到了斯巴达人的支持。寡头们处死政治反对派,巧取豪夺,放逐了许多民主派的公民。他们需要给斯巴达的驻军付酬,这迫使他们去罚没财产以维持权力。在色诺芬看来,这使得他们给人留下了最坏的印象。(文本1)

---

① Dillery, *Xenophon*, 138-163.

1.（三十僭主收缴了普通公民的武器），因为他们知道现在可以为所欲为了，便出于仇恨而杀死了许多人，也为了钱而杀死了另外许多人。为了给驻军付酬，他们想最好每个人都逮捕一位侨民，处死这些受害者，并没收他们的财产。（Hellenica 2.3.21）

甚至哪怕基本上同情寡头的柏拉图，后来也通过比较，将民主的公元前五世纪看作一个黄金时代（Epistle 7.324d4-8）。与修昔底德对于科基拉的附记一样，色诺芬相当详细地论述了内战和邪恶的统治者所造成的灾难，他的叙述充满了民主派与寡头这两极化的群体之间的冲突。伯罗奔尼撒战争遗留下的政治冲突问题，有待更好的政治解决办法。

用一个柏拉图通常的比喻来说，政体（body politic）生病了，需要能够恢复政治健康的医师。当所谓"贵族"在公元前404—前403年间建立了一种恐怖政权时，怎么才能做到这一点呢？这正是有待解决的问题。老派人的答案是：统治者必须既具备传统的人格美德，比如自制、正义、勇敢与虔敬，也应当具备智慧、远见以及实践智慧这些智性美德。但是存在着两个问题：第一，从经验上说，贵族当政已经表明：权力必然腐败。第二，雅典的民主已经成功地拥有了贵族的美德。在驱逐了三十僭主之后，雅典的民主派草拟了大赦协议，避免公开讨论过去的恶行，并且大体上做到了这一点。作为民主制中庸之道的一个标志，这一大赦是一个道德上的卓越成就。色诺芬、伊索克拉底以及柏拉图都只能转向理论，但是雅典的民主制能够合法地宣称拥有传统政治美德。所谓贵族较之于其"下等人（inferiors）"能更可靠地表现出这些美德，显然不过是势利与虚伪。

于是，理论家们不得不通过强调个人能力、道德教育与制度之间的关联来恢复贵族的政治。为了保证持久的政治健康，城邦需要有才能的个体、教育与可以阻止权力滥用的制度。很多人将君主制看作灵丹妙药，而另一些人则指望恰当的宪政体制。但是伊索克拉底的话"城邦的灵魂（psuchê）就是其体制（politeia）"（7.14），则最好地总结了这个问题。politeia 通常意味着"政体"，或者说官职与权力的分配。但是伊索克拉底说明，politeia 同样必须加以广义的理解。它不只是包括了权力的制度性分配，也包括了共同体的精神，比如其目的、价值以及教育策略等。对于人的性格与制度的强调，使得公元前四世纪的思想家，能够比传统贵族发展出一种更为复杂的思想体系。伊索克拉底将 psuchê 等同于 politeia，这是试图重塑伦理与政治之间传统关系的第一步。

1. 古代共和主义式"解决方案"

在《战神山议事会的演说》(*Areopagiticus*，公元前355年)中，伊索克拉底描绘了一种理想化的"贵族民主制"，在其中，最具有美德与最聪明的人担任主要的官职，但他们对权力并不过于恋栈。民众有权选举官员，并要求官员向他们负责(7.26-27)。这种"祖先规制(ancestral constitution)"(cf. *Antidosis* 232)中的法律与习俗使得人们虔敬、正义及彼此友好。伊索克拉底细致地将他对公民好品性的理解，与他想象中的早期共和国宪政结构结合起来，其关键在于贵族化的战神山议事会监督着公民的行为，并负责维持"良好的秩序"(*eukosmia*,7.37)。根据伊索克拉底的观点，不只是孩子，就连成熟的成年人，在自制与举止适度方面都需要持续的教育。因而与通常民主思想相对比，伊索克拉底认为公民之所以具有美德，并不是因为民主的法律、实践或者仪式，而是因为他们从城邦的领导人那里学到的道德习性(7.39-40)。这些习性为警惕的监督所强化；在必要的情况下，也会为及时的正义惩罚所强化。战神山议事会负责城邦的虔敬、安全、公共的友谊与爱国主义。这种公共美德灌输的结果就是对共同体万众一心地献身。它在公元前404年"贵族制"败坏的余声之中的复兴，对于将贵族的自我形象理想化是一个重要的贡献。

伊索克拉底主要关注之一就是说明，这种祖先规制达到了正义。为了对这一点进行论证，伊索克拉底讨论了一般的平等观，并认为它是不充分的。(文本2)

> 2. 首先，他们之所以将城邦治理得井井有条，是因为他们知道在两种公认的平等——一种是平等分配给所有人，另一种是分配给每个人应得的——原则当中，有一种更为有益；他们反对无论贵贱同等尊重的那种平等，因为这是不正义的。他们根据每个人的功绩来进行奖惩，并且他们据此来治理城邦。他们并不是从全体公民中进行抽签选择其官员，而是选择最好的、最适合每一个特殊职责的人作为官员。因为他们希望其他公民也能具有那些管理政务的官员相似的品格。(Isocr.7.21-22)

根据伊索克拉底的观点，存在着两种政治平等：一种基于功绩，另一种基于公民作为自由成年男子的身份(这两种"平等"通常用数学术语描述出来，基于功绩的形式被称作"比例的"或"几何的"，而更简单的形式则称作

"算术的")。① 这种区别表现了对民主式平等的一个正面反应。反民主的观点是简单、传统并且也是有力的，即，荣誉与权力应当根据每个人的功绩进行分配，而不应当根据他作为一个自由人的身份来分配。阿喀琉斯曾用类似的"论功行赏（meritocratic）"的论证谴责阿伽门农不义的贪婪。因而，与普罗泰戈拉相比较，伊索克拉底强调了公民间的差异性而不是他们（大致的）相似。"比例平等"使得伊索克拉底可以通过呼吁人们恰当地理解平等，论证等级制的合理性（需要注意的是，通过对比可见，自由从未成为一种寡头制的正面价值，因为对于寡头来说，重要的是充满地位意识的等级，而非人人参与政治或者随心所欲生活的自由）。② 这样，从比例平等的角度来看，正义只要求少数有德的公民，或者说哪怕是一个品德杰出的个体来掌握权力。

在《战神山议事会的演说》中，伊索克拉底同样运用了功利主义的论证来支持贵族的统治。贵族不只是值得拥有权力，而且更为重要的是，如果他们在位的话，城邦会变得更好。伊索克拉底想要说明的是，贵族们能够最为高贵（arista）、最为聪明（sôphronestata）地治理城邦——这两个副词都有"贵族"的弦外之音。③ 他批评了当时的民主制，因为它由于公民对关键价值的误解而产生了政治上的危害：公民们错误地"将自我放纵看作民主，将侵犯法律看作自由，将口无遮拦看作平等，将自由看作高兴干任何事情"（Isocr.7.20）。民主派已将其功绩分配观发展到不正常的极端，因为他们缺少能让他们保持"中庸"的杰出人物的监督。为了纠正这种情况，伊索克拉底认为必须有合适的人加以掌控。正如雅典人的先辈曾认识到的，全体公民一般会表现出与掌权官员同样的伦理品格（Isocr.7.22）。这样，那些掌权的官员（而不是 politeia 本身）会成为公民品格的设计师。也许在不知不觉中，伊索克拉底从论证 politeia 塑造公民品格，滑向了论证当权者即最好的人的品格是如何教育低等阶级的，这让伊索克拉底陷入了滑坡谬误。这也适用于公元前四世纪其他亦步亦趋的思想家。

所以，伊索克拉底的目的就是推行一种能够保证纪律、爱国主义与秩序的贵族家长主义（paternalism）。然而他的主张却并不成功，因为他并没有提供保证这种贵族美德得以传承的机制。人们有适当的理由相信，在公元前四世纪，如果贵族重新取得政权，比如说在战神山议事会中当权，那么他们会以爱国主义与自制的精神来进行统治吗？伊索克拉底怎么保证民众能找到具

---

① See Harvey, "Two Kinds of Equality."
② Cf. Hansen, *ADAD*, 76.
③ 西方语言中，"贵族"的"贵"就是指高贵美好。——译者注

有美德的人，然后选举他们担任官职呢？战神山议事会的成员应当具有什么样的知识，才能确保在实践中认出公共美德呢？伊索克拉底唯一能确定提供的就是，能以传统但底气不足的方式，说明在美德方面如何最好地教育青年（7.43-49）。但是如果教育就足够了，那么雅典当时为什么败坏到如此的境况呢？伊索克拉底的作品揭示了一种张力：要么依赖 politeia 来产生政治健康，要么依靠那些恰好当政者的个人品格。

波利比乌斯（Polybius）[①]说明了，为了成功传承健康政治文化，必须依赖 politeia。在公元前二世纪的著作中，他分析了罗马崛起为伟大帝国，是由于其"混合政体"所起的作用。对于波利比乌斯来说，最好的政体混合了君主制、贵族制与民主制的因素，因为在每一个单纯形式中都有导致不稳定性的内在缺陷。相比之下，一个混合的政体，比如人们在斯巴达或者罗马所发现的政体，体现了一种动态均衡的状态以及一个制衡体系。（文本 3）

> 3. 吕库古（Lycurgus）[②]预见到了这些问题，并没有去建立一种简单或者单一的政体形式，而是将所有最好制度的优点与特点结合在一起，为的是没有哪一部分能够独大并转化为相应的恶。每一部分的权力与其他的权力保持平衡，于是，它们中没有任何一部分能够为所欲为，也不会无所作为。（Polybius, 6.10.6-7）

无论是谁碰巧在位，这一体系自己就能保证自身的安全，提供自制的资源。其结果就是慎重、小心和谨慎地对待变化。同时，个体的恶如果出现在公共领域中，会被政府其他"分支机构"的自身利益所制约。这类体制依赖于立法家或"奠基者"的智慧，并不需要依赖于个体的美德或者可教育性。它事实上可能包含着一种对于人性的悲观看法，因为（它意味着）所有的个体都需要受到宪政政府体制的监督与制约。

在所有的古典时期希腊国家中，斯巴达最接近于波利比乌斯所青睐的模式，许多世纪以来一直作为共和政体而为人称道。举例来说，在马基雅维利的《论李维》中，在罗马之外，斯巴达作为一个持久而繁荣的共和国而受到了高度的赞颂。至少在公元前四世纪，色诺芬就已经在《斯巴达政体》中表

[①] 波利比乌斯，公元前 200 年—公元前 118 年，生于伯罗奔尼撒的梅格洛玻利斯（Megalopolis），古希腊政治家和历史学家。波利比乌斯以《历史》（Ἱστορίαι，又称为《通史》《罗马史》）一书留名传世，原书 40 卷，只有 5 卷传世，记叙地中海周边的历史，尤其关注罗马的崛起。——译者注

[②] 传说中斯巴达的立法者。——译者注

达了斯巴达人的社会与政治制度具有的美德。但是他的"政体"主要是围绕着品格而不是政治结构。根据色诺芬的观点，传说中的吕库古通过严格的道德教育体系灌输了美德，特别是自制。（文本4）

　　4. 他看到只是放任人们凭自愿培养自己美德的地方，都不足以增强他们父母之邦的声望。于是他强行做出公共规定，要求斯巴达每个人都要践行所有美德。因此并不奇怪的是，正如那些践行美德的私人比那些不关心美德的人更优秀一样，斯巴达在美德上也优越于所有其他城邦，因为只有斯巴达将高贵的美德作为一个公共关切来追求。（Xenophon, *Constitution of the Spartans*, 10.4）

　　色诺芬说明了斯巴达的政体是在君主、长老议事会与公民大会，以及民选的 ephors（监察官）之间的混合而保持平衡的。但是他的目的主要在于说明，立法家的智慧在于提供对欲望进行的适当规训教育。这样，所有的因素都适得其所；不过，他还缺乏一个为复兴贵族秩序而将品格教化与制度设计相交织的系统理论。

　　色诺芬自己的作品表明，这样一种理论是必需的：他说当时的斯巴达显然没有能将吕库古的理念付诸实行。"现在他们只是想着，"他失望地宣称："去掌握权力统治别人，而对自己是否具备统治能力却毫不在意。"（14.6）立法家通过其教育实践发展起了一种所向无敌的战争机器。但是，他说道，斯巴达人将他们对于荣誉的有益热爱发展到了一种不健康的极端。他们军事的胜利以及最终他们的帝国主义，使得他们滥用并且败坏了曾让他们成功的美德。其他一些作家和色诺芬一样，批判了斯巴达的军国主义与帝国主义。正如后来柏拉图会指出的，斯巴达人只看重一种美德，即勇气，但是它其实不过是美德中最没有什么意义的部分。他们并没有想到如何去运用军事能力以促进一种和平健康的政治生活。与众不同的是，波利比乌斯认为斯巴达人最终并不是成功的帝国主义者，因为吕库古的体制并没有教会斯巴达人如何做好充分的准备，以维持他们在国外的征服与扩张。而罗马则是一个远为成功的帝国主义强权（6.48-50）。最后，甚至当时的雅典人也都认识到了，斯巴达的自制与勇气是付出了高昂的代价的：他们牺牲个体自由的程度，是希腊其他地方所不可想象的。色诺芬对于斯巴达的先辈钦慕有加，但是对于当时的雅典人来说，这并没有改变斯巴达是一个严格的"反乌托邦"的印象，更不用说对于我们了。

2. 君主制的"解决方案"

除了这些共和主义者的思乡病之外，公元前四世纪政治思想的另一重要特点在于乐观转向君主制。色诺芬与伊索克拉底除了形成了共和主义思想之外，都精心研究了君主理论。公元前四世纪是一个探索解决希腊政治、社会与经济等众多问题的时代。出类拔萃的强人与有识之士，是具有吸引力的选择。如果受到恰当教育的超凡强者掌握了权力，并将其力量贡献于公共的善，那么就不需要精心进行制度设计了。伊索克拉底在其塞浦路斯演说（Cypriot oration）中①称赞并勉励了埃瓦戈拉斯（Evagoras）、尼古拉（Nicocles）和德莫尼科斯（Demonicus）。在其他的著作中，他也颂扬了马其顿的腓力与斯巴达的阿基达姆（Archidamus）。色诺芬一直崇敬斯巴达君主阿格西劳斯，以及传说中波斯君主居鲁士的美德。柏拉图曾游历西西里，并试图教育锡拉库扎的单一统治者，但并不成功。后来在他的《政治家》中，柏拉图认为唯一名副其实的政治家，就是具有政治专长的单一君主，而所有其他政体只不过是腐败的骗局。主要的问题在于如果造就最好的人。

这种对于君主制的乐观主义思考也是有着先例的。荷马的史诗充分叙述了单个统治者的美德与邪恶。（参看第二章的"精英派的回应"。）特别是《奥德赛》说明伊塔卡的利益完全依赖于奥德修斯的领导。忒勒马科斯告诉伊塔卡人，他"曾经是你们这里所有人的统治者，就像慈爱的父亲一样"（*Od.*2.46-7）。统治者的救世主角色，同样地体现在早期君主与立法家的传统叙事中。举例来说，雅典的君主忒修斯（Theseus）据说清除了边境无数的祸患，杀死了米诺陶（Minotaur）②，让雅典人不再向克里特的君主弥诺斯交纳贡赋。他还以雅典为政治中心统一了阿提卡（Plutarch,*Theseus* 8-25）。同样，早期的立法家，比如斯巴达的吕库古，被认为将混乱的城邦转变为具有

---

① 塞浦路斯演说，即伊索克拉底有关塞浦路斯的系列演说，创作于公元前374年到公元前365年。埃瓦戈拉斯、尼古拉以及德莫尼科斯都是塞浦路斯诸城邦的君主。——译者注
② 米诺陶是克里特岛上的半人半牛怪，克里特岛君主弥诺斯（宙斯和欧罗巴之子，死后成为地府的三个法官之一）之妻帕西法厄与波塞冬派来的牛的产物，拥有人的身体和牛的头，弥诺斯在克里特岛为它修建了一个迷宫。由于弥诺斯的儿子安德洛革俄斯在阿提喀被人阴谋杀害，弥诺斯起兵为儿子报仇，给那里的居民造成很大的灾难。为了平息弥诺斯的愤恨，解除雅典的灾难，雅典人向弥诺斯求和，答应每九年送七对童男童女到克里特作为进贡。弥诺斯接到童男童女后，将他们关进半人半牛怪米诺陶居住的克里特迷宫里，由米诺陶把他们杀死。在第三次进贡的时候，年轻的忒修斯带着抽中签的童男童女来到克里特，在克里特公主阿里阿德涅的帮助下，用一个线团破解了迷宫，又用她交给自己的一把利剑斩杀了米诺陶。——译者注

个体美德、稳定政治与强大军事力量的家园。

在希罗多德记载的"体制辩论"中,大流士首先将这些传统理念理论化。(文本5)

> 5. 没有什么能够比一个最优秀的人物的统治更好了。他可以用自己的良好判断,完美无缺地统治人民;同时,他对付敌人的计划也可以隐藏得最严密。(Darius, at Hdt.3.82.2)

大流士的论证就是:君主制既是最好的,也是必然的。假如可以找到一个聪明与诚实的领袖,那就是最好的;而由于寡头制与民主制都会因内战而陷入混乱,从而一定会出现一个单一统治者恢复政治健康,所以君主制也是必然的。但是与大流士对话的人认识到如此集权有危险。比如欧塔涅斯强调了君主的嫉妒与自大,这两者都是因为君主不能够温和地运用自己的权力而产生的。对于欧塔涅斯来说,君主们通常无法抵制对于权力的享受,克制因他人的成功而产生的嫉妒。如果我们回头想想阿伽门农,或者赫西奥德所属城邦的统治者,我们就会记起来对于这种压迫性统治权力的批判,同样有着深厚的根源。公元前四世纪的思想家说明君主制正面与负面的可能性,于是同时复活了君主制等式的两方阵地。

对我们来说最有趣的一点在于,君主们的解题方式经常被认为是通过在泛希腊远征中,集合希腊军事力量对抗"野蛮人"。(参看第五章中的"自然的优越"一节。)他们强有力的领导能够终结希腊城邦之间的战事以及这些城邦的内部纷争。前一个主题在伊索克拉底对马其顿的腓力的吁求中更为明显。对于伊索克拉底来说,腓力具有作为一位泛希腊领导人的优势,因为"其他声誉良好的人被他们的城邦与法律缚住了手脚。除了它们的命令,他们做不了别的什么事"。(5.14)尽管类似于德摩斯梯尼的雅典演说家可能会将腓力视作威胁,但伊索克拉底却寄希望于腓力,希望通过他的军事领导,在战火纷飞的希腊城邦之间产生和谐。显然,正是君主的自由,给予了伊索克拉底以希望。

与之稍有差别的思想,促使色诺芬崇敬地写作了斯巴达王阿格西劳斯的传记。色诺芬说,在阿格西劳斯的许多美德中,他在政治上的智慧以及勇气,都足够在前雅典帝国时期纷争不息的城邦间建立起和谐(*Agesilaos* 1.37-38)。他是一位爱国与守法的君主典范,在斯巴达政体的框架内活动。色诺芬对阿格西劳斯的赞颂列举了很多例子,比如他不愿意伤害其他希腊人,他在反波斯的斗争中一直坚持团结希腊人(Agesilaos 701-7)。无论哪种方式,这样论述的"君主制"方案,与现代早期理论家的论述有很大不同。例如在《利维坦》(1651)中,托马斯·霍布斯(Thomas Hobbes)对于能约束精英分子的君主寄予厚望——他能够使普通的人民获得安全。将君主们转变为泛希腊的圣战领袖的想法,则是一种极为不同的文化理念。

在这些生动想象的理念中,伊索克拉底同样注意到教育君主的必要性。人们总是会担心,或许欧塔涅斯是对的:绝对的权力可能对于君主的灵魂有害。在《致尼古拉》(To Nicocles)中,伊索克拉底认为,作为拥有大权的个体,君主比任何其他人更需要教育。然而,其他人只是向君主献媚,因而不能警示君主或者教给君主什么东西(2.3-5)。在君主制中,君主的性格对于建立健康的政治是极为重要的,但正是君主的尊位,却不利于他在品格上接受恰当的训练。因而,伊索克拉底鼓励他的收信人首先要控制他们自己,控制他们的欲望。(文本6)

6.要像统治他人一样统治你自己,要将这视作你最尊贵的品格:你不是任何欢愉的奴隶,较之于你是臣民的主人,你更应是自己欲望的主人。(Isocrates, To Nicocles 29)

通过自我控制,君主将能够献身于共同的善,服务于人民——这两者对于长久的政权来说都是关键的。但是,伊索克拉底对造就一个具有公共精神的君主的确定性表达了担心。

这样的担心使得伊索克拉底与色诺芬一样,认为君主很可能会意识到身处高位潜在的不幸,甚至认为这对于那些有着僭主野心的人也会产生积极的后果。伊索克拉底认为,因为权力会腐败,历史上君主的生活一直不值得羡慕,这使人们不禁疑惑:私人生活难道不会更好些吗(To Nicocles, 5)? 这一担心是色诺芬对于僭主进行独特讨论的文本《希耶罗》(Hiero)的中心议题。在这一想象的锡拉库扎的希耶罗与诗人西蒙尼德斯(Simonides)①之间进行的对话中,希耶罗说明了像僭主一样的生活所面临的所有困难;比如说,僭主的朋友与臣民绝不会自愿地爱他,除非是通过强迫。因为僭主掌握着压倒一切的暴力,所以他不可能得到真正的认可与彼此尊重。西蒙尼德斯提供了一种解决方案:僭主必须运用他的财富来增进城邦的美与力量;他必须奖赏对于公共的善做出贡献的人;他必须将仁慈与慷慨作为他主要的美德

---
① 西蒙尼德斯,公元前556—约前468,古希腊抒情诗人。

来培养。色诺芬并没有开出如何实现这些高贵理想的药方，但是提供了一些如何解决他那个时代对于一人统治可能引起的担心的方案。如果单一统治者担心他们不只会伤害他们的臣民，而且也会伤害自己，就必须以任何代价避免成为僭主。

3. 柏拉图的"解决方案"

柏拉图完全认同建立起政治制度与品格之间关联的做法，但是他的著作同样是他对于智者以及缺乏反思的平庸之见的激烈反应。与许多保守主义理论家一样，柏拉图也是从对他自己的政治文化的批评入手的。他自诩是一位老道的医生，首先可以对观察到的文化进行诊断，其次也能进行"治疗"——他所提出的方法乃是一个革命性的主张，即，哲学家应当进行统治。在这一点上，我们可以引用罗马历史学家李维的话来总结，即，公元前四世纪的政治既不能忍受它自身的恶，也不能接受能够治疗这些恶的药方[①]。（参看 Livy, *Preface*, 9。）

让我们对柏拉图对政治与历史的关系，先做两个评论。一些柏拉图的解释者，特别是后期柏拉图主义者，认为柏拉图对于政治的兴趣只是表面上的。他们认为柏拉图的政治理念，不过是他对于形而上学、认识论与伦理学探讨的"面具（window-dressing）"。[②] 我从三个方面反对这种观点。第一，与其他希腊思想家一样，柏拉图认为只有在政治的框架中，伦理学才能得到理解。无论好坏，城邦都在为其公民提供品格上的教育；公民的伦理发展在很大程度上依赖于其政治文化的规范。第二，我们对于"政治的"柏拉图的看法，在亚里士多德在《政治学》第二卷对于柏拉图政治学的批判中，得到了极大印证。亚里士多德自己是认真对待柏拉图的政治学的。第三，柏拉图可能为了在哲学基础之上重建锡拉库扎而三次访问西西里（公元前388年、公元前367年、公元前361年）。他在（可能是真实的）《第七封信》（*Epistle 7*）中讨论了这些经历。柏拉图对政治与政治思想有着浓厚的兴趣。

另一个评论关系到柏拉图在本书中的总体地位。我曾说过，古代政治思想的研究者必须既从历史的视角，也要从规范的视角来看待古代的文本。古代的作者既对"当地的"情况做出了回应，也怀有超越其特别历史背景的雄

---

① Livy, *preface*, 9.

② J.Annas, *Platonic Ethics, Old and New* (Ithaca, Cornell University Press, 1999).

心。同样的视角本质上可以运用于柏拉图。但是柏拉图是一个特别有创造性的人物,他以大多数作家无法想象的程度,超越了他所处的地方性情境。因此我们应当主要从哲学与规范的视野出发来看待他的作品,以免不公正地"矮化"这些作品。在方法论上,一般很难达到适当的平衡,但是我们尽可能地尊重柏拉图自己远大的哲学抱负,这应该是没有什么问题的。

4. 对当时政治的批判

柏拉图对当时的文化进行了诊断,认为这种文化陷入了怀疑主义与混乱无序之中。但是他与色诺芬不同:色诺芬所批评的是过去的个别事件、政权以及人物,而柏拉图的出发点却是伦理的解释。在《理想国》第七卷结尾,柏拉图勾画了一部心理学的历史,说明了一些不经反思的传统主义者,无论他们如何有天赋,在当下的世界里最终可能都会变成放纵的怀疑主义者。年轻人从其家庭里学习有关好行为的规则成长起来,因而他们一般会抵制身体与其他方面的诱惑,举止高贵。然而智者却提出了麻烦的问题:什么是高贵?什么是优秀?什么是善?在面对相反的观点时,年轻人并不能说明他的传统信念的合理性。苏格拉底说,年轻人对于这些难题的自然反应就是最终"相信高贵的东西并不比可耻的东西高贵,他对什么是正义以及什么是善,以及其他曾被他尊重的东西,也都这样想了。"(538e)年轻人弄糊涂了;他开始不再有坚定的伦理信念,也没有办法说明传统诫命的合理性。他受到了怀疑主义与相对主义以及更糟糕东西的蛊惑。在柏拉图看来,古典时代的公民,如果不能形成更深刻的道德理解,是难以避免这种"堕落"的。

更糟糕的是,柏拉图的对话表明,有可能传统的道德在根本上就是败坏的。举例来说,在《理想国》中苏格拉底说明,传统的伦理与类似于色拉西马库斯这样的"不道德者"有着同样基本的(也是有害的)信念:(文本7)

> 7. 我认为我们会说诗人与故事作家在人生最紧要的事情上都是错误的,他们说,许多不义的人是幸福的,而许多正义的人都倒霉。还说不义的行为只要不被发现就有利可图,而正义只不过是对他人有利,反而对自己是有害的。(Rep.392a13-b4)

换言之,普通的公民是从传统的教育者比如诗人那里获得了色拉西马库斯式的黑暗正义观。这样的败坏深深地体现在当下的政治中。这并不是由于那些后来智者的学说而引起的。事实上，民众本身就是最大的智者。作为公民集体，它将伦理价值灌输到新生公民的灵魂中，不断传承到下一代：（文本8）

> 8. 我说，每当民众聚集在议会、法庭、剧场、兵营，或在任何公共集会中，他们就利用这些场合大呼小叫，指责或赞许某些正在做的事或者正在说的话，但总是言过其实、夸大其词，加上喧哗、鼓掌、起哄，岩壁和会场的回声，使他们的言论变得更加声势浩大。在这种场合下，你想一位年轻听众的心，如人们通常所说的那样，怎么会不活动呢？你认为在这种情况下，有什么样的个人的教导能站得住脚，而不被众人指责或者赞许的洪流冲走，在这种情况下他还能不随波逐流，大家说好他就说好，大家说坏他就说坏，大家做什么他就做什么，进而成为和大家一样的人吗？
> （Rep.492b5–c8）

智者们反映的不过是强大民主巨兽的心态与欲望，他们所能提供的正义、美、高贵等理念，只能是他们知道可以迎合民众最粗鄙的欲望的东西。

柏拉图的批评在其《理想国》经典的洞穴喻中体现得淋漓尽致。这一形象使得苏格拉底能够描述非反思的、也就是普通人的状态。洞穴喻将普通人比作缚在洞穴中的囚犯，被迫看着他们前面墙上飞来飞去的影像。他们对于其状态甘之若饴，拒绝被解放出来，他们的生活主要是谈论这些影像及其声音与运动。柏拉图指责道，没有反思的道德信念世界就是这样一个远离真理的影像世界。由于道德意见主要是源自诗人、戏剧家以及受到智者式训练的演说者，柏拉图试图用这一比喻来攻击他周围所有自我封闭的文化信念，毕其功于一役。传统的信念（包括智者对其装腔作势的表达）就是一个囚笼，其中的囚徒注定过的是一种低俗和愚昧的生活。如果经过反思，没有人愿意为自己选择这样的生活。

从民主的背景来看待柏拉图对于流俗道德的有力批判，是最为适切的。在领袖与民众之间的自由交流产生了一种不良的反馈机制，领导人会在这种机制中成为民众欲望的阿谀逢迎者。他们只是反馈给民众民众愿意听到的一切。毫无疑问，这类批评起源于柏拉图对于帝国主义雅典的诊断。类似于阿尔喀比亚德之类贪婪与野心勃勃的公民从城邦学到的教训是十分清楚的：正义是虚弱的与愚蠢的；自然法则就是无论在哪里，强者都会统治。雅典人无须从智者那里学习这些教训。根据柏拉图的观点,智者只是强化了这些观点,并为它们提供了一些肤浅的理论证明。由此柏拉图攻击了普罗泰戈拉以及民主派为民主所进行的论证。对于柏拉图来说,民主的商谈是一种认知上的陷阱,而不是一种获得实践智慧的方法。柏拉图令人信服地将民主的公共对话重新解释为:(1)由贪婪与狭隘的自利所推动;(2)陷入一种类似洞穴的,非反思的、通常是成问题的伦理信念的世界之中。所以民主并不能达到保证其公民利益这一政治目的。

5. 柏拉图在《高尔吉亚篇》中论修辞与秩序

这些批评有力地在《高尔吉亚篇》中表现出来。乍看起来,《高尔吉亚篇》中的对话讨论的是政治中修辞的作用。但是通过讨论,苏格拉底的对话者开始理解柏拉图的一个重要观点。探讨修辞,也就是讨论政治争论的性质与目的、政治领袖的抱负,以及政治、伦理和哲学之间的关系。几个回合的对话表明,演说家与修辞教师并不理解修辞本来应当服务的目的。他们未经反思地接受了他们文化所要求的目的与愿望。比如高尔吉亚的学生波卢斯(Polus)认为,训练有素的演说家差不多有着独裁者的力量:他能够杀死他想杀的人,驱逐另一些人,罚没其财产(466b-d)。波卢斯认为这种满足人们欲望的工具性力量是十分好的。他的例子就是马其顿的阿尔克劳斯(Archelaus),一位独裁者与篡位者,尽管他邪恶无比,但波卢斯却认为他非常幸福。他说在雅典的每个人都会同意这一点——除了苏格拉底。

可以说这一场景是为了讨论城邦应当如何教育个人,教育服务于什么而设计的。苏格拉底的策略是说明看上去是政治主题的修辞术,对于个体伦理幸福有相当大的影响。苏格拉底的质疑在与卡利克勒斯的对话中达到了高潮。作为一位绝对的非道德主义者,卡利克勒斯反对苏格拉底运用传统的"羞耻"去为难波卢斯。因为苏格拉底主张恶行是可耻的,从而对当事人的灵魂是有害的,以此论证其观点,击败了波卢斯。但卡利克勒斯却区分了习俗的正义以及他所谓的"自然正义"。对于卡利克勒斯来说,羞耻、正义、平等以及其他民主的价值都是弱者用来限制强者的工具;除了这种习俗性的运用之外,它们别无真实存在。相反,强者按照自然的正义,应当得到他们能得到的那么多。卡利克勒斯简洁径直而引人注目地概述了他的理想:(文本9)

> 9. 这就是根据自然的高贵与正义，我现在要极为坦率地对你们说：每个希望正当地生活的人，都有必要让他的欲望尽可能最大化而不是控制它们；应当尽可能准备并且能够通过勇气与智慧满足他扩展的欲望；应当让自己随心所欲。（Gorgias 491e6-492a3）

他强调了强者应当工具性地运用勇气与智慧，满足膨胀的欲望。在苏格拉底的引导下，他进一步澄清了这种立场："强者"并不是有着最强壮体力的人（这可能是作为一个整体的民众），而是自然地具有智慧与勇气的阶层，是一类特定的精英。①

卡利克勒斯的理想可能对于大多数雅典人来说有着天然的吸引力，他以一种更为智者化的形式，进一步推进了阿伽门农曾提出过的主张：②强大的、有智慧的人应当尽可能地多得，因为正是从公正的角度看，他们配得上这么多。显然卡利克勒斯是在他对人在自然上极为不平等的信念之上，提出了一种正义理论。但对于苏格拉底而言，这种立场不过是将他在整个对话中一再指出的错误改头换面罢了。对于（无论是口头的、智力的、体力还是其他的）权力的工具性运用，并不能简单地说是善还是恶，只有我们审查了它所要达到的目的才能判断。对于苏格拉底来说，这种主张无论在个人还是在社会层面上都是有效的。卡利克勒斯陶醉在权力的虚荣之中，但是他对于权力的目的是什么，并没有清晰的理念。

卡利克勒斯并不认同这一点，他说权力之所以有价值，就在于它能使人获得快乐。他诉诸他的文化中病态的快乐主义，因为他并没有充分探讨他应当如何生活，而且如文本所暗示的，在民主的雅典中也没有其他人讨论过这一点。③苏格拉底说明，这样的快乐主义很可能与卡利克勒斯所崇敬的勇敢与智慧相冲突。举例来说，懦夫，甚至是男妓，都可能获得比卡利克勒斯所谓的"强人"更大的快乐。这一论证的结论说明卡利克勒斯与比他头脑更简单的高尔吉亚与波卢斯，以及整个民主一样，追求的是他们自己都并不真正理解的关于"好"的理念。

苏格拉底以民主与帝国主义为背景，考察修辞的目的。举例来说，他称

---

① Kahn, "Drama and Dialectic."
② 卡利克勒斯与前述希腊思想传统的关系，参见 Adkins, *Merit and Responsibility*, 232-243, 266-281。在第 238 页，Adkins 给出了一个精当的评论，"揭开色拉西马库斯的面具，就会发现阿伽门农王"。这话可能也（更为）适用于卡利克勒斯，如果我们看到苏格拉底对其批评时所举的"瘙痒作为快乐形式"的例子的话（*Gorgias* 494c）。
③ Barney, "Callicles and thrasymachus."

第六章　公元前四世纪的变革

卡利克勒斯是一位民众的情人，他两次将卡利克勒斯比作阿尔喀比亚德——雅典帝国主义的领袖。卡利克勒斯说他钦佩古代雅典帝国的缔造者，比如塞米斯托克勒、赛门和伯里克利等人。因为卡利克勒斯强调了勇气、智慧以及没完没了的征服，因此我们可以认为卡利克勒斯身上体现着雅典的帝国主义理念。他非常像修昔底德所描述的雅典人。更为准确地说，他吸收了雅典人的理念，并以一种有力的哲学方法重新对它们进行解释。卡利克勒斯对于自然正义的强调，使得他与修昔底德所表现的雅典帝国主义者稍有差别。对于修昔底德笔下的雅典人来说，一个显然的事实是，自然驱使着人们尽可能地索取。无论在哪里，自然都使得强者统治弱者。相比之下，对于卡利克勒斯来说，特定的个体应当满足他们膨胀的欲望，这涉及**正义**的问题，而不只是权力的问题。卡利克勒斯受到了民主与帝国主义经验的充分教育。① 我认为，这正是苏格拉底对于"民主领袖必然去迎合民众品格"的深刻反思的意义。（文本10）

　　10.卡利克勒斯，如果你想象这个世界上有人会赐你这样一种技艺（technê），使你能用它在城邦里赢得大权，而你却与城邦的制度不相似（好一点或者坏一点），那么你就错了。如果你想与雅典民众（demos）结成真正的友谊，或者说就是赢得皮里兰佩之子德摩斯（Demos the son of Pyrilampes）的友谊，那么你一定不能只做一名模仿者，而要有一种天然的相似性。因此，无论是谁使你与这些人相似，都会使你成为你所希望成为的政治家，而且也会成为演说家，因为每个人都乐于听到与他自己的品性一致的话，而厌恶相反的话。（*Gorgias* 513a7–c2）

令人吃惊的是，卡利克勒斯希望用这种教育反对民众本身。他希望以专制的方式来统治普通公民。他的愿望说明了民主将贵族教育成了邪恶愚蠢的人，因为民主的帝国主义冒险培养起了对这种民主体系本身的憎恶。②

卡利克勒斯是民主自身所产生的对于民主的威胁，但是卡利克勒斯也是对于他自己的一种威胁吗？他的理念本质上就是错误的吗？要解决这些问题就更加困难了。为了说明所涉及的相关问题，苏格拉底在身体的与心理的健

---

① A. Andrewes in A.W.Gomme, with A.Andrewes and K.J.Dover, *A Historical Commentary on Thucydides* (Oxford, Clarendon Press, 1945-1981), vol.4, 183-185.

② 参见第五章。

康之间做了一种类比。这是一个关键的论证步骤，因为清楚地把握什么对灵魂是好的，是困难的。苏格拉底试图从我们有更多了解的身体健康的例子入手，转而讨论尚不太明确的心灵健康的问题，这是柏拉图一再采用的策略。在这一例子中，这种类比使得苏格拉底可以令人信服地说明灵魂也有着健康的条件，也应该得到公认技艺的合理说明。这种心灵的健康，与身体的健康一样，是一种客观的事实，而非一种主观的判断。为了具体地说明这些观点，苏格拉底认为正如训练有素、学识渊博的医生呵护人们的身体一样，也必须由训练有素、学识渊博的政治领袖来呵护灵魂：（文本 11）

> 11. 我认为有两种技艺与这两种东西（身体与灵魂）相对应。我称管理灵魂的技艺为政治的，而管理身体的技艺，我还不能给你一个单独的名称。但是这门照料身体的技艺由体育与医学两部分组成，在政治技艺中，与体育相对应的是立法，与医学相对应的是正义。（*Gorgias* 464b3–8）

苏格拉底的立场与现代的理念迥然不同，我们不能确定是否能接受灵魂与身体的类比，或者我们应当认为灵魂能够接受专家的指导与治疗，就像身体能够接受医生的训练与治疗一样。这样的类比，与现代自由主义的理念是截然对立的。现代传统一般认同与他人的平等式自由相容的最大个体自由。现代自由主义哲学家憎恶认为个体是有缺陷的，需要公认的专家进行矫正，或者更糟糕的是，需要国家进行矫正的观点。人们能够接受现代这种对于个体自由坚定的承诺，同时也能认可心灵健康是客观的，并能客观地加以认识吗？

这可能意味着诸观点尴尬的结合。我认为其中的尴尬通常会使人们形成一种信念，认为个体的善是主观的事情，幸福与生活方式是取决于个体的。然而如果人们认可自由与个体尊严的价值高于外在强加的所谓好的生活方式，人们也可以同时既相信自由，又承认个体的善是客观的（这里我并不认同另外一个更复杂的观点，即个体的善是客观的并能客观地认识，又相信事实上没有人知道对于个体来说什么是好的）。也许其根据在于，首先，普通成年人的尊严就在于他们的自我界定、他们过上自己选择的生活、为自己做出决定的意志与能力。我们一般认为自我界定有着一种内在的道德重要性。因而自我界定的价值可以否认外部强加的"心灵健康"。其次，我们可以从对个体强加一种生活方式或者选择的可能**后果**出发进行论证。借助外部的力量，强迫一个不情愿的成年人去做"对他好的事"，不大可能产生想要的结果。举例来说，国家为了提升公民集体素质而迫使人们进剧院，可能并不明智，因为在大多数情况下（包括我自己），可能产生的结果会是厌烦与反感，而不是给人以启迪。

柏拉图反对这样的论证，认为这是误导并且有害的。如果这样的引导可能导致更好的结果，公民的行为为什么不能受到引导呢？苏格拉底用他对卡利克勒斯进行的审查，来解释"更好的结果"可能是怎样的。为了说明他有关人类好（good）的概念的合理性，苏格拉底临时借用了另一类比进行论证，即与工匠进行的类比。建筑师、造船师之类的工匠，他们的目的在于产生和谐、自洽并且井然有序的产品。与此类似，教练与医生赋予身体以秩序，让它保持适合的比例（504a）。这一比喻说明，灵魂健康的条件就在于秩序、比例与规则之中。好的演说者必须以向公民灌输这一灵魂健康的条件。（文本12）

12. "守法"或者"法律"适用于灵魂的所有秩序和规范，它引导人们遵纪守法，即正义与节制……这就是训练有素的、好的演说家要关注的事情，用他所有的言行给我们的灵魂打上这样的印记。（*Gorgias* 504d1–7,tr.zeyl）

秩序产生于纪律、对称和比例，这样才产生了健康与美。

通过他对于秩序的讨论，柏拉图开始论证政治必须成为一个哲学的主题，即成为关于对人来说什么是好与坏的知识。只有一种"哲学的政治"才能获得对于公民利益的正确理解。从苏格拉底的观点来看，哪怕是晚近雅典伟大的政治家，比如伯里克利，都是讨好民众的献媚者。他们用舰队、船厂、港口等来满足民众的欲望，毫不关心公民灵魂的健康。因为民众是民主权威最终的源泉，民主注定会诱使这些献媚的领袖的出现，他们必然对民众的愿望赞誉有加。民主的前提简而言之不过是：不顾好歹地助长民众的欲望。另一方面，对苏格拉底来说，恰当地理解的真正政治家，则是最关心人们灵魂的医生。优秀医生的关怀会在灵魂的诸部分中产生和谐的秩序。这种秩序会让人的心理健康，让人的灵魂具有正义、节制以及其他所有美德（504）。苏格拉底对于民主的负面看法，以及他对什么才算得上真正政治家的叙述，使得他做出另一个惊人的主张，即只有他才是雅典的政治家。（文本13）

> 13. 我认为我是少数真正运用政治技艺、践行政治的人之一（我不说自己是唯一的一个，尽管我的确是唯一活着的一个），我所说的观点并不是讨好他人，只是说出最好的，而不是最快乐的。我不愿意做你们认真建议的"如此聪明的事情"，在法庭上为我进行的辩护中，我并没有什么要说的。(Gorgias 521d6-e2)

如果不是在这样的哲学家的管理之下，灵魂会堕入可怕而粗鄙的状况，失去自身的和谐，所有的旁观者看来会丑陋无比。这就是苏格拉底在《高尔吉亚篇》结尾的神话的要旨。但是并不奇怪的是，大多数读者会希望对和谐的灵魂，做一种比这里所看到的要更加充分的解释。对于柏拉图来说，伦理与政治是交织在一起的。但是正如这一神话所表明的，柏拉图要重新调整伦理与政治之间的平衡关系，以强调个体灵魂的重要性。

6. 城邦与灵魂中理性的优先性：柏拉图的《理想国》

为了获得他理解的心理秩序，苏格拉底必须从身体的秩序出发，转而论证美德是灵魂的有序状态这一概念。他在《高尔吉亚篇》中并没有说明这样一种转向的合理性，也没有进一步解释为什么心理健康会导致社会美德的产生（毕竟一个体格健康的身体既可以被用于好的，也可以被用于坏的目的）。并且在这一对话中，他也没有说明可以克服病态的民主文化的健康的政治文化。那么，如何能产生一种可以确保有序灵魂的文化？换言之，这种文化应当不依赖苏格拉底之类超人形象的杰出但必然是不完备的努力。如何填补《高尔吉亚篇》中由苏格拉底对灵魂的含混描述所留下的空白呢？于是，为了形成正确的政治文化，对个体进行恰当的教育就成为柏拉图《理想国》的任务。在这部巨著中，柏拉图以一种更为深刻的方式讨论了秩序、和谐与一致性的伦理与政治内涵。

柏拉图将这一对话安排在公元前五世纪。他认为雅典的民主作为一种文化，已失去了其伦理上的一致性。苏格拉底的主要对话者是格劳孔与阿德曼托斯，他们是柏拉图的弟弟，也是雅典的贵族公民。他们耐着性子听了色拉西马库斯所声称的正义是"他人的善"，因而对自身是有害的观点。他们也热心地聆听了苏格拉底胜过色拉西马库斯的辩论，但他们仍未信服。他们说在公元前五世纪的雅典，他们经常可以听到人们津津乐道着色拉西马库斯的理念（《高尔吉亚篇》向我们说明了为什么情况是如此）。他们非常希望苏格拉底在一个更深的哲学基础之上，让他们相信正义。

作为进行讨论的基础，这兄弟俩认为我们所有人从本性上来说是贪婪与野心勃勃的。于是，弱者就设计出一种社会契约来限制强者的肆意妄为。因而他们就教育公民遵守他们的价值：正义、平等，等等。但是如果如巨吉斯的神话一样，任何人只要有一个隐形戒指，他当然就会毫不犹豫地用它来满足自己的欲望。那么我们怎么能够主张说，正义真正地有益于其所有者呢？因为人类的典型行为告诉我们事情并非如此。苏格拉底的讲话主要是针对这些对话者的，所以我们可以推断出柏拉图已限制了其雄心。① 他说服不了卡利克勒斯，现在似乎也不可能改变这个世界中的色拉西马库斯，让他具有道德的观点。然而他可能向那些有道德感的人来解释与说明正义的合理性，并进而强化他们的道德理想和政治承诺。我们要始终了解谁是我们研究的政治思想家的听众。②

因而苏格拉底将格劳孔与阿德曼托斯挑出来，称赞他们不愧为阿里斯通（Ariston）③ 的儿子（367e-368a），这可能是指他们在家庭中受到了良好的教育，所以他们信仰正义。而这一信仰的起源从未得到充分解释。这里暗指着我们已经从卡利克勒斯的例子中所知道的东西：民主对正义个体的塑造是偶然和不确定的。如果政治应当造就正义的个体，那么苏格拉底就要发展起能可靠地保证道德目标实现的新型政治。苏格拉底论证的策略中暗含着这种思想。为了解释正义的好处，苏格拉底在政治与灵魂之间进行了类比。这种策略清楚地说明了伦理与政治的密切联系。苏格拉底通过经验性的观察，指出城邦的精神起源于居民个体的品格，反之亦然。这说明了其方法的合理性。虽然这兄弟俩显然并没考虑政治，但苏格拉底却主张，正义与幸福只能在适当的城邦中才能获得。

城邦与灵魂之间的类比，使得苏格拉底能够利用更为人所知的公共生活背景，说明人类灵魂内在的隐秘机制。对于当时的人来说，城邦内的正义显然是有益于城邦的。城邦的和谐与繁荣，依赖于对公正地分配权力、荣誉和物质利益的基本共识。正如我们在修昔底德和色诺芬那里所知道的，没有这种共识，城邦绝不会繁荣。因此正义促进了社会健康，这从直觉上看就是合理的。城邦内不受约束的欲望、肆无忌惮的相互攻击是不健康的。相反，城

---

① Ober, *PDDA,* 197-213.
② B.Williams, *Ethics and the Limits of Philosophy* (Cambridge, Mass., Harvard University Press, 1985), 26-29.
③ 阿里斯通是格劳孔与阿得曼托斯的父亲，"阿里斯通"希腊文原意为"最好"。——译者注

邦内的正义却造就了城邦的繁荣。因此，如果苏格拉底能够找到一种解释人们灵魂之内正义的方法，那么他就可以类似地解释为什么正义可以使得个体灵魂得以幸福繁荣。

这一策略为苏格拉底解决了一个问题。正义通常被认为是一种社会美德，是在我们与他人的关系中展现出来的。苏格拉底运用这种城邦—灵魂的类比，说明正义也能单纯地在灵魂中得到理解，而不用首先考虑到他人。①这使得苏格拉底能像在《高尔吉亚篇》中一样，关注灵魂本身的秩序与健康状况。但是，他也意识到，即便关注这类问题，也要求以不同的方式考虑政治。

因而苏格拉底的类比，并不只是一个应对当下具体问题的论证策略，还有着更深层的原因。苏格拉底从"社会正义"转向灵魂中的正义，说明了他正在转变他开始时被要求做出解释的"正义"这一概念本身。他转变的原因就在于，无知者一方与受到良好教育的一方，他们对于正义的看法与感受是不同的。只有受到良好教育的人才能感受、理解和享受正义的好处。但是良好的教育，相应要求有配套的政治文化的支持。当时的雅典文化剧烈地扭曲了其公民的精神，以至于他们认为正义是没有价值的，而不正义才是有益的。他们所有的直觉都错了，错到了将正义要求看作讨厌的规则和交税之类的强制性要求的不合理事情；他们不可能将正义看作灵魂幸福繁荣的条件。但是，如果存在着适当的政治文化，个体就能学会理解正义的本质与好处，并认为在有序的灵魂中，存在着这种正义——这种灵魂反映了宇宙的秩序。如果说《高尔吉亚篇》说明了为什么扭曲的政治教育产生了卡利克勒斯式无序的灵魂，那么《理想国》则说明了为什么一个理想城邦提供的教育，能够在作为领导者的公民灵魂中形成秩序。城邦—灵魂的类比有助于说明伦理与政治的繁荣如何以及为什么是紧密相关的。

简而言之，苏格拉底认为城邦的正义就在于对各阶级（统治者、护卫者和生产者）进行有序的安排，而这种正义产生于一种广泛的共识，即有知识的人应当为了整体的善而统治城邦。类似地，苏格拉底认为灵魂的善就在其有序地安排其"各个部分"：理性、勇气与欲望。它们都会"同意"，具有智慧的理性应当为了人总体的善而进行统治。《理想国》第四卷结尾就说明了这一点。在第五卷到第七卷中，苏格拉底具体说明了城邦的政治结构，深化了我们对具有智慧的理性所进行的统治的理解。我们最后认识到，对于苏格拉底来说，灵魂中理性的统治，要求灵魂具有对宇宙整体的有序结构的哲

---

① Cf.Annas, *Introduction*, 153-169.

学知识。这深化了在《高尔吉亚篇》中有关秩序与比例的对话,但是基本的思想脉络仍然是连续的。具备这些知识后,苏格拉底和他的朋友们接着考察从各种无序的灵魂中所产生的心理与政治问题(第八卷到第九卷)。当苏格拉底成功地宣布,哲学家较之于僭主幸福 729 倍时,正式的论证就结束了。最后一卷以一则有关来世的神话完成了这一结论。

在这一著作中,柏拉图一直在思考着希腊政治思想各种连续的传统主题。第一,他的教育理论强调了美德的发展对于个体幸福与政治健康而言都是至关重要的。他认为不应当从规则或者个体行为的角度来看待伦理。规则与行为的角度只能够导致对于伦理问题无望、片面并且也是含混的讨论。由此柏拉图强调了人们灵魂的善(好),是伦理(与政治)思考恰当的起点。第二,政治与伦理是紧密结合在一起的,因为恰当的政治安排有助于产生健康的、可以为社会所接受的个体,并且,有美德的个体也有助于正义与健康的政治文化的形成。第三,他认为政治的不平等,必须与公民间相关的差别相对应,才具有合理性。在这种情形下,一种严格的政治等级,必须在统治者具有真理的知识基础之上才能形成。为了说明这种安排,柏拉图暗中运用了几何平等的原则。他以一种在他的政治学中无处不在的形而上学理论来支持这一原则。在所有三个步骤中,柏拉图面对的是当时的政治,但是他同样以他"地方性的"方案发展了具有普遍历史重要性的理论。我将逐一来讨论这三点。

7. 在古典的背景中教育公民

理想的城邦 *Callipolis* 的前提条件是建立一种能恰当驯服公民欲望,让他们追求荣誉的教育体系(第二、三卷)。换言之,这一体系驯服了灵魂的两个较低级的部分:一是"血气的(spirited)"部分,它是我们对荣誉的渴望、我们的愤怒、我们适当的自尊以及我们的羞耻感的源头;二是欲求的部分,这一部分驱使我们去满足我们身体以及其他物质方面的欲望。苏格拉底认为,作为传统教育者的诗人错误地用叙述与戏剧强化了这些部分。他举例说,荷马将阿喀琉斯描述成贪婪的人:他接受了阿伽门农的礼物,并收了普里阿摩斯的赎金之后才交还赫克托尔的尸体(390e)。由于阿喀琉斯是一位文化英雄,这一描述教唆公民看重金钱,高估物质的(客观上并不重要的)好处。类似地,提到"血气",理想国的公民必须受到教导,既不要具有过度的侵略性,也不要太柔弱。通过音乐与文学的教育,他们会受到教导,友好地对待其同胞公民，适度严厉地对待外来者。当然，首要的是，他们的荣誉感应当与正义的要求以及对他人适当的尊重一致。

在讨论如何重塑这两种"较低级"的心理冲动时，柏拉图含蓄地批评了当时文化所提倡的主要目的。物质的攫取是帝国主义城邦及其公民显然的特征。"血气（thumos）"，自荷马之后就已经成为希腊人的核心价值。但是血气远远不能激发起人们举止得体，毋宁说它使他们像好斗的狗一样行动，让他们错误并且鲁莽地认同妄自尊大、愤怒、骄横与野心勃勃的自我膨胀理念。正如修昔底德指出的（3.82），公元前五世纪内战的主要原因就是由于过度的攫取（pleonexia）和难以抑制的野心（philotimia）。这两种冲动使得教育不良的个体，为了给自己赢得更多（或者说太多）的财富与荣誉而侵犯正义的准则。他们都被一种显然错误的理念误导，即什么对于人来说是好的，以及它们为什么是好的的看法。在柏拉图看来，由于广泛文化中误导性的政治价值，"非道德主义"已渗透到了所有雅典公民的灵魂之中。

在第八卷到第九卷中，苏格拉底讨论了高估血气与欲望而低估理性的政治后果。这几卷描述了一些不完善的政体：金权政治（timocracy）①、寡头制、民主制及僭主制。每一种不完善的政体，都是具有误导性的冲动所造成的，这些冲动要么是起源于居民的血气，要么是起源于居民的欲望。在这几卷中，柏拉图对当时希腊政治提出了批判，但是这几卷通过剖析每种政体中普通公民所特有的灵魂病理学，更深化了这一批判。它们同样也说明了，对于荣誉与物质利益的不当欲望在畸形的教育体系帮助下，有可能动摇国家。现存城邦中的政治通常容易成为各种纷争不息的动机与欲望的漩涡，道德与政治的一致性毫无可能。因而，对于政治健康来说，关键的是要对所有公民进行恰当的教育。

8. 政治与伦理

要在理想国中将其教育理论付诸实施，要求苏格拉底彻底考察当下现存的政治。这是第二点，即重塑政治，为健康的伦理创造条件。第一，统治者——后来表明就是哲学家，必须"审查讲故事的人"（377b）。换言之，城邦在正确教导公民中，必须依靠政府强行审查。如果是特别针对孩子的教育，这种监督对于当代公民来说可能并不令人反感。但是苏格拉底却想将诗

---

① 金权政治（timocracy），指必须拥有一定的财产才能担任官职的政治制度。——译者注

人完全赶出理想国（Callopolis），因为他们传统的故事是有害的——有时是因为这些故事是虚假的，有时是因为其本身的真实面目是有害的（有一种例外情况：苏格拉底的确"允许"那些对于诸神与英雄唱赞歌的诗人进来，假如他们的韵律与内容受到精心监督的话）。理想国能够有诗人工作坊，但是他们的宗旨并非鼓动"创造力"，而是鼓励作家们以正确的方式传播"有益的信息"。

第二，为了强化城邦各阶层间的等级制度，苏格拉底主张运用他所谓"高贵的谎言"来教育所有的公民。从一开始，统治者必须教育所有的公民，城邦里有三个等级：经济上的生产者、护卫者以及统治者，在他们的灵魂中都有着金属质地，分别是铜或者铁、银以及金。这些是神圣安排的自然等级。如果城邦要保持健康，这一等级必须得到维系。事实上，城邦的正义，首先在于每个阶层去做其应当去做的事，不违反黄金阶层的自然公正的统治。我们仍要解释为什么在苏格拉底看来，进行统治的哲学家阶层应当管理理想国，但让我们先回头看看这些教育主张的革命性特征。

这种审查与教育监督，使得以卡尔·波普尔（Karl Popper）为代表的一些人，将柏拉图概括为"开放社会"的敌人，即一位极权主义的理论家。无论"极权主义"这一众说纷纭的词语有着什么含义，波普尔将柏拉图看作个体主义、自由与多元主义的对立面是正确的。但是与第二次世界大战时期的法西斯国家之类的标准的极权主义政权相比较，柏拉图对于他主张的政治等级、审查，以及对于个人主义的社会控制提出了严肃的哲学论证。无论他的措施多么令人不安，我们会发现对于他来说，这些措施实质上并不是统治者为了其自身的利益而攫取权力。首先，他的统治者并不是为了自身的利益，而是为了城邦的利益来进行统治。而且事实上从法律上来说，他们是被强制违背自己愿望遵循爱国主义职责进行统治，而并不是追求他们至爱的哲学。其次，柏拉图认为他的"善（Good）"的理念，比自由、对个体偏好的尊重、私人生活以及其他民主性的价值更高。用现代的术语来说，他看重善（好）胜于正当。而就"善"来说，他指的是"城邦的善"，而不是任何特定公民与群体的善。

一些更不可靠的主张使这种善的理念受到更为严峻的考验。举例来说，苏格拉底为了建立理想的城邦，计划让那些超过十岁的人统统"下乡"，也就是送他们到乡村去，其不祥的言外之意是他们将在那里被处理掉。这种（柏拉图式的）善，与雅典的民主所给予公民的自由与特权——当然，现代民主更是如此——是相冲突的。当然，波普尔在其批判中有些片面，但是从我们所重视的私人自由与个体选择来说，很难说完全对于他的观点没有同感。

柏拉图的其他一些措施同样是极端的。首先，城邦的护卫者被禁止私下拥有自己的财产。这一规定被认为意在产生城邦的团结，为公共的善做出贡献。（文本14）

> 14. 对于城邦的居民来说，唯独护卫者不应当经手或者接触金银，或者与之同处一室，也不应当将其作为珠宝戴在身上，或者将其作为酒器来喝酒。这样他们会拯救其自身，也会拯救城邦。但如果他们成了业主与农夫而不是护卫者，他们会成为可憎的僭主，而不能成为其公民同胞的盟友了。（*Republic*, 417a–b, Tr.Grube, rev. Reeve, adapted）

柏拉图所担心的，显然是那些拥有权力的人会为了其自身的利益而滥用这些权力。这样的滥用是历史上雅典贵族的特性，比如雅典的三十僭主。在制度上柏拉图的统治者被禁止拥有财产，因而他们就不容易受制于物质的冲动。正如我们会看到的，柏拉图在《法义》中也特别关注贪婪。

其次，苏格拉底主张妇女与孩子都必须公有，妇女与男子一样，应当为成为统治者而受到训练。建立"一切公有"的体制，是苏格拉底想在一个纷争不息、危机四伏的古典希腊政治中形成公共和谐的努力（注意第七章中亚里士多德对这种规定的批评）。通过这些规定，苏格拉底将妇女的地位提升到一种远远超越她们在历史上的希腊城邦所曾体验的高度。值得我们注意的是，他认为并没有明确的相关差别能说明将妇女排除在政治权力之外的合理性。

但是他女性主义的情怀并不深刻。他清楚地表明，妇女是弱者，并不能在生活的各个方面上与男子匹敌。他对于妇女与儿童的规定，是与一种令人厌恶的优生学计划联系在一起的。他构思的计划设计了一个受到操控的性事抽签制度，其中有吸引力的健康强壮男女，应当得到国家的允许进行交合繁衍。其他人会巧妙地抽不到签，不能享受性的快乐，失去繁衍的机会（这样的抽签真的在实践中可行吗？如果漂亮健壮的运动员差不多每次都赢得机会，事情就会变得可疑了；并且，让人独身是特别困难的……）。性事与对家庭生活的否定，也是可以将"极权主义"标签贴在柏拉图身上的另一个理由，因为他的安排使国家"全面控制"公民生活最私密的细节。即便如此，我们应当清楚在批判柏拉图时，底线在哪里。举例来说，有人认为他并不尊重妇女的主体性或者个体性——这是当代女性主义关注的中心,但是我们可以看到,他也并不尊重男人这些方面的特征。① 总之,他是以完全牺牲我们所谓个体权利或者自由为代价,推进他的善的理念。

9. 哲学统治者

苏格拉底最为重要的政治创新就是他所谓哲学家必须进行统治的规定。他认为没有这一规定,城邦的正义就不能够形成。为了彻底澄清是非,苏格拉底说明当时对于哲学家的嘲笑是错误的。事实上,他认为许多所谓的哲学家的确配不上哲学家这一崇高的头衔,应当受到嘲笑。他们要么是无用的笑柄,或者更糟糕的是,他们本有着良好的天资与智慧,但受到现实城邦错误的教育败坏。这一问题又与普通人通常理解不了真正的哲学家叠加在一起而更加复杂。真正的哲学家通常看起来高深莫测,或者说是不食人间烟火的怪人。这恰好就是柏拉图的论证所要反驳的特征。

真正的哲学家,正如柏拉图所表明的,较之于普通人更多地接触了现实。柏拉图借助哲学家对于实在的知识,说明哲学家作为统治者的政治等级制的理由。这里的实在(Reality)之所以大写了 R,是因为柏拉图视之为"真正实在的"东西并不是感知的特殊事物,它属于理性所知的智性理念的世界。解释柏拉图在《理想国》中(更不用说在别的地方)的这种形而上学与认识论,超出了本书的研究范围,但是我们应当注意三点:

第一,知识是柏拉图区分真正的统治者与智者和那些不配享有政治权力的政客的基础。正如苏格拉底所说的,他那个时代的政客关注的是一头"巨大而强壮的野兽的激情与欲望",也就是民众的激情与欲望(493a)。他们在政治集会时将民众的信念又回馈给它,因为他们对什么"是高贵还是可耻的、好还是坏的、正义还是不义的",提不出理性的解释;他们只是说些适合野兽欲望的话(493b)。相形之下,哲学家却对其伦理观有理性的、有说服力的解释。他们的政治设计源自他们对世界中客观的伦理事实的知识。

第二,他们的知识不仅只是包含了日常特殊的世俗经验,而且还包括他们对柏拉图称之为"相(forms,理念,理型)"的理解。② 在《理想国》,或

---

① Annas, *Introduction*, 181-185; A.Saxonhouse, "The Philosopher and the Female in the Political Thought of Plato," *Political Theory* 4.2 (1976), 195-212.
② 我目前大体上赞同的一个介绍性的阐述,参见 N.P.White, *A Companion to Plato's Republic*; 就更为专门讨论这个问题的许多论文而言,我愿意提及 Irwin, *Plato's Ethics*, 262-280。

者我们所知的别的地方，都没有有关相的确切理论。就我们所能重构的概念来说，相至少解释了为什么特殊事物在特定的环境下，会表现出感性的或者道德的属性。举例来说，美的相充分地说明了美是什么，为什么事物是美的，说明了事物通过"分有"美的相才是美的。相以一种无条件的方式承担着"美""正义"等谓词的功能。相形之下，特殊事物只能以一种不确定的、有条件的方式承担这些谓词的功能。因此，对于相的知识，深化了哲学家对于特殊事物的智性理解，它也有助于理解日常世界背后更深层的实在。作为他们对于相的知识的后果，哲学家就能够在对世界的道德结构的深刻理解的基础上思考政治问题。在变幻莫测的现实政治世界中，哲学家能够区分正义与不义、审慎与愚蠢、高贵与耻辱等；他们也能解释为什么他们这样的区分是可靠的（也许是柏拉图的一个局限的是，他没有像后来的亚里士多德一样，区分实践的智慧与理论的智慧）。

第三，在他们训练的高潮，统治者也得到了对于善（Good）的相的理解。[①] 苏格拉底从来没有直接地描述这一晦涩的概念，但是可以认为，善的相被想象为实在结构深层的一致性。善（Good）是一种宇宙的秩序原则，它使得其他的相成为可以理解的和实在的；它也是解释其他相之所以善的原因。例如，正是通过与其他的相（比如说节制、虔敬以及勇敢）的一致性关联，正义的相从而正义的美德才是善的。而且，只有通过理解善，哲学家才能造就健康的城邦与繁荣的公民集体。因为如果他们理解有序的宇宙结构，他们就自然会想要（或者柏拉图会这样想）在他们自己的灵魂中复制这一有序结构，并且在他人的灵魂中，在整个理想国中实现这种秩序。这样，柏拉图善的理念，延续着《高尔吉亚篇》中苏格拉底所追求的秩序。苏格拉底反对卡利克勒斯式的利己主义，因为它导致了灵魂中的无序。在《理想国》中，善主要表现为和谐与"秩序（kosmos）"。而正义的人希望这样安排他的灵魂，以反映宇宙的秩序。因此，通过《理想国》中的形而上学，柏拉图将苏格拉底对于卡利克勒斯的批判置于一个更为坚实的基础之上。他也开始将有序的城邦想象为对宇宙神圣秩序的一种反映。

苏格拉底借助于哲学家所拥有的善的知识，说明了哲学家治理理想国的合理性。类似地，他所设想的政治等级也有助于说明为什么理性及理性所追求的真理，必须在灵魂中占有优先地位。为了作为整体的人的善，灵魂的理

[①] 有关善的相，哲学家-统治者以及正义的问题，可参考 Cooper, "Psychology of Justice," and R.Kraut, "The Defense of Justice in Plato's *Republic*," in *Plato's Republic*(Lanham,Md.,Rowman and littlefield, 1997), 197-221。

性部分用智慧支配着欲望与血气。这就是苏格拉底将正义表现为一种心理健康形式的更深层意义。理性与灵魂的其他部分一起，反映着宇宙有序的结构（500b-c）。显然，这种心理秩序对于其主人而言是值得追求的。而且，虽然它远远超过了格劳孔与阿得曼托斯所担心的"一般"正义问题，但是，它却会刺激那些具有有序灵魂的人践行正义的行为。因此哲学家主要的欲望也会是智性的，即一种获得真理的情爱（erotic）冲动（490a-b）；反过来，其他类型的欲望会渐渐消退（485d-e）。对于宇宙（kosmos）的有序结构的凝视，使得哲学家能够理解秩序的好处，会竭尽全力在他自身以及城邦之中产生这样的秩序。他只不过恰当地失去了对灵魂其他部分欲望的兴趣。①

我们能理解为什么一些解释者将柏拉图主要理解成一位讨论伦理学、认识论与形而上学而不是政治学的哲学家。尽管如此，我们也有必要认识到，柏拉图这些其他方面的兴趣都体现在政治文化中，并且也是对政治文化做出的反应。即使如此，在《理想国》中，政治的目的绝不在自身之中，毋宁说它是作为建立一种能促进个体伦理发展，获得幸福生活的制度的手段。也许有人会说《理想国》中并没有政治学，因为其中并没有政治协商与妥协，没有真正的公共空间，不必费力去（如希腊人会说的）城邦的"中心"讨论问题。举例来说，这与非哲学家的"公民"有何干系呢？用"Republic"翻译希腊文的 Politeia② 会不会是一种误导？人们也许会认为，很难想象在一个大多数公民与决策者之间鸿沟远隔的城邦，其"政治"能名副其实。但是，这种思路其实囿于一种极为狭隘的"政治"理念。柏拉图的《理想国》认为统治者是为了善，在被统治者的认可之下运用权力，它设计了特别的制度安排以达到善。这一对话将政治表现为一种贵族统治的形式，它基于知识之上，并且是为了被统治者的利益。

即使如此，这一思路给理想国的社会提出了一个重要的问题：柏拉图所描述的哲学知识对于理想国中非哲学家的人来说，有什么政治与社会意义呢？③ 如果欲望是"呈现出各种形状的野兽"（588e），需要受到抑制，值得

---

① See Cooper, "Psychology of Justice," Kraut, "Defense of Justice". 一种不同的理解，可以参见 E. Brown, "Minding the Gap in Plato's *Republic*," *Philosophical Studies* 117 (2004), 275-302.

② *Politeia* 在希腊语中是一个多义词，既可以意味着体制、政体，也可以意味着一般性的结构。所以柏拉图的 *Politeia* 一书的书名，在中文中有许多翻译，其中常见的除了"理想国"外，还有"国家篇""共和国""政制篇""王制"等等。而受柏拉图影响的古代学者比如斯多亚的芝诺、西塞罗等，也都写了自己的 *Politeia*，一般不翻译为"理想国"，而是翻译为"国家篇"。——中译者注

③ 在 Williams, "Analogy of City and Soul" 中，这是一个重要问题；另外参看一个有意思的讨论：Bobonich, *Plato's Utopia Recast*。

人们怀疑而不配受到尊重,那么生产者的政治地位同样也是低贱的?从最善意的解读来说,苏格拉底的论证并非包含着对于灵魂中欲望部分过多的厌恶与轻蔑,他只是相信,欲望如果想保持一种健康的状态的话,就需要受到监督与治疗。例如苏格拉底认为正义的个体必须"照管好那个多头怪兽,像农夫珍爱和照料那些驯化的禾苗,铲除野草,防止其生长"。(589b)

这种解释意味着,尽管感性的欲望在生产者的灵魂中占有优先性,然而生产者也可能节制而适度地生活,因为有统治者监督他们。他们生活于洞穴之中,不可能以正确的理性理解或者懂得道德的好处。即使这样,他们在统治者治疗性的眼光之下生活,较之于他们在其他的政权之下生活有天壤之别。至少在理想国中他们可能举止得体,不会不义地伤害他人。正如亚里士多德后来指出的,他们践行了正义的行为,但是并非**如**正义的人一样来践行正义行为。然而较之于其他可能的情形,在理想国中他们对于美德行为的践行以及他们的公民身份,使得他们的生活更加有序、节制与公正,因而更反映了宇宙大序(kosmos)的结构。这可能在某种程度上有助于减轻对于非哲学家的人们的担心,但苏格拉底仍然坚持强调抵制欲望,这使得人们紧张地担心着生产者,因为他们在国家中是与灵魂的欲望部分对应的。

有意思的是,在西塞罗的《国家篇》(*Republic*)这部显然可以与《理想国》相比较的政治理论著作中,这些担心并没有出现。西塞罗的著作促使读者认识到他们可能已经忘记了的东西。柏拉图的理想国没有历史,没有丰富的文化,没有建立持久的制度让人们忠诚、形成凝聚力、激发爱国主义、促进对于正义与共同的善的尊重。与波利比乌斯一样,西庇阿(Scipio,他是西塞罗这篇对话中的主要对话者)也认为各种单纯的制度是内在地不稳定的,因而混合的制度是最好的。混合体制让平等的公民集体中间尽量广泛地享有平衡,不会出现它们可以向其转变的"他我(alter-ego)"(例如君主制可以转变为僭主制,或者贵族制转变为寡头制)(1.69)。

不过,西塞罗思想的核心要点是,罗马共和国已经在时间长河中显示出它的优点,它是现实中最好的政体。它是自行运行的真正共和国。正如《国家篇》第二卷所表明的,罗马共和国长期重视商谈协定、崇尚价值与美德、努力发展共享文化、培养对国家的奉献精神。因而罗马共和国是真正的"共同财产"(3.43)。西塞罗是在回应柏拉图的《理想国》时写作《国家篇》的,在西塞罗描述的国家的比衬下,柏拉图的国家显得是一个全然不同的怪兽,要进行大量的解释工作。相比之下,它甚至很难在真实世界中召唤人加入其公民之列。其"高贵的谎言"是对真实历史的一种苍白替代。它的法律与决策并不是真正的公共财产。只有少数公民，即哲学家才拥有国家，哪怕他们被禁止拥有私人财产（也许这么做并不现实，参见第七章有关亚里士多德的思想）。

10.《理想国》之后柏拉图的政治哲学

我们自己都知道《法义》是柏拉图最后的著作，在他死之时并未出版。从风格与主题上看，有相当的理由相信，《政治家》是与《法义》同时期相互关联的一组对话的一部分。所以可以这样说：在《理想国》之后，柏拉图两部主要政治哲学著作就是《法义》与《政治家》，可能写作于柏拉图生命的最后二十年。[①]

在这些著作中，我们看到了与柏拉图早期政治对话的显然连续性，以及同样显著的差别。也许最为重要的连续性在于，柏拉图强调的专家技能或者知识是进行恰当统治最为重要的标准（在《政治家》中这种技能被称为"politikê epistêmê"或者"politikê technê"，我们稍后会讨论它由什么组成）。合适的统治者知道什么是最好的，并运用他们的知识与权力来提升整体公民。对于统治者专业技能的强调，符合柏拉图一贯并且通常也是根本的对现存体制的批判，特别是对民主制的批判。这样，柏拉图晚期的政治哲学对民主并不友好——尽管最近一些观点持有异议。人们之间的价值还是"参差不齐（sliding scale）"的。简而言之，一些人，特别是那些能理解美德并促进美德发展的人，优先于其他人，比如工匠、农夫和奴隶。

这一观察让我们看到一个对《理想国》的重要突破。因为在这两部对话中的理想城邦，公民身份的关键标准是能在德性上取得重大进步。与《理想国》不同的是，这些对话认为那些并非哲学家的人也能够获得相当水准的智力与美德。他们在这方面的成就自然能改善他们生活中的处境。较之于《理想国》中的生产者与护卫者，他们的境况要好得多。关键在于所有那些不具有美德的人，包括各种类型的"生产者"，都完全被排除在公民之外。换言之，在这些对话中，柏拉图重新划定了公民身份的边界，排除了所有那些不能在美德上进步的人。[②]

主持《政治家》中对话的爱利亚异方人，断然地主张只有一种"正确"

[①] Cooper, "Introduction," in *Plato:Complete Works*,xiii-xiv.

[②] Bobonich, *Plato's Utopia Recast*,412-417.

的政体,所有其他政体都是毫无价值的模仿者。(文本15)

15. 只要他们(具有技能的政治家)运用知识与正义,保护城邦,尽其可能改善城邦,我们必须说这是唯一正确的政体……至于我们正在讨论的其他政体,我们必须说它们都是不合法的,事实上它们并不是真正的政体,而是对于这一真正政体的模仿。
(*Statesman* 293d8-e4)

这整个对话都在竭力说明,由于政治家具有政治技艺,就可以将政治家与其他人区分开来,比如医生或者智者,后者也可能声称是人们共同体合适的监护人。异方人一再说政治家之外的这些"自诩者"都是江湖骗子或者魔术师,即擅长进行欺骗性蛊惑的专家。因此,他在专家式治理的政体与所有其他类型的政体之间,划出了截然的界线。这种基于政治家的政治知识的分界线,使得异方人能够对所有既存的政体进行一种深刻的批判。

特别是,异方人坦率地批判了相信民众集体智慧的普罗泰戈拉式信念。他认为,哪怕是在跳棋(*petteia*,也许是一种双陆棋)这样的游戏中,我们也只能看到极少数专家。因而只有更少的人才获得了政治中的技能(292e-293a)。但是民主派会回应说,公共协商形成了一类提升了的实践智慧,它只能在地位平等的人们之间,通过开诚布公的对话产生。公民在对话中愿意修正他们的观点,并乐意让他人讨论自己的理念。异方人对公民大会有一种特别的解读,试图反驳这种证明。他提出了一个准谱系学(quasi-genealogy),以用来说明"次好的"即不正确的政体是如何产生的。

在异方人看来,(无论是民主制还是寡头制)公民大会中的公民讨厌专家,武断地提出对他们自己并不熟悉的主题的意见(参见298a-e)。于是,愚昧的公民制定了法规,非常无知地规定如何、什么时候以及为什么要实行技艺。因而任何形式的科学研究与伦理探讨差不多都变得不可能。这不可避免地使得人们文明进程总体趋于衰退,即技艺的败坏、研究的消亡以及人类知识增长的停滞。"次好"的政体受到无知者订立的法律的严格控制,不允许进行创造。希腊腐败政体的这种图景特别包括了民主制处决苏格拉底——他是推动人类的创造性与知识的先驱。(文本16)

16. 因此还有必要进一步为所有这些情形制定法律,如果发现有人违反制定的法律,研究驾驶船只或者航海的技术,或者研究医术中的健康与真理,或者冷热风的影响,或者"聪明地"去研究任何这些事情。首先,我们不能称他为医生或者航海家,而只是算命先生或者无事生非的智者。其次,任何公民只要愿意,都可以将其告上法庭,因为他正在腐蚀他者、年轻人,诱导他们以不合法的方式来研究航海术与医术,而且以独有的权威来管理船只与病人。如果他被证明在诱导年轻人或者成年人违反法律与成文规则,那么我们必须以最严厉的处罚来惩罚他。(Statesman 299b2-c5)

苏格拉底已成为一个象征:指向超越自身生活,追求受到既存政体束缚的人类创造精神。这样,普罗泰戈拉的描述不仅是无可救药的乐观主义,而且也错误地支持了导致人类不可避免走向衰微的制度与法律。

异方人乘机讨论了既存政体中法律的可疑作用。他说如果一个近于神明的政治家以政治的技艺进行统治,所有人都会更好(注意《政治家》中的理想城邦事实上是有法律的,但是这些法律基于政治家的知识,也次于政治家的知识)。法律是一种迟钝并且过于僵硬的准绳,它制定出来是(笨拙地)管理真实人类活动的多样化的和不可预测的经验。它们总是过于普遍化,总是无法把握微妙的差别性。而且无论如何,法律必须一直由不完善的代理者来进行解释,才能运用到具体的案件之中。如果能找到这样的专家的话,他自然会根据环境的变化而修正他自己的法律。而普通人则处于困境之中:他们并不具有改变他们法律基础的智慧,也没有理由相信由他们或者其他非专家所制定的既成法律。这样,与盛行的观点相反,法律并没有给出对既存政体的健康表示乐观的理由。即使如此,异方人立刻补充说,尽管现有的法律并不完善,严格受到法律约束的制度比其他缺少法律的制度更健康,因为后者总是被巧言如簧的政客的阴谋诡计所操纵。①

异方人有关非法与合法政体的观点可以加以总结,他关键的观念是:有且只有一种与所有其他政体对立的正确政体。一般政体的差别,比如少数人的还是多数人的、富人的还是穷人的、强迫的还是认同的、合法的还是非法的制度,相对而言都是无关紧要的。柏拉图对当时以一般思路进行政体分类似乎十分清楚。他提及的各种分类法类似于在亚里士多德《政治学》中可以看到的想法。这可能是他在学园里影响了年轻的亚里士多德,也可能是柏拉图在研讨班上从这位卓越的学生那里学到的。② 但是柏拉图却基本上认为,

---

① 有关法律的问题,参见 Rowe, Plato: Statesman, 15-18。
② 我从 Malcolm Schofield 那里得到这一启示。

这整个的讨论差不多是没什么价值的，因为制度"正确"的真正标准就是统治者的知识。如果政府并没有这些知识的指导，那么**任何**权力的分配都必定是错误的，包括强迫还是同意之类的（无关紧要的！）区别。

强迫与同意的问题提出了可能令人不安的情形。政治家原则上可以合理地运用强力去建立正确的城邦，维持其政治健康，改造个体公民。举例来说，异方人认为政治家在必要的情况下可以通过放逐一些人，处决另一些人，"像蜜蜂的蜂群"一样向海外派遣殖民团体（293d-e）。政治家也会在必要的地方运用强力，帮助个体取得道德上的进步。据说政治家（正如在柏拉图早期的对话中）类似于照顾病人的医生一样。相应地，异方人认为，假如有利于病人的健康，那么对他进行强迫性的治疗是合理的，无论他同意与否：（文本17）

> 17. 因此，假如某人不是劝说他的病人，但他正确明白医术，违反书面规定强迫一个小孩或男人和女人，接受对其有益的治疗，我们该把这种强迫称作什么呢？无论它会是什么，它都不会是违反医术而导致疾病的失误。受到强迫接受好的治疗的病人，不应当就此事说点公道话，而非说他被强迫治疗他的医生的技术有害对待？（*Statesman* 296b5-c3）

因此，柏拉图仍然认同我们在他所有著作中随处可见的家长主义。但是正如我们会看到的，他在《法义》中淡化了这一方法。在他最后的著作中，那个雅典异方人区分了奴隶医生与自由民医生，以说明在政治能力中说服的作用。他说明奴隶医生并不解释他们病人的病情，也不解释他们的治疗方案；而自由民医生与病人讨论其病情，理性地解释治疗方案，并在病人的同意之下制定一个康复的计划（720a-e）。① 我们能协调这些观念吗？柏拉图对于公民与专家管理者的关系，究竟持什么立场呢？

对于这些问题的回答取决于在这些著作中普通公民的地位。我认为与《理想国》相比，在这两部著作中柏拉图做出了一种重要的变化。现在这些著作不再将公民分为三个等级——生产者处于底端，柏拉图更为狭窄地定义了公民集体，将其看作"美德的共同体"。② 柏拉图后期著作的这种新体系基于对于公民智性能力的不同观点之上。在《政治家》中，异方人说，美德的

---

① See J. Cooper, "Plato's *Satesman* and Politics."
② Bobonich, *Plato's Utopia Recast*, 416.

获得取决于向公民的灵魂灌输"有关什么是高贵、正义、善,以及其对立面的真正真实并且确定的意见"(309c)。异方人所描述的真实的、确定不变的意见,表现了对于道德真理的明确意识。这种意识最终取决于政治家自身对于真理的知识。在《政治家》中,柏拉图提升了"意见"的地位,当然并非将其提升到了哲学知识的水平,而是提升到了有关人生重要真理的自觉并且充满理性的意识这一水平。①

我们在《法义》中发现了对于公民集体的类似积极评价。作为自由的公民,他们有着充分的理性能力去理解,也能理性地接受立法家的规劝。在《法义》中,雅典的异方人同样认为,他所想象的公民类似于神操纵的木偶,他们被强烈的情绪所控制,但是同样也有他们必须遵守的理性准绳。以这种"黄金的、神圣的"准绳的形式,公民拥有理性,这就是"城邦的公共法"(645a)。如我们会看到的,他们作为自由的、有时也具有美德的公民的地位,取决于他们的理性,以及他们能被法律的理性所劝导的能力。

因此,即使政治家在原则上可以随心所欲地运用强力,鼓励他的公民的伦理发展,然而这两部著作中的理想却是,他会理性地劝导他的公民道德地行动。这样的规劝既是对公民自我推动道德发展的真正能力的尊重,也显示了对这种能力的承认。

那么具体在《政治家》中,政治的生活会是什么样的呢?其实也并不存在什么民主的协商,但会有执行政治家计划的政治官员。除了政治家之外,公民彼此之间并没有什么差别。因此大多数人基本上在此时或者彼时担任公职,尽管大多数公职的性质还有待规定。但是有三个重要的职位,即将军、法官与演说家,这是需要专门技能的特定领域,在某种程度上可以独立于政治家—统治者而自主行动。举例来说,演说家可以与统治者合作,劝说公民做正确的事情(304a)。他帮助公民形成对于正义、善与高贵的独立理解,而这些概念与政治家所决定的特殊法律或者政治决策相关。他是公民的老师,因而他的技能远远不同于民主的修辞术,或者说民主的协商交流。但是演说家至少表明了,柏拉图认为《政治家》中描述的公民是值得尊重的,这类演说家的实践类似于《高尔吉亚篇》中所提到的"真正的"演说家,但是在此,他的演说显然是由政治家的专门政治技能所指导的,并且也次于这种

---

① 对于柏拉图前面对"意见"的讨论,可以对比 Meno 97a-99d 与 Cooper, "Plato's Statesman and Politics," 182-184 页的论述。正如 Malcolm Schofield 曾向我指出的,就其对公民集体的定义而言,我们可以将《政治家》看作《理想国》合理的发展,理想国的卫士们有着正确的意见,据说这些意见是"浸润"入其灵魂的,因而在其灵魂中是牢不可破的,试比较 Republic 429c-430c。这大致上类似于《政治家》中理想城邦中所有公民的正确意见。

技能（而在《高尔吉亚篇》中，哪怕是正直的阿里斯底德这样的领袖也能发表真正的演说——虽然他的确是个好人，但却并不具有《政治家》所定义的政治智慧）（参见《高尔吉亚篇》526b）。

但是，无论公民参与的性质是什么，这种体制并不是"民主的"，尽管所有的公民都参与进来了。因为这种"理想"城邦是等级森严的，受到政治家权威的政治专业技能的控制，因而缺少民主政治的自由与协商的特征。事实上我们已经看到过，对于异方人来说，民主并不是一种完美的政体，只不过是唯一正确政体的摹本罢了。理想的公民，由于他们受到的教育、具备天生的智慧以及美德能力，会在政治家的监督之下过上有美德并因此是繁荣的生活。这样政治家的城邦不同于民主制，这是因为它以两种不同的方式与智慧相关：第一，理想城邦的法律与习俗是基于政治家无与伦比的专业技能之上的。第二，根据异方人的说法，较之于民主制的公民来说，政治家保证了作为个体的公民能更有力地用理性解释其信念。按柏拉图的解释，这两种差别有助于理想的公民比民主制的公民更有希望取得美德。

君主如何能促进公民集体的伦理繁荣呢？这是换了一种提问方式在问：政治家的政治技艺到底由什么构成呢？《理想国》中的哲学家—统治者所拥有的知识与这种政治技能有什么关系呢——如果这种关系存在的话？在这一对话将近结尾时，对话者将政治技艺定义为控制国家中所有其他技艺的技艺，它在城邦中监视着一切，正确地将所有事情"编织"在一起（305e2-6）。正是知识使得出类拔萃的专家能够指导、管理和关怀人类。他们并不是履行领兵打仗之类的实际职责，而是确定运用实际技艺的恰当时机与情境（305c10-d4）。这是一种选择"恰当的时机（kairos）去行动"的特别知识。这种运筹帷幄的知识使得政治家能够指挥将军、演说家与法官，以及其他次要的专家，在特定的时间而非别的时间，以特定的方式而不是别的方式运用他们的技能。如同编织的比喻所意味的，这种技能将公民恰当地联系起来，让他们克服其潜在不健康的内在癖好，让他们以正确的方式、在正确的时间，正确地委托恰当的人进行决策，从而在城邦中造就健康的政治。[①]在《政治家》中，政治就在于政治家教育公民如何与那些在自然禀性上与他们有别的人相处，以及如何进行决策的实践——受到教育的公民集体常常会进行决策。

政治家的政治专业技能，就在于理解其他技能之间的恰当关系，以及确定适当的时机来运用其他的技能，因此他的知识是一种二阶（secondorder）

[①] 这是 Lane, *Method and Politics* 中的观点。

的专业技能。这使得他能以恰当的方式,在恰当的时间,为了恰当的理由去运用演说家、将军与法官的特殊技能。对这一二阶的专业技能的看法与柏拉图《欧绪德谟篇》中的观点十分相似。在《欧绪德谟篇》的一个简短段落里,苏格拉底认为政治(或者王权)的艺术,就在于知道如何运用其他技艺的成果,以便让公民变得聪明与善(288e-292e)。《卡尔米德篇》(Charmides)也讨论了这样一种二阶知识,一种"科学的科学"存在的可能性,并探讨了如果存在着这样的知识,它会给人类带来什么好处(参见166c-175e)。《欧绪德谟篇》并未清楚阐明政治技艺怎么能让公民聪明与善,只是教育他们意识到伦理与政治真理的引导作用(292d-e)。《政治家》对这一问题给了一个更为具体的回答,它利用了柏拉图对于在灵魂中建立秩序的一贯关切。①

根据异方人的观点,君主必须如同专业的工匠一样,以可能的最好方式将城邦所有事情"编织"在一起。异方人在城邦中看到一些人有着勇敢的自然禀性,而一些人则有着节制的禀性。第一类人较为咄咄逼人、躁动不安,而第二类则更为温和和包容。因为他们的自然禀性不同,在城邦中这两类人彼此间会发生冲突。异方人认为这种冲突对于城邦是有害的"疾病"(307d)。异方人强调的是,公民必须通过教育而同时具备勇敢与节制。谁不能以恰当的方式将这些显然对立的禀性结合起来,就会被杀死、流放或者受到严厉的羞辱(309a)。因为在他们的智慧与可靠理念的指导下,理想城邦的所有公民会将勇敢与节制结合起来,能够(以虽不完善,但却是健全的理性)因地制宜地理解如何、什么时候以及为什么要追求和平和安宁,或者直面冲突与战争。公民克制了他们的自然禀性,从而与不同的他者进行协商。

一般来说,柏拉图并不认可(真正)美德的诸部分可能会相冲突的看法。毕竟如果"勇敢"(假定)与正义的要求不一致,就并不是真正的勇敢。可以说异方人提出这一问题,是为了更明确地解释为什么知识或者正确的意见,有助于不同生活领域的诸美德连贯一致。他认为政治家必须首先关注的是,通过训练公民的性格,培养他们的智慧,在公民生活中织入这种道德的一致性。这一要求引向了各种具体政治方案,以保证表面对立的美德的统一。举例来说,天性勇敢的类型必须与天性温和的家庭联姻,而禀性对立的人必须共同担任官职,从而"平衡"彼此的自然倾向。在柏拉图的解释中,政治家要通过给他的公民提供最完善的(他们能做到的)伦理教育,使

---

① 这里我多多受益于与 Malcolm Schofield 的对话。同样也可以比较 Rowe, *CHGRPT,* 251-253; Lane, *Method and Politics,* 171-182。

得他们过上可能的最好生活。因此柏拉图在《理想国》中对于统治者知识的论述——这种知识就是相的知识，特别是有关善的知识，与他对于政治家的专业技能的描述之间，并不存在不相容性。为了教育公民什么是美好（fine）与正义，让他们既勇敢又节制，在政治上通过"编织"将它们结合起来，政治家的运筹活动，就不得不依赖柏拉图在《理想国》中归之于哲学统治者的知识的指导。①

　　政治将灵魂中的美德编织在一起，以产生秩序与一致，推进了柏拉图早先形成一个有序灵魂的计划。早在《高尔吉亚篇》中，许多核心的观点都出现了。根据苏格拉底的看法，卡利克勒斯最大的问题就是他的灵魂中缺少和谐，他与宇宙的秩序（kosmos）不同步。但是苏格拉底对于心理健康的叙述还是含糊并且不完整的。在《理想国》中，柏拉图充分说明了秩序与善之间的关系，推进了他对秩序的关注。他还说明了为什么善的知识，以及秩序，对于个体获得心理健康是至关重要的。哲学精英将其自身的心灵类比为他们在哲学沉思中体会到的秩序，从而展现了灵魂可能的最高秩序。在《政治家》中，我们发现柏拉图发展了对秩序的另一种思考。在这部著作中，秩序在全体公民的灵魂中找到了特定的运用。通过政治家专业性的"编织"，公民在灵魂的各种美德间获得了一种有序的平衡，并且拥有充分的理由珍视并维系这种秩序。因此较之于他以前的观点，柏拉图这里对于非哲学的人们的生活图景更为乐观。但是新的公民身份限制将许多可能的公民永远排斥在政治生活的善之外了。

　　柏拉图最后与最长的著作《法义》，发展了许多《政治家》中出现的主题。要理解这部复杂的著作，有必要从将近结尾的地方着手。在描绘出他称之为"马格尼西亚（Magnesia）"国家的建立后，雅典异方人认为，建国是为了达到唯一的目的——美德。他认为马格尼西亚的每个公民，必须竭尽全力，以达到"善"以及"对人有益的灵魂的优秀"。别的任何事物，甚至是国家本身，都不得违背这一目标（770c-e）。相比之下，当时大多数国家的存在目的是推进一个特殊派别的目的，或者是发财，或者推动过头自由。（文本 18）

　　　　18. 并不奇怪的是，在某些人眼里正义的标准是，某些人应当在城邦里进行统治，无论他们碰巧比其他人更好还是更坏；而另一些人的标准则是统治者应当是富人，无论他们是否是奴隶。另一些

---

① Cf. Rowe, *CHGRPT*, 237-239.

人则受到自由生活欲望的驱使。(Laws 962d9-e4)

因此,为了获得政治的健康,就要求弄清楚美德的性质。柏拉图认为,这尤其要求统治者理解美德是一个整体,尽管人们可能在不同的情境中以不同的名称称呼它(勇敢、节制、正义、智慧)。从其用词方面说,对话的这一部分回应了早期柏拉图有关相的理念。为了将这一对话转化为早期的术语,马格尼西亚的统治者(至少是他们中的一些)必须在一种绝对的意义上理解什么是真正的善与美德。他们必须理解相,然后他们必须精心地立法,以推进他们对于善的知识并且身体力行。

因而,为了在城邦中达到美德,《法义》将政治置于哲学知识之下。但是这一著作与之前的讨论的不同之处在于,它强调了神学作为建立一种正确政治的关键。雅典异方人说,他的政体的真正主管者是神,所以应该称为"神权政体"(theocracy)"。(文本 19)

19. "最好的人哟,你们确实分有(μετέχετε)诸政制。[712e10] 我们刚刚命名的并非政制,而是受宰制 [713a] 的城邦,其中一部分人奴役另一部分人。每一种 [政制] 都根据作为主宰者的权威来命名。倘若应当以此命名城邦,那么,我们必须用神的名字来命名,神作为主宰者,真正统治着那些拥有理智的人。"(Laws 712e9-713a4)

雅典异方人在第十卷解释了他的神学的"基本原理"。他认为无神论是一种精神的疾病与堕落,宣扬无神论的思想家相信世界产生于自然与偶然,而不是产生于目的性智慧。从这种观点出发,人的法律不过是庸常的习俗,"天性生来就好的东西是一回事,而在法律上好的东西是另一回事"。(889e)读者们一定看得出雅典异方人为了扫除卡利克勒斯式的理念,正在对之进行严密审视。这样的策略正是这部著作的特点:那些深刻的新观点所体现出来的,是对早期对话的著名主题的重新讨论——这些主题被整合在一个精彩并有说服力的整体对话之中。

雅典异方人的神学论证描绘了一种灵魂优先于物质的形而上学,它有不少有趣的地方,但对于我们来说最重要的是,它发展了我们现在所称的"自然法"。(文本 20)

20. 特别是，他应当坚持法律本身以及技艺的存在是自然的，或者说并不比自然的东西不真实。无论如何法律是理智的产物，正如你向我所作的真实的解释所揭示的，对此我也会同意。（Laws 890d5-8, spoken by Cleinias）

人的法律是作为对于神法的一种反映而建立起来的，而神法则是在宇宙大序（kosmos）有序的运动中表现出来的。人的法律，是模仿由神圣至上的正义与美德的存在者所规定的宇宙正义的法则。统治者必须能够沉思星球的有序运动，因为这些都是受到理性（nous）的控制的，理性给予整个宇宙以秩序（966e）。在另一处，雅典异方人认为物理学与天文学都是神学的分支（822a-c）。理解这一观点以及其他的神学观点，对于理解马格尼西亚的知识化管理（knowledgeable governance）是关键的。立法必须同时着眼于宇宙的理性秩序，以及变化中的政治世界。事实上，我们要注意到斯多亚学派后来将细致地发展这种观点。雅典异方人主张"就像不朽者在我们中间一样，我们必须符合这种不朽的成分来管理我们的家庭与城邦——我们称这种成分为理性的'法'（713e-714a）"。这种理论是希腊留给基督教自然法传统的遗产，最好地体现在阿奎那（Aquinas）那里。当然，一般说来，西塞罗是这种传统传承中"过滤者"：（文本 21）

21. 正义必须起源于法律之中，因为法律是一种自然力，它是聪明人智慧的理性，是衡量正义与非正义的标准……因此，既然没有比理性更好的东西，既然理性同时存在于人与神那里，人与神首先的联系就是在理性之中。但是，那些共同拥有理性的，也必须共同拥有正确的理性。由于正确的理性就是法，那么我们必须认为人类与神一样共同拥有法。（Marcus, in Cicero, *Laws* 1.19, 23, Tr.Rudd, adapted）

与在《政治家》中想象的城邦一样，马格尼西亚同样是一个"美德共同体"。① 所有的公民必须努力地发展其潜能，以获得美德。尽管他们掌管农场，但是法律不鼓励他们参与其农场的实际管理。再者，为了使得全体公民具有美德，一定的"净化"（正如雅典异方人所说的）是必要的，以淘汰潜

---

① Bobonich, *Plato's Utopia Recast,* 409-419.

在的麻烦者——通常是穷人（735a-736c）。①

引导城邦发展美德的某些政府结构还是模糊的，但其关键的要点在雅典异方人对所谓"夜间议事会（Nocturnal Council）"——马格尼西亚管理议事会——的描述中已表现出来。这一令人敬畏的实体机构，由祭司、十位资深的"护法者"、教育总监，以及选举出的更年轻些的成员组成，后者三十多岁，到四十岁退休。由于这一议事会负责对城邦法律与事务的广泛监督，它的一些成员自然要持续地接受哲学教育。这种教育使得他们对于城邦的法律有深刻的认识。但是其他一些人，特别是年轻的成员，可能并不是哲学家。他们会在没有哲学知识的情形下具备相当程度的美德。因而正如雅典异方人指出来的，这个群体中会存在着智性的差别。在此情况下，我们必须认识到长者与年轻人之间的等级：（文本22）

22. 看到这些情形之后，立法者会为他所有的法律设立护卫者，有些护卫者拥有智慧，有些则拥有真正的信仰；护卫者会确保由理智来把所有这些规定融为一体，在这么做时明确立足于节制与正义，而不是服从于财富或野心。（Laws 632c4-d1）

这种议事会并不同于在《理想国》中所描述的哲学护卫者的组织，但是它强调了柏拉图在其整个生涯中一直坚持的主题：政治必须由哲学来引导，否则就无所谓政治。

因此从政治上说，《法义》基本上类似于《政治家》：具有有关美德、美等的同一性（oneness）的真正知识的哲学统治者，会以智慧引导国家。而其他的公民，无论是否加入议事会，在实践世界中将能够举止适度，并具有能说明他们行为方式的充分理由。所有的公民在本质上都拥有相同的品格，都值得因为他们追求美德而受到尊重——这与《政治家》中的公民一样。由于议事会中年轻的成员必须到四十岁退出，显然，这种预期的"交接"会在城邦中广泛地传播政治知识与美德。②

但是《法义》非常详细地提出了《政治家》差不多没有讨论的一个主题，即在最好的国家中法律的角色。《政治家》主要在于批判（既存的）法律，而雅典异方人却讨论了法律在一个美德共同体中能达到的几个目的。第

---

① 在《法律篇》中雅典人谈到，农场主需要净化畜群，淘汰杂种的牲畜，以更好地照看纯种的牲畜，否则会面临无穷的麻烦。——译者注
② Bobonich, *Plato's Utopia Recast,* 393-394.

一,一旦法律基本的原则确定下来,就可以为共同体的持久存在而给所有的公民提供大致不变的行为准则,这些准则只有在所有公民投票一致同意下才能加以改变。如果它们真正地反映了宇宙(kosmos)神圣安排的秩序,那么它们就会对人们的行为提供示范性的引导。

第二,也许更为重要的是,雅典异方人提出法律并不只是一些禁令,毋宁说它们的前面都应该加上解释正确行为理由的"劝说性导言",鼓励公民践行人的美德天性,鼓励他们克服人们面对道德弱点的脆弱性。正如在《政治家》中一样,《法义》中的公民认同并正确地接受了对于法律和公共准则的理性解释。这比任何办法都更有助于他们举止有德,因为他们通过法律及其导言,开始理解为什么他们应当按照法律规定的事情去做。反过来,他们的理解能够在被统治者的眼中保证政府的合法性。城邦建立在同意的基础之上,这是雅典异方人在整个对话中所强调的原则(比如684a-b)。

第三,在实践中,法律不仅体现出原初立法者的智慧与经验,而且也体现了继任的法律护卫者的智慧与经验。这些护卫者应该根据变化的情境解释法律,从而发展法律体系。

就法律的主题而言,在《政治家》与《法义》之间并无哲学上的不一致。毋宁说两者分别讨论既存的城邦与理想城邦中形成的不同法律权威。但是雅典异方人并不看好《政治家》所主张的权威应当集中于单独某一位专家手中的观点。在雅典异方人评论先前的政体(第三卷)时,为了铲除由绝对的权力所必然带来的(他所说的)腐败,他推荐了一种共和的,或者说"混和"的政体,而在《政治家》中并没有考虑到这类腐败。因而在他的这最后一部著作中,柏拉图对于那些他主张应当居于领导地位的人的道德完善性提出了更为温和的要求。《法义》选择了一种哲学版本的"共和制方案",而《政治家》则选择了一种哲学指导下的"君主制方案"。大多数读者会发现前面的方案更为合理。

《法义》中雅典异方人更为温和的主张提出了理想与现实的对立问题。雅典异方人所提出的是一个乌托邦的政治理论吗?马格尼西亚是一个可实现的城邦,还是一个理想的城邦?或者是现实与理想之间的城邦呢?从总的方面说,立法家或是理论家对于人的世界中的政治应该拥有什么样的雄心,才是恰当的呢?

在《理想国》中,苏格拉底坚持认为,虽说不太容易,但理想国仍是可行的制度。在马格尼西亚最初建立的时候,克雷尼亚(Cleinias)说他已经被选中,带着九位同伴到克里特去建立一个殖民地。因此他主张在当下的对话中设计一个想象的共同体。"尽管我们正在从头开始建设",他强调在马格尼西亚,最初只是在对话中进行"草创"(702b-e)。然后,在克雷尼亚讨论财产权的分配时,雅典异方人说他想描述理想的社会,然而再讨论次好的以及第三等好的社会。所有这些社会,只要它们对于未来的立法者有用,立法者必须根据当时的情形适当选择(739a-b)。但是他认识到,绝对的财产共有,因而彻底的统一体,绝对只是理想的,是诸神及其子孙才配得上的。但是这种完善性对于人类来说是不切实际的,因而对话者同意集中讨论"次好"的国家。这一国家的土地将划分成5040块,这些土地由个体家庭来耕种,但却应当被认为是国家的财产。在雅典异方人看来,这种安排显然并不是理想的,但却是接近于理想的。雅典异方人的解释是,"立法者"应当详细地描述哪些规定是他真正认为理想的,因而,只是在此后,才去关注哪些在现实中是可能的、哪些是不可能的(745e-746d)。这也是他在为性行为(sexual behavior)建立规则过程中所做的事(841a)。总之,这部著作代表了乌托邦式的政治思想,但是较之于《理想国》,它还是更紧密地注意到了人的弱点以及可能的败坏。

(可以说)雅典异方人降低了其雄心,这与他特别强调向所有公民灌输自制是一致的。引人注意的是,在这整部著作中,他不断回到这一主题,特别是关注要避免物质上的贪婪和自我放纵。在谈及杀人(870a)以及军事训练(831c-d)等各类不同主题时,雅典异方人都斥责了巧取豪夺的人类倾向:(文本23)

> 23.(故意杀人)最为重要的源头在于贪欲主宰了灵魂,这样,灵魂就被欲望所充满而变得凶狠残酷。这种渴求通常指向的是大多数人最大最强的激情所追求的对象:财富。对财富之探求,由于天性和有害的错误教育,进一步在灵魂中产生出无尽的渴望与无限的占有欲。(Laws 870a1—6)

因此,在对他所主张的立法的总的导言中,雅典异方人宣称:所有的公民必须首先应当"荣耀"神,再"荣耀"他们的灵魂,然后是他们的身体,其次才是占有的物质。(726a-728c)

"荣耀"灵魂的观念可以指我们称之为"适当自尊的生活"。[①] 灵魂的荣

[①] 就这个概念而言,可以参看 M.C.Nussbaum, "Shame, Separateness, and Political Unity: Aristotle's Criticism of Plato," in A.O.Rorty, *Essays on Aristotle's Ethics*, 395-435。

耀，或者说自尊，会让个体避免沉湎于快乐之中，不会不惜代价地保存自己的生命，并厌恶不知餍足地去追求物质财富。那些缺少这一意义上自尊的人是可怜的，哪怕他们逃脱了法律的惩罚。事实上（在柏拉图的理论中[《法义》第九卷]，**应当**用惩罚去治疗这些可怜的人，因为苏格拉底认为没有人会有意地伤害自己的灵魂——我们在此又看到了与《高尔吉亚篇》的联系）。在另一方面，一种具有美德与自尊的生活方式会产生快乐与幸福，因为自尊让灵魂处于健康的状况之中，而邪恶却是有害的。《高尔吉亚篇》与《理想国》中的主题又再现了，但却是以马格尼西亚所有普通公民都有可能获得真正幸福的方式出现的。

这一颇具雄心的著作中还有不少特征超过了本章的讨论范围。但是值得一提的是，从下一章的角度看，这一著作似乎预示了亚里士多德的伦理学与政治学观点。首先，也是最重要的是，强调美德共同体是亚里士多德《政治学》第七卷到第八卷所谓最好政体的关键。事实上，柏拉图预示了亚里士多德两种好的人类生活的观点：一种是理论与沉思的生活，另一种是献身于政治与伦理美德的实践生活。

其次，柏拉图参考过去、思考他人的理性意见，这样的方法类似于亚里士多德研究伦理与政治问题的"资料分析法"。总之，这位哲学家细致地考察了人们对一个模棱两可的问题的看法，然后将有关洞见合理地协调起来。举例来说，在第三卷中，柏拉图考察了其他（真实的或者想象的）政体，以思考建立一个国家的最好方式，这类似于亚里士多德在《政治学》第二卷中对于其他政治理论与政体的考察。另外，柏拉图从一种伦理的层面考虑了当时有关奴隶制的看法，以试图找到对待马格尼西亚当中的奴隶的最好方法（776b-778a）。

最后，雅典异方人坚持在快乐与痛苦之间的"中庸之道"，认为这是具有美德个体的恰当伦理目标（792c-e）。他同样认为，聪明的人为此会努力通过听取"正当的理由"（*tois orthois logois*, 696c9-10）来达到这一目标。这也预示了亚里士多德在《尼各马可伦理学》中对于美德的讨论。现在，不言而喻的是，显然亚里士多德会将对美德的讨论，作为对任何好的立法家或者政治家的预备性研究。

第七章　亚里士多德的政治思想

亚里士多德生于公元前384年，没有目睹公元前五世纪末政治的剧变。他并非雅典公民，但在伦理学和政治学领域，我们无疑可以认为他继续推进了柏拉图晚期文本所勾勒出的计划。这一观点在某种程度上并非正统，因为传统观点认为柏拉图和亚里士多德在哲学方法上是不尽相同的。正如拉斐尔（Raphael）的《雅典学园》①所描绘的那样，柏拉图向上看着天，将其作为真理的来源，而亚里士多德强调对我们所知世界的经验研究。这一点对柏拉图的《理想国》来说的确是十分真实的。然而在《法义》中，柏拉图提升了法律的政治功能，强调了混合各种"纯粹的"政体，运用了探究日常意见的方法，并且提出了一个实践性的政治议程。在所有这些方面，亚里士多德政治学的思考都和柏拉图有明显的相似之处。而且亚里士多德对于政体的划分是以柏拉图的分类（《政治家》291d-192d）作为其起点的。因此，亚里士多德推动了先辈柏拉图所努力过的对希腊传统进行的新的综合与发展。

但是，我们对于亚里士多德的兴趣不只是历史性的，更不是好古的。我们应该尽可能将亚里士多德看作我们的同代人，②作为一位哲学家，他对于人类境况特别是政治的洞察可以深化我们对于当下政治的理解，丰富我们的

---

① 《雅典学园》是意大利著名画家拉斐尔的一幅名画，以古希腊哲学家柏拉图所建的雅典学园为题，以古代七种自由艺术——语法、修辞、逻辑、数学、几何、音乐、天文为基础，以表彰人类对智慧和真理的追求。其中心是两位伟大的学者——柏拉图与亚里士多德，他们似乎边进行着激烈的争论，边向观众方向走来。亚里士多德伸出右手，手掌向下，好像在说明现实世界才是他的研究课题；柏拉图则右手手指向上，表示一切均源于神灵的启示，真理来自天上。这两个对立的手势，表达了他们思想上的原则分歧。——译者注

② 这种看法，参见J.Frank, "The Classical Greek World, "forthcoming in *The Oxford Handbook of Political Theory*, edited by John S.Dryzek, Bonnie Honig, and Anne Phillips;cf. also Frank, *Democracy of Distinction*, 1-16。

政治词汇，促使我们重新思考现代性的成见。通过亚里士多德式政治棱镜的检查，我们可以更加深入地考察健康政治的原因和要素，在现代多样性的生活中找到政治共识的可能性。特别是亚里士多德的政治学，对于现代性特有的在有关人的善和幸福问题上的主观理论倾向，形成了有力的挑战。亚里士多德认为，人类有一种天性（自然）去追求人的幸福（当然是大概的和不精确的）。不管个体可能如何去考虑他们自己的利益，人的"繁荣"可以得到某种普遍的规定——无论是对还是错。个体可能对于其自身的幸福做出错误的认识，也的确做出过错误的认识。但是我们同时应当看到，亚里士多德没有对人类应该如何生活的问题提出严格的、权威的，甚至哪怕是详细的指导。正如他指出的那样，这类问题得不到极其精准和确切的回答。他认为，在这一领域的总体性反思，只在针对"在大多数情况"下才是有效的。即便如此，亚里士多德关于非相对性标准的概念，有助于当代公民相互之间的交流——不单只是自己文化内部的交流，也包括外部的交流。最后，亚里士多德的政治思想在解释民主商谈，以及证明这种商谈的价值方面，提供了极其重要的资源。亚里士多德同时既是反主观性的，又一般说来是同情普通民众的。

亚里士多德在《尼各马可伦理学》（*Nicomachean Ethics*）的最后一部分勾勒出了他的政治学。（文本 1）

> 1. 其次，在所搜集的政体汇编的基础上，让我们考察一下，什么样的政体保全了城邦，什么样的政体毁坏了城邦；而且，什么东西会保存和毁坏政体，以及，由于什么原因有的城邦治理得好，相反，有的城邦治理得坏。在考察完了这一切之后，也许还要一般地考察：什么样的政体是最好的；每个政体怎样最好地维系，用什么样的法律和风俗。（*EN* 10.9.1181b17–22）

《政治学》有双重的计划，即改良现存的政体以及描述最好的政体。① 对于亚里士多德来说，这两方面的考察紧密联系在一起。为了找出哪一种政体是最好的，哲学家必须实际考察各种政体本身成就在哪里，失误又在哪里。在这一段中，他特别提到了他的学园所收集到的 158 种为人熟知的政体，即希腊诸城邦的政体的分析。这些研究中唯一被保存下来的就是《雅典政体》

---

① 进一步的讨论，参看 C.Rowe, "Aims and Methods in Aristotle's Politics," in Keyt and Miller, *Compantion*, 57-74.

(*Constitution of the Athenians*)，这部著作是在亚里士多德政治理论指引下，在广泛涉猎历史研究（虽然不是在现代意义上的）的基础上产生的。它与柏拉图的著作中的一些内容可以进行比较，例如《法义》第三卷有关雅典政体的"历史"，或者在《理想国》第八卷到第九卷中，苏格拉底对于体制"衰败（devolving）"的描述。在亚里士多德讨论那些广受赞许的现存政体时，例如斯巴达、克里特岛和迦太基（《政治学》2.9.1269a29–2.11.1273b26），以及在他对梭伦这样的历史人物的政治遗产和思想进行讨论时，他将历史分析和规范理论结合起来的方法表现得尤为清晰。因而同时从其历史背景及其规范性理论来研究亚里士多德，是特别有用的。

亚里士多德将分析与评价的方法结合起来，使得他的方案较之于前人的更为复杂。在《政治学》一个非常重要的纲领性段落中（4.1.1288b–4.2.1289b26），他极为精确地指出了他的哲学目标，他希望理解的是：

1. 什么构成了最好的政体；
2. 对于大多数现实的城邦来说，什么政体通常是可以接受的，什么又是通常受欢迎的；
3. 哪种政体最适合于现存不同类型的公民集体；
4. 各种政体是如何能建立起来的；
5. 各种政体持存和消亡的原因。

正如他所想的，最后一个目的要求他列举不同的政体类型（以及子类型）。故而，我们可以在其著作中看到大量对现存政体的历史细节的考察。亚里士多德对政体和人类生活的最佳模式有着普遍的信念，从他经常同情地观察他所见到的政治现象中，可以看到这一点。

这可以理解为什么他比柏拉图更为普遍地使用了 *polis*（城邦）这一术语，比如，比柏拉图的《政治家》更多地使用这个词。根据柏拉图笔下的爱利亚异方人的观点，非理想的政体是配不上城邦之名的。相形之下，在亚里士多德看来，各种性质不同的人类合作关系，只要有一定的规模，具有其他一些共同的特征，都可以算作具有实在政体的实在城邦，即使它们错误地理解了什么对于其自身来说是好的（尽管要注意，亚里士多德也将一些现实的政体排除在外，例如粗俗民众而非法律具有最终权威的民主制）。即便秉持这样的观点，这也并不意味着亚里士多德就是相对主义者：他意识到善的和恶的、健康的与衰败的制度之间的重要区别；但是这的确包含了对于各种制度本身相当的尊重以及兴趣。

1. 国内冲突、情绪和不义：对城邦实事求是的考察

在进行理论探讨之前，亚里士多德认为首先要从经验观察入手。因此，我们有理由同样从公元前四世纪希腊政治人物主要关注的问题着手。亚里士多德尤其关注的是国内冲突。亚里士多德对于国内冲突的兴趣，让他牢牢地囿于在我们前面第六章中所讲的公元前四世纪形成的框架中。他在《政治学》第五卷中讨论了这一主题，并且将他的分析建立在稍早表达的一个前提之上："正义是政治的善，它存在于公共利益（common advantage）之中。"（3.12.1282b16–18）。当正义消亡了，或者说公民感受到正义的消亡——无论感受对或错，就会产生冲突。换句话说，导致公民发动内战（civil war）的主要原因就是对不义的感受（无论这种感受是对还是错）。

为了弄清这些感受的来源，亚里士多德仔细地考察了公民的政治主张、性格和情感。亚里士多德认为，只有在人们普遍地认同正义在于将平等的东西给予平等的人，即认同正义是一种比例平等之后，制度才会产生（5.1.1301a27）。然而各种现存制度通常并不认可这种平等，因为不同的子群体会将生活中一个领域的平等，错误地概括为所有领域的平等。例如，民主派相信由于他们都是平等的自由人，故而他们应该在与政治相关的诸方面都平等（因此他们将比例平等改变为算术平等）；相反，寡头们则相信，因为他们比其他人更富有，所以他们在任何与政治相关的方面与其他人都是不平等的。因而，亚里士多德将国内冲突从理论上归结为一种无法充分推进平等，因而导致不义的制度缺陷。（文本 2）

> 2. 它们（民主制与寡头制）都各有正义之处，但是，从纯粹意义上的公正原则看，它们都是一种曲解。由于这一缘故，一旦人们在政体中未能按照预期的正义享有其分内的权利，他们就会联合起来发难。（*Pol*.V.1.130a35–9）

注意亚里士多德的传统性：从阿伽门农的军队中摇摆不稳的政治，到修昔底德笔下的科基拉人，以及色诺芬笔下混乱的城邦，*stasis*（内部冲突）的关键都系于正义的问题，而正义就是对于利益与荣誉按比例进行平等分配的形式。[①]

但是国内稳定的原因并不仅仅是（实际的）正义，而且还包括什么构

[①] Balot, *GICA*, 44-55.

成了一个政体中利益的公正分配的共识——尤其是政治权力的公正分配的**共识**。在亚里士多德看来，公民一般过于狭隘地看待公共利益，将公共利益看成派系的利益。他们在政治上缺乏大度与广阔的视角。甚至在其并非故意谋取私利时，大部分人也不能以豁达的眼光看待问题。正如亚里士多德指出的那样，原因在于"大部分人对他们自己事务的判断是糟糕的"（3.9.1280a15-16）。在亚里士多德看来，如猜疑他人、嫉妒他人的好运、不能理解慷慨的价值一样，自视过高也是常人的缺点。亚里士多德注意到大部分人与色拉西马库斯的观点相同，将正义看作"他人的善"。因此亚里士多德认为，他们会指责正义是愚蠢的（EN 5.1.1130 a3-4,5.6. 1134 a35-b6）。结果是大多数现存的政体要么是民主制的，要么是寡头制的。这些政体中的公民都对自身利益有一种狭隘的观点。权力的博弈似乎成了现实世界政治的核心，要么是穷人大众，要么是少数富人最终赢得了这场博弈。因此，极少有人能够想象、更不要说是见证健康的政治；许多人将政治的目的理解为统治其他人就不奇怪了。亚里士多德的所见所闻让他相信，许多个人和城邦是不能获得幸福的（7.13.1331b39-1332a7）。

亚里士多德是在观察到一些特别事件后才得出这样的观点的。例如，在描绘制度如何变化时，亚里士多德回忆起"在卡尔基斯（Chalcis）①平民联合显贵阶层驱除了僭主福克索斯（Phoxus），随后接管了城邦的政权"。（5.4.1304a29-31）利用了与此类似的一些其他"案例研究"，亚里士多德得出结论，认为情感和自我评价常常在推动革命的过程中起到了重要的作用。（文本3）

  3. 总之不应忘记，无论是在野之人、行政官员、部落还是城邦任何一部分或团体，只要发生了有关权力的争执，就会掀起内讧。因为有些人作乱是因为嫉妒当权者们的尊荣，而当权者们作乱则是因为自觉高人一等，不屑与他人为伍。（Pol.V.4.1304a33-8）

正如经验所表明的，大部分现实的公民的动机是避免羞辱和财产损失的欲望，野心和贪婪，对他人（假定是非正义的）成功的不满，对傲慢的愤慨以及害怕。实际上，亚里士多德对于正义平等的理论兴趣，与支配着政治生活的强有力的情感是紧密联系在一起的。因此，反过来说，他对于政治的解释是建立在其心理学观点之上的。妒忌、愤怒、优越感、怨恨等情感的重要

---

① 卡尔基斯是希腊的一个城邦。——译者注

性,说明了对于性格的准确理解与教育是维持政治稳定的关键。亚里士多德对政治思想的最重要的贡献之一就是他关于情感的理解。

亚里士多德的《修辞术》(*Rhetoric*)有助于我们理解政治情感的本质。根据亚里士多德的看法,情感有认知和理智的维度。它们依赖于主体的价值体系、信念、感知和欲望。因此,亚里士多德不赞同以往(以及随后的)哲学家截然区分情感和理智的观点(顺便提及的是,越来越多的认知心理学家和当代哲学家认可亚里士多德的观点)。[①]亚里士多德既认为情感是意向性的(intentional,即它们总是关于某物的),也体现了对特定情形的判断。

亚里士多德对于愤怒的讨论是极其具有启发意义的。他认为,愤怒是面临侮辱特有的正常反应。(文本4)

> 4. 那么,我们把愤怒定义为一种伴有痛苦的、对一种真实的或表面的怠慢进行真实或者表面报复的渴望,这种怠慢对于一个人或其朋友来说是不该得的。(Rhet.2.2.1378a, tr. J.H. Freese, *Aristotle: The Art of Rhetoric*, Loeb Classical Library, Cambridge, Mass., Harvard University Press,1926)

个体在他所在意的领域中的地位受到公然的质疑或者挑战,愤怒就会喷发出来。例如,一个战士尤其关心战争行为,当他在与打仗相关的事情上感觉受到了侮辱,或者他的地位不公平地受到威胁,无论他的感觉是对是错,他就会被激怒。关键之处在于,愤怒是对(感受到的)不义的一种强烈反应。另一方面,个体通常会毫不迟疑地接受他们所认为是正义的东西(2.3.15),并不会发怒。因为我们首要关注的是,我们应当得到如同我们主观上认为该得的待遇,这样,情感、性格、平等和正义的问题,在亚里士多德的理论中是交织在一起的。

这一分析的要旨表明,尽管亚里士多德无论看起来多么像一种"现实世界(real-world)"的理论家,他仍然是在老寡头和其他一些人的传统影响下写作,对于他们来说,城邦在本质上就是战场。特别是国内冲突似乎在表达几乎无法解决的问题。我们如何在城邦中确定正义?产生于主观评价中的愤

[①] 比如参看 A.R.Damasio,*Descartes' Error:Emotion, Reason, and the Human Brain* (New York, G.P. Putnam, 1994); M. Nussbaum, *Upheavals of Thought* (Cambridge, Mass., Harvard University Press, 2001); P.Goldie, *The Emotions: A Philosophical Exploration* (Oxford, Clarendon Press, 2000)。

怒,是不公平分配的恰当标志吗?**公平**的分配仅仅意味着它恰好使相关各方都得到满意吗?或者哪怕是人们对于现状满意,但他们仍然误解了他们自己以及其他人的自身利益吗?也许有可能存在一种准柏拉图式的客观标准,一种"阿基米德点",使我们可以这样诉诸之?[①]

可以看到的是,与老寡头不同,亚里士多德对在现实世界中政治好转的可能性,持审慎乐观的态度。对于正义的欲求是积极健康的人类特性,在合适的情形之下,它可以使得政治趋向稳定和谐。但就特定环境下什么构成正义,或者说在城邦之内,如何在扑朔迷离的世界中实际地确定能在城邦内产生公平、平等的分配决策与规范,在这些问题上人类需要更好的教育。假如人们能受到恰当的教育,受到人道的待遇,在一种安全的环境中成长,并因此能在如何生活的问题上做出正确选择,那么人类就有一种好好生活的固有能力。亚里士多德关于正义、好生活的标准,不是来自柏拉图的"相",也不是来自任何宗教的权威或者任何其他超人类(extra-human)的源头,毋宁说它们是来源于对于人性的一种特别理解,尽管这种理解被有意模糊虚化了。

2. 讨论"应然":亚里士多德的自然主义

《政治学》和《尼各马可伦理学》都探讨了什么是最好的人类生活和什么是最好的政治生活(*EN* 1.2.1094a24–b11,10.9.1179b31–1181b24)。亚里士多德关于个体繁荣和政治健康观点的关键,是他的自然主义(naturalism),即他有关人的本性、机能、目的的理论。因此,有些读者认为,这一理论提供了什么构成了人类最佳生活的丰富而明确的叙述。亚里士多德对生物学、动物学以及其他生命科学领域的兴趣也是众所周知的。因此人们一般容易将亚里士多德对于人类的研究视为(类比地看)一种生物学进路的研究,即,将人类视为一种特别的动物种类来研究、分类和评判。

但是我们并不能认为亚里士多德对于人的研究,完全类似于这类生物科学的方法。习俗和文化在人类生活中非常重要,同样重要的还有复杂的人类语言,以及在人类共同体中创造共享的历史的可能性。所以,为了理解人类的本性,亚里士多德不得不考虑许多不同人类共同体的复杂信念和实践。他

[①] 与分配正义相关的一系列问题,参见 D.Keyt, "Aristotle's Theory of Distributive Justice," in Keyt and Miller, *Companion*, 238-278。

收集了神话、故事、法律等"资料",将它们作为原始材料来理解人类特有的和健康的行为模式。因此,亚里士多德关于人类本性的观点,并不是提供一种对于人类生活进行评价的外在视角,更不是植根于柏拉图"相"的形而上学领域中的视角。毋宁说,亚里士多德的视角作为一种哲学和评价性的分析,是从对不同的人类选择和生活的现世评价开始的。

尽管如此,亚里士多德提供的是非相对、非主观的伦理和政治的评价。他观察了人类,并对他们境况健康与否进行了总体的判断。这一方法,反思地看,类似于我们养育孩子、对待友谊的做法,也与我们对情绪健康的基本思想是相似的。比如,在对这些事情的讨论中,我们可以认为自尊是一种人类基本的善,正如其他基本善一样:内在的自我同一性、免于羞耻感、在工作中享受快乐的能力,等等。我们认为无论他人是否这样想,这些观点一般说来是真实的,没有必要多费口舌。事实上,这些评判是心理疗法和精神病治疗的特点,在这些领域中,没有执业者会质疑这些基本的善对人类的价值。从我们的日常实践来看,我们已经有很好的理由说明亚里士多德方法的合理性。①

需要注意的是,在亚里士多德看来,我们对于人类本性的一般反思通常总是在运用实践理性(下一节"好的生活",进一步讨论了不同的理智能力)。当我们讨论一个城邦或者个体时,我们并不是在进行技术性的科学推理。在亚里士多德将伦理学和政治学视作实践科学的讨论中,就包含着这种思想。② 实践理性使我们能够将人性的理论运用于个别案例上。相应地,我们的概括仅仅在"大多数情况下"成立,但不可一刀切。我们有关特定事件的实践理性,使我们看到基本的价值在个别事件中发挥作用的特殊方式,这些方式依情况的不同而有很大的差别。③ 我们会容忍偶然、运气、意外和个体差异的存在。亚里士多德以身体健康为例,得出了相同的观点:职业摔跤手米洛(Milo)理所当然要求与常人相异的饮食(*EN* 2.6.1106a36–b7)。同样,在道德、情感、心理的领域内也是如此。亚里士多德将这些都打上了实践理性(而非理论理性)的印记,他对于个体的和政治的利益的解释有着足够的灵活性,可以在容纳多样性的同时,促进对于人类和政治文化来说,什

---

① Cf.Salkever, *Finding the Mean*, 13-104.
② 这一观点我受益于 David Depew。同样也可参见 Kullman 著作中精彩的几页:"Man as a Political Animal", 108-114。
③ Depew, "Humans and Other Political Animals" 中已说明人类实践中的差异,都在亚里士多德的"生活方式"或者说 *bios* 的观念中得到考虑了。

么是好（善）的非相对主义理想的理解。[①] 这种方法使得亚里士多德区别于柏拉图——柏拉图并没有明确地区分理性的实践功能和理论功能。

3. 亚里士多德论好的生活

亚里士多德在《尼各马可伦理学》中奠定了他关于人类幸福论的基础。正如我们在导言中看到的，这一专著是为立法者所做的准备性研究。亚里士多德的方法在开始的几页中清晰地显露出来。他认为如果我们反思我们的生活，观察人类生活的优劣得失，我们就会认识到，尽力让我们的生活成为一个连贯的整体，是符合我们利益的（注意这一观点与苏格拉底理论的传承性）。我们应该追求一个终极的目标或者目的（telos）。更准确地说，我们应该认识到这样一个目的存在，理解其内容，并根据这一目的来安排我们的生活。观察表明，无序的或随意的生活容易导致失败。但是，我们如何确定这一目的的内容呢？

亚里士多德是从人们的通常说法开始的。很明显，这是一种日常的方法，然而这也正是它的说服力之所在：它是合理并且实事求是的；而且它能得出重要的结论。每个人都会同意生活的主要目的是 eudaimonia——幸福，或者更准确一点说是"人类繁荣（human flourishing）"。但是，要过上繁荣的人类生活，涉及哪些因素呢？亚里士多德仔细研究了通常的看法，对它们进行了审视。他排除了快乐（这是人类和动物共享的）、金钱（这只是达到目的的手段，并不是目的本身）和荣誉（这过于依赖他人的看法）。为了研究有关人类的好（good，善）这个关键问题，亚里士多德相信，我们需要对人类灵魂做一个更清晰的"解剖"。只有这样一种研究，才能够得到有关人类独特的活动和卓越性的信息。尤其是，什么是特别对于人类来说是好的，而非（比如说）对于马、花或是神是好的呢？正如亚里士多德指出的那样，Eudaimonia（幸福）就在于灵魂的活动之中，它能表现出人类特别的卓越（EN 1.7.1098a16–17）。

也是通过观察，亚里士多德认为灵魂有着"营养（nutritive）"的部分，这一部分是我们和动植物共享的；也有着欲望的部分，它能够服从理性命令；也有理性的部分，它既有着理论的取向，也有着实践的取向（EN 1.1.31102a26–1103a3）。当然，作为人，我们最高的和最具特色的部分是理

[①] 参看 Nussbaum, "Non-Relative Virtues"。

性。在理性的部分中,沉思的成分高于实践的成分。因此在亚里士多德看来,人类生活的最高形式是致力思考不变的(比如科学的或是数学的)真理。对于人类来说,理论理性的活动是最神圣的,它比其他任何东西都能提升我们,使我们得到我们可能获得的最大幸福。(文本5)

> 5. 我们不能相信这样的人,他们认为因为我们是人,就要想人的事情,作为有死者就只需考虑有死者的事。我们要竭尽全力去争取不朽,因为这是可能的。我们要过一种与我们身上最好的部分相适合的生活。这一部分体积虽小,但其力量与价值超过一切……因此最高的至福有别于其他的活动,是神的活动,那就只能是思辨活动。人与此相近的活动也就是最大的幸福。(*EN* X.7.1177b31–1178a2;X.8.1178b21–4)

次好的幸福生活——尽管并非最幸福的——就只能是伦理美德的实践,而伦理美德则受到实践理性的指导。这就是道德的和政治上优秀的生活,它展示了正义、勇敢、节制和其他品质的美德(*EN* 10.8.1178a9–b7)。实践理性使得个体能够管理政治,统治他们自己,展示美德,并且思考我们周围世界的变化。正如它的名称所意味的,灵魂这一部分的优秀,有着实践的、通常是政治的取向。(文本6)

> 6. 余下的可能性就是,在涉及对人来说的善恶事情上行动的真正与合理的态度……所以,我们认为,像伯利克利那样的人,具有实践的智慧,因为他能明察什么事对自己和人们是好的。(*EN* VI.5.1140b4–6;VI.5.1140b7–10)

正如我们已经看到的,柏拉图并没有区分理论理性和实践理性。亚里士多德在这一方面的区分有助于解释他对于非哲学家的尊重。与柏拉图《政治家》和《法义》一样,亚里士多德在他的最好城邦中考虑到了相对广泛的公民—集体(citizen-body)。他对于理论理性和实践理性的区分有助于夯实这一考虑的基础。然而,在我们转向讨论亚里士多德关于最好城邦的理论之前,我们必须特别探讨他关于政治中的"自然"的理念。

4.《政治学》中的自然

亚里士多德将城邦归类为 koinônia 的一个类别，koinônia 是一些东西集合在一起的"联合体"，一种"合作关系"。在《政治学》第一卷中，他在以下几个著名的命题中，将他的自然主义理论运用于这种合作体之上：

1. 城邦的存在是自然的（1.2.1252b30）；
2. 人是政治的动物（1.2.1253a2-3）；
3. 城邦在自然上优先于个体（1.2.1253a25-26）。

这三点与现代思维方式都是不相容的，比如，一位现代的思想家霍布斯就明确反对所有这些观点。他的理由是，国家是"技艺（Art）"的人造产物，公民从本性上说是彼此恐惧的。[①] 亚里士多德的主要观点认为，人如果是城邦的公民，那么通过在社会生活中践行美德，或许还通过沉思，他们就可以达到繁荣。否则的话，他们便达不到繁荣。谁如果出于本性而没有城邦，那么他要么低于人，要么就是神。仅仅作为一个非公民而生活在城邦中，还是不够的。个体通过履行公民身份的功能，就能表现出无可替代的伦理与智慧的重要美德，特别是正义以及其他社会性美德，以及实践理性。

亚里士多德有力地提出了一种对于个体的政治性定义，这种感受和梭伦在公元前六世纪的观点是相似的（见第二章的"古代雅典和正义的探索"）。亚里士多德的规定意味着什么呢？当然，他承认个人原则上可以在城邦之外生存。但是，这样隐逸的个人是有缺陷的、无用的或者是堕落的，如同切断了的脚或者手，它们独立于曾经给予它意义和目的的身体。亚里士多德关于个体的政治性定义，是整体优先于部分的原则的一个一般应用（1.2.1253a18-19）。在这里它意味着，部分的目的是为整体的善服务的。乍看起来，人们可能认为它有着令人不安的极权主义内涵。国家似乎主张个人是从属于它的，个人的善似乎就在于增进国家的利益（cf.1.4.1254a9-10, 1.6.1255b9-15）。

但是亚里士多德显然无意为他的理论赋予这样的含义。他的立法者被认为是为了作为个体的公民的善来规划城邦，而非单纯为了国家整体。手和脚，或者如他所说的孤立无援的棋子的类比，都是不准确的。城邦提供了可能实现人类利益的背景、教育和制度，但是它并不完全类似于由公民作为其

[①] 见 D.Keyt, "Three Basic Theorems in Aristotle's Politics," in Keyt and Miller, *Companion*, 118-141; Miller, *Nature, Justice, and Rights*, 27-66；以及更为简明的讨论：Miller, *CHGRPT*, 321-343.

肢体及内脏的有机体。①

亚里士多德将城邦看作一个由稳定的、等级有序的一系列关系组成的共同体,从而排除了任何可能的极权主义内涵。亚里士多德认为,城邦,正如人们所说的,是在家庭与家族之内首先形成的独特角色的基础上形成的。这些独特的角色在一些特定方面具有等级性。它们是"统治"要素和"被统治"要素的结合体,比如家里的男主人通过其实践理性来统治家庭,而妇女、孩子及奴隶就是"被统治"的要素;亚里士多德认为在一家之长的审慎明智的引导下,他们过上了更好的生活(1.2.1252a24–b1)。只要我们遵循适当的等级,统治者和被统治者的生活都有相当的提升,因为在家庭与城邦内,统治者和被统治者的利益是密切地联系在一起的。因此,在亚里士多德的理论中,我们的(自我)利益是取决于家庭和城邦内的他人的;他人和他们的利益也是我们自身利益的一个方面,他们的利益是与我们的繁荣内在相连,反之亦然。因此,在亚里士多德的理念中,城邦不是一个由公民—肢体(citizen-limbs)构成的有机体,毋宁说城邦是各种关系组成的一个共同体,在这些关系中,个人的善是与家庭与城邦内其他成员的善密切联系在一起的。这意味着互相依赖而不是极权主义。

在亚里士多德看来,政治共同体有什么不同呢?对亚里士多德来说,其他动物也有被称得上"政治性"的:蜜蜂、鹤以及其他具有一种基本"社会性"存在的动物。②那么,如果说有一定区别的话,是什么使得人类,或者使他们的城邦式合作关系独具一格呢?亚里士多德对这一问题的回答,是进一步确定了城邦式合作关系之中人的独特之处。亚里士多德认为,较之于其他社会性动物来说,人具有程度更高的政治性,因为他们具有语言能力。他们的政治联合体有独一无二的复杂性与精巧性——几乎可以说是一种"尊严",这是源自他们的语言带来的道德感知和商谈能力。(文本7)

> 7.语言能表达利和弊以及公正或不公正等;和其他动物比较起来,人的独特之处就在于,唯有他具有善与恶,公正与不公正以及此类事物的感觉;家庭和城邦乃是分有这些事物的结合体。(Pol. I.2.1253a14–18)

---

① 有关极权主义的问题,参见以下精辟的分析:C.C.W.Taylor, "Politics," in J.Barnes,ed., *The Cambridge Companion to Aristotle* (Cambridge, Cambridge University Press,1995), 239-241。

② 有关这一问题以及相关的问题,参见 Depew, "Humans and Other Political Animals"。

但是，人类之所以是政治动物，并不简单地是因为借助于符号表达意义，因为存在着以粗鄙的方式，为了邪恶的目的而运用语言的可能。毋宁说，恰当地理解的人类政治特有的尊严，是源于借助于语言才可能存在的伦理商谈。这样的商谈是我们运用自己的实践智慧的论坛，通过这样的商谈手段，我们可以对我们现有的生活进行一种批判性的审视。商谈也能以实际的方式，提升城邦与我们的生活。然而更为重要的是，商谈有助于我们在追求人类繁荣的过程中，具有更多的自我意识。

有趣的是，我们可以运用亚里士多德关于语言和道德的观点来讨论现代政治。在现代世界中，跨文化的和跨民族的相互接触、尊重以及宽容通常涉及政治的问题。如果人们在翻译上做出相应的努力，那么人类的语言能力一般可以让人们在不同文化间讨论美德和适当行为的标准，甚至暂时确定这些标准。我们用语言讨论善恶的能力，不只是可以运用在特定的城邦或者国家内，也可以超越国家与民族的边界加以运用。① 我们有理由认为，人类的经验都有着足够的共通感，例如资源的稀缺、对痛苦或者死亡的恐惧，从而使得这些对话对我们的政治有用、有意义和有益。

例如，人性中的很大一部分是我们对于**需求**（need）的体验。语言帮助我们表达如何满足我们对于食物、衣服、安全等的自然需求。这些问题自然首先起源于家庭，它们并不是个体原子式的反映。相反地，对于我们所有人来说，它们源自在家庭中自然需求的共同体验，甚至这样的自然需求会成为（家庭作为其一部分的）更大共同体的问题。通过语言，我们可以勾勒出共同经验和共同困难的领域，它们可以得到进一步的解释，甚或可以找出可能的解决方法。通过发展人类语言的独特性的一贯主张，亚里士多德给现代政治中想通过强调我们人性中共同的因素而达到宽容的行动者提供了一种理念资源，甚至是希望。但是同时，亚里士多德对于语言和道德交往的强调，还帮助我们认识到不同文化间的差别，以及对我们共同理解的可能限制。语言标出共同的和**相异**的经验领域。普遍性只适用于"大多数情况"。当需要进行文化交流时，承认相似性并承认其限度，对于追求宽容来说也是关键的。

亚里士多德凭什么认为城邦本身是自然的呢？毕竟，人类及其特有的政治发展，缺乏我们在正常发展的动植物种群中可以发现的持久性的繁盛。为什么在现实世界中只有如此少繁荣的城邦，但却有如此多繁盛的橡树呢？②

---

① 参看 Nussbaum, "Non-Relative Virtues," "Aristotelian Social Democracy," and "Nature, Function, and Capabiliy".

② Keyt, "Aristotle's Theory," 256-259.

也许,对于第一个问题的答案,就是正如我们所观察到的,形成政治性合作关系是一种典型的人类行为。亚里士多德在《政治学》第一卷中说明了从家庭到村落到城邦演变的一些情况,但是他并没有解释奠基性的环节,比如类似于社会契约之类的东西(他提到了奠基者,但是很少)。在他的叙述里,他描绘的是人类一般是如何做的。而这一描绘在他的叙述中起到了解释性的作用。因为生活在城邦中,人类便获得了作为人繁荣生活的条件。在这种情况下,人类和橡树的主要不同在于,人类是做出选择建立他们的合作关系的,他们有意且自觉地发展了各种习俗,运用语言努力地追求好的共同生活。他们必须帮助自然达到它的目的。我们更大的选择能力和自我发展能力,使得我们取得繁荣的风险更高,然而成就也可能更大。

因此,人类追求好生活最为重要的一项技能,就是习俗。①亚里士多德灵活的自然主义可以看作对之前古代希腊政治思想的争论,特别是关于习俗/自然之争(见第四章的"自然与习俗")的回应。亚里士多德反驳了卡利克勒斯之类的思想者,认为城邦及其法律和习俗都是自然的存在。由此亚里士多德提供了一种消除自然正义与习俗正义之间截然界限的方法。他这样做,也反驳了所谓"自然"包含着野蛮、无法无天、不义等等这类通常的观点。他的观点影响是深远的,提高了"习俗"的地位,但这并没有使他成为一位法律实证主义者(legal positivist)。他虽然如此尊重习俗,但仍尽可能改进一些特定的习俗。

5. 亚里士多德论奴隶制

一个可能与自然和习俗相关的问题是奴隶制。正是在亚里士多德关于"自然的"家庭、村社和城邦的讨论的语境中,出现了其"自然的奴隶制"的声名狼藉的理论(1.4–7)。主奴关系是家庭中的等级关系之一,亚里士多德对奴隶制的思考是源自他对家庭的理论态度。对于他来说,关键在于理解并且践行适当的等级制,同时促进相关各方的利益。亚里士多德开始其讨论的方式是提请人们注意一个争论:一些人认为,奴隶管理和家庭管理、政治管理以及王权是一回事;然而另一些人则认为,主人和奴隶在本性(nature)上没有差别,因此,这一制度是不义的(1.3)。亚里士多德对

---

① 现代对于这些观点的一种有趣发展,参见 J.D.Wallace, *Virtues and Vices* (Ithaca, Cornell University Press, 1978), 15–38。

于奴隶制的立场是复杂并且令人担忧的。他并没有直接地说不存在自然的奴隶制。实际上，他说过相反的观点："因此，一些人天生显然就是自由的，一些人天生就是奴隶，对于后者来说，奴隶制既是有益的，也是正义的。"（1.5.1255a1-3）。最好的城邦，正如他所描绘的，应当由奴隶耕种土地，这样的城邦大致算是一个正义的城邦，这里亚里士多德的观点一如既往。是什么原因让他认为存在着天生的奴隶，并且奴隶制的境况对奴隶来说是（或者可能是）好的？

亚里士多德的论证来自一个众所周知的亚里士多德式观点，即在整个自然中都存在着统治和被统治的因素，它们之间的关系是必要而有益的（1.5.1254a22）。他认为对于人类也是如此的。他认为一些人缺乏实践理性（1.13.1260a12），他们自然应当服从于那些具备慎思能力，因而能引导他们的人。他们对于其管理者的关系，如同部分对于整体的关系，或者是肉体对于灵魂的关系；因此，奴隶的善就在于对主人的善的贡献之中（1.6.1255b9-15）。这一观点如果要成立，主奴关系的距离就必须非常巨大，近似于灵魂和肉体，或者人和动物之间本质的区别。（文本8）

> 8. 那些与别人判然有别的人，差别就像灵与肉、人与野兽这样的差别那么大，只能使用身体做事，他们天生就是奴隶。对于他们来说最好是接受这样的主人的统治，就像前面提到的其他情形一样，那些属于他人的人，天生就是奴隶……他们仅能理解理性，但并不具有理性。（*Pol.*I.5.1254b6-23）

亚里士多德经验的观察给他的论证添了麻烦。第一，与所谓主奴之间本质区分有关的一个主要麻烦在于，亚里士多德"天生的奴隶"是能够理解理性的。至少在这一方面，他们与身体或是动物不同。他们更像是与理性相关的欲望，在这种情况下，他们应当被视作在政治家或君主政治统治之下的公民（1.5.1254b2-23）。这一论证的另一个问题是，正如亚里士多德所解释的，自然并不总是能成功地让奴隶和自由人在身体上判然有别（1.5.1254b27-1255a1）。第二，实际上，我们只能努力去判断每个人不可见灵魂的含混状态，而这很容易犯错。自然本应该为我们做出正确判断提供必要手段。第三，亚里士多德主张应该警告而非命令奴隶；主人不应该忽视对奴隶进行解释（1.113.1260b5-7）。这一主张再次表明奴隶在精神上的缺陷并没有如此之大，以至能足以支持亚里士多德的观点。第四，亚里士多德认为,主人不能成为(作为)奴隶的朋友,但是,他们可以将其奴隶看作人,而成为他的朋友(*EN* 8.11.1161a30-b6)。尚不明确的是,这一点是否就等同于:他对肯定天生奴隶的存在持严重的怀疑态度。第五,亚里士多德认为,最好城邦的公民应当将自由作为给奴隶的奖赏(7.10.1330a31-3)。我们也被告知,亚里士多德本意是想解放奴隶的(D.L.5.14-15)。因此,显然如果"天生的"(自然的)奴隶可以正义地得到解放,亚里士多德描绘的自然奴隶制就不是命定的或是不变的。①

奴隶制是一个——可能是**唯一**一个——这样的领域,即亚里士多德的经验观察和他的理论结论之间存在着如此尖锐的冲突。亚里士多德承认,实际上奴隶制往往是不义的,显然这使得他的立场更为合理。例如,那些拥有令人敬仰的智慧与美德的人可能在战争中成为奴隶,在这种情况下,他们受到的奴役就是不正义的。亚里士多德认为天生的奴隶服从于主人的统治时,他们会过得更好。这是企图缓和自己的论证。但是这些辩解并没有减少他的理论对他自己的政治学以及后来的奴隶所造成的损害,比如美国南方奴隶主正是利用亚里士多德的观点为奴隶制进行辩护的。②

我们仅就亚里士多德理论的四个观察来进行讨论。第一,也是最重要的是,有必要考虑:如果探讨这些论证,人们是否会损害自由事业。探讨这些论证,似乎是在试图向种族主义证明,一些被剥夺权利的群体事实上配有投票权。这样的探讨让步太多。③第二,如同现代种族主义的意识形态一样,亚里士多德的理论是基于伪科学、偏见和错误推理之上的。但至少他还是足够诚实的,能向他的读者承认并且指出他的缺点和矛盾之处。第三,也许是他的理论影响到了他学生亚历山大的军事和政治行动,后者利用马其顿人和希腊人去统治亚洲的城邦,将当地人牢固地压在社会底层。据普鲁塔克的记载,亚里士多德鼓励亚历山大领导希腊人,但是要如同主子一样对待野蛮人:"像朋友和家人那般关心希腊人,然而要将野蛮人看成动植物。"(*Moralia* 329b)。这样的联系必然有推测的成分,但是从逻辑和历史上看有一定道理,特别是我们考虑到亚里士多德很有可能在他关于绝对王权的讨论中,向亚历山大暗示过这种联系(*pambasileia*, cf. 3.16-17)。④第四,如我

---

① 解放奴隶如何与亚里士多德的理论相一致的两种不同论述,参见 Frank, "Citizens,Slaves, and Foreigners"; Krant, *Aristotle*, 295-301。

② 一个简短的讨论及相关参考资料,参见 Kraut,*Aristotle*, 277。

③ F 类似对为自由进行论证的反思,参见 G.Kateb,*The Inner Ocean* (Ithaca,Cornell University Press,1992)。

④ Ober, *PDDA*, 344-351 对这些可能性进行了有趣的讨论。

们将看到的那样,亚里士多德的最好城邦的食物生产和其他必要"原料"的生产,都依赖不属于公民—集体的底层农奴和奴隶。因此,在亚里士多德对最好城邦的叙述中,包含了他那令人反感的理论。

6. 一般的城邦和公民身份

要理解亚里士多德对最好城邦的看法,我们必须熟悉他对公民身份(citizenship)和政体(politeia)的理解。亚里士多德区分了城邦中恰当的政治成分和仅仅是"必要的"成分。虽然城邦具有各种要素——男性公民、侨民、女人、孩子和奴隶——但是,只有公民才分享城邦的商议(deliberative)和司法的职能(3.1.127b38-1275a33)。不同的政体对于公民地位(citizen status)有着不同的要求。虽然一般说来,公民只是那些在政体(politeia)中"有份额"的人,他们在城邦中支配着司法的决策和管理。由此亚里士多德给我们提供了城邦最明确的定义:城邦就是一个"公民国家"。更具体地说,公民参与政体(politeia),即分享城邦的"制度(constitution)"或者"生活方式"。在我们关于伊索克拉底《战神山议事会的演说》(*Areopagiticus*)的讨论中,我们看到政体(politeia)有着比通过"制度"建立起来的法律体制与分享权力的安排更多的内涵。如亚里士多德所说的,为了更完整地描述政体,人们必须同时弄清楚官职分配和权力分享机制,以及更为重要的是,作为制度整体的目标和目的。(文本9)

> 9. 一个政体即对城邦中各种官职的一种安排,描述它们以何种方式对官职加以分配,确定该体制中的权力所在,以及每一共同体的目的。[①](*Pol.* IV.1.1289a15-18)

权力的分配是明确的:在民主制中,所有自由的成年男性都拥有政治权力;在寡头制中,所有满足了一定财产资格要求的自由成年男性都拥有政治权力;在贵族制中,所有具有美德的男性都拥有政治权力,等等。但是它对制度的"目的"或者目标的描述却含混得多。不同的政体推崇一些价值与生活方式胜于其他价值与生活方式:关键的价值可能是自由、财富、美德、军事力量等等。根据亚里士多德的观点,比如斯巴达这样的城邦,为了对他人

---

① 一种对于这些问题的极好探讨,参见 Mulgan, *Aristotle's politicial Theory*, 53-77。

发动战争和赢得权力，它的整个生活方式——它的价值，它的荣誉与奖赏，它的教育体系——都是为了获得这样的善（good）：勇敢和赢得战争。民主制（致力于自由）、寡头制（致力获取财富）也同样如此。

哪怕整个城邦都持相同的观点，这一描述并不意味着亚里士多德就是相对主义。我们可以批评城邦努力追求的目的。例如，在亚里士多德看来，斯巴达制度的关键缺陷在于过高估计了一个方面的美德——勇敢。从人的角度来说，这一目的使得斯巴达人的生活比他们可能得到的生活更为贫乏。人类的生活表现出丰富的可能性，而斯巴达人由于专注于战争看不到这一点。但是亚里士多德并没有轻视斯巴达的政体，也没有无限制地批判那些致力于生活本身或者其他价值的普通政体，即便这些政体不追求他所理解的好生活。他同情普通人的目的，正如他一再表明的，这些目的通常包含至少一些常识或者真理。（文本10）

> 10. 对于共同体或个人来说，过上好的生活就是目的。而且仅仅为了生存自身，人类也会集合在一起，建立政治共同体；只要生活不是多灾多难的，单单是生存本身之中就存在着某种美好的东西。显然，大多数人虽然经历重重厄难，依然一心眷恋生存，这便是一个绝好的证明；因为生存之中本来就有着健康与幸福的成分，有着自然的怡悦。（*Pol.* III. 6.1278b23–30）

他对于普通人的友善，是他最重要、最有教益、也是最吸引人的特征。

亚里士多德**无法**认同城邦应当在其公民的各种目的间保持中立的观点。他激烈地反驳了智者吕克弗隆的观点。吕克弗隆认为，法律应该仅仅是作为自卫的防御性契约而起作用，作为对抗不义行为的资源。对于亚里士多德来说，这会把政治共同体转化为仅仅一个联盟（alliance，3.9.1280b6–12）。自由主义政治理论的主要原则对于亚里士多德来说，根本就算不上"政治的"。正如我们将看到的那样，这一观点对于伊壁鸠鲁之类的"社会契约论"同样也是适用的。即使是在普通的环境中，亚里士多德也认为政治在个人生活中有浓厚的作用。他的构想源自他将城邦视为"自然的"看法，而这一看法植根于他的家庭理论之上。对于亚里士多德来说，城邦不可能像联盟一样，是人为的、工具性的或者暂时的。

7. 亚里士多德的最好城邦

亚里士多德在《政治学》第七卷至第八卷中,主要描绘的是最好的城邦。理解亚里士多德最好城邦的关键,是他的一个观点:城邦是"为了生活而出现的,但却是为了生活得好而存在的"。(1.2.1252b29-30)。换句话说,像家庭和村社一样,城邦产生于人类为了满足他们日常和周期性需求的必要性,如对食物和居所的需求。每个城邦都需要对于城邦(物理的与生理的)存在"必不可少的"居民,无论他们是奴隶还是各种公民劳动者,包括为城市生产产品的农民。亚里士多德认为,在最好的城邦中,这些居民还算不上公民,因为他们不能"践行与美德相关的事情"(3.5.1278a20-1)。亚里士多德相信,那些必须为人们生活提供日常必需品的人,他们的体力劳动妨碍了道德发展,进而影响了美德的形成。(文本11)

> 11. 任何工作、技术和学识,倘若使得自由人的身体和思想不适合于美德的运用和实行,都应认为与工匠的营生同类(Pol. VIII.2.1337b8-11)。

因此对于亚里士多德来说,公民好的生活寄生在作为生产者的奴隶之上,因为这种生活需要从事政治与沉思活动的闲暇。如果能得到闲暇,总能成就伟业。

正如《尼各马可伦理学》描述的那样,最好的城邦致力于好的生活,亦即道德和智慧上表现卓越的好生活。制度的目的(telos)必须是在性格和智性方面培养善(goodness)。(文本12)

> 12. 此处暂且这样假定,最优良的生活对于个人或城邦共同体而言,就是美德的生活,同时具备了足够的需用,使人能够适合美德而行动。(Pol. VIII.1.1323b40-1324a2)

因此,公民集体将排除那些不能在其灵魂的这些部分中发展美德的人。所以,如同柏拉图《政治家》和《法义》中想象的① 公民集体一样,在亚里士多德的最好城邦中,公民只是由具有美德的人构成。显然,他的公民,像那些柏拉图笔下马格尼西亚人(Magnesia)一样,会致力轮流统治与被统

---

① 见第六章的"《理想国》之后的柏拉图政治哲学"。

治；他们其中的一些人会倾心于哲学，因为他们从日常生活必需品的生产中解放出来。但是与柏拉图不同的是，亚里士多德明确注意到了实践政治取向的人和彻底投身哲学的人之间可能的矛盾（7.2-3）。这样潜在的冲突反映了人们对于到底哪种生活——伦理的还是沉思的生活——才是最好的，基本缺乏明晰的认识。这一政治问题并不是源自柏拉图，因为他并没有强调实践智慧和哲学智慧的区别。而亚里士多德必须让每一个主张自己的善的人相信，无论是实践的爱好还是哲学的爱好，对城邦和公民都具有巨大的价值。①

冲突之所以产生，原因在于政治参与者会认为哲学家是无聊的和无所作为的，而哲学家会认为政治活动的目标在于对他人实施专制。亚里士多德承认，每一种批评中都包含有一定的道理（7.3.1325a23-34）。特别是他认为，斯巴达和克里特之类的政体（我们可以注意到《法义》第一卷至第二卷中，柏拉图有同样的担忧）让人们相信，政治活动会致力不义地征服他人。这种对积极生活（active life）的肤浅理解是可怕的，同时也是不明智的：致力征服他人的国家会毁灭自身，因为它们没有教育其公民从事和平的活动。相反，它们向公民灌输了统治其同胞公民的欲望，就像好战的城邦追求统治其他城邦一样（7.14.1333b29-35）。

相反，据说亚里士多德似乎同意：消极的生活（the life of inaction）在本质上绝不比积极的生活更值得赞赏或者追求。双方都需要看到的是，一方面，政治的积极生活应当被理解为一种具有伦理美德的生活，可以带来城邦中极大的光荣；而且可能最重要的是，在相关的意义上，理论沉思的生活也必须被视为"积极的"。哲学的沉思是一种积极的、需要高度智力的活动。亚里士多德质疑道，如果沉思的生活不是本质上优秀的活动，而神的生活是纯粹性的活动，并且还纯粹是智性的活动，那我们怎么会羡慕神的生活呢？（文本 13）

> 13. 否则神和宇宙就不能说处于最佳幸福之中了，因为他们除了自身固有的行为之外没有外部的行为。（*Pol.* VII.3.1325b28-30）

即使冲突爆发，亚里士多德的最好城邦也应该有能力避免公元前四世纪城邦中泛滥的内战（stasis）。由于公民共享的教育和对目标的感受，公民最终能取得相互的信任，并能对物质利益进行公平的分配，并且是以保证所有公民幸福的方式进行分配，这种情况应该足以能在矛盾恶化之前化解冲突。

---

① Depew, "Politics, Music, and Contemplation."

公民会受到教育友好地相互对待，理解彼此的品性，拥有大致相似的伦理价值。

如果这样的城邦付诸实施会是什么样呢？最好的城邦是一个"平等者的共同体"（7.8.1328a35-7），即它是由轮流统治与被统治的平等公民组成的共同体。公民们管理司法，做出政治决策，为城邦战斗，从劳动者那里收取产品并用之于城邦的善（亚里士多德承认有这样的可能性，即一个个体如果极大地优越于他人，那么他作为王来统治是正义的和明智的[3.13-17]。但当他说到希腊人时，他认为这一可能性是非常渺茫的[7.14.1332b12-35]。这确实影响了他可能对腓力或亚历山大给出的领导希腊的建议）。这一城邦在实践和道德方面的生活都是自足的。在城邦中，为了避免公民和非公民群体之间的冲突，统治者同样必须在必要时能动用军事力量，最终，唯有有力量者才能确保政体持存。因此，根据亚里士多德的观点，自然使得年轻人身体较为强壮而老年人更为智慧，因而让年轻的公民成为战士，年长者掌握政治职位，更老的公民当祭司，这都是明智并正义的（7.9）。这相当于是给予每一个年龄群体以其应得之份的正义分配，其能力及其对于共同善可能的贡献，使其相应地参与政体治理之中。因此在最好的情况下，"轮流统治与被统治"（cf.7.14.1332b25-7）这一普遍的亚里士多德原则，是基于年长统治者群体和年轻的被统治者群体之间的区别。这一等级制度再次反映了首先在家庭中遇到的老人和年轻人的等级差异，它也是基于这一差异的。

与柏拉图理想国的哲学家统治者不同，对于亚里士多德来说，所有的公民应拥有个人财产（7.9.1329a17-26；当然，同样应当有公共财产，其中一些用于祭神，一些是用于准备公民的公餐）。对于私有财产的规定是建立在重要的伦理和政治的原因之上的。第一，每个个体应该在城邦的边疆持有一份地，也要在城邦的中心附近持有一份地（7.10.1330a9-25）。据亚里士多德的观点，这样做的原因是，面对外部敌人的入侵之时，城邦会表现出更强大的公民团结；每个人在保卫边疆时会有着相同的利益，并肩走向战场时会同仇敌忾。换句话说，这种规定有着"随机（randomizing）"产生对领土忠诚的效果，以免特殊的地方性利益对城邦整体考虑产生不利影响。再者，它为公民获得各种形式的"地方性知识（local knowledge）"提供了条件。城邦中知识的传播和交流，使得亚里士多德能将公民集体组织为通过信任、共享目标以及友谊而统一起来的群体，而非冷漠个体组成的乌合之众。（文本14）

14.如果要对讼案进行裁决或根据才能来分派官职，就必须要了解各人的情况，知道他们是什么样的人。如果公民们缺乏这种了解，那么官职的分派和讼案的仲裁就会乱套。（Pol.VII.4.1326b14–18）

［亚里士多德的建议，与克利斯提尼时代雅典现实的制度安排之间，存在着有趣的相似性，后者实际上将幅员异常辽阔的阿提卡的公民都统一起来。此外，这一建议可能会让人疑惑——至少有一位现代政治理论家就疑惑——为什么现代民主制中存在着地区代表制（territorial representation），以及为什么这种制度是值得保持的。①］

第二，更为重要的是，财产的所有权对于公民的伦理发展和幸福来说是至关重要的。在《政治学》第二卷亚里士多德对先前思想家的批判中，这一观点非常明显，其中柏拉图的《理想国》就是一个特别的靶子。至少是一开始，共同占有财产的主要困难在于人们通常总是忽视那些共同的东西。他们真正只是致力追求他们认为是自己的东西（2.3,2.51262b39–1264a1）。再者，当人们共同占有财产时，人们往往会陷入争论之中，因此，没有私人所有制，会降低公共合作和和谐的水平。然而在更深的层面上，私有财产使公民可以慷慨大度，热心公益。理想的制度应该使公民愿将其财产用于他人的福利，促进共同的善。因此，如果财产全部为公共所有，那么慷慨——更不用说节制——都是不可能的。正如在亚里士多德对另一位理论家，卡尔西登的法勒亚斯（Phaleas of Chalcedon）的批判中所表明的信念，私有财产能否为美德提供"原料"，取决于他自己的公民是否接受了适当教育的欲望：他们必须不能要求太多，也不能要求太少（2.7.1266b26–31）。②

部分原因是《政治学》第八卷没有完成，因而我们对于这种城邦中的公民教育和公共生活只有模糊的印象。但一个关键原则就是，所有的活动都是为了增进闲暇与和平的善，也因此而有意义。正如亚里士多德所说的那样，立法者的安排必须反映以下秩序："战争是为了和平，工作是为了闲暇，必需品与实用物则应当以高贵的事物为目的。"（7.14.1333a35–6）亚里士多德

---

① 有关克里斯提尼与"地方性知识"，参见 J.Ober, "Classical Athenian Democracy and Democracy Today: Culture, Knowledge, power," in J. Morrill, ed., *The Promotion of Knowledge: Essays to Mark the Centenary of the British Academy*, 1902-2002 = *Proceedings of the British Academy* 122 (2004), 145-161；有关现代代表制，参看 A.Rehfeld, *The Concept of Constituency* (Cambridge, 2005)。

② See Balot, "Aristotle's Critique of Phaleas: Justice, Equality, and *Pleonexia*," *Hermes* 129.1 (2001), 32-44。有关亚里士多德政治思想中一般意义上的财产问题，参见 Frank, *Democracy of Distinction*, 54-80。

对于当时穷兵黩武现象的批判是与他的美德理论联系在一起的。战争之类的必要活动，以及政治和哲学之类的和平生活，都有它们各自特有的美德。例如，当城市陷入战争状态时，勇敢就不可或缺，因此它是在城邦中享受追求善的生活的先决条件。另一方面，节制在严酷的战争条件下是很容易做到的，但是，在居民享受着富足物质生活的城邦中，它又是不可或缺的；其他美德也是如此。亚里士多德对伦理和政治之间的关系十分强调，因此他具体的教育计划没有流传下来是特别可惜的。从我们对《政治学》第八卷的推测来说，他似乎建议利用悲剧与艺术中的传统教育。当然，这要在仔细地考虑好这些东西可能教给我们什么之后才行。

在某种程度上，美德必须通过城邦提供物质资源，做出制度性的安排才能得到发展。例如，领土必须足够丰饶，以保障公民自由的生活，但又不能过于富裕而让人们骄奢淫逸。而且对于占有财产的规定，部分目的是当遇到外部袭击时激发起人们勇敢的美德。但是，激发起公民集体美德的主要方式在于教育。立法者在教育中，必须做到与《尼各马可伦理学》中有关个体的结构与健康发展的结论一致。在其伦理著作中，正如亚里士多德多次阐明的那样，他的目标不仅仅是表达善的理念，更为重要的是使得人们为善（EN 2.2.1103b27-9）。这一目标有助于我们理解亚里士多德式伦理学和政治学的紧密联系。政治家和立法者必须安排好城邦，使其公民幸福繁荣。为了恰当地做到这一点，他必须了解个体的伦理和智性的结构；他也必须注意使其公民接受教育，以达到自然给人类规定的那些目的。

我们首先要注意的是，亚里士多德的描述是浓厚但模糊的。[1] 它只是以大体适当的细节来描述了伦理的和政治的生活，即只达到这个主题特有的那种不精确程度。亚里士多德的理想是临时性的，可以修正的。其目的在于就一些值得研究的领域激发读者交流的兴趣，并推进相关思想的发展。这些观点提出的蓝图是相当有吸引力的。即使实际上从未实现过，但原则上可以在现实世界中达到。由国家支付费用让立法者教育公民，立法者提供给个体必要的东西，例如物质上的、教育上的、情感上的以及伦理上的资源，为的是让他们对如何生活做出正确的选择。没有公民会"被忽视"，相反，所有公民都分享由政治活动，或者在某些情形下由哲学活动所获得的极大的人类利益；犯罪率非常低，公民生活得到基本的安全保障，有着持续的安全感；儿童和老人能得到良好的照顾。亚里士多德表明，城邦应该提供我们希望儿童和家庭成员都得到的大多数东西——用亚里士多德的眼光来看，这是一种人

---

[1] Nussbaum, "Aristotelian Social Democracy" 强调了这一观念。

类非相对性利益的良好指标。要注意的是,所有这些人类的善的建立,并非与特定的文化传统有关。最好的城邦应该对所有人都是善的,而且它在这方面似乎是一个充满希望的选择(第九章有进一步的思考)。

这样的城邦政治健康是否需要过高的代价呢?现代西方公民绝不能接受建立在奴隶劳动之上的公民闲暇和幸福——这一代价太大了。为了将亚里士多德的观点"改造"为今天可以接受的形式,我们应该需要想象一个(不再蓄奴的)社会,其中各种工作被公平地分担,各类工作者都受到共同地看待,受到有尊严的对待。正如我们即将在伊壁鸠鲁学派的理想共同体中看到的那样,普通的经济生产问题,即食物以及其他日常必需品的生产,将永远是我们面临的任务,还有照顾病人、儿童和老人的需求。① 如果我们决定了——当然也是应当如此——更为公平、更富有同情心地去设计出分配这些日常工作的方式,那么亚里士多德想给予其公民的悠长闲暇将是不可能的。公正地分配这类工作是建立正义社会的关键之一。但如果哲学和政治的闲暇,必然与分配社会工作时的明显不义联系在一起,那么这种闲暇的"善"就不值得拥有。

我们也许还会怀疑,亚里士多德式的城邦是否是讨厌私生活的(claustrophobic):例如他给男女婚配时间提供了详细的指导(分别是37岁和18岁),这基于他所认为他们各自身体发育的特性,以及他们后代健康、多育男胎的可能性。他严格规定了他所谓"公共服务"的生殖(7.16.1335b28-9),禁止抚养畸形儿童。虽然城邦是为了促进公民的幸福而进行安排的,但亚里士多德着重强调了个体作为公民,作为政治的动物。(文本 15)

15. 同时,不能认为每一位公民属于他自己,而要认为所有公民都属于城邦,因为每个公民都是城邦的一部分。(*Pol.* VIII.1.1337a27-9)

他对于大多数个体应该如何使用他们的时间和精力的看法,有着强烈的政治色彩。他所主张的人的善,并不足以说服我们为了他关于"我们的好"的这种彻底公共性的理念,而放弃我们丰富的私人生活。

---

① Kymlicka, *CPP*, 419-420 恰当地将"看护"儿童作为一个重要的政治主题。

8. 现有城邦中的可能政治

讨论了亚里士多德关于最好政体的描绘,以及他对公民冲突的论述之后,我们可以以正义作为切入口来再次讨论现存政治。亚里士多德在他的伦理学和政治学著作中以多种方式使用了正义这一理念。在《尼各马可伦理学》第五卷中,亚里士多德区分了"普遍正义(universal justice)"和作为个体禀性的"特殊正义(particular justice)"。"普遍正义"包含所有的美德,比如勇敢和慷慨,只要它们体现在人际关系或是社会场景中。普遍正义使得人们遵守法律,致力于公共的善。"特殊"正义是普遍正义的一部分,表现在分配利益以及给予惩罚时的公平之中,它恰好是无教养的个体贪得无厌行为的反面。这些都是亚里士多德在描述最好类型的公民和个体时所用到的术语。

但是正如我们已经看到的那样,亚里士多德对现实中的人和制度也同样感兴趣。因此贯穿这些不同正义概念之中的,就是"政治正义"。它指的是与不同的现存制度相关的正义。公民常常是以其生活的城邦的法律和制度所认可的方式行动,亚里士多德要将这类行为作为一种相对正义来加以讨论。例如,在民主制中,一个贫穷的农民可以正当地参与公民大会的商议,而在寡头制或是贵族制中,他的政治参与会是不正当的。亚里士多德正确地看到,在希腊世界中,"正义(*dikaiosunê*,正当)"这一术语被以相当不同的方式加以运用。[1](文本 16)。

> 16 那并非出于自然而是出于人的约定的正义也是这样,它并不是到处相同的,因为政体也不都是到处一样的。而出于自然的最好政体在各处都是一样的。(*EN* 5.7.1135a3-5)

但是这一观察并没有让他放弃探讨对正义的正确的和最佳的解释。那个民主制下贫穷的农民可以在其城邦中正当地投票,他可以因此有助于促进和保存现存的制度;但是,这并不意味着他对投票特权的拥有是无条件地正当的。亚里士多德的非相对正义标准,比如体现在他最好城邦中的正义,说明了他可以在理解现存诸政体之时,对于正义采取一种批判性的视角。因此,我们可以认为他的"政治正义"的理念标示出,他在对真实世界的分析当中保持了同情式清醒意识:不同的政体都促进了(或者应该促进)使公民更健

---

[1] For discussion, see D. Keyt, "Injustice and Pleonexia in Aristotle: A Reply to Charles Young," *Southern Journal of Philosophy* 27 supplement (1988), 251-257.

康、具有更大生存能力的正义理念的发展，即使这些理念并非完全正确。

因此，绝对（无限制的）正义并非简单地体现于希腊共同体既存的实在法中，哪怕亚里士多德愿意讨论与现存制度相关的"政治正义"。在亚里士多德看来，实在法可能在两个方面上出错。第一，它可能不符合、不支持现存政体的目的。对于相关政体而言，这种实在法可能是一种法律错误（legal error）①。第二，如果制度本身就是不义的，法律就可能为了统治者的利益而被"操纵"，从而可能与正确规定的正义标准背道而驰。（3.10—11）

这些反思使得亚里士多德在传统的"好政府"或"良序（eunomia）"的内部做出一个关键的和非常原创的区分（文本 17）。

> 17. 因此我们必定认为一种良序是恪守业已颁订的法律，另一种良序是公民们所遵从的法律制定得很好（因为人们对于坏法律也可能愿意服从）。（Pol. IV.8.1294a4–7）

这样，哪怕是在不完善或是"蜕变的"制度中，服从法律意义上的良序（eunomia）也可以是一种好的和稳定的力量；但是，只有当法律自身能真正地促进人类繁荣，更深层次的"良序"才能形成。现存的法律必须接受亚里士多德正义标准的评断，这一标准是非相对的、可以得到独立的说明的。只有像亚里士多德这样的理论家，才能在对于现存制度进行如此灵活——甚至基本上是宽容——的探讨中，同时坚持其非相对性的标准。

亚里士多德对于政治正义和良序（eunomia）的阐释，有助于我们理解为什么他一方面表现出对于现存的各种政体的兴趣，同时又批判地和它们保持一定的距离。在讨论现存的诸政体时，亚里士多德的目的是谦和的。他希望帮助希腊城邦保持政治的稳定，并因此强调了正义，特别是在分配利益和权力方面的正义。但是，如果说正义没有得到公民彼此之间的友谊及相互共通感的支持，他也能看到正义的局限性。虽然正义的确是保持政治稳定的关键，但除非它通过公民彼此间形成的共通感而为他们所接受，否则公民无法在从公职分配到法庭审判这些具体事例中看出和表现正义。对亚里士多德而言，公民必须要在公民友爱（philia）的关系中团结起来。公民对友爱关系达成了共识，从而使正义的标准更为明确。

但一般来说，公民或者说城邦（politeia）的"股东"并非一定会同情

---

① 法律错误是相对于认识错误而言的：认识错误是指错误是对行为的自然性质发生了不正确的认识，法律错误是对行为的法律性质发生了不正确的认识。——译者注

地彼此看待。他们对政治本身的性质并非一定会达成共识。他们对政治总的说来是什么样的看法，并非总是相同的；或者换言之，城邦合作关系（polis-partnerships）最初是如何形成的，以及形成的真实目的是什么，人们的看法并非总是一致。如果不能建立最好的制度，那么在实践中怎样做才能化解这样的分歧所产生的紧张或者压力呢？

9. 现有条件下的最好制度

在亚里士多德对于最好的可行制度的叙述中，他提供了对这一问题的回答。在希腊城邦现有的条件下我们可以怎么做才最好呢？除了其他宏大的计划，亚里士多德还打算给他所处时代的希腊世界大多数人与大多数城邦描绘出当时可以实现的最好的政体。（文本 18）

> 18. 现在让我们来考虑，对于大多数的城邦或者大多数人而言，什么是最优良的政体，什么是最优良的生活。当然，我们既不从超出普通个人的美德来判断，也不能以有着优越的自然天赋者受到的教育的标准，或者我们所梦想的完美政体的标准来衡量。我们考虑的范围仅限于大多数人都可以享受的生活和大多数城邦都可能实现的政体。（*Pol*. IV. 11. 1295a25-31）

最好的可行制度会容许一定限度的冲突，但冲突并不会达到让政治生活不可能持续的程度。亚里士多德称这样的制度为"政体（politeia）"或干脆称为"宪政（constitutional government）"。为了描绘其大致特征，亚里士多德再次借助于他的伦理学著作。

亚里士多德对"政体（polity）"的叙述，带着对伦理和政治美德的传统式理解。他关注的焦点在于中道（the mean）：他认为从道德上来说，"致力于中道的生活（*to meson*）必然是最好的生活，这样的中道是每个人都能做到的"（4.11.1295a37-9）。相似地，他也认为，最好的可行制度将是中产阶层（"midding" group）——他们处于富人和穷人之间，拥有适度的财产——为共同的善进行统治。如果这么看，则亚里士多德这么简捷轻易地从个体美德转换到政治利益，看起来似乎是一种不合理的"滑行"。但是，亚里士多德将其理论建立在有关中产阶层道德特征的严密论证的命题之上。

首先，他主张，特别漂亮强壮、出身过于优越、极为富有的人，都是傲慢的，会对不如他们的人表示轻蔑。另一方面，穷人软弱无能，易犯小恶。只有中产阶层具有适度的财富，他们既不贪婪，又不担忧他人可能会贪恋其财产。为了说明这些观点，亚里士多德引用了古风时代诗人弗居里德（Phocylides）的诗："家道小康，其德无量。栖身斯邦，但求小康。"（4.11.1295b34）引人注意的是，亚里士多德提到被赫西奥德、梭伦、弗居里德和其他古代诗人所倡导且历史悠久的"中庸（middling）"意识形态，以解释和证明他关于最好的可行制度的理论。（参见第二章的"平等派的回应"）。他方法中的这种传统主义（the traditionalism）在很大程度上，源于他认同他自身文化中的一些可敬观点。

其次，亚里士多德认为中产阶层比起其他群体来说，更容易听取并遵循理性的观点，这一新颖的观点远远超出了古代诗歌中的内涵。亚里士多德的推理还有些含糊，但他的观点就是，只有中产阶层才能够作为平等者轮流统治和被统治，反之，其他群体要么太蛮横，要么过于卑劣无赖或者奴性十足。而中产阶层的特征就是既不回避公职，也并不过分追求公职（4.11.1295b12）。处于中间阶层的人尊重平等，并遵守适时交接政治权力的规则。因为他们懂得自尊与尊重他人，所以乐意参与真正的政治交流与辩论。相应地，如果他们听到值得重新考虑自己理念的充分理由，也会乐意接受同胞公民的劝说。他们一般具备的良好道德品质，鼓励他们听取和接受合理的观点。

对在适当的条件下教育公民，向公民灌输日常的美德、自尊、对他人的宽容以及形成友谊的能力这些价值来说，这是一种极具创造性的观点。亚里士多德的根本观点是，通过这些公民的公开辩论政治问题，以及达成合理决策和妥协的能力，他们就能够和平地管控分歧。在这一制度下，公开地表达异议可能对政治是有利的，如果这些异议能缓和紧张局势，并有助于做出更为审慎的决策的话。我们可以回忆一下，雅典的民主派曾以大致相似的理由，为民主协商进行辩护。（见第三章的"民主的商谈"）。故而，对于亚里士多德来说，乐于倾听以及公民一定程度上可以"理喻（persuadability）"，最终还会有助于化解引起激烈暴力冲突的极端情绪。于是，在描述现存条件下最佳政体时，亚里士多德又一次诉诸他在《修辞术》中关于激情与说服的富于洞察的理论。

最后，亚里士多德认为，相对于民主制或寡头制而言，"中道的"制度更不易于受到内讧的影响。这一观点的理由同样是含糊的。一部分原因显然是实用主义的：在内讧可能爆发的地方，庞大的中产群体会比富人和穷人群体更为强大，于是能事先消融任何不合宜的或是自私的行为。即使做不到这一点，但至少中产群体比单个的富人群体或者穷人群体更强大，这样，在动荡发生时就可以联合这个或那个群体，防止整个政治生活的崩溃。然而，问题在于真正中道的制度极其稀少。在亚里士多德看来，雅典帝国之类更为强大的城邦，通常会推动民主制或是寡头制的发展。亚里士多德详细说明了外部政治决定性地影响国内政治的方式（参见第五章）。然而，从原则上说，中产群体有利于缓和富人和穷人之间通常的相互竞争。正是这种常常恶化为敌意的纷争，引起了希腊历史上常常看到的制度多样化。

10. 制度的分类

通过与可行的最好制度相比较，现存的各种制度都是以公民为了自肥（self-enrichment），力图久居官职不下为特征的（3.6.1279a13–15），由此亚里士多德开始了他对制度的分类。他从一开始就表达了一种悲观主义的调子。他的基本分类是区分为统治者狭隘自我利益的制度，以及为公共善的制度（3.6.1279a17–21）。后一种形式的制度，他称之为"正确的"制度，同样也得到被统治者的同意；而前一种制度，他称之为"蜕变的"制度，往往是没有征得被统治者的同意的（有关亚里士多德对政治欺骗 [political deception] 的有益反思，见 4.12-13，在此亚里士多德认为为了短期的利益而欺骗人民，是得不到真正好处的）。这两个阵营都可以看到由一个人、少量人或大部分人组成的统治者的情形（3.7）。"正确的"制度和"败坏的"或"蜕变的"制度的区分，取决于在其中的统治者（无论是一个人、少数人或多数人）的统治是为了促进公共的利益还是为了满足其自身利益（3.7）。正确的制度有君主制（kingship）、贵族制（aristocracy）和"共和制（polity）"；其败坏的形式分别是僭主制（暴君）（tyranny）、寡头制（oligarchy）和民主制（democracy）。即便后几种制度是按照法律来进行统治的，但它们也不能称之为"正确的"，因为其法律本身必然是按照现存制度来规定的。如果制度是败坏的，那么其法律也会是扭曲的（3.10–11）。

亚里士多德用大量的历史细节充实了其分类构想。因为在他所处的时代，大多数制度要么是民主制要么是寡头制，因而他将笔墨集中于这两种"蜕变"的形式。他对一般"民主制"和"寡头制"的各种细微差别的认知，远远超过了之前的理论家。比如，民主制可能有着（较低的）财产资格要求，或者根本就没有这种要求；民主制是依赖法律或者公民大会做出的日常命令进行统治的,或者说民主制理论上允许所有出身自由的男性参与到政治中。但实际上做不到,因为更穷的阶层没有闲暇;或者民主制可以为穷人参与政治提供报酬,等等(4.4,4.6)。同时,亚里士多德还有一个重要的发现,即在实践中和精神上,寡头制的主要规定就是权力给予富人(他们通常在人数上极少);而民主制的主要规定就是权力给予穷人(他们通常人数极多)(3.8)。换句话说,寡头制的关键是富人统治,富人因其财富而受到尊敬,城邦则致力获取财富——无论富人是少数的、规模适中的或者人数众多的,这对于城邦的政治精神来说是偶然的,并不重要。这一新的解释,源自亚里士多德总是愿意用经验观察到的现实来检验其抽象分类的愿望,而且认为(就此例而言)经验现实更有道理。

11. 民众的权力

制度的各种衍变是难以列举的。然而就我们的目的而言,亚里士多德的细致解释,比他对于现实普通制度的同情性反思更为重要。这些反思被证明是他对实际的人、实际的制度的质疑的一种平衡。亚里士多德认为给予普通公民商谈和司法的权力是有一定意义的,因为哪怕他们缺乏贵族阶层的财富和良好的教育,然而他们的洞察力集合起来则超过少数人的知觉(3.11)。他说这并不是对于每个公民集体都有效,因为某些人可能过于低劣而无法贡献于公共的善。但是,在某些适度的大型群体中,它还是会发挥作用的。然而,这一乐观的理念是否会受到苏格拉底的反对呢?后者认为任何领域的专家——如医生和造船匠,都只应当商讨相关的问题,在相关的选举中进行投票。

亚里士多德从两个方面来化解这种借助于工匠的比喻。第一,他坚称由诸个体组成的群体,较之于一个由专家构成的小团体能够认识到更多的真理。正如亚里士多德所指出的,这取决于要做出决策的领域,而这点似乎是有争议的。例如,在"选择几何学者"这一问题上,任何非专家组成的群体都不会比职业数学家内行(3.11.1282a9)。不过,他主张在其他一些领域中,一个有兴趣和见多识广的公民群体较之于"有知识的人",在诸如是否应该和外邦开战、如何分配意外之财的问题上,能做出更为审慎的选择。不同之处在于,大众集合在一起有助于获得智慧与审慎,正如亚里士多德在其"加法论证"中所解释的一样(见第三章的"民主的商谈",以及第三章中的文本 11)。这种集体性智慧并不适用于技术性理论(如几何学)或是技术性工艺之上；更确切地说，它可以运用到商谈的问题之上，属于实践理性领域——"对于大多数情况下"正确的事物进行理性推理的领域。亚里士多德为这一乐观的图景增添了一个不太和谐的条件限制："当他们聚集在一起，就拥有足够的感知，再与最好的人结合，就会有利于城邦。就如同食物一样，即使不纯净，但它与纯净的食物混合在一起时，也会使得整道菜比起那一点纯净的食物来说更有利于健康。"（3.11.1281b34-8）正如"不纯净食物"的比喻所表明的，他看好大众洞察力的重要性，然而这也是有限制的。如果在一个食物丰盛的宴会中有大量不纯净的食物，它的菜会美味吗？

而第二点争议更少些，亚里士多德认为对大多数（并不是全部）工匠制作的工艺品的最好评价并不是工匠本人，而是使用者。例如房子的使用者，可以比建造者对房子做出更为明智的评价，食客比大厨更知味。但亚里士多德再次没有明确提出精确的论证。他隐含的思想是：普通公民知道，或者能够知道有关如何使用船只、公共建筑、公共财政方面的知识，也知道有关战争、有关参加节日活动的知识，知道有关公共集会上做出决策的大多数事情。因此，他们的知觉不应该以他们缺乏进行推理判断的能力为由而受到轻视。这都是对亚里士多德所继承的反民主的哲学传统的强有力的反驳。很明显，它们与我们在第三章讨论过的民主式意识形态有着共同的因素。也许更引人注目的是，它们表明亚里士多德认为民主也有"二阶"知识，即柏拉图所谓"科学的科学"的那类知识，即知道如何为了共同的善而运用生产技艺的产品。（参见第六章。）

然而，尽管有着这些相似性，较之于民主派而言，亚里士多德的叙述更清楚地表明了古代和现代商谈理论之间的差异。现代模式的协商民主（deliberative democracy）将民主政治主要理解为通过共享的"公共理性"来增进我们的自由、自主和自我界定。我们从康德那里继承的目标是：自我立法，超越自然。① 但亚里士多德的方法在几个维度上是不同的：亚里士多德的公共商谈的概念缺少当代哲学家赋予公共商谈的哲学抱负；亚里士多德的商谈目标并非要进行自我立法、超越自然，毋宁说是要进行实际的判断，发展与运用实践理性。因此在政治商谈中公开提出问题，找出临时性的答案，不只是在实践中，而且在教育中是有用的，因为政治商谈有助于个体发展正确地运用其智慧与道德的能力。对于亚里士多德来说，商谈并不只是在理性论证和评估方面可以启发我们，也可以塑造我们的品质，使我们宽容他人，

---

① 正如 Salkever 在《商谈模式的民主》(Deliberative model of Democracy) 中所表明的，这一遗产主要是通过罗尔斯与哈贝马斯的工作而得到传承的。

忍受不确定性,感受不同的观点,更少固执于自己的观点。这些都是根本的个体和政治的善。换言之,亚里士多德让我们看到商谈的丰富可能性。也许对于亚里士多德来说,运作良好的民主制,差不多就是最好的可行制度。

同样反映对现实体制的同情态度的是,亚里士多德认为较大的群体较之于单个个体,更不容易做出为激情左右的决议:(文本19)

> 19. 单单一个人必定容易为愤怒或其他这类激情所左右,以致破坏了自己的判断。但是很难设想,所有的人会在同一时间发怒并且犯错误。(*Pol*.III.15.1286a33–5)

这一理论传统的主要担心的是个人统治下的怪异行为。不过,亚里士多德同时的主张可能让人吃惊。举例来说,修昔底德笔下的克里昂指责雅典民众太容易受到诸如怜悯之类情绪的影响,而修昔底德自己也含蓄地批判了沉湎于渴望"得到更多"这种激情的民主制(见第四章的"修昔底德笔下的帝国主义者再论自然与习俗"和第五章的"有关雅典帝国主义的争论")。此外,亚里士多德的《修辞术》希望教育演说家如何按照老练的修辞诉求方式,运用激情来感化大众。正如我们常常在雅典的演说词中可以看到的,演讲者通常煽动听众的情感,但同时要他们为其长远自我利益打算,避免做出情绪化的冲动决定。亚里士多德的根本观点是,大型群体总体上优于小型群体,但是即使想要实现适度的福祉,他们也必须受到良好的教育,受到教导来显示美德,愿意接受制约,特别是体现在健全法律中的制约。较之于个人统治来说,亚里士多德认为大型群体统治在情绪上表现得更好,但是前提是大众成员都是自由、守法的(3.15.1286a36–7)。

12. 结论

亚里士多德的方法,避开了当代在自由主义、社群主义、公民共和主义以及其他学派之间争论的问题,提供了政治生活中的各种新的可能和机会。他提出了一种丰富的、经常是充满希望的图景,告诉人们如何共同努力,不必借助宗教权威或严守传统就可以发展出非相对性的伦理与政治理想。作为人,所有的人都有着物质生存、教育、情感发展以及友谊的自然需求。正确建立起来的城邦,能够在满足这些需求的过程中起到独特的作用。在亚里士多德描绘的蓝图中,共同体反过来会得到有着良好教育与热心的公民;他们能够认识到正义，并在实践中加以实现；能够克制自己贪得无厌的欲望。因为对于人类来说，好的生活必然在于共同地践行美德，而不在于私下的自我享乐。亚里士多德的大多数理论，尽管有缺点，但是有说服力的、值得称道的。如果它能恰当地引入当代政治学中，就可以为我们重新审视政治共同体研究中存在的缺陷，提供强有力的资源。

第八章 希腊化时期的政治思想

马其顿王国的崛起和亚历山大发动的战役永远地改变了希腊政治。腓力二世（Philip Ⅱ）在公元前360到公元前359年得到王位后，迅速地将他的帝国转变成东地中海的军事霸强。他用大半生赢得了对希腊世界的支配地位，而他早期向东部的侵略显示出他怀有更大的帝国雄心——直到他在公元前336年去世。他的儿子亚历山大（Alexander）在20岁的时候继位，被证明是一个出色的继承者。他征服了埃及、近东和前波斯帝国，并且在这些地区筑起了无数的"亚历山大城"，这一切使得希腊文化以一种先前无法想象的程度传播开来。据说在公元前323年，亚历山大临终之际在病床上要将自己的图章戒指（signet-ring）——王位继承的象征——给予"最强者"（D.S.17.117.4）。尽管这种说法其实纯属虚构，但亚历山大的确对其王位的继承、王国的管理和他核心圈子对权力的分配等问题，没留下什么明确的指示。结果在经历了大约50年的激烈战争之后，他的继承者们建立了希腊化时期的"三强"王国：埃及、马其顿和大叙利亚（Greater Syria，也就是除去埃及的大部分前波斯帝国），从而形成了相对稳定的国际形势。希腊化时期的君主们（根据各王朝建立者的名字，分别称为托勒密［Ptolemies］、安提戈诺［Antigonids］和塞琉西［Seleucids］）在更广阔的后亚历山大世界中占据了世界舞台中心的位置。

然而与一般现代观点相反的是，这些王国的统治并不意味着希腊城邦的终结。希腊城市中的公共生活依然充满活力并对希腊公民有着核心意义。对碑铭的研究和对文本材料（尤其是对波利比乌斯［Polybius］的作品）的重新评价说明，希腊公民依然深切关注着他们的公民身份。他们组织地方武装，争取赢得政治职位，并以公共价值教育年轻人。当然，在外交政策上，希腊

第八章　希腊化时期的政治思想

城邦的自主权受到很大限制。但对于很多希腊城市而言，它们长期受到某种外部势力的控制，要么是雅典人、斯巴达人或者波斯人的控制，因此对于很多希腊人而言，政治大体上如常发展。

由于希腊文化传播到了地中海东部以及更广阔的地方，对于研究这个时期的历史学家而言，他们主要关心的是和种族和文化交流相关的问题。马其顿人和本地人的关系中是否存在一种文明的"融合"？"殖民主义"是否更确切地描述了他们的关系？文化交流从来都是一个核心的政治问题（参见第五章的"自然的优越？"），但古代关于亚历山大的教育和目标的传统观点，使得这个问题对于研究这个时期的历史学家而言有着特别的重要性。我们可以将亚里士多德的《政治学》——尤其是第七卷、第八卷——看作对亚历山大如何在东方建立起一个新城邦在政治方面的建议①。第欧根尼·拉修尔也指出，亚里士多德曾写过一部作品——我们仅知其题目——叫作《亚历山大》（*Alexander*）或《殖民者的代表》（*On Behalf of Colonists*）。亚历山大可能有机会通过征服建立起一个亚里士多德式的"美德社会"，让希腊人享受教育、政治地位和闲暇，让野蛮人从事农业和商业之类的生产性活动——就像亚里士多德在《政治学》第七卷、第八卷说到的那样。然而另一方面，也有很多古代学者相信亚历山大渴望建立一个"人类的联合体"，而不是这样一个具有严格等级制度的政体（文本1）。

> 1. 诚然，创立了斯多亚派的芝诺所写的广受尊重的《国家篇》（*Politeia*）主要发展了一种观点，即我们每个人都不应该因各自正义的准则不同，而生活在不同的城邦或者村社中。我们应该假设全人类都是同一个村社的同胞、同一个城邦的公民同胞，我们的生活方式和秩序应该是相同的，就像养在同一片牧场上的牲畜一样。芝诺的这一写作，描绘了一个有关睿智且秩序井然的政治制度的梦想或者蓝图，而亚历山大将这个想法变为现实。（Plutarch, *De Alexandri Magni Fortuna aut Virture*, 329a-b）

第一种说法仍存在疑问，但是没有什么事实能够证明第二种说法：并不存在希腊与波斯的联合体，亚历山大的诸城邦在政治上是由马其顿人与希腊人统治的，并且此后的多个世纪一直保持着随之建立起的等级制度。无论是什么激励着亚历山大追求其政治目标，他首先是作为一位政治与军事的实用

---

① See Ober, *PDDA*, 324-351.

主义者来追求荣誉的。结果他的征服,在东地中海地区形成了一个持续到古代终结时的政治与文化体系。

亚历山大的征服带来了巨大的政治变化:君主制崛起,已知政治世界扩大,传统城邦相对衰微,文化交流日益密切。这些变化形成了当时政治思想家在建构其思想时全新的、在之前完全不可想象的条件。这个时期发生的变化对于**伦理**发展而言有着什么意义,这其实是当时的主要争论的真实内容。一般说来,学者们认为希腊化时期的哲学诸流派深刻地受到这个巨大而不确定的希腊化政治世界影响。传统观点认为伊壁鸠鲁学派主张退出城邦,强调个人的快乐与友谊;犬儒主义和斯多亚派创造性地发展了"世界城邦(kosmopolis)"的思想,据说这两者都代表了一种厌恶普通政治世界的看法——在城邦瓦解之后,它便无法再像先前那样让人满意。

但正如今天很多人所主张的,这样的看法并没有承认希腊化时期的思想,与先前的伦理、政治思想之间的连续性。① 比如说,希腊化时期的思想诉诸自然,以自然作为我们繁荣生活的向导,这样的思想在亚里士多德的伦理学与政治学中同样占据着中心地位。除此之外,早在公元前四世纪,犬儒主义之父,西诺佩的第欧根尼(Diogenes of Sinope,公元前412—公元前324年前后)基于传统的城邦国家及其法律和价值都是与自然相悖的观点,认可一种特别的世界主义。最后,正如我们在先前的章节中看到的,君主制理论的出现与希腊化时期王国的兴起虽然如此契合,但并不意味着它与希罗多德、色诺芬和伊索克拉底等人的理论彻底决裂。因此,修正主义者(revisionist)的立场看来是很有吸引力的。

1. 王权理论

然而,尽管修正主义的立场有着无可怀疑的合理性,但也不应该夸大。如果我们如本章所做的一样,将主要的注意力集中于政治与集体而不是个体的立场,这一点就会更清楚。希腊化的世界是一个看起来拥有无限可能性的扩展了的世界。那些拥有闲暇去学习哲学的传统精英分子仍然扮演着重要的政治角色。他们与君主进行协商,推动公共的仪式和祭祀,并参与处理与其他城邦关系的外交事务。为了弄清楚政治的连续性与非连续性,他们强调了先前的智识传统中的某些特别部分——而不是其他部分。选择本身就是一种

---

① E.g., Long, *Hellenistic Philosophy*, 1-13; Shipley, *The Greek World After Alexander*, 176-191.

强调和解释的形式，而且它有助于搞清楚已经改变了的情况。例如，王权理论在各种类型修辞的、历史的和想象的理论形式中都比以前变得更为突出。法勒容的德米特里（Demetrius of Phaleron）① 从公元前317年到公元前307年统治雅典，他曾经对托勒密说过，君主应该阅读关于王权的哲学著作，因为"朋友们会将不敢对君主说的话写在书中"（Stob.4.7.27）。② 由于显而易见的原因，在这个时期，论述王权问题的文本体裁越来越重要了。

比如被称作《致亚历山大：论修辞术》（Rhetoric to Alexander）的一部可疑修辞术著作的导言保存于亚里士多德著作集中，其作者不可考。总的来说，这部作品在形式上具有修辞术专著的学术"特点"：例如按照习俗做法将演说分为三个传统类别（公众演说、展示性演说和法庭演说，1421b9-10）；它同样传授演说者论证与表现的方法，说明这些方法与民主制和寡头制之间的关系。但是在开头的致词中，它却声称这是亚里士多德给亚历山大的一封信。这部著作很可能反映了后亚里士多德时期的政治思想，也说明了"资治通鉴"（mirror of princes）这种体裁的迅速发展——在古代后期及其后成了主流。它发展了肇始于色诺芬、伊索克拉底和其他公元前四世纪的人形成的思想。但重要的是，**这些**政治思潮是有所发展的，（比如）并不局限于公元前四世纪著名的关于党争（stasis）的讨论。在阅读这些文本时，既与先前的哲学传统，又与亚历山大以及其他希腊化时期君主关联起来，那将是非常有益的。

这封信从王权与幸福的关系来对人类理性进行哲学论述，远远超过了人们对于修辞术论著导言的可能预期。信中建议君主应该尽力以理性支配自己的思想与生活，这远比穿着华丽的服饰、具有漂亮的身体重要（1420a11-20）。这种观点在那些希腊化早期君主的观察者那里会产生共鸣。这些君主以在公共场合进行奢华盛大的自我炫耀而闻名，比如穿着用最昂贵的材料做成的奇装异服（普鲁塔克的《德米特里厄斯》[Demetrius]，41。）这位深谋远虑的劝告者看穿了这种攀比炫耀毫无价值，劝告君主们转而用心追求理智。

---

① 德米特里（约前350—约前280）是雅典的演辩家、政治家、哲学家、作家。他出生于法勒容（Phalerum），后来成为忒奥弗拉斯托斯的学生，成为早期逍遥学派中一员。德米特里之后成为杰出的政治人物，并被马其顿的卡山德命为雅典的僭主。德米特里单独治理雅典10年，期间对法律进行重要改革，并让雅典维持亲卡山德的寡头政治。公元前307年，德米特里被反对卡山德的敌对势力驱除出境，来到底比斯，并在前297年后来到亚历山大托勒密宫廷。他留下许多著作，包含历史、修辞术和文学批评等。——译者注

② Tr.Goodenough, "Political Philosophy," 58.

作者认为通过培养有序的精神，君主可以给自己的臣民提供一个足以效仿的典范。一般说来，君主的审慎也对其臣民有好处。为了使他的考虑更为周全，君主必须学会用有理有力的方式发言。信中尤为强调理性，强调有条不紊的演说，因为作者认为理性是人类的特征，只有理性可以为人类带来福祉，它是通过教导其他人接受适合于人类的伦理价值来做到这一点的。所有这些观点与柏拉图、亚里士多德的关联是明显的，是对在古典后期和希腊化时期君主们时髦做法做出的批判。诚然，信中将思虑而不是沉思描述成最"类似于神"的人类活动，但是这种对实践的强调其实也源于修辞术的体裁。

以理性思虑为基础，君主应该以修辞术教育他的臣民，从而提升他们的品性，进而让他们在生活中走好运。在作者的描述中，正确使用修辞术是希腊化时期王国中公民繁荣生活的最佳引导。我们对马其顿和希腊化时期君主们的公开演说不是很熟悉。但是在很大程度上，这封信所表现出的风格和系列主题，与那些君主致希腊诸城邦的带有修辞风格的信类似。石头上的碑铭和埃及的莎草纸保存了一些君主致其臣民的书信。通常这些书信都是精心构思的宣传品，旨在显示君主是施恩者、正义的传播者和希腊自由的拥护者。诚然，君主们承认彼此相互争斗，但他们声称自己的最终目的是要保证自己臣民的福祉，重建被自然灾害破坏的城市，并"热心"维护他人的利益。偶尔君主们的语言会变得生硬、专横并带有威胁，但这是为了要吓退侵略者。特别是在埃及，这是为了要保持希腊—马其顿人与本地人之间的恰当关系。然而无论他们如何自我标榜，他们创造繁荣的状态和福祉并不是为了他们的臣民，而是为了他们自己。① 这些王朝的霸主更多从财富和权力的角度，而不是从"灵魂塑造（soulcraft）"这一角度来定义自己王国的"繁荣昌盛"。

正是在这种背景下，这封信尤其强调在行动之前，应当发表一个经过仔细思考、理性并且理由充分的演说。德摩斯梯尼曾经在公元前四世纪强调过这一点（例如，60.17-18），尽管其道理是显而易见的，这种思想仍然值得强调，因为希腊政治学在传统上行高于言，尤其强调军事行动。② 行动在等

---

① 有关希腊化时期的国王与希腊的臣服城市（subject-cities）之间的交流，可参见 J.Ma, *Antiochus III and the City of Western Aisa Minor* (New York, Oxford University Press, 2000).

② 对这一观点及其内涵的一种极好讨论，参见 Raaflaub, "Father of All, Destroyer of All," 312-314. 传统的等级制，将军事荣誉置于公共成就或者知识成就之上，这同样也是后来西塞罗思想张力的一个主要来源，可参见 *On Obligations* 1.61-92.

级上高于思想,这一点,任何其他地方都无法与希腊化时期君主们的世界相比——他们的标准头饰中包含有获胜运动员的花环。这种象征意味着希腊化时期的君主并非通过继承获得权力,而是通过荣耀与勇敢的成就获得权威的。在这样的世界中,"理性的有序灵魂"必然被视作一种奇怪且过时的老柏拉图主义的观点。因此,作者在致这个世界的政治领袖的信件中对理性的看似乏味的反复强调,就有着特别的意义。

这种对理性的关注,使得作者发展了为人熟悉的有关开明君主与法治之间关系的持久讨论。他尤其注重区分君主的理性咨议与统治民主体制的法律;在不忽视后者的情况下,他尤为重视前者。(文本2)

  2. 有人在行动上独领风骚,却在论证上低于常人,这种现象实为荒唐,尤其是当他看到,平民政体下的人们把一切事情的最终裁决诉诸法律,而君主政体下的人们则诉诸理性。正如公共的法律每每使自治的城邦沿着坦途前进,您所拥有的理性也能指导臣民奔向最有益的康庄大道。(*Rhetoric to Alexander*, 1420a17–26, tr. Forster, in Barnes, *Complete Works of Aristotle*)

他说,民主制的法律源于共同体的一致同意。但是根据他自己的说法,共同体最好能受到一个具有有序理智的君主的教育和启发。君主本身运用理性,为共同体提供了更高形式的法律。这表明了君主的理智相对于实在法的优越性;我们可以将之与柏拉图在《政治家》中关于政治知识高于法律的等级相比较(参见第六章的"柏拉图的'解决方案'")。因此君主有特别的责任去培养自身高尚的品格,过理性的生活,因为在后古典的全新世界中,一切都强烈地依赖于东地中海地区日益压倒一切的枭雄,更不用说压倒个别城邦的法律和制度。君主理性有序的精神,能消除君主任意与自私的行为,而正是这些行为令人们对君主忧心忡忡。

作者对合乎理性的王权的强调经常被希腊化时期的其他作家重新表述,他们尝试证明和理解在这个扩展了的政治世界中君主新的重要性。人们可以看到这个时期的大多数其他政治作家,例如波利比乌斯(6.6-7),也表达了类似的王权与理性之间的联系。但如果君主被认为体现着他的臣民的法律,那么他就会高于实在法,并且可能会像一个无须受到法律限制的人一样,做出一些无法无天的事情来。人们担心君主会为所欲为,例如人们会想起阿那克萨库斯（Anaxarchus）①的理论，他是一个跟随着亚历山大南北征战的口无遮拦的哲学家。普鲁塔克记载，阿那克萨库斯在亚历山大残酷地杀死了他的军官克雷托斯（Cleitus）之后"安慰"他说："你不知道吗？宙斯在身旁放着正义与法律，以保证世间上的统治者做每一件事都是合法和正义的。"(《亚历山大传》，52)② 普鲁塔克评论道，亚历山大在这种对为所欲为行为的明显认可中找到了安慰。但他补充说，一点也不奇怪，这种思想使得亚历山大比以前更加傲慢。我们只能想象，随着希腊化时期王权变得越来越个人化、越来越独断专行，这样的合法性证明也变得越来越平常。

如果说理性的发展在致亚历山大的信中具有核心意义，那么可以说美德的发展就在《亚里斯提亚致费罗克拉蒂的信》(Letter of Aristeas to Philocrates)③ 中也具有重要的意义，这是同一类型的另一文本。同样地，它的作者与确定年份已经不可考，但是从它提及的内容看来，此信有可能于公元前二世纪中期由一位在亚历山大城的托勒密宫廷官员写成。信中有一个明显虚构的描述，说到为了将摩西五书翻译成希腊文，72位犹太人学者来到了费拉德尔菲斯·托勒密二世（Ptolemy Ⅱ Philadelphus）④的宫廷。⑤这封信描述了很多事，其中包括一个长达一周的盛宴，期间君主就王室统治及其特征等各方面的问题向学者们发问。这封信中的这些对话类似于先前的演说，旨在教育君主。并且，在最后的一场盛宴中，托勒密赞颂了一位学识渊博的人教会了他一套完整的君主统治术（294）。对话强调了传统的王权美德：正义、节制、仁慈（philanthrôpia）和虔诚。因此我们认为，这封信是在传统的框架下处理新形式的文化交流。

然而，两个重点的转变是很明显的。首先，贤者们反复强调情感自制与

---

① 阿那克萨库斯，公元前380年—前320年，哲学家，德谟克利特的追随者，皮浪之师，曾陪伴亚历山大大帝远征亚洲，后被塞浦路斯王子纳索克里昂处死。——译者注
② Tr.l.Scott-Kilvert, Plutarch: *The Age of Alexander* (New York, Penguin books, 1973), 310. Compare the remarks of Hahm, *CHGRPT*, 459.
③ 《亚里斯提亚致费罗克拉蒂的信》，即著名的《亚里斯提亚书信》，约写于公元前130年到公元前70年之间，是埃及托勒密二世宫廷的官员亚里斯提亚给他兄弟的一封长信，详细地介绍了希腊文七十子本的翻译过程。作者是一位住在埃及亚里山大城的犹太人。——译者注
④ 费拉德尔菲斯·托勒密二世（前308—前246），埃及托勒密王朝的第二位法老（公元前285年—前246年在位）。他利用巧妙的外交手腕扩大权力，发展农业和商业，使亚历山大城成为艺术和科学的中心。——译者注
⑤ Cf.Hadas,*Aristeas to Philocrates*,3-18.

激情控制的重要性。① 这个主题已经成了希腊化时期伦理思想的核心，不仅在关于王权的专著中是如此，在我们将要讨论正式哲学流派中也是如此。这种强调在其背景中有着其自身的意义：如果愤怒与恐惧一直都被看作是对政治有害的，那么君主们作为最为重要的政治角色，就必须要学会聪明地舒缓自己的激情，甚至在必要时消除这些激情。这个主题对于古典时期的希腊人来说是很熟悉的（参见第五章我们在"君主制帝国主义"一节中关于希罗多德与伊索克拉底的讨论），但同样这是一种在希腊化背景中有着特别意义的新颖强调。其次，所有学者都认为人是神的创造物，要通过神的引导才能得到自我实现，因而美德的根基和来源就是神。传统的希腊主题与源于一神教的思想的结合，在希腊化时期之前是无法想象的。即使亚历山大的征服也没有导致文化的融合。但是《亚里斯提亚书信》也让我们看到了当时人们可以连贯有效地将源于不同传统的思想综合起来的可能性。

很多别的类似作品到现在只有存目——譬如说，由亚里士多德的继承者忒奥弗拉斯托斯② 执笔的关于王权的专著，以及斯多亚派的珀尔萨俄斯（Persaeus）③ 为希腊化时期的君主安提戈诺斯（Antigonus）撰写的作品。但是，五世纪约翰·斯托贝乌斯（John Stobaeus）④ 的选编文集保存了被认为是毕达哥拉斯学派作家们的一些王权理论的残篇，但是其时代大多不可考。它们很可能来自有着罗马元首的希腊—罗马文化。但在这里，为了详细描述希腊化时期的理论在随后的阶段是如何发展的，我决定一并加以讨论。⑤ 尽管这些文本被认为是毕达哥拉斯学派的，但却有着强烈的柏拉图色彩，并且与《致亚历山大：论修辞术》的前言有很多共同之处。

与我们目前的讨论特别相关的是，他们对传统在君主和法律之间进行的比较的做法进行了改造。"阿契塔（Archytas）"和"第欧根尼（Diotogenes）"⑥

---

① 试比较 Walbank, "Monarchies and Monarchic Ideas," 82-3 与 Hahm, CHGRPT, 462-463，后者不无启示地将这封信与狄奥多罗斯（Diodorus Siculus）著作对早期埃及国王的描述联系在一起。
② 忒奥弗拉斯托斯，约公元前 372 年—前 286 年，公元前四世纪的古希腊哲学家和科学家，先后受教于柏拉图和亚里士多德，后来接替亚里士多德，领导其"逍遥学派"。据说是亚里士多德见他口才出众而替他起的名。忒奥弗拉斯托斯以《植物志》《植物之生》《论石》《人物志》等作品传世，其中《人物志》尤其有名，开西方"性格描写"的先河。——译者注
③ 珀尔萨俄斯，约公元前 307 年—前 243 年，斯多亚派哲学家，是斯多亚派哲学家芝诺的学生。——译者注
④ 约翰·斯托贝乌斯，生卒年不可考，生活于五世纪，主要的贡献是编辑过早期希腊作家的作品。——译者注
⑤ Cf. Walbank, "Monarchies and Monarchic Ideas," 78-79.
⑥ "阿契塔"和"第欧根尼"均为斯托贝乌斯编纂的文集中托名的作者。——译者注

都将理想的君主当作"活的法律"——也就是说,是他的人民永恒的、神圣的、非成文法的、活生生的、神一样的化身。他是共同体中实在法的正当来源,同样也是裁定本地法律的标准。实际上,这些作者同意君主是绝对法律的化身,这意味着他的行为、颁布的公共措施和进行的一般管理绝对是最公正的(文本 3)。

> 3. 最公正的人会成为君主,而最符合法律的是最公正的。因为一个人没有正义就不能成为君主,而没有正义就没有法律。正义存在于法律中,而法律是正义的来源(aitios)。但君主是活的法律(nomos empsuchos),或是一个合法的统治者(nominos archon)。因此,他是最公正、最合法的。(Stob.IV, vii, 61,tr. Goodenough, 65)

君主的美德行为模仿着宇宙秩序与和谐,而这些行为本身也成了他的臣民模仿与效法的对象。这个文本强调了君主心灵的和谐,它既模仿了宇宙的秩序,也给君主的共同体带来了秩序与福祉,显然这回响着柏拉图的思想。这段话与《致亚历山大:论修辞术》的联系也是明显的,而且正如我们会看到的,所有这些段落与斯多亚派的理论也有不少契合之处。我们正无可避免地转向罗马的统治者崇拜(ruler-cult)⑦和阿奎那的自然法理论。(文本 4)

> 4. 正如上面所说的,法律只是统治者实践理性的一个命令,这个统治者管理着一个完美的共同体。很明显,假如这个世界如第一部分所说的那样,是由神圣天命所统治,那么整个宇宙的共同体就是被神圣的理性管理着。(ST.I-II,Q.91, AA,1-6, tr. Baumgarth and Regan)

在分析希腊化时期的王权理论时,我们正回顾的是对希腊化时期的君主及其家人神化趋势的哲学反应。最晚从公元前四世纪的希腊开始,崇拜将军

---

⑦ 对统治者的膜拜自马其顿亚历山大大帝以来就是希腊宗教和统治方式的一个组成部分,罗马人自朱利乌斯·恺撒身后开始对死去的统治者进行"神化",甚至在恺撒还活着的时候,他就接受了一项权利,专门有一位弗拉门祭司向他祭祀膜拜,同时还在他的住宅上做上神庙的标志,以及在罗马的庆典游行中,将他的塑像置身于诸神的游行队列中。恺撒死后,元老院通过了一项法令,正式将他神化为神灵,并向他奉献了祭坛和神庙。——译者注

和其他领袖,给予其宗教荣誉的做法就已经出现了;亚历山大去世前几年经常以神的面目出现。在希腊化时期,对君主的神化成为公共生活中根深蒂固的一部分,正如我们在雅典人对"城市攻掠者"德米特里(Demetrius)唱的肉麻赞歌中看到的。(文本5)

  5. 最伟大、最亲切的诸神是如何降临城中的;时间已经将得墨忒尔(Demeter)① 和德米特里一起带来了。得墨忒尔为了颂扬柯尔(Kore)② 神圣的秘密而来,而德米特里带来了与神一样的欢乐、美丽与欢笑。他让人肃然起敬:他的所有朋友围成一圈,而他在中间,就像他的朋友是星辰而他是太阳。万岁!最强大的神波塞冬与阿弗洛狄忒的儿子!(Athenaeus, *Deipnosophistae* VI 253d-e)

这种将宗教与政治的发展,与王权理论的"毕达哥拉斯式"结合是一个相当大的成就。希腊化时期的君主被称为"一个更高的王者的复制品",他"一方面模仿造他的那位,另一方面在他的臣民面前闪亮登场——散发着王权的光芒"(pseudo-Ecphantus, *On Kingship*)。③ 在公元前四世纪,人们一般将注意力集中于君主伦理与智慧的自我发展,所以,希腊化思想潮流相比之下显得十分新奇。希腊化时期将君主看作半神式(quasi-divine)美德与秩序的典范,这与古风时期和古典时期的城邦中的"正义"有很大的不同,后者表现在大致平等的人们的协商之中。罗马的将军和君主,甚至那些后来皈依了基督教的将军与君主将这些理论稍加修改便用于证明自己的权力,简直不费吹灰之力。

2. 传统哲学诸学派

  雅典传统的哲学流派继续存在,但却是存在于一个哲学竞争日益加剧、日益复杂的世界中。在公元前三世纪中期,皮塔涅的阿尔克西劳

---

① 得墨忒尔是希腊神话中司掌农业的谷物女神,亦被称为丰饶女神。她是第二代众神之王与众神之王后克罗诺斯与瑞亚的女儿,后与宙斯生下了冥后珀耳塞福涅,与伊阿西翁生下了普卢托斯(财富之神)和菲洛墨洛斯,与波塞冬生神马阿里翁。——译者注
② 柯尔,即希腊神话中得墨忒尔的女儿,后来成为冥后的珀耳塞福涅。——译者注
③ Tr.Goodenough, "Political philosophy," 76-77.

(Arcesilaus of Pitane)① 成了柏拉图学园② 的领袖，并将学园转向怀疑主义。然而在这种转变之前，思想家们大都继承传统柏拉图思想进行思考。这种趋势的一个很好的例子就是伪柏拉图的《米诺斯篇》(Minos)，这是一个公元前三世纪的文本。其现存的版本是一部未竟之作，它讨论了法律的性质。对话以苏格拉底对他的对话者的观点进行审视开始。他的对话者认为法律就是某个城市的政治决议或者意见（314c）。在一轮饶有兴趣的相互盘问之后，苏格拉底让大家最终同意：真正的法律不可能不义或者对城市有害；因此如果恰当地理解的话，除非极个别的例外，法律并不等同于现行的或历史上希腊城邦的实在法。为了强调真正的法律与绝大多数现行法律的区分，苏格拉底还让他的对话者看到，在希腊世界中各处的法律与习俗是各不相同的。因此他最后得出结论，并非所有的现行法律都等同于真正的法律；它们对法律的本质的看法不可能都是正确的。世间的立法者有时会出错，正如我们在第四章的"苏格拉底与法律习俗"中看到的，柏拉图的《大希比阿篇》充分强调了真正的法律与实在法之间的这一区分。

苏格拉底从这种洞见以及其他一些洞见出发，指出正确理解的法律是真理和实在的显现，这里的真理无疑关系到什么是公民的善，特别关系到如何培养美德。对具有如此特征的"真正"法律的发现，自然被认为对公民有重要的价值（315a, 321c-d）。这种对真正法律特征的概括，使作者回到了一个典型的柏拉图立场。通过与其他领域的专家进行类比作者得出结论：有

---

① 阿尔克西劳，公元前 315 年—前 240 年，柏拉图学园第六任学长，其特点是将皮浪派的怀疑论引入学园。——译者注
② 柏拉图于公元前 385 年左右，在雅典西北郊原祭祀古代英雄阿卡德米的运动场建立了宗教学术团体或学校。它通过数学、天文学、音乐理论和哲学的训练，为当时的希腊城邦培养治国的人才。柏拉图的直接继承者们，在研究哲学的同时，在数学和天文学方面做出过重大贡献，形成学园派。(1) 老学园派，约公元前 347—前 247 年，主要代表有柏拉图之甥斯彪西波（Speusippos，约公元前 395—前 339 年，学园的第二任主持者）等。其特点是基本上继承柏拉图的学说，但特别重视柏拉图学说中的毕达哥拉斯主义因素，并重视伦理学研究。(2) 中期学园派，约前 247—约前 81 年，主要代表有阿尔克西劳（公元前 315—前 241 年，学园第六任主持者）等，其特点是将皮浪派的怀疑论引入学园。他把苏格拉底的"自知其无知"推到极端："我甚至不知道我是否知道或不知道"。他还通过对斯多阿学派的"理解论"的批评，否认了任何知识的可能性，认为"要是理解根本就不存在，那么万物也就是不可理解的"，促使学园派向怀疑论发展。(3) 新学园派，约公元前 81 年—529 年学园被封闭止，主要代表有普鲁塔克、普罗克洛等，其特点是提倡新柏拉图主义，进一步论证了温和的怀疑论，提出了可能性理论。它承认人的知觉中有不同等级的清晰性，其中某种知觉能够给人带来确信。到公元 5 世纪，在普洛克洛的领导下，学园派成为新柏拉图主义的中心。直到 529 年，这一学派和其他异教的学校或学术团体被尤斯底年大帝下令关闭。——译者注

第八章　希腊化时期的政治思想

能力起草真正的法律的人，只能是专家，即君主或者立法者。这种立法者的最典型例子就是克里特君主米诺斯（Monos of Crete），他的品格与知识是模仿神的，而且事实上，他从宙斯那里学习了如何使法律成为"美德的教育"（319a，320b）。米诺斯的法律在数个世纪保持着稳定，显示出其价值；克里特拥有所有希腊国家中最古老的法律，并且"到现在米诺斯的法律仍然存在，因为它们是神圣的"（318c）。在苏格拉底想象的法律史中，后辈们发现米诺斯一开始就找到正确的法律，所以不需要做任何改动。

在进行这样论证的过程中，作者已经稍微改变了某些柏拉图的理念，尤其是在《法义》中的某些观点。在《法义》中建立的城市马格尼西亚，确切来说是一个神权政治国家，就像米诺斯的法典最终源自宙斯，并被称作"神圣的"一样；而且，像米诺斯的法律一样，马格尼西亚的法律一旦确立，就算不是绝对不变，也不会发生根本性的改变。（参见第六章的"《理想国》之后柏拉图的政治哲学"）。（尽管如此，也应当指出，早期的柏拉图文本不可能认可一个实际工作中的立法者，无论他是米诺斯或者什么人，可能清晰发现理想的法典；理想的东西永远都是期望的对象，而不会是一个实际可达到的目标。①）这些理论与希腊化时期的法律和统治者有什么关系吗？作者对柏拉图的学说重新进行了阐述，并且与希腊化时期认为君主与神之间有着特权的联系相一致。在阅读这部作品之后，人们可以理解一个当时的皇家顾问，会认为某个希腊化时期的君主能够拥有与米诺斯相当的专门技能。尽管如此，理想的立法者米诺斯被描写成在给小规模的希腊共同体进行道德管理而立法，而非为庞大的希腊化王国立法。作者的观点依然反映了"井底之蛙"的视角，即爱琴海周边传统的希腊小城邦，而不是差不多无边无际的希腊化世界的视角。

关于亚里士多德的吕克昂学园（Lyceum），我们可以讲述一个类似的关于变革与传承的故事。亚里士多德的一部分继承者提出了王权理论，另外一些人则继续研究传统城邦的政体理论。法莱雷奥的德米特里（Demetrius of Phaleron）传统上被视为属于逍遥学派。西塞罗对他倍加赞赏，认为他做到了实际政治生活与精神活动的根本要求的一致。（西塞罗：《法义》3,14）在公元前307年被"城市攻掠者"德米特里从雅典驱逐之后，哲学家德米特里在托勒密的宫廷中安家，并且像《阿里斯提亚书信》描述的那样，建议翻译希伯来法律。逍遥学派显然发现了这些不同形式的政治参与很对哲学家的胃口。

---

① Rowe, *CHGRPT*, 308.

另外一条传统的道路是由忒奥弗拉斯托斯（d.285BC）开创的，他是亚里士多德的继承者，担任逍遥学派的下一位领导，而且他是个多产的作家（参见第欧根尼·拉修尔列出的书目，V42-49）。但他写的以下著作只有存目，我们所知甚少：《论王权》(*On Kingship*)、《论君主的教育》(*On the Education of Kings*)、《柏拉图〈理想国〉精要》(*Epitome of Plato's Republic*)、24卷本的《论法律》(*On Laws*)、《论立法者》(*Of Legislators*)、《论政治》(*Of Politics*)、《危机处理的政治论集》(*Political Treatise Dealing with Crises*)、《论最好的政体》(*Of the Best Constitution*)、《论教育》(*Of Education*)，等等。但是，忒奥弗拉斯托斯的《人物志》(*Characters*)则完整地保存了下来。这是一部简短幽默的人物简介，大概写于公元前319年，其中保存了对一些人物，包括对某个寡头的有趣描写。对这位寡头的描绘直接置于一个民主城邦的背景中。这个人物经常挖苦贫穷的民主派，因为民主派总是渴望得到救济并且想获得他们不配享有的权力。因此，他在政治上敌视民主派，不过这个"寡头"希望取代民主制的是单一个体的领导（而非寡头制）；据说他只记得唯一一段荷马的诗歌——"多人的领导不是好的；让唯一的统治者出现吧！"(《伊利亚特》2,204，*Characters* 26.2）

我们只能勉为其难地欣赏忒奥佛拉斯托幽默的语调，但显然他是在半开玩笑地回顾过去岁月里的政治冲突，而且这是从一个知道那些"骚动"已变得微不足道与荒谬可笑的人的视角来看的。"寡头"可能已习惯于适应在民主派中间安身立命了，但这种适应与克制在亚历山大之后的时代中再也不是政治活动的中心了。这位寡头尽管称赞单一统治者，但似乎并没有看出哪个希腊化时期的君主或者其代理人就是他梦想（或者不是梦想，而是在现实事件中）的答案。尽管生活在希腊化世界里，寡头们仍然不愿面对事实。这种描述可能重复强调了长期以来的一种看法，即对于传统城邦来说，伦理与品格是非常政治性的事情。由于政治的新发展，以及相互竞争的哲学新流派的出现，这种看法日益受到质疑。

在政治思想史中，逍遥学派学者，迈锡尼的狄凯阿克斯（Dicaearchus of Messene）①被证明比忒奥佛拉斯托更有影响力。因为根据拜占庭学者佛提俄斯（Photius）的记载（参见71-72，Wehrli），狄凯阿克斯详细阐述了一种混合的（或者被称作"狄凯阿克斯式的"）政体（文本6）。

---

① 狄凯阿克斯，公元前350—前285年，希腊哲学家、地理学家，亚里士多德的学生。

6. 这部作品有 6 卷，除了过去的作家提出的政体之外，他还介绍了另一种他称之为"狄凯阿克斯式的"政体。他准确地在柏拉图的《理想国》中找到了错误。他们说其政体必须由三部分构成：王权的、贵族的和民主的——每一部分都为其贡献出纯粹的形式，从而造就最完美的政体。（Photius Bibl.37;Dicaearchus fr.71 Wehrli）

现存简短的文本显示了，狄凯阿克斯想象的政体是由王权、贵族制和民主制混合而成的。这并不是一种全新的思想。将各种纯粹的形式相混合的思想首先体现在柏拉图《法义》对斯巴达的赞赏之中，并且它与在亚里士多德的分类框架中发现的一些有关"混合"的思想相一致。狄凯阿克斯之所以因为这种思想而获得好评，可能是因为他"发掘了柏拉图《法义》中某些思想，这些思想的光彩被亚里士多德的《政治学》遮蔽了"。[①] 而且当熟悉狄凯阿克斯文本的西塞罗赞赏罗马是一种混合政体时，他所传播的就是由狄凯阿克斯精心加工过的思想。

无论这个思想在狄凯阿克斯之前和之后的具体系谱中是怎么样的，混合政体的理论在随后的古代时期影响非常广泛，并且似乎最生动地体现在罗马的政治结构之中。正如我们已看到的（第六章的"古代共和主义式'解决方案'"），波利比乌斯正是因为从这个角度详细分析了罗马的政体而颇受好评。所有的希腊化时期君主最后都失势了，权力被交给了共和制下的罗马自治公民。他们的政体由两位执政官、一个贵族元老院以及由所有公民组成的民众大会共同掌握权力。在这种意义上，"混合的"政体以一种非常有远见的方式利用了先前的传统。共和主义击败了君主制插曲而存活下来，直到它被另外的君主——罗马皇帝废除为止。

3. 新方向：犬儒学派、斯多亚学派和伊壁鸠鲁派

面对希腊化世界环境的改变，个人是如何反应的呢？这个时期的主要哲学流派——斯多亚主义和伊壁鸠鲁主义，都强调了自足、品格发展和过符合自然的生活。这也就意味着一种以独立的 telos（"目标""主旨""终点"）作为目标，按照单纯而理智的计划来生活。对于这些理论家来说，个人要通过达到一种不受干扰的心灵状态（希腊人称之为 ataraxia，即"宁静"）来获

---

① 正如 Sinclair（History，251）多年前所主张的。

得幸福。这种从个人幸福来观察的角度，不一定像我们通常想象的那样必然意味着远离政治。相反地，斯多亚派与伊壁鸠鲁派以一种新颖且引人注意的方式改变了政治与政治参与的意义。同样，哪怕是在看起来最不热心政治的哲学家团体——犬儒学派那里也是如此。

4. 犬儒主义的政治学？

锡诺普的第欧根尼（Diogenes of Sinope，公元前 412/403—前 324/321 年）是犬儒主义之父，据说他被柏拉图形容为一位"疯狂的苏格拉底"（D.L.6.54）。由于相关材料纷繁复杂，并且缺少任何正式的哲学学说，我们很难详细地描述第欧根尼的哲学。他并没有建立起一个正式的体系，更不用说建立一个正式的"学派"——从这些方面来说，他有别于斯多亚派和伊壁鸠鲁派学者。犬儒学派非系统化的特征使它成了一门流行哲学，尤其是作为一种生活态度，而颇为具有吸引力。批判地看待第欧根尼和其他犬儒主义者的传统材料是很重要的。后期犬儒学派使第欧根尼成为一个文学角色；后来的传记材料，尤其是第欧根尼·拉尔修（Diogenes Laertius）[①]的作品，经常对他进行虚构的描述，而非提供有关他的生活的真实信息。就算是他在世的时候，第欧根尼也经常被一些作者用来对自己的文学或哲学目的重新阐释、描绘和夸张，因为这些作家发现他是一个可以进行丰富想象的人物。[②]而且在随后的传统中有个值得注意的趋势，即夸大第欧根尼与苏格拉底之间的联系，并通常将苏格拉底视作随后众多哲学流派的鼻祖。[③]最后，在第欧根尼·拉尔修关于第欧根尼生活的描述的很多关键章节中（VI.70-3），都具有强烈的斯多亚主义色彩。至少在几个重要章节中，与第欧根尼相关的材料是斯多亚化了的。[④]这些考虑并不是否定有关早期犬儒学派的所有知识，只是说有必要加以小心对待。

第欧根尼这个疯狂的苏格拉底，以有趣的方式发展了不同维度的苏格拉底主义。第欧根尼的基本主张就是"拒斥 nomisma"。nomisma 这个希腊词，

[①] 第欧根尼·拉尔修（Diogenes Laertius），约生活于公元三世纪，生平不可考，著有《名哲言行录》一书。——译者注
[②] Bracht Branham and Goulet-Cazé, "introduction," in R. Bracht Branham and M.-O. Goulet-Cazé, *The Cynics* 可信地提供了对第欧根尼以及一般传统资料的质疑。
[③] Long, "Socrates."
[④] 一个可信而简洁的讨论，参见 Schofield, *Stoic Idea*, 133-134, 141-145, 也可比较 J.Manfeld, "Diogenes on Stoic Philosophy," *Elenchos* 7 (1986), 296-382.

通常被译作"通货",但它与"规范"、"法律"或"习俗"有着密切的联系。因此第欧根尼的口号主张抛弃一切与自然不一致——其实也就是与之相对立——的习俗(参见第四章的"自然与习俗")。因此他过着贫穷的、原始的和有节制的生活,拒绝传统的社会与政治荣誉。因为所有的政治都是一种形式的"习俗",即,从定义上说就是"非自然的",所以第欧根尼是一个无政府主义者。他反对他那个时代所实行的政治,喜欢对于他来说是专注于自然的典型生活。"拒斥通货"可以看作一个反政治的口号;但我们要注意,对于第欧根尼来说,这代表了一种极为主动的否定形式。第欧根尼要证明自然的价值与习俗的害处。他的生活就是一种典范,他希望以此向他同时代的人说明他们的政治及其生活是如何误入歧途的。

当然,从传统社会的角度来看,第欧根尼是一个异类。他的道德热忱使他得到了"狗"这一知名的绰号,因为通常说狗是动物中最不知羞耻的("犬儒[Cynic]"这个词就来源于希腊语中"狗"这个词)。根据保存在后代传统中的耸人听闻的轶事,第欧根尼常常公开自慰和小便、偷窃庙产、穿得衣衫褴褛来惊世骇俗。面对同时代人的鄙视,第欧根尼的反应可以说是幽默地坦然接受,并表现出某种滑稽的冷淡,这从(通常)对他怀有敌意的通常材料中是难以看出的。他的无动于衷来源于他对于自由和自足的热爱。他以其生活方式说明了他重视的戒律、苦行和自制的价值——所有这些价值观都是希腊伦理学或政治学根深蒂固的一部分。他的榜样是希腊英雄赫拉克勒斯。因此,尽管第欧根尼与他大多数的同代人有着不可避免的隔阂,但他的生活方式已经对他的同胞希腊人提出了要求。因此通过(也尽管)他特立独行的生活方式,他深刻地进入了他同时代人的伦理信念中,希望劝说他们遵守为他们自己所轻视的理想。他生活于公元前四世纪,因此他的理想不可能是希腊化时期的产物。但我们很容易看出,在一个传统政治已深刻地被亚历山大的征服及其后果深深颠覆了的时代,这些理想为什么具有吸引力。

第欧根尼的思想——或至少我们所知道的第欧根尼的思想,有一种我们可以从古典希腊哲学背景中感受到的力量和连贯性。他对人们将其作为异类做出了反应,不仅说明了幽默嘲笑传统的可能,而且做出了一种睿智的哲学回答。例如,他为自己偷窃庙产做出了一个形式上正确的辩解(文本7):

7. 这是他进行推理的一个例子:*所有的东西都属于神;但聪明的人是神的朋友;而朋友之间的财产是共享的;因此,所有的东西都属于聪明的人。*(D.L.6.37)

尽管看起来他精通修辞与逻辑，但他拒绝传统的 *paideia*（文化教育），因此他的哲学论证本身充满了讥讽、嘲笑和幽默。第欧根尼说明了一个人想要完全地脱离传统独立思考，同时又影响同时代人，是多么的困难。如果一个人的独创思想希望在当下时代赢得可能的听众，那么这种思想就不可能是**完全**新颖的。

这种思考将给我们带来一个问题，即第欧根尼的生活方式或思想能否被视为一种政治思想呢？他是否具有任何有意义的积极理想？或者他的"理想"仅在于表达对习俗的鄙夷，更不用说表达对在他周边的凡夫俗子的鄙夷呢？当我们回顾他的"前辈"苏格拉底时，这类问题就会变得尤为清晰。简而言之，第欧根尼"拒斥通货"是反政治的，因为他拒绝一般的希腊政治观，但他的个人主义却在非常宽泛的意义上与本书前言中提出的"政治"概念相一致。他对于应该如何运用权力持鲜明的立场，他也澄清了他所认可的关联和非关联的领域。他引用悲剧的诗句，说过一句有名的话：他"没有城邦、没有家庭、失去了故乡，不过是乞讨的流浪汉，勉强度日"（D.L.6.38）。他的生活方式所表现出的"立场"，就是人们对自然的坚持与依赖，应当压倒任何政治主张或义务。

因此最重要的是，第欧根尼向个体提出了激进的自由观点：摆脱习俗束缚的自由，根据自然而生活的自由，以及免于害怕生活中各种风险的准存在主义式的自由。[①]因此，第欧根尼政治学的核心就是坚定的个人主义和自足。第欧根尼说他从哲学中学会了如何面对生活中的一切挫折（D.L.6.63）。他不需要城邦来教育他，为他描绘出何为有意义的生活，协调作为个人的他与广阔的世界的关系。他渴望达到一种所谓自主（self-mastery）的美德，这不仅是在自我控制意义上的自主，而且是在最大限度上掌控自己命运的自主。他通过坚苦的努力去达成这种目标，他心目中的英雄正是艰苦奋力的赫拉克勒斯，他说赫拉克勒斯最珍视的就是自由（D.L.6.71）。他的自由更是一种存在主义意义上的而不是政治意义上的自由，他有着按照自然来生活的独特追求，这意味着他并不是一个查拉图斯特拉（Zarathustrian）式的自我创造的英雄，而是一个坚定的个人主义者，努力追求达到自然所确定的卓越与幸福的状态。

正是在这种背景下，我们才能理解他对自己是 *kosmopolitês*（世界公民）的宣称。在这种自我想象中体现出了一种彻底的反习俗态度（D.L.6,.63）。第欧根尼在承诺忠诚于全人类而不是某个城邦的人民这一点上（据说他被

[①] 参见 Bracht Branham, "Defacing the Currency," 96-97 有关犬儒主义与自足性之间关系的论述。

从锡诺普驱逐），比苏格拉底走得更远。第欧根尼的世界主义是消极的；它主要在于反对城邦。这正是前述被引用的悲剧诗行和其他类似作品的观点。譬如犬儒学派的克拉底（Crates）说"污名和贫穷就是他的祖国，命运对他都无可奈何"，并且"他是第欧根尼的公民，嫉妒对他都不能奈何"（D.L.6.93）。① 成为"第欧根尼的公民"可以说已经最大限度地表现了犬儒学派的世界主义的积极观点了。对于这些公民来说，爱国主义无疑意味着尽可能自由地、特立独行地、自主地生活。

我们如何准确地比较这位"疯狂的苏格拉底"和苏格拉底本人呢？主要的区别在于，苏格拉底所言所行是为了改善城邦。他鼓励他的同胞公民追求他们最高的理想。相反，第欧根尼则鼓励他们彻底地抛弃城邦：提升城邦不是他的责任。苏格拉底对他的故乡雅典的忠诚体现于他不时参与政治，参加城邦的对外战争。他对雅典的批评不是为了怂恿人们完全抛弃政治。相反地，他将自己比作是一只牛虻，敦促雅典骄奢自满的公民践行高尚的行为。在这些方面，苏格拉底显然不同于第欧根尼。但我们依然有理由将苏格拉底视为"原—世界主义者（proto-cosmopolitan）"：他的道德使命大体上可以扩大到全人类，而不仅限于他的公民同胞。② 在这种意义上看，我们可以合理地将第欧根尼的世界主义看作苏格拉底的道德使命的发展。但我们必须注意，尽管第欧根尼继续在城市中生活，并且在那里进行他戏剧性的"教育"，但他渴望将自身的身份与城邦的政治彻底地区分开来，而这是苏格拉底绝不会做的。

再者，将第欧根尼与当代的无政府主义者作对比，也是有益的，因为无论是古希腊的犬儒主义还是现代的无政府主义，都首先强调的是不应当以政治的约束限制个人的幸福追求。现代无政府主义者认为我们有"持续的义务去达到可能最高程度的自主"；因此，"这样看来，没有任何国家的臣民有道德义务去服从其长官"。③ 国家不能合法地强迫公民遵守秩序，虽然公民可能出于某些审慎的原因选择遵守既成的法律。很难说人们能够前后一致地想象这样由自愿的"守约者"组成的无政府主义国家。

除了这些相似点之外，我们也应该留意到很多重要的不同点。犬儒主义不同于无政府主义的地方在于，他们反对城邦法律的出发点是因为他们反对

---

① 试比较 Schofield, *Stoic Idea*, 141-145; Erskine, *Hellenistic Stoa*, 27-30。有理由加上去的是，尽管这一观点广为流行，但有趣的是它受到了 J.L.Moles 的批评，参见"Cynic Cosmopolitanism"及 *CHGPT*, 415-434。

② Brown, "Socrates the Cosmopolitan."

③ R.p.Wolff, *In Denfense Of Anarchism* (New York, Harper and Row, 1970),19.

习俗,遵从自然。相对地,无政府主义反对政治的原因,在于他们强烈的关于个人自治和自律的康德主义信仰。然而,在一种宽松的意义上看,第欧根尼对自由的热诚和无政府主义者拒绝任何形式的强权政府控制之间,有着非常多的相通之处。

第欧根尼对自由的热诚,对于他说是至关重要的。他甚至不能容允有组织的国家的干预来保护他最珍视的自由,或者使这种自由成为可能。在一个奴役仍是真正危险的古代世界里,这是一种勇敢的(或者说是不合时宜)态度。为了对付这种威胁,在第欧根尼看来,即使被奴役了,他也可以获得相对来说是心理意义上的自由——他在受奴役时的诸多轶事以及他不屑一顾的反应就是证明(不清楚的是,这些轶事里面保留了多少历史事实)。第欧根尼的看法显然不同于现代所关注的保护个人权利,他的兴趣更多在于追求一种"自然的"生活方式,以及培养一种性格:无论其他人怎么做,他都能自然地生活。就像苏格拉底一样,他坚信自己能够自制与自我满足。他认为如果其他人以他为榜样,那么他们会更加幸福。

5. 斯多亚学派与伊壁鸠鲁学派

如果说第欧根尼的理想在希腊化早期对很多人具有吸引力,那么希腊化时期两大学派之一的斯多亚主义,能在犬儒主义的基础之上(特别是政治思想方面)建立起来,就不会让人奇怪了。斯多亚主义的创立者是基提翁的芝诺(Zeno of Citium,前333—前261年),据说他首先向犬儒学派的克拉底①学习,而后开始在雅典的柱廊(即Stoa)下讨论哲学。他展现了很多犬儒学派的美德,但却因此在一个传统的社会中得到回报。第欧根尼·拉尔修引述了一则雅典的法令,授予芝诺金冠,以表彰他的美德、节制和对城邦青少年的教育(7.10-12)。他以自制著称,在道德伦理上模仿犬儒学派,但他不拒绝某些文明生活中的便利。因此,他的哲学独具一格地将传统上可敬的东西与犬儒学派对传统的批判结合起来。然而不管怎样,就我们所知道的,芝诺的政治观点可一点也不传统。②

在第欧根尼·拉尔修那里,我们看到了对芝诺的《理想国》(Republic)一些内容的清楚描述,这是早期斯多亚学派政治思想的最重要的文本。(文本8)

---

① 克拉底,公元前365—前285年,希腊犬儒学派哲学家。——译者注
② 就犬儒主义而言,我主要指的是早期斯多亚学派的拥趸者,我们能将他们的观点与这一学派后来的成员区分开来,特别是后来罗马元首统治下写作的成员。

8. 包括怀疑论者卡西乌斯（Cassius）的追随者在内的一些人，在许多问题上批评芝诺。首先，他们说芝诺在他的《理想国》开头宣称的通常的教育是无用的。其次，他说所有没有美德的人都是敌人、仇人和奴隶，彼此之间相互仇视，就算父母与子女之间、兄弟之间、亲戚之间也是这样。再者，在《理想国》中，他认为只有良善的人才是公民、朋友和亲戚，才是自由的，因此对于斯多亚派而言，父母与子女可以是仇人：因为他们没有智慧。而且他在《理想国》中认可共妻制，并且，在第200行他还禁止在城市中兴建神庙、法庭和体育场。而关于通货他是如此描述的："我们不应该认为有必要为交换或外出旅游的原因供应通货。"而且他命令男人和女人都穿同样的衣服，并且不要将身体的任一部分完全遮起来。（D.L.7.32—33）

根据这份从芝诺的反对者著述中摘录下来的记载，我们可以看到芝诺对于犬儒学派观点的继承。他拒绝传统教育、性别区分、家庭生活和通常的公共制度，认同美德以及由有美德的人组成的共同体。芝诺反习俗的作品深刻地影响了早期的斯多亚派。早期斯多亚派的另一个拥护者克吕西波（Chrysippus）①在他自己的《理想国》中肯定芝诺是信服犬儒主义的反律法态度的（antinomianism）：芝诺允许同类相食和乱伦，并且认为摒弃净化仪式没有任何问题，②此外，还追随动物王国习性率性而行（LS67F, 67G）。这里，其实又以一种十分不同的方式再次讨论了 nomos /phusis 的关系。"自由恋爱"，哪怕是与青少年的恋爱也没有排除。对于斯多亚派来说，之所以提出这种令人震惊的规定，原因是人类必须由自身理性来管理——这种理性是

---

① 克吕西波，约公元前280年—前207年，古希腊斯多亚派哲学家。他是小亚细亚索利（Soli）的阿波罗尼乌斯之子，斯多亚派领袖克雷安特的继承人。大约在公元前260年，他来到雅典，得到了逻辑学、语言学方面的训练。约公元前232年，他开始接受斯多亚哲学思想，此后全身心投入著书立说之中，使斯多亚哲学成为一个完整的体系，并为它的传播做出了巨大贡献，因而被誉为该学派的第二创始人。——译者注
② 对于古代希腊人而言，祭献神祇是一项神圣的活动，故在仪式开始前，都必须有一个净化（purification）的过程：所有参祭者均须沐浴更衣、头戴花环、身着盛装，以示与日常生活相区别。若需献祭动物牺牲，参祭的牲畜也应该是洁净的，而且还需对其加以某种程度的修饰，通常是以缎带缠绕，并将其犄角上色镀金等。仪式前的这些准备活动以及其中种种的细微之处，亦在仪式的要求之中，因而也可以称之为一种仪式性的活动。任何未经净化过程而举行的仪式都被视作无效的，甚至是有害的。而对于一些严重的渎神行为，一般的净化是不够的，还需要举行专门的涤罪仪式，以消除罪孽，求得神灵的原谅与宽恕。这时的涤罪就不再是崇拜活动之前的准备工作，而是希腊仪式中很重要的一种类型。——译者注

人与神所共享的，必定会引导着人们根据与自然和宇宙一致的方式来生活。因此，具体的道德决定是根据与特定情境相应的理性来做出的——而习俗通常会造成理性的废弃。① 因此，就像犬儒学派一样——但是更加系统、更加正式——斯多亚派从自然中找到了批评与拒绝日常习俗的理由。

但是他们还提出了很多更加积极的提议。芝诺和克吕西波认为，只有智慧和优秀的人才能胜任君主、政府官员，甚至公民，因为只有他们才能够真正了解什么对城市的福祉有好处（D.L.7.122）。这是我们看到的对公民集体最为明确的伦理规定。芝诺的《理想国》想象了一个由有道德的公民组成的普通城邦共同体，这一共同体由理性建构的法律进行统治。但与柏拉图的理想国不同的是，在芝诺的理想城市中弥漫着厄洛斯（Eros，爱欲），这是"友谊与自由"的守护神，能在公民间产生和谐（homonoia）并由此得到政治的稳定（Athenaeus 561C=LS 67D）。厄洛斯意味着将公民与特定的地方、特定的城邦联系起来的本土情感纽结。②

尽管厄洛斯形成了对本地城邦的归属感，但斯多亚派通常使用政治语言来描述宇宙和神对世界的统治体系。这种语言有时是隐喻性的，有时则不是，尤其适合于他们关于宇宙、神圣的统治、理性和法律的理论。正如西塞罗所说："他们认为世界是由神的力量统治，就像有一个由人类与神共有的城市和国家，我们当中的每一个都是世界的一部分"。（On Ends,3.64）（对斯多亚派关于宇宙秩序和政治领导权等主题的后继发展感兴趣的读者，可以参照西塞罗的《国家篇》6.9-29 中的"西庇阿之梦"[Somnium Scipionis]。）这些思想在其整个系统中包含着重要的政治含义。从斯多亚派对宇宙、神圣的统治和自然的理论出发，这一学派得出了他们著名的世界主义观点，这与他们关于自然法的理念不可分割地联系在一起。（文本 9）

9. 神与人类的栖居之地，以及由神、人和为他们而存在的事物所构成的有序整体，便称作宇宙（cosmos）。就如城市被称为两个东西一样，即既是居住的地方，也是由其居住者和公民组成的结构，同样地，宇宙就像一个由神和人类组成的城市，其中神是统治者，而人类是他们的臣民。他们通过彼此共享的理性而形成一个共同体，理性就是自然的法律；所有的其他事物都为神与人而存在。（LS 67L; SVF 2.528）

---

① Long and Sedley, *Hellenistic Philosophers*, vol. 1, 436.
② Schofield, *Stoic Idea,* 22-56; Erskine, *Hellenistic Stoa*, 18-27 持不同看法。

他们的自然法理念极其强调人类的理性。在这种背景下,柏拉图关于"真正的"法律与习惯法之间的区分再一次出现在斯多亚派对"真正法律"的强调中——他们认为"真正的法律"是"正确的理性,它符合自然、遍及各处、不变、永恒"(西塞罗《理想国》3.33=LS 67S;参见西塞罗《法义》1.23)。这种法律与政治的思想,表明了斯多亚派对柏拉图与亚里士多德将人类等同于理性的看法的独特阐发。理性对于所在这些哲学家来说,是人与神之间的关键联系。

以政治语言来描述人与世界的趋势,一般来说与斯多亚派对城邦与世界主义的含混立场相关。芝诺的政治理念认为人们要在同一个地方共同生活。其他的斯多亚派者对这个问题持有不同的态度,他们认为所有有美德的男人(和女人)无论居住在哪里,都在精神与理性上形成了同盟。这种含混性在古代晚期使得斯多亚派思想分成了不同的派别。比如西塞罗表达了一种"温和的"世界主义,鼓励公民们认识到对居住在同一地方的人负有的特殊义务,但同时也强调共享的人类本质和理性(On Obligations 1.50-58)。另一方面,公元二世纪的一位罗马皇帝马可·奥勒留(Marcus Aurelius)①则更强烈地追求所有人作为人而应当享有的福祉。或许奥勒留的政治观点在某种程度上反映了罗马城本身与罗马皇帝以及罗马帝国的理论概念之间越来越大的距离。

然而,这种含混并不止于斯多亚派关于城邦政治参与的看法。早期斯多亚派代表克吕西波,在其《论生活》(On Lives)中就认为,聪明的人如果力所能及,就应该参与政治,因为只有这样他才可以尽可能地提升美德(D.L.7.121)。参与到普通的公共政治中,或给君主提出建议,甚至有机会就成为真正的君主,这些都受到积极鼓励,因为聪明的个体能够因此帮助其他人根据自然而生活——无论如何,他总是需要吃饭的(SVF 3.686=LS67W)。② 较之于犬儒学派的第欧根尼,这是一种对于美德行为和教育他人的更传统的态度,也许这与公民给予芝诺的公共荣誉相符合。不难理解,斯多亚主义在罗马共和国及帝国时期成了一种重要并广为传播的哲学,他们将政治置于罗马公民生活的中心。比如,西塞罗的政治思想就受斯多亚派影响,他认为,自然促使人们为共同的善而行动,并且帮助人们克

---

① 马可·奥勒留,公元121年4月26日—180年3月17日。拥有恺撒称号的他是罗马帝国五贤帝时代最后一个皇帝,于161年至180年在位。他不但是一个很有智慧的君主,也是一个很有造就的思想家,有以希腊文写成的著作《沉思录》传世。——译者注

② 参见 Erskine, *Hellenistic Stoa*, 64-70 对于克吕西波的有益讨论。

服可耻的诱惑（Republic 1.1）。当然，后期的斯多亚派有时会因为芝诺《理想国》的犬儒主义而感到左右为难，并且据说他们在给学生这些激进的文本之前，要先测试学生的忠诚度（Clement Miscellenies 5.9.58=LS67E）。不是每一个乐观的斯多亚派都能理解同类相食对幸福生活的价值！

相比之下，伊壁鸠鲁（前341—前271）则没有这种尴尬。后期的伊壁鸠鲁主义者认为，他们学派的创始人是人类启蒙努力过程中的文化英雄、恩主和先驱。关于伊壁鸠鲁的政治思想的文献资源同样是零散的，而且通常是后期的。然而与斯多亚派相反，伊壁鸠鲁主义的内在发展显然少得多，因为伊壁鸠鲁尽一切努力去使他的意思清楚明白，将其学说归纳为精辟的格言以便其追随者理解（D.L.1035-1036）。但是，现代的解释者在重释伊壁鸠鲁的政治思想时面对一个挑战，即无论在古代还是现代，在很长的一段历史时间内，他都被刻薄地描绘成负面的形象。伊壁鸠鲁主义者认为最高的善，以及自然的人类之善就是快乐。因此，这种观点很容易将伊壁鸠鲁表现为一个庸俗的快乐主义者或者自私而放荡不羁的人。尽管据说伊壁鸠鲁本身过着一种简单而适度的生活，戒绝奢靡（D.L.10.11）。

更重要的是，伊壁鸠鲁认为主要的快乐就是宁静，即一种摆脱了不必要恐惧的自由。（文本10）

> 10. 无论拥有多么巨大的财产，赢得多么广的名声，或是获得那些无限制的欲望所追求的东西，都无法解决灵魂的紊乱，也无法产生真正意义上的欢乐。（VS 81）

伊壁鸠鲁将自己视为一个哲学式的解放者，而不是自己食欲的奴隶。他认为，个人如果正确地认识自然，就能够从对死亡的恐惧和对财富的渴望中解放出来。对自然的正确认识只能通过对物理世界的感知与推理而来。

在他的物理理论中，伊壁鸠鲁认为宇宙由原子与虚空构成。原子不断发生碰撞，组成物质实体（例如人），然后分解。这样的过程总是不断循环往复，没有根本的目的。他认为所有人、这个世界以及天体都终有一天会分解为构成它们的原子。伊壁鸠鲁与斯多亚派的物理学和伦理学相比，其差别之大，令人瞩目；同样地，伊壁鸠鲁的原子理论批判了亚里士多德的自然主义，尤其是批判了亚里士多德对自然具有意图或者目的论的解释。这些区别都有重要的伦理学与政治学意义。

伊壁鸠鲁分析法律、正义和社会的起源时使用的基本原则就是伊壁鸠鲁

第八章　希腊化时期的政治思想　　255

式反目的论的物理学：不能将自然看作是一个权威的向导，因而所有的事物都基于效用、计算和必要性。社会从起源上说，是基于一种由无意伤害他人且不想受到伤害的邻居们制定的"社会契约"（*DRN*5.1011-1027）。最审慎的成员在他们对效用的理性计算基础上制定出法律；拥有良好判断力的人不需要法律，但鲁莽健忘的人则需要以法律恫吓他们，使他们举止有度（Porphyry, *On Abstinence*1.7.1-94=LS22M）。因此，正义与其他美德都是功利性的：一旦它们被承认对社会有益，它们就会广受赞誉、广为传播。美德不像先前所认为的那样是灵魂本性的优秀，而是一种经过计算的方法，用以达到某个个人目的，特别是某个社会目的（伊壁鸠鲁声称，就算是在现实世界中，个人之所以应该行为公正，也仅仅是由于对被捕的恐惧会产生心理紧张，而不是因为不义行为在本质上是错误的或不健康的 [*KD* 35]；参见第四章的"法律与自然"中安提丰与克里底亚的理论）。但根据伊壁鸠鲁的"历史观"，技术与人类社会的最终"进化"的目的，不过是个人为自己攫取越来越多的权力与财富。反过来，争斗导致了共同体中的暴力与混乱，更不用说由于个人无能力满足自己不当的欲望而导致的日常痛苦。为了消除这些问题，或者提供解决的方法，伊壁鸠鲁并没有依靠一种关于人类美德或"卓越"的先天理论去批评既存的状况，或者想象出其他可能。

伊壁鸠鲁学派转而对人类泛滥的贪婪与野心进行了有力的心理学批判。（文本 11）

　　11. 还有，对物利的贪婪和对出人头地的盲目渴望驱使可怜的人们践踏法律，夜以继日地阴谋勾结犯罪，辛苦钻营，企图爬上权力的顶峰。这些生命中的病态也全然是被对死亡的恐惧所推动的，因为常人一般觉得丧失名誉和贫穷匮乏与生命之甜蜜与安定感相去最远，好像已经来到死亡门前了。人们被虚假的恐惧所追赶，企图从死亡之门前远远逃开，躲得越远越好，于是他们通过血腥屠杀同胞来贪婪地聚敛财富，谋杀不断；他们对着同胞的惨死残忍地放声大笑，他们憎恨并害怕亲友对自己的热情款待[①]。（Lucretius, *DRN* 3,59-75）

为了让自己的理想更具有吸引力，伊壁鸠鲁派生动地举例说明了普通政治生活的崩溃。卢克莱修（Lucretius）在他那伟大的诗歌《万物本性论》

---
① 害怕被下毒。

(On the Nature of Things)中，调整伊壁鸠鲁主义理念以讨论罗马共和国晚期分崩离析的严重局面。但是他的主要观点依旧与正统的伊壁鸠鲁理论一致：对死亡的恐惧让人们焦虑；人们蓄积财产和权力来补偿这种焦虑，误以为这些"好（good）"能让他们在某种程度上消除死亡的不可避免性。因此，害怕死亡的心理导致人们伤害邻居，正如伤害他们自己一样。根据卢克莱修的观点，在很多政治文化中，人们借助于暴力与公开对抗来满足自己的野心，降低他们的焦虑。卢克莱修回顾了传统的内战主题，说明了从根本上摒弃"庸常政治（politics-as-usual）"的重要性。获得持久的宁静唯一的方法，便是任别人去"争名夺利（rat-race）"。

因此，伊壁鸠鲁建议从传统的城邦退隐，有着充分的内在理由。他在著作《论生活》(On Lives)中表示，聪明的人不会参与政治，也不会作为僭主进行统治，也不会成为犬儒主义者或乞丐（D.L.10.119）。我们所知的政治将毫无用处。毋宁说，世上最高尚的活动，也是人们快乐的源泉，就是友谊。"友谊在世界上载歌载舞，唤醒我们大家倾听幸福生活的福音。(VS 52)"① 友谊在伊壁鸠鲁遗世独立、回避政治的"花园"（即伊壁鸠鲁学校）背景中最能够被充分体验到。这种回避主要是为了避免错误的激情与公共生活的野心，按伊壁鸠鲁所说的，它们会限制人们体验与朋友们相处的宁静快乐的可能性。

如伊壁鸠鲁所言，回避非健康的城邦是有着充足的理由的。但是，这种建议会引起那些忠于城邦的人，尤其是那些希望改良现存政治的人的攻击。比如西塞罗就认为，伊壁鸠鲁主义者是胆小懦弱的，并不理解人性，因为正确理解人性会促使个体对公共的善做出贡献（Republic 1.1-12）。面对这种意见，伊壁鸠鲁直接的反应是：自然——即在虚空中随机运动的原子——并不能给人类提供什么规范性的建议。然而伊壁鸠鲁主义者不得不面对由于他们回避城邦所面临的另一类问题。难道伊壁鸠鲁学园不是也依存于现存的（当然确实是麻烦的）政治共同体吗？伊壁鸠鲁主义者看上去对既存的政治不屑一顾，但是他们的确依赖更广泛的共同体，并依赖非伊壁鸠鲁主义者为他们提供的防卫、食物等。由此可见，他们似乎不过是一群最糟糕的"搭便车者"(cf. Plutarch, Against Colotes 1127a)。这是一种一针见血的批评吗？或者伊壁鸠鲁主义者对此也能加以反驳？

注意，即使置身于当下的城邦中，伊壁鸠鲁也不是绝对地回避城邦生活的：伊壁鸠鲁声称在必要的情况下，聪明人应参与公共的节日活动，在紧急

---

① Tr.Bailey, *Epicurus*, 115.

的情形下也要出手相助（D.L.10.120）。再者，有记载伊壁鸠鲁对自己的家乡非常慷慨，并因此获得了树立铜像的荣誉（D.L.10.9）。更重要的是，伊壁鸠鲁可能会对此做出回应说，现有的政治制度需要重建，而他们有德的隐逸之士组成的小型共同体就指明了方向。与苏格拉底和犬儒主义者第欧根尼一样，尽管他们也大体拒绝参与政治或并不认同当时的政治价值，但是他们隐逸避世的生活方式，与犬儒主义者第欧根尼一样，或许可以为同代人提供宁静与适当的行为典范。从这个角度出发，他们可以认为自己在从事一种"反政治的政治"，这较之于犬儒主义，提出了更有力的正面主张。与犬儒主义相比，伊壁鸠鲁主义在其"花园"中践行了一种确实的，也许有些特别的政治模式。

除此之外，伊壁鸠鲁主义者也提出了一些乌托邦式的政治思想。但问题在于这些理念是否同样能帮助伊壁鸠鲁主义者回应他们是"搭便车者"的指责呢？关于这种观点的资料很晚才出现，但在它与我们所知的伊壁鸠鲁自己的作品的重要观点有着交集。譬如说，在公元二世纪，一个不太知名的人，即吕西亚（Lycia）奥依诺安达（Oenoanda）①的第欧根尼，立起了一块巨大的铭碑，试图将伊壁鸠鲁的治疗性学说教给世人。其中一段讲述了在他想象中的乌托邦式共同体中，人们享受的神圣生活的场面。（文本12）

> 12. 事实上，神的生活可以让人分享。因为所有的事都是完全公正的、所有人都是彼此友好的，所以，我们为防范彼此而建立的高墙、法律及其他东西都是不必要的。但至于说农业之类的必要性，事实上，这些事作为必需品生产，是会打断人们对哲学的持续追求的……因为农作提供了自然生活之所需。（LS 22S, Diogenes of Oenoanda, fr. 21.1.4 –14, 2.10 –14）

这种简单的生活与伊壁鸠鲁的"自然财富有限且容易获得"（KD 15）的观点是一致的。虽然俄诺安达的第欧根尼，在几处重要的章节确实从罗马帝国鼎盛时期的折中主义哲学文化中吸取其观点，然而他的乌托邦理想显然是伊壁鸠鲁式的，因此给我们提供了一个研究伊壁鸠鲁理想理念的有益起点。

第欧根尼描绘了一个小型的以农业为基础的社会理想。然而，一个最小的国家组织是否需要为这个最小的共同体提供防御呢？具体而言，谁来保护

---

① 位于现在的土耳其。——中译者注

花园，以免受到那些碰巧没有听说过伊壁鸠鲁学说，或碰巧对此不以为然的男男女女的侵犯呢？伊壁鸠鲁式的回答开头应当是这样的：伊壁鸠鲁自己对公共和个人安全问题十分关注（*KD* 40），当然他对公共防御的关注是基于现实世界上的，而不是伊壁鸠鲁式的乌托邦。伊壁鸠鲁认为仇恨、嫉妒和轻蔑是一个人对他人行不义的三个主要原因（D.L.10.117）。聪明人会很好地控制这三种情绪；同样，按照伊壁鸠鲁的原则，争斗与恐惧应当通过可靠的自然知识被清除掉（例如"死亡跟我们毫无关系"）。这种观点认为，如果有一个**世界范围**的、由伊壁鸠鲁式圣人组成的社会，那么我们现在讨论的这种小型农业社会根本不需要担心自我防卫的问题。

但伊壁鸠鲁在对于普通人有能力获得智慧这一问题上，持多大的乐观态度呢？特别是，因为所有人能够逐渐接受伊壁鸠鲁的学说，所以他们有可能放弃自我防御的需要吗？在这点上，伊壁鸠鲁是十分明确的：要具有伊壁鸠鲁意义上的智慧，个人必须具有一定的体格和文化背景（D.L.10.117）。国民性和风俗是可以改变的，但如果某人的身体素质阻碍了智慧的发展，那么最初的方案可能没法克服困难。考虑到这些情况，世界范围的由伊壁鸠鲁式圣人组成的共同体的设想在实践上（如果说不是在理论上）似乎是不可能的。

如果要建立一个小型的伊壁鸠鲁式乌托邦，就需要一个小型的保卫机构去抵御那些未开化的游牧部落，需要政治与军事的组织去保证乌托邦的农业共同体不受外部威胁，也免受可能的内部纷争的干扰。两者必居其一：要么，伊壁鸠鲁学派将这些职能"转包"给其他人，比如非伊壁鸠鲁学派的人，从而过一种美好的、不受干扰的快乐主义生活；要么，乌托邦共同体需要自己承担这些责任，在这种情况下，在经济生产、政治管理和军事防御之外，再也没有多少时间可以来吃无花果并与朋友进行机智的对话。乌托邦的设想似乎无法良好地运转。"乌托邦"可能是一个好地方（eu-topia），但它无处存在（ou-topia）。

我们可以从另外一个角度来讨论乌托邦的可行问题。关心生活中的日常所需，难道不会极大地阻碍追求快乐吗？相反地，大规模的政治和经济制度难道不可以提供经济的（如农业方面）的盈余，而反过来，这会为悠闲、友谊和欢乐创造更大的可能性？伊壁鸠鲁认为，我们的自然需求是易于满足的（虽然这可能无法如同犬儒学派的想法那样简单）。但是，如同奥依诺安达的第欧根尼所说，经济生产是必需的。这提出了一个问题。伊壁鸠鲁学派致力于平等，包括性别上的平等，富人与穷人之间的平等——这对现代思想来说是十分具有吸引力的。由于他的平等主义，伊壁鸠鲁无法选择另一种形式的"乌托邦"方案，即柏拉图与亚里士多德的方案——他们安排公民去追求充实的闲暇性生活，而让非公民去生产必需品。但伊壁鸠鲁又认为"我们应当从日常责任和政治事务的樊篱中逃离出去（*VS* 58）。"这种故作清高的劝告——如果不是指寄生生活的话——又是指什么意思呢？甚至，在伊壁鸠鲁派的理想共同体中，如果要满足必要的生理需求的话，必须有**一些**人待在这种樊篱中——至少要轮流地待在这樊篱中。

伊壁鸠鲁学派坚信我们的自然需求容易满足，这有些牵强，在一定程度上是不切实际的。他的观点与马克思主义对经济发展的最终阶段——共产主义的看法有相通之处。但我们要明确的是，伊壁鸠鲁是私人所有制的支持者，他认为聪明的人应该偶尔工作从而获取金钱（比如君主宫廷中的工作）。他还对在其死后自己在雅典的财产的继承与使用做出了明确的安排。但如同马克思主义者一样，伊壁鸠鲁派也想建立一个理想的乌托邦共同体，人民拥有充足的物质财富，不需要再剥削任何社会阶级。这是一个崇高的理想。但是，如果想要保持平等，并且人类不能通过操纵机器人去完成粗重活计的话，那么这个理想社会则必须要求每个人都去从事相当多的单调无聊的工作。不管美好生活意味着什么，一定会包含着免于这样乏味工作的自由。如何在完成粗重活计的必要性与过美好生活的自然渴望之间达成真正的协调，这个任务是人类从未完成过的——至少从未以尊重所有人的平等与尊严、拒绝寄生生活这样的道德方式完成。

伊壁鸠鲁学派与马克思主义的另外一点联系与上述的不同，但同样有趣。他们双方都持有一个观点，即把正义看作"一种矫正性美德，一种对社会生活中的缺陷的反应"。依照许多马克思主义者的看法，"正义，远不是社会制度首要的美德，它是一个真正良好的共同体不需要的东西"。友谊、关心和爱被认为应当代替正义在普通政治中的地位，甚至要在实践中取而代之。我们可以将这种态度，与伊壁鸠鲁学派强调友谊以及贤哲不需要法律或正义的理念进行比较。这些观点除了可行的问题之外，还面临着很多困难。譬如说，两种不同的友谊要求或者需求之间可能有着冲突，在寻找解决这种冲突时，应当考虑到正义。而且正义给我们提供了一个标准，我们可以用它来解释友谊的需求，哪怕这些需求可能会让我们放弃正义与权利的问题。①最后，当友谊需要做出痛苦的牺牲甚至死亡时，伊壁鸠鲁的贤哲们也许会发现其快乐主义理论存在问题（友谊在伊壁鸠鲁学派的伦理学中是一个复杂的

---

① 这一段话我受益于 Kymlicka, *CPP*, 168-175；分别引自第 168 与第 171 页。

话题，我们仍可以从对其深入的思考中受益）。无论伊壁鸠鲁如何回答这些具体问题，我们对犬儒学派、斯多亚派和伊壁鸠鲁学派的思考会让我们面临一个最终的巨大问题：我们最好应该接受政治，还是保持怀疑，不积极参与政治，还是从根本上拒绝与政治有任何瓜葛呢？这个问题是结语中最终思考的主题。

第九章 结语：政治的问题

令人惊奇的是，在古风与古典时期，很少有希腊人质疑过政治参与的价值。在对庸常政治的抱怨中，很少发现个人，更不用说有什么学派采取犬儒主义与伊壁鸠鲁那样极端的反政治立场。当然，在古典时期的雅典、苏格拉底与晚期的柏拉图那里可以看到这些理念的某种萌芽；一些雅典精英中愤愤不平的成员也是如此，他们被轻蔑地称为 *apragmones*，即"不参与政治的人"。主流文化（the wider culture）对这些政治的反对派采用了牵制与排斥的策略。无论如何，那些反对政治参与的人在主流社会中并不会因为他们的选择赢得什么尊重。例如据修昔底德的记载，伯里克利在其葬礼演说中，激烈地指责了"搭便车者"。更重要的是在整个希腊传统中，不参与政治的人是受到轻视与鄙夷的。也许，那些由于社会经济的理由而受到轻视的人，正是因为这种不义、不能令人满意的原因而拒绝政治的。

拒绝政治对于主流的理念形成了潜在的严重挑战，因为正如我所主张的，希腊政治文献将政治看作获得社会正义的主要途径，也是人类的美德能够得到发展与表现的主要领域。但是这种挑战，为这些文献对于现实政治本身显然的批判立场所淡化。这种立场包括从对于政治对手的一般批评，一直到对于政体本身的批判（比如民主的雅典）。但是，哪怕是在其最激烈的批判模式中，这些文献都不只是将政治本身看作问题，也看作解决方案的组成部分。每个人都发现政治是不可避免也是无可逃避的，而且大多数人在大多数场合，也认为政治在现实中是有用的，对于个人来说也是有意义的。

古代希腊对于政治价值与意义的认同，与当代民主派盛行的观点有着激烈的冲突。毫无疑问，在当代民主文化中存在着对政治参与或者活动的肤浅之见。举例来说，在当代民主中，正式的政治责任极少，也较为狭隘。私人生活成了人类活动最有意义的领域;政治不只是远离了普通的生活,而且被认为是无聊的,通常是令人失望的。现有的证据表明,人们通常缺乏参与政治的动机。这些差别为一种对于"经济人(homo oeconomicus)"目的近乎普遍的认同所增强。在现代世界中,盛行的意识形态说明了经济人的生活方式的合理性:合理的自利(这曾被更简单、更准确地称为"贪婪")理念与日俱增,它抑制着毁灭的野心,并以文明化的美德教育我们。最后,在一些特定的现代民主体制中,特别是在美国,宗教提供了行动与实践的自主领域。因为存在着这些差异,对于古代希腊政治与政治思想的研究不可避免地会给我们提出一个问题:我们是否最好应当无视政治,去追求财富、私人的享受或者宗教的救赎(或者,对于一些人来说,同时追求它们)?我们有可能通过复兴有意义的政治参与,从而获得更多的人类满足吗?

我们要清楚的是:我们最终是不能回到过去的,哪怕是我们希望这样也做不到。没有人能够正当地证明类似于希腊的政治文化的合理性,因为它将奴役制度化,让妇女处于次要的地位,煽动公民追求暴力与战争,过高地评价了好斗的男性。然而我们智慧的旅行至少让一件事情清楚了:现代政治生活只要存在着,都是由恐惧支配的,部分是出于对军事袭击的恐惧,部分是出于对强大的国家机构干涉的恐惧。用他们自己的(有限的)话语来说,这些恐惧是事出有因的。外国列强的军事袭击是一个永恒的危险,而且正如贡斯当和其他人在很久之前就主张的(参见第三章的自由的民主概念),古代城邦的统一性与整体性可能是以过高的代价获得的,在这种城邦中过度的一致性可能会降低个体的自由与自主。这些恐惧是政治生活必然的内在成分吗?这样的关注必然会让我们一致赞同私人性与主观的经验吗?或者说古代希腊的理论与实践能给相反的观点提供证据?

作为古代希腊思想家之一的亚里士多德描绘了一种共有而和平的政治生活,它尊重自主性,但并不蚕食个体的自由。在亚里士多德的理论中,至少存在着一种强调雅典民主传统的成分。与亚里士多德一样,雅典人在对城邦的公共讨论中,对人类繁荣进行了一种"浓厚的",但却是"粗线条"的描绘(参见第三章的"古代的民主和现代的民主")。① 换言之,他们发展了具有一定灵活性的德目,这是经过公民们公开讨论、修正并加以应用的,以将好生活的理念付诸实行。事实上,雅典的民主对于一些当代的理论家来说是一种过于幽闭恐惧的(claustrophobic)文化,但是从另一方面说,可能正是我们(当代)对于他人的害怕,才让我们恐惧。

---

① Nussbaum, "Non-realative Virtues."

第九章 结语：政治的问题

　　结果我们失去了一些有意义的特征，总之，我们失去了一个发展公民的勇气、政治的友谊、对同胞公民的大度，以及感激这类美德的空间。这些特征有着不同的政治形式，它们不能在市民社会或者工作场所中显现出来。也许更为重要的是，我们的恐惧让我们指望他人去追求正义——这意味着我们将正义搁置起来了。相形之下，无论是明确还是含蓄地，古代希腊人都赞同发展品行的美德，从而产生一个正义的社会。当然，他们也同样意识到正义的社会是难以建立的——如果说不是不能建立的话。即使如此，他们在政治中对正义的追求仍然是一种楷模。争取实现社会正义对于"活动家"或者其他人来说，都是一种值得赞赏的努力。乌托邦的理念能够鼓舞共同的行动，为之提供好的理由。

　　这一结语远远不是督促个人对他人友善，或为他人的善而努力，也不是一种政策主张。毋宁说这是一种精神的与政治的建议，也正因为如此，它有意保持着抽象性。现代个体如果有意为美德而发展其才能，或者在政治上为理解与实现正义而运用他们的美德，就会生活得更好。美德并不是一种庸俗的维多利亚式谩骂武器。正如任何希腊人会说的，美德是人类的优秀。因而在我看来，这一主张最终源自古代希腊的伦理与政治，当然也为古代的典范所强化。古代希腊人为我们提供了第三种观点，它既与原子式的个人主义不同，也有别于封闭恐惧症的社群主义。古代追求美德的政治应当既作为一种矫正措施，也作为一种精神的鼓励而发挥作用。但是需要将它适当地转换到现代世界中去。

　　如果今天存在一个恰当建构起来的 *dêmokratia*（民主制），在我们的文化背景中它会是什么样的呢？我认为，首先这样一种体系要求国家为其全体公民提供物质、教育、环境以及医疗的切实保障。较之于典型体现在当代美国及其他一些国家非人格化的（impersonal）"民主"而言，*dêmokratia* 应当更多是一种社会（social）的民主。公民应参与到当地政治之中，他们会看到，公开地表达他们的观点，努力劝说他人，并从他人那里学习如何扩展他们的意识和他们的共通感是有意义的。他们应当有闲暇来保证这种参与活动，因为他们不必为获得他们自己及其家庭日常生活的必需品而忙碌不堪。*dêmokratia* 也应当负责任地参与到国际的共同体之中。它应当反对任何形式的沙文主义；应当帮助人们发展公民的美德。更为重要的是，它应当教育它的公民自己去运用其实践理性，使他们的选择、他们的生活更为自主、更有目的，并且更是自我指引的。这么一来，*dêmokratia* 能扩展意愿行动的范围，促进我们实现个体与集体的自由。尽管这种描述综合了亚里士多德的理念与民主的理念,但却并不是一种模糊的幻象。它是简单、清晰、可以实现的,也是值得实现的。

在现代,尊重自我的 *dēmokratia* 会摒弃古代民主模式的偏狭性。在世界主义理论兴起之前,希腊的政治思想并没有将政治的价值扩展到国际性的共同体,或者说城邦中的外人那里。但这样一种扩展在现代世界中是必要的。我们的实践已落到后面了,但无论如何,在理论上,我们已经恰当地摒弃了奴隶制以及"种族"与性别方面等级的理念。从我们包容的理念看,我认为较之于古代希腊人来说,我们更忠诚于古代民主对自由与平等的承诺。即使如此,与古代希腊人的城邦中心主义的准则不同的是,我们必须有一种关怀全人类的世界主义理念。我们必须超越排外的公民团体,考虑与关心他人。重新思考希腊政治思想,将其作为一种恢复我们的政治和生活的活力的手段,这是有用的——而且还不单是有用的。

参考书目论述

注意，我在本书中的做法是：引用我直接探究过的作品或尾注中参考过的作品。对那些只引用一次的作品，我会在注释中完整地引用，除非作品在参考书目论述中占据了突出的地位。在一部作品被多次提到的情况下，我会以简写式标题的方式提及它，并在参考书目论述中完整引用。对于那些在参考书目论述中被不止一次提到的作品，我在首次提到时会完整引用，之后便以简写式标题的形式引用它。我的这篇参考书目论述文章中包括了曾影响过我的论述内容的那些著作，以及学生可以在参阅中受益的著作。

（汉译注：作者常用的文献简写形式如下：

ADAD M.H. Hansen, *The Athenian Democracy in the Age of Demosthenes: Structure, Principles, and Ideology*（《德莫斯提尼时代的雅典民主：结构，原则和意识形态》Oxford, Blackwell, 1991）

CHGRPT C.J. Rowe and M. Schofield, eds., *The Cambridge History of Greek and Roman Political Thought*（《剑桥希腊罗马政治史》Cambridge, Cambridge University Press, 2000）

CPP W. Kymlicka, *Contemporary Political Philosophy: An Introduction*（《当代政治哲学》2nd edn., Oxford, Oxford University Press, 2002）

DK Hermann Diels and Walther Kranz, eds., *Die Fragmente der Vorsokratiker*, 6th edn.（《前苏格拉底哲学残篇》Berlin, Weidmann, 1966–1967）

D.L. Diogenes Laertius, *Lives of Eminent Philosophers*《名哲言行录》

DRN Lucretius, *De Rerum Natura*（《物性论》*On the Nature of Things*）

D.S. Diodorus Siculus, *Library of History*《历史丛书》

EN Aristotle, *Nicomachean Ethics*《尼各马可伦理学》

GICA R. Balot, *Greed and Injustice in Classical Athens*（《古典希腊的贪欲与不义》Princeton, Princeton University Press, 2001）

KD *Kuriai Doxai* (Central Doctrines) *of Epicurus* = D.L. 10.139–154《伊壁鸠鲁基本要道》

LS A.A. Long and D. Sedley, *The Hellenistic Philosophers*, 2 vols.（《希腊化哲学家》Cambridge, Cambridge University Press, 1987）

MEDA J. Ober, *Mass and Elite in Democratic Athens: Rhetoric, Ideology, and the Power of the People*（《民主雅典的大众与精英：修辞术、意识形态与人民权力》Princeton, Princeton University Press, 1989）

PDDA J. Ober, *Political Dissent in Democratic Athens*（《民主雅典的政治异议》Princeton, Princeton University Press, 1998）

PP J. Barnes, *The Presocratic Philosophers*, rev. edn.（《前苏格拉底哲学家》London, Routledge, 1982）

SVF H. von Arnim, *Stoicorum Veterum Fragmenta*（《斯多亚哲学残篇》Leipzig, 1903–1905）

VS Vatican Sayings (*Sententiae Vaticanae*) in C. Bailey, Epicurus: *The Extant Remains*（《梵蒂冈馆藏伊壁鸠鲁格言》Oxford, Clarendon Press, 1926）

WD Hesiod, *Works and Days*《工作与时日》

总 论

在希腊政治思想的研究分支领域中，有两部经典性的英文著作：T.A. Sinclair's *A History of Greek Political Thought*（《希腊政治思想史》London, Routledge and Kegan Paul, 1951; 2nd edn., 1967）和 Ernest Barker's *Greek Political Theory*（《希腊政治理论》2nd edn., London, Methuen, 1918）；它们都是对此主题的著名研究，我发现我在写作本书的整个过程中，一直在和它们展开非常有意思的争论。随着 *Cambridge History of Greek and Roman Political Thought*（《剑桥希腊罗马政治思想史》Cambridge, Cambridge University Press, 2000）的出版，希腊政治思想再次作为一个独立的显著研究子域而出现。这卷由两名作者（Christopher Rowe and Malcolm Schofield）共同主编、多位学者参写的著作，（差不多）按时间先后顺序，由一个作者到另一个作者进展。和前面提到的作品相似，该书提供了从荷马时代开始并贯穿整个古代晚期的政治"思想"（而非理论）的广泛阐释。从 J. Ober, *Political Dissent in Democratic Athens*（《民主雅典的政治异议》Princeton, Princeton University Press, 1998）中，我们可以发现一种关于许多中心人物的更深思熟虑、更关乎政治的阐释。该书对从五世纪中期至亚里士多德以及其后时期批评民主的文献，提供了一个明确的历史性解读。从政治理论家的观点看，A. Saxonhouse, *Women in the History of Political Thought*（《政治思想史中的妇女》Greenport, Praeger Publishers, 1985）一书，对于政治思想中的女性的作用，提供了一个引人深思的解读。既然这么多希腊政治思想都直接关乎道德，那么参看 K.J. Dover, *Greek Popular Morality in the Time of Plato and Aristotle*（《柏拉图和亚里士多德时代的希腊流行道德》Oxford, Oxford University Press, 1974）将会大有益处。关于当代政治思想，我在全书中一直依赖一个挑战性的概述，这就是 W. Kymlicka, *Contemporary Political Philosophy*: An Introduction（《当代政治哲学：一个导论》2nd edn., Oxford, Oxford University Press, 2002）。有关公元前 1200—前 479 这段时期的历史，R. Osborne's *Greece in the Making 1200–479 BC*（《希腊的建立：公元前 1200 到前 479》London, Routledge, 1996）以极高的水平，提供了一种卓越的导论。有关其他特定时期，读者们或许可以参看 O. Murray, *Early Greece*（《早期希腊》2nd edn., Cambridge, Mass, Harvard University Press, 1993）；A. Powell, *Athens and Sparta*（《雅典与斯巴达》2nd edn., London, Routledge, 2001）；以及 F.W. Walbank, *The Hellenistic World*（《希腊化世界》rev. edn., Cambridge, Mass., Harvard University Press, 1992）。

贯穿本书，我参考了所有这些作品。我认为读者们会看出我所受益于这些作品的地方，以及我和它们在阐释上与方法上的差异。我并未逐章在注释中点明这些作品的标题，但我认识到如果要写出这本书，就必须站在这些前人以及其他人的肩膀上。很明显，本书所提及的观点——无论是古代的还是现代的——的完整充分的记载，需要另外一本专门的独立著作，正如如果真的要尝试将我的论点"定位于"现有的学术讨论中一样。因此我限定自己只谈那些最重要作品，它们引领了我的研究，并曾令我受益匪浅。此外，我已尽力限定此篇书目论述，仅仅提及那些能为学生提供有益咨询的著作。

相关学术期刊

有兴趣追随希腊政治思想发展主要路线的学生们，将希望咨询一些此领域中的首要杂志。国际性杂志 *Polis* 专门针对希腊政治思想，并发表来自相关学科的学者们的稿件，这个刊物一般而言有一种历史主义倾向。*Political Theory* 有时会包含古代政治思想的内容，而且放在一个具有明确规范性的和现代主义性的框架中。*History of Political Thought* 是一本内容广泛的杂志，它涵盖了所有时期站在多种方法论立场上的学者们发表的文章。更专门性的 *Journal of the History of Philosophy* 上发表的站在普遍的分析和规范立场上的哲学政治思想的文章。

古代文献译本

那些拥有希腊语言知识的学生可以就本书涉及的大多数作者和著作，对牛津经典文本和洛布古典丛书进行有益的咨询。没有希腊语知识的学生们也可以从 Loeb 丛书受益，尤其是当他们企图找到大部分古希腊文献的准确字面翻译时。就像企鹅出版社丛书中大多数标准翻译一样，牛津经典的译文值得推荐。在企鹅出版社丛书中，我会推荐 Robert Fagles 翻译的荷马作品（*Iliad*, New York, Penguin, 1998 and *Odyssey*, New York, Penguin, 1999）。说到 *Iliad*，我还推荐你咨询 R. Lattimore, *The Iliad of Homer*（Chicago, University of Chicago Press, 1951）以及 M. Hammond, *The Iliad: A New Prose Translation*（New York, Penguin Books, 1987）。就抒情诗和悼亡诗而言，Gerber 和 Campbell 最新翻译的 Loeb 丛书译本特别出色。在译文中，还有一种对原始资料翻译的有益汇集本——M. Gagarin and P. Woodruff, eds., *Early Greek Political Thought from Homer to the Sophists*（Cambridge, Cambridge University Press, 1995）。有关智者的残篇，也请参看以下译文——R.K. Sprague, ed., *The Older Sophists*（Columbia, S.C., University of South Carolina Press, 1972）。有关希罗多德的著作，请参看企鹅出版社的 *Aubrey de Sélincourt* 翻译（John Marincola 修订）（Harmonds-worth, Penguin, 1996）。有关修昔底德的著作，请参看 P. Woodruff, trans., *Thucydides on Justice, Power, and Human Nature*（Indianapolis, Hackett, 1993）。关于柏拉图的作品，我推荐一部优秀且最新的译文——J. Cooper, ed., *Plato: Complete Works*（Indianapolis, Hackett, 1997）。对本书讨论特别相关的，尤其要注意这些对话录的译文——*Republic*（Grube, rev. Reeve）；*Gorgias*（Zeyl）；*Statesman*（Rowe）；*Laws*（Saunders）。关于亚里士多德的作品，读者应咨询 J. Barnes, ed., *The Complete Works of Aristotle*, 2 vols（Princeton, Princeton University Press, 1984）。我参看过这些翻译，并经

常被它们所影响。

导 言

关于希腊政治理念的持久性,除了其他作品之外,可以参看 E.M. Wood, "Demos versus 'We, the People': Freedom and Democracy Ancient and Modern," 载于 J. Ober and C. Hedrick, *Dêmokratia* (Princeton, Princeton University Press, 1996), 121–137; J.T. Roberts, *Athens on Trial* (Princeton, Princeton University Press, 1994)。我的政治观受惠于 D. Hammer, *The Iliad as Politics* (Norman, Okla., University of Oklahoma Press, 2002),该书是对 Rowe's introduction to the *Cambridge History*(见上面的"总论")的一个改进。我还发现,阅读以下这些作品也大有益处:C. Meier, *The Greek Discovery of Politics* (Cambridge, Mass., Harvard University Press, 1990) 和 M.I. Finley, *Politics in the Ancient World* (Cambridge, Cambridge University Press, 1983)。人们可以从 I.M. Young, *Justice and the Politics of Difference* (Princeton, Princeton University Press, 1990) 中学到很多关于正义和政治的知识,尤其是我们对"什么构成了分配公正"这一概念进一步精细化的需要。有关城邦的本质,请参看 M.H. Hansen, "95 Theses about the Greek Polis in the Archaic and Classical Periods" *Historia* 52.3 (2003) 257–282; J.K. Davies, "The 'Origins of the Greek Polis': Where should We be Looking?" 载于 L. Mitchell and P.J. Rhodes, eds., *The Development of the Polis in Archaic Greece* (London, Routledge, 1997), 24–38; 以及 Cartledge, *CHGRPT*, 11–22。有关城邦独特性的问题,参看 Smith, "Servius Tullius, Cleisthenes, 以及 the Emergence of the Polis in Central Italy", 载于 Mitchell and Rhodes, *Development of the Polis*, 208–216。

关于如何在其历史背景下定位古代政治文本,这是一个有争议性的问题。我相信,为了正确了解并充分领会古代政治文本,我们必须既从历史的角度,又从规范的角度对它们进行解释。J. Ober, "Models and Paradigms in Ancient History" *in The Athenian Revolution* (Princeton, Princeton University Press, 1996) 13–17 是对一些相关主题的有意思且简短的处理。也可参看 Ober, *PDDA*。在如何"使得古希腊伦理学对当代讨论有意义"的有关著作中, B. Williams, *Shame and Necessity* (Berkeley, University of California Press, 1993) 是如今的标杆之作。有关政治相似情况,参看载于以下文集中的文章——J. Ober and C. Hedrick, *Dêmokratia* (Princeton, Princeton University

Press, 1996)。P.J. Rhodes, *Ancient Democracy and Modern Ideology* (London, Duckworth, 2003) 认为, 规范阅读往往受到现代议程的驱动, 因此往往会曲解古代证据; 我之所以认为这一看法毫无益处, 部分原因是因为它是一种不公平的描述。就如何将文本置于其历史背景下, 一般论述可以参看 D. LaCapra, *Rethinking Intellectual History* (Ithaca, Cornell University Press, 1983) 以及 Q. Skinner, *The Foundations of Modern Political Thought*, 2 vols (Cambridge, Cambridge University Press, 1978)。关于古典时代的希腊背景, 参看我的 *GICA*。

Kymlicka, *CPP* 对自由主义与社群主义提供了一种良好的导论。J. Rawls, *A Theory of Justice* (Cambridge, Mass., Harvard University Press, 1971) 和 R. Dworkin, *A Matter of Principle* (London, Harvard University Press, 1985) 属于最著名的当代自由主义著作。而 M. Sandel, *Liberalism and the Limits of Justice* (Cambridge, Cambridge University Press, 1982) 和 A. MacIntyre, *After Virtue* (2nd edn., Notre Dame, University of Notre Dame Press, 1984) 代表了不同的社群主义观点。

关于如何可能从古代政治中发现有助于反思现代政治的有益见解, 请参看例如 J.P. Euben, J.R. Wallach, and J. Ober, eds., *Athenian Political Thought and the Reconstruction of American Democracy* (Ithaca, Cornell University Press, 1994); D. Allen, *Talking to Strangers: Anxieties of Citizenship Since Brown v. Board of Education* (Chicago, University of Chicago Press, 2004); P. Euben, *Corrupting Youth: Political Education, Democratic Culture, and Political Theory* (Princeton, Princeton University Press, 2001)。

古风时期的希腊与正义的核心地位

一般来说, K. Raaflaub 在 The *Cambridge History* 中所写的篇章 (参见上面的 "总论") 对此时期的历史和政治思想提供了一个卓越的概观。在考察我对公正的关注时, 读者不妨同时阅读以下阐述——A.N. Snodgrass, "The Just City?" in *Archaic Greece* (Berkeley, University of California Press, 1980), 85–122 以及 H. Lloyd-Jones, *The Justice of Zeus* (Berkeley, University of California Press, 1971)。

从 J. Ober, "The Nature of Athenian Democracy," in *The Athenian Revolution*, 107–122 中, 我们可以找到一种关于意识形态和制度上的有意思

的辩论。J. Ober 认为意识形态史有着首要地位，这对 M.H. Hansen 的制度偏重（in, e.g., ADAD, 73–85）的观点提出了反对。

G. Nagy 对古风时代诗人作为群像的观点进行了最有力的阐述。尤其可以参看正文第 14 页脚注 1 引用的他关于忒俄格尼斯的文章。对古风时代诗歌传统的泛希腊主义，参看 G. Nagy, *Pindar's Homer* (Baltimore, Johns Hopkins University Press, 1990)。对关于古风时代诗歌的口语性、诗人总体形象以及特别解释的常规问题，参看 G. Nagy 的一些其他重要著述：*The Best of the Achaeans* (Baltimore, Johns Hopkins University Press, 1979)；"Hesiod," 载于 T.J. Luce, ed., *Ancient Writers* (New York, Charles Scribner's Sons, 1982), 43–72；以及 *Greek Mythology and Poetics* (Ithaca, Cornell University Press, 1990)。对 *Iliad* 中的不公正、贪婪和狂妄，参看 Balot, *GICA* and N.R.E. Fisher, *Hybris* (Warminster, Aris and Phillips, 1992)；对荷马和政治思想的一般讨论，参看 K. Raaflaub, "Homer and the Beginning of Political Thought in Greece," *Proceedings of the Boston Area Colloquium Series in Ancient Philosophy*, 4 (1988) 1–25, 以及 "Homeric Society," in I. Morris and B. Powell, eds., *A New Companion to Homer* (Leiden, Brill, 1997), 624–648。有关赫西奥德作为对当时流行行为的批判者，参看 R. Martin, "Hesiod's Metanastic Poetics," *Ramus* 21 (1992) 11–33 以及 R. Lamberton, *Hesiod* (New Haven, Yale University Press, 1988)。有关早期城邦的特点，参看 Mitchell and Rhodes, *Development of the Polis* 中的文章。K. Raaflaub's "Homer to Solon: The Rise of the Polis," in M.H. Hansen, ed., *The Ancient Greek City-State* (Copenhagen, Munksgaard, 1993), 41–105 为早期城邦背景下的古风时代诗歌提供了一种卓越的概述。P.B. Manville, *The Origins of Citizenship in Ancient Athens* (Princeton, Princeton University Press, 1990) 对希腊公民权的概念进行了有益的探索。重装步兵的讨论有很多，尤其可参看 H. van Wees, "The Development of the Hoplite Phalanx: Iconography and Reality in the Seventh Century," 载于 *War and Violence in Classical Greece* (London, Duckworth and The Classical Press of Wales, 2000), 125–166。

对"平等"尤其是 Thersites 的故事，可参看最近的 "The Voice of Thersites: Reflections on the Origins of the Idea of Equality," *Journal of the History of Ideas* 65.2 (2004) 171–189。有关平等作为一个概念，对此的经典讨论是 B. Williams, "The Idea of Equality" 载于 P. Laslett and W.G. Runciman, eds., *Politics, Philosophy and Society* (Oxford, Blackwell, 1962), 110–137。有

关早期城邦的社会学以及"居中"农民的概念，参看 V. Hanson, *The Other Greeks* (New York, Free Press, 1995)。有关"精英派"和"居中派"的范例，我采纳以下阐述：I. Morris, "The Strong Principle of Equality and the Archaic Origins of Greek Democracy", 载于 Ober and Hedrick, *Dêmokratia*, 19–48；和 L. Kurke, *Coins, Bodies, Games, and Gold* (Princeton, Princeton University Press, 1999)。关于对这些阐述的批评，尤其是他们将会饮视为反城邦意识形态的聚会之地，请参看 D. Hammer, "Ideology, the Symposium, and Archaic Politics," *American Journal of Philology* 125.4 (2004) 479–512。W.G. Thalmann, *The Swineherd and the Bow* (Ithaca, Cornell University Press, 1998) 依据同我的君主性理解有些不同的理由，主张一种对《奥德赛》的贵族性理解。对本时代以及其他时代的贵族思想的研究，W. Donlan, *The Aristocratic Ideal in Ancient Greece: Attitudes of Superiority from Homer to the End of the Fifth Century B.C.* (Lawrence, Coronado Press, 1980) 做出了开创性的贡献。O. Murray 对会饮作为一种反城邦的观点，做出了极大贡献，比如，可以参看他的 "Sympotic History", 载于 Sympotica (Oxford, Oxford University Press, 1990), 3–13 以及其他收入同一文集中的文章。关于古典政治思想中"对多样性的恐惧"的问题，请参看 A. Saxonhouse, *Fear of Diversity* (Chicago, University of Chicago Press, 1992)。

关于古风时代斯巴达的最佳历史作品，依然是 P. Cartledge, *Sparta and Lakonia* (2nd edn., London, Routledge, 2001)。有关后世政治思想中的斯巴达"幻象"，请参看 E. Rawson, *The Spartan Tradition in European Thought* (Oxford, Oxford University Press, 1969)。有关由关于勇敢的好战概念所带来的潜在问题，请参看 J.B. Elshtain, *Women and War* (Chicago, University of Chicago Press, 1995); A.O. Rorty, "The Two Faces of Courage," in *Mind in Action* (Boston, Beacon Press, 1988), 299–313; J. Elster, "Norms, Emotions, and Social Control," in D. Cohen, ed., *Demokratie, Recht, und Soziale Kontrolle im Klassischen Athen* (Munich, Oldenbourg, 2002), 1–13。结合对其书目的引用，我对梭伦危机的理解遵从的是 *GICA*, 58–98 的看法。我对自由个人主义的理解主要基于 G. Kateb, *The Inner Ocean* (Ithaca, Cornell University Press, 1992)。

雅典的政治自我界定

有关此时期的历史，Powell, *Athens and Sparta* 提供了一种易读且周密的导论，全书特别注意修昔底德的著作。M.H. Hansen, *ADAD*, 54–85 及其参考书目，特别依赖公元前四世纪的演讲词，对雅典意识形态和实践提供了一个十分有益的导论。

在最近的学术中，雅典人的意识形态和政治思想已成为"增长性产业"。有关平等和自由作为雅典的基本民主价值观，Ober and Hedrick, *Dêmokratia* 是根本性著作。该书中所包含的文章所依靠的是 M.I. Finley 的开创新著作 *Democracy Ancient and Modern* (2nd edn., New Brunswick, N.J., Rutgers University Press, 1985)。在 A.H.M. Jones, *Athenian Democracy* (1957; reprint Baltimore, Johns Hopkins University Press, 1986) 中也能发现许多有价值的东西。关于一种从雅典政治文本中引出民主理论的有意思尝试，可参看 A. Saxonhouse, *Athenian Democracy: Modern Mythmakers and Ancient Theorists* (Notre Dame, University of Notre Dame Press, 1996) 和 C. Farrar, *The Origins of Democratic Thinking* (Cambridge, Cambridge University Press, 1988)。

在精英品性的民主化，以及对"群众智慧"的公众信仰方面，J. Ober, *Mass and Elite in Democratic Athens* (Princeton, Princeton University Press, 1989) 是一部关键性著作。Whitehead, "Cardinal Virtues: The Language of Public Approbation in Democratic Athens," *Classica et Mediaevalia* 44 (1993) 37–75 从公共铭文中也得出了类似看法。可以对比（在某种程度上）相反但同样有趣的观点——N. Loraux, *The Invention of Athens: The Funeral Oration in the Classical City* (Cambridge, Mass., Harvard University Press, 1986)。

K. Raaflaub, *The Discovery of Freedom in Ancient Greece* (rev. edn., Chicago, University of Chicago Press, 2004) 提供了一种对作为理想的自由之发展的探索性解释，并伴以对赞同与反对民主言论自由的古代论证的仔细分析。关于自由的一般性讨论，可参看 I. Berlin, *Four Essays on Liberty* (London, Oxford University Press, 1969)。具体对言论自由方面的讨论，现在可参看 I. Sluiter and R.M. Rosen, eds., *Free Speech in Classical Antiquity* (Leiden, Brill, 2004) 中收录的文章。有关民主的自我批评方面，参看 Ober, *PDDA*; S. Monoson, *Plato's Democratic Entanglements* (Princeton, Princeton University Press, 2000); 与此相关，对公民勇气方面的讨论，可参看 R. Balot, "Free Speech, Courage, and Democratic Deliberation"，载于 *Sluiter and Rosen, Free Speech*, 233–259, 以及 H. Arendt, *The Human Condition* (Chicago, University of Chicago Press, 1958)。对 *thorubos* 方面的有关讨论，最近文献可主要参看 J. Tacon, "Ecclesiastic Thorubos: Interventions, Interruptions, and

Popular Involvement in the Athenian Assembly," *Greece and Rome* 48.2 (2001) 173–192。有关作为一种古代城邦"权利"的言论自由的问题，可参看 D. Carter, "Citizen Attribute, Negative Right: A Conceptual Difference Between Ancient and Modern Ideas of Freedom of Speech," in *Sluiter and Rosen, Free Speech*, 197–220。

"商议民主"已成为许多当代民主理论家的主要兴趣：就有关这一主题的进一步的思考，可参看 A. Gutmann and D. Thompson, *Democracy and Disagreement* (Cambridge, Mass., Harvard University Press, 1996)，以及 S. Benhabib, *Democracy and Difference: Contesting the Boundaries of the Political* (Princeton, Princeton University Press, 1996) 中的文章。在施特劳斯（Strauss）和施特劳斯主义（Straussianism）方面，S. Holmes, *The Anatomy of Antiliberalism* (Cambridge, Mass., Harvard University Press, 1993) 提供了一种非常负面的评价。若想看到一种积极的观点，请参看 N. Tarcov and T.L. Pangle, "An Epilogue: Leo Strauss and the History of Political Philosophy," in L. Strauss and J. Cropsey, eds., *History of Political Philosophy*, (3d edn., Chicago, University of Chicago Press, 1987)。对施特劳斯的其他作品感兴趣的读者，尤其可以参看 *The City and Ma*n (Chicago, University of Chicago Press, 1964) 和 *Natural Right and History* (Chicago, University of Chicago Press, 1953)。R. Michels, *Political Parties: A Sociological Study of the Oligarchical Tendencies of Modern Democracy*, (1915; reprint New York, Free Press, 1962) 提出了另一类精英派理论。这种理论在雅典民主上的应用，已经被 Ober, *MEDA* 成功地驳倒。对信任和民主方面感兴趣的读者，可参看 M.E. Warren, *Democracy and Trust* (Cambridge, Cambridge University Press, 1999) 中的有意思的文章。

对德谟克利特的（Democritean）伦理和政治，我从以下作品中学到不少：Barnes, *PP*, 530–535；J.F. Procopé, "Democritus on Politics and the Care of the Soul," *Classical Quarterly* 39.2 (1989) 307–331；Procopé, "Democritus on Politics and the Care of the Soul: Appendix," *Classical Quarterly* 40.1 (1990) 21–45; C.C.W. Taylor, "The Atomists," 载于 A.A. Long, ed., *The Cambridge Companion to Early Greek Philosophy* (Cambridge, Cambridge University Press, 1999), 181–204; Jorgen Mejer, "Democritus and Democracy," *Apeiron* 37.1 (2004) 1–9; and Farrar, *Origins*, 192–264。

就普罗泰戈拉和民主的关系而言，请参看 Farrar, *Origins*, and C.C.W. Taylor, *Plato: Protagoras* (2nd edn., Oxford, Clarendon Press, 1991)，同时也可

参看 E. Schiappa, *Protagoras and Logos: A Study in Greek Philosophy and Rhetoric* (Columbia, S.C., University of South Carolina Press, 1991) 和 G.B. Kerferd, *The Sophistic Movement* (Cambridge, Cambridge University Press, 1981)。Williams 的探索考察（见上面的"古风时代"）激发了我对规范的和自然的平等之间关系解释的灵感。P. Cartledge, "Comparatively Equal" 载于 *Dêmokratia*, 175–185, 以及 K. Raaflaub, "Equalities and Inequalities in Athenian Democracy," in *Dêmokratia*, 139–174 都是十分卓越的文章。Hansen, *Athenian Democracy*, 81–85 对此也有一个简洁的论述，它有些低估了雅典民主中平等的重要性。关于桨手以及他们在民主中的作用，可参看 B. Strauss, "The Athenian Trireme, School of Democracy," in *Dêmokratia*, 313–326。若想在思考雅典民主政治的同时思考罗尔斯的差异原则，可参看 J. Ober, "Aristotle's Political Sociology: Class, Status, and Order in the Politics", 载于 C. Lord and D.K. O'Connor, eds., *Essays on the Foundations of Aristotelian Political Science* (Berkeley, University of California Press, 1991), 112–135。

公元前五世纪后半期雅典对民主制的批判

在 M. Ostwald, *From Popular Sovereignty to the Sovereignty of Law* (Berkeley, University of California Press, 1986) 中，可以找到许多对本章所讨论材料的出色的历史性介绍。K. Raaflaub, "Contemporary Perceptions of Democracy in Fifth-Century Athens," *CM* 40: 33–70 则对资料来源提供了一种有益的概观。在 *GICA*, 179–233 中，我已接触过本章的一些主题。W.K.C. Guthrie, *A History of Greek Philosophy*, vol. 3, Sophists（论智者与苏格拉底），(Cambridge, Cambridge University Press, 1971) 对我的解释而言，是一种批判性的资源，且正如 Kerferd, *Sophistic Movement* 一样，对于研究公元前五世纪晚期思想的所有方面，都有很高的参考价值。R. Wallace, "The Sophists in Athens" 载于 D. Boedeker and K. Raaflaub, eds., *Democracy, Empire, and the Arts in Fifth-Century Athens* (Cambridge, Mass., Harvard University Press, 1998), 203–222 对标准的解释提供了一种富于洞察力的修正。载于此书第 15–41 页的 Raaflaub 的文章 "The Transformation of Athens in the Fifth Century" 是对这一时期的历史和智力潮流的有效综合。我还利用了 R. Winton 发表在 *CHGRPT* 上的深思熟虑的文章。

关于公元前五世纪晚期的贵族思想，参看 Donlan, *Aristocratic Ideal*。

从 P. Rose's provocative *Sons of the Gods, Children of Earth* (Ithaca, Cornell University Press, 1992) 中，我们可以发现考察这类理想的一种马克思主义视角。关于"改进式"批评和"拒绝式"批评的基本框架以及老寡头，请参看 Ober, *PDDA*。对老寡头的历史性评论的一个有益例子，请参看 H. Frisch, *The Constitution of the Athenians* (Copenhagen, Nordisk, 1942)。有关雅典的瘟疫，请参看 S. Hornblower, *A Commentary on Thucydides*, Vol. 1 (1991; reprint Oxford, Clarendon Press, 1997)。

就 *Sisyphus* 的作者而言，可参看 M. Davies, "Sisyphus and the Invention of Religion ('Critias' TrGF 1 (43) F19 = B 25 DK)," *Bulletin of the Institute of Classical Studies* 36 (1989) 16–32。关于安提芬的争议性身份，我接受"统一论"的立场。M. Gagarin, *Antiphon the Athenian* (Austin, University of Texas Press, 2002) 这本书对智者、雄辩术和安提芬的真实性提供了有意思的评论，并对上述立场提供了大力支持。

有关 Thrasymachus 和 Callicles，R. Barney 在 "Callicles and Thrasymachus," *The Stanford Encyclopedia of Philosophy* (Fall 2004 Edition), Edward N. Zalta (ed.), URL: <http://plato.stanford.edu/archives/fall2004/entries/callicles-thrasymachus/> 中提供了一种周密的分析。J. Annas, *An Introduction to Plato's Republic* (Oxford, Oxford University Press, 1981) 以及 C. Kahn, "Drama and Dialectic in Plato's Gorgias." *OSAP* 1 (1983) 75–121 都很值得一读。在这些人物的同时代关键人物中，伪杨布里科斯是尚未得到充分研究的：参看一篇开创性的文章 A.T. Cole, "The Anonymus Iamblichi and His Place in Greek Political Theory," *HSCP* 65 (1961) 127-163。有关雅典帝国主义者和卡里克里斯的关系，可参看 A. Saxonhouse, "An Unspoken Theme in Plato's Gorgias: War," *Interpretation* 11 (1983) 139–169。

毫不令人惊讶的是，与苏格拉底相关的参考书目的数量巨大且不断增长。C.C.W. Taylor, *Socrates* (Oxford, Oxford University Press, 1998) 为学生提供了一种有益的介绍。我对"恢复历史上的苏格拉底"的可能性持怀疑态度。Guthrie, *Socrates* 阐述了所有证据，且提出了有益的哲学性和历史性的评论，而 T.C. Brickhouse and N.D. Smith, 在 *Socrates on Trial* (Princeton, Princeton University Press, 1989) 和 *Plato's Socrates* (Oxford, Oxford University Press, 1994) 中，为柏拉图笔下的苏格拉底提供了一种敏锐的哲学性解读。20 世纪最为重要的苏格拉底研究学者是 G. Vlastos；在同他有关苏格拉底的文章进行争辩的过程中，学生们可以学到很多。比如可参看 *Socratic Studies* (ed. M. Burnyeat, Cambridge, Cambridge University Press, 1994)。我在将色诺芬用作资料来源当中，受到 J. Cooper, "Notes on Xenophon's Socrates", 载于 *Reason and Emotion* (Princeton, Princeton University Press, 1999), 3–28 的周密评价的影响，这部书打破了几十年来学术界对色诺芬的忽视，重新采用色诺芬的著述作为证据。在苏格拉底对待法律（nomos）的态度上，关键性的著作是 R. Kraut, *Socrates and the State* (Princeton, Princeton University Press, 1984)；关于色诺芬笔下苏格拉底对于法律的态度，我的理解遵从 D. Morrison, "Xenophon's Socrates on the Just and the Lawful," *Ancient Philosophy* 15 (1995) 329–347。A. Nehamas, *The Art of Living* (Berkeley, University of California Press, 1998) 反映了从柏拉图到福柯的著作中苏格拉底的形象。

就逻各斯与行动而言，A. Parry, *Logos and Ergon in Thucydides* (1957; reprint, Salem, N.H., Ayer, 1988) 依然是最好的研究。关于在 *Laches* 中的此主题，可以参看比如 W.T. Schmid, *On Manly Courage: A Study of Plato's Laches* (Carbondale, Southern Illinois University Press, 1992) 以及该书中所列出的参考书目。关于 Euripides, *Phoenissae* 中的 Eteocles，请参看 Balot, *GICA* 以及该书中所列出的参考书目。有关普罗泰戈拉的相对主义和民主派政治，参看 Guthrie, *Sophists*, and Farrar, *Origins of Democratic Thinking*。关于一般相对主义，以及关于普罗泰戈拉的自我反驳，我遵循的是 D. Keyt and F.D. Miller, Jr., "Ancient Greek Political Thought," in G.F. Gaus and C. Kukathas, *Handbook of Political Theory* (London, Sage, 2004), 303–319 at 306–308。J. Waldron, "The Irrelevance of Moral Objectivity", 载于 R.P. George, *Natural Law Theory* (Oxford, Clarendon Press, 1992), 158–187，从现代哲学和司法的视角，有益地探索了关于"道德现实主义"的问题。

对修昔底德关于民主的阐述，尤其可以参看 Ober, *PDDA* and H. Yunis, *Taming Democracy* (Ithaca, Cornell University Press, 1996)。除了上述列举的关于苏格拉底的书目以外，还可以参看 G. Vlastos, "Socrates and Vietnam," in *Socratic Studies*, 127–133 中对苏格拉底未能在重要场合采取果断行动的批评；以及 G. Kateb, "Socratic Integrity", 载于 I. Shapiro and R. Adams, *Integrity and Conscience* (New York, New York University Press, 1998), 77–112 中将苏格拉底作为英雄个人主义模范的挑战性的解读。

帝国主义

关于（尤其是现代）帝国主义的一个很好的导论，学生可以参看 G. Arrighi, "Imperialism"，载于 W. Outhwaite and T. Bottomore, *The Blackwell Dictionary of Twentieth-Century Social Thought*（《布莱克维尔词典：二十世纪社会思想》Oxford, Blackwell, 1993），274–277。如果要研究对许多同类主题的更为透彻的探讨，不妨参看 G. Arrighi, *The Geometry of Imperialism*（《帝国主义的几何学》London, New Left Books, 1978）。Joseph Schumpeter 的经典论文依然值得阅读，参见 J. Schumpeter, *Imperialism and Social Classes*（《帝国主义和社会阶级》New York, A.M. Kelly, 1974）。就对帝国主义的更广泛视野（包括了对古代帝国的阐释）而言，可以看 M.W. Doyle, *Empires*（《帝国》Ithaca, Cornell University Press, 1986），作者依靠对帝国的这一流行定义："有效控制，无论是正式的还是非正式的"（p.30）。

关于现实主义的一种有益的概述，以及国际事务研究中的其他理论议题，学生们可以参看 C. Brown, "International Affairs"，载于 R.E. Goodin and P. Pettit, *A Companion to Contemporary Political Philosophy* (Oxford, Blackwell, 1995), 515–526。关于一种有关现实主义和修昔底德的有趣视角，研究古代历史的学生可以参看 G. Crane, *Thucydides and the Ancient Simplicity*（《修昔底德与古代单纯性》Berkeley, University of California Press, 1998）。关于战争与和平的伦理，可以参看 T. Nardin, *The Ethics of War and Peace*（《战争与和平的伦理学》Princeton, Princeton University Press, 1996），以及 M. Walzer 的经典著作 *Just and Unjust Wars*（《正义与不义的战争》3rd edn., New York: Basic Books, 2000）。关于公正和公平，可参看 J. Rawls, *A Theory of Justice*（《正义论》；见前述"古风时代的希腊"）；T. Nagel, *Equality and Partiality*（《平等与偏向》Oxford, Oxford University Press, 1991）；B. Barry, *Justice as Impartiality*（《正义与公平》Oxford, Clarendon Press, 1995）。关于一种在古代和现代语境中去理解"现实主义"的有趣努力，可参看 L. Johnson, *Thucydides, Hobbes, and the Interpretation of Realism*（《修昔底德，霍布斯以及对现实主义的解读》DeKalb, Northern Illinois University Press, 1993）。关于一种特别从女权主义视角看的世界主义和"能力"，可参看 M. Nussbaum, *Women and Human Development: The Capabilities Approach*（《妇女与人类发展：能力论的视角》New York, Cambridge University Press, 2000）。

大部分帝国主义案例中的一种关键组成部分，是关于男性气概的某种侵略性概念，它通常与关于勇气的狭隘和军国主义性的概念相关联。在 "The Dark Side of Democratic Courage," *Social Research* 71.1 (2004) 73–106 中，我已经仔细探索了这种关于勇气的概念的潜在危险。另外可参看 W.I. Miller, *The Mystery of Courage*（《勇气之谜》Cambridge, Mass., Harvard University Press, 2000）。Robert Louis Stevenson 将勇气称为"德性的脚凳"；关于现代自由主义中有关勇气的一种有趣的研究，可以参看 J. Scorza, "The Ambivalence of Political Courage," *Review of Politics* (2001) 637–661。

在对希腊世界的学术讨论中，帝国主义问题并未占据足够突出的地位，但可参看 P. Garnsey and C.R. Whittaker, *Imperialism in the Ancient World*（《古代世界中的帝国主义》Cambridge, Cambridge University Press, 1978）这一重要文集；以及作为对照，可参看 W.V. Harris, *War and Imperialism in Republican Rome 327–370 BC*（《罗马共和时期的战争与帝国主义》1979; reprint, Oxford, Oxford University Press, 1985）和 C. Champion, *Roman Imperialism*（《罗马帝国主义》Malden, Mass., Blackwell, 2004）中所收录的文章。

关于希腊人对波斯的陈俗老套看法，参看 E. Hall, *Inventing the Barbarian*（《发明野蛮人》Oxford, Oxford University Press, 1989）。关于埃斯库罗斯有关波斯的陈述，T. Harrison, *The Emptiness of Asia: Aeschylus' Persians and the History of the Fifth Century*（《亚洲的空无：埃斯库罗斯的波斯人以及公元前五世纪历史》London, Duckworth, 2000）提供了一种挑衅性、偶尔有些片面性的讨论。专门有关波斯帝国主义的讨论，可参看 *GICA*, 99–108 以及那里更早引用的书目。关于色诺芬的《论居鲁士的教育》，可以参看 C. Nadon, *Xenophon's Prince: Republic and Empire in the Cyropaedia*（《色诺芬的君主：〈居鲁士的教育〉中的共和国与帝国》Berkeley, University of California Press, 2001）和 W. Ambler, *Xenophon: The Education of Cyrus*（《色诺芬：居鲁士的教育》Ithaca, Cornell University Press, 2001）这两部公开自诩施派（Straussian）观点的著作，读者在它们引人思考的讨论中，能发现许多有价值的东西和无法苟同之处。亦可参看 J. Tatum, *Xenophon's Imperial Fiction*（《色诺芬的帝国虚构》Princeton, Princeton University Press, 1989）和 D. Gera, *Xenophon's Cyropaedia*（《色诺芬的居鲁士的教育》Oxford, Clarendon Press, 1993）这两部深思熟虑的作品；在 *CHGRPT*, 142–154 中，V. Gray 提供了一种关于色诺芬的出色的、显然传统性的讨论。这些作品对我关于《居鲁士的教育》的讨论有极大的帮助；对于该主题与马基雅维利思想的联系的提出，Nadon 尤为重要。关于奴隶制和自然优势，参看 Guthrie, *Sophists*, 155–163;

P. Garnsey, *Ideas of Slavery from Aristotle to Augustine*（《从亚里士多德到奥古斯丁的奴隶制观念》Cambridge, Cambridge University Press, 1996）；以及第七章（"Aristotle"）和该处的参考书目。关于对"自由是否是一件好事"的争论或许会损害人类一般自由事业的担忧，参看 Kateb, *Inner Ocean*。

关于雅典帝国主义，经典性的历史讨论是 R. Meiggs, *The Athenian Empire*（《雅典帝国》Oxford, Clarendon Press, 1972）。在 L.J. Samons II, ed., *Athenian Democracy and Imperialism*（《雅典民主与帝国主义》Boston, Houghton Mifflin Company, 1998）中，可以看到对各种学术观点的精选汇集。处理相关议题的文章的一个出色的近期文集，是 D. R. McCann and B.S. Strauss, eds., *War and Democracy: A Comparative Study of the Korean War and the Peloponnesian War*（《战争与民主：对朝鲜战争和伯罗奔尼撒战争的一个比较研究》London, M.E. Sharpe, 2001），尤其是 Raaflaub 关于雅典、Ober 关于修昔底德和现实主义的文章。关于希罗多德和雅典，参看 J.L. Moles, "Herodotus Warns the Athenians," *Papers of the Leeds International Latin Seminar 9* (1996) 259–284 以及其他著作。关于修昔底德笔下的雅典人，参看 W.R. Connor, *Thucydides*（《修昔底德》Princeton, Princeton University Press, 1984）以及我的 *GICA*, 136–178。在 J. de Romilly, *Thucydides and Athenian Imperialism*（《修昔底德与雅典帝国主义》Oxford: Blackwell, 1963）一书中仍有许多有价值的东西。关于帝国主义的修辞，参看 E. Said, *Culture and Imperialism*（《文化与帝国主义》New York, Knopf, 1993）。关于斯巴达帝国主义，参看 P. Cartledge, *Agesilaos and the Crisis of Sparta*（《阿基希劳斯与斯巴达的危机》Baltimore, Johns Hopkins University Press, 1987），chapter 6。

雅典戏剧与政治决策之间的关系，众所周知非常复杂，争议激烈。K. Raaflaub, "Father of All, Destroyer of All: War in the Late Fifth-Century Athenian Discourse and Ideology"，载于 McCann and Strauss, *War and Democracy*, 307–356 提供了一种深入的探究，并为讨论提供了一系列重要的标度。另外还可参看 C.B.R. Pelling, *Greek Tragedy and the Historian*（《希腊悲剧与历史家》New York, Oxford University Press, 1997）中对论文的重要汇集，以及 S. Goldhill 的启发性的文章 "The Great Dionysia and Civic Ideology"，载于 J. Winkler and F. Zeitlin, *Nothing to Do with Dionysos? Athenian Drama in Its Social Context*（《与酒神无关？社会语境中的希腊戏剧》Princeton, Princeton University Press, 1990），97–129。

公元前四世纪

在长期被忽视之后,伊索格拉底重新引起了历史学家和理论家的关注。对于将伊索格拉底视为民主的批判者的看法,参看 Ober, *PDDA*, chapter 5;就伊索格拉底派在其共同体语境中的演讲和教导的一般特征而言,可以参看 Y.L. Too, *The Rhetoric of Identity in Isocrates*(《伊索格拉底中的认同修辞》Cambridge, Cambridge University Press, 1995)。就两种平等而言,F.D. Harvey, "Two Kinds of Equality," *Classica et Mediaevalia 26* (1965) 101–146; 27 (1966) 96–100 (corrigenda) 是一篇关键文献。就君主制的政治学与哲学而言,我发现 J.K. Davies, *Democracy and Classical Greece*(《民主与古典希腊》2nd edn., Cambridge, Mass., Harvard University Press, 1993), chapter 10 很有帮助。目前关于君主制的政治思考有意义的研究尚不太多,不过可以参看 L. Strauss, *On Tyranny*(《论僭政》rev. and expanded edn., New York, Free Press, 1991),那里面对色诺芬的《希耶罗》提出了一个具有挑战性的解读;Gray 在 *CHGRPT* 中对色诺芬与伊索格拉底著作中的泛希腊思想和君主制思想给出了一个有意思的评论;另外还可以比较 J. Dillery, *Xenophon and the History of his Times*(《色诺芬及其时代的历史》London, Routledge, 1995),41–58 对泛希腊主义的有益评论。

对柏拉图《理想国》的最好的专著性导论,仍然是 Annas, *Introduction to Plato's Republic*《柏拉图理想国导论》。关于当代政治和柏拉图的关系,我从以下著作中学到很多:Ober, *PDDA*; C. Bobonich, *Plato's Utopia Recast*(《柏拉图乌托邦重塑》Oxford, Clarendon Press, 2004); Saxonhouse, *Athenian Democracy*; S. Monoson, *Plato's Democratic Entanglements*(《柏拉图介入民主》Princeton, Princeton University Press, 2000)。在 A.W.H. Adkins, *Merit and Responsibility*(《功绩与责任》Oxford, Clarendon Press, 1960)中,还有很多尚待我们发掘的有价值的思想。

关于对高尔吉亚的一般解读,参看 J. Cooper, "Socrates and Plato in Plato's Gorgias," in *Reason and Emotion*(《理性与激情》Princeton, Princeton University Press, 1999), 29–75, and T. Irwin, *Plato's Ethics*(《柏拉图的伦理学》Oxford, Oxford University Press, 1995)。H. Yunis, *Taming Democracy*(《驯服民主》)有益地将这部对话录与修昔底德的著作进行了对观,并有益地指出了其与《理想国》的联系。关于与卡利克勒斯进行的论证,参看 C. Kahn, "Drama and Dialectic in Plato's Gorgias," *Oxford Studies in Ancient*

Philosophy 1 (1983) 75–121。关于对卡利克勒斯的享乐主义的解释,我从 R. Barney, "Callicles and Thrasymachus" 中也学到很多。

有关《理想国》的二手文献数目巨大。除了已经提到的作品外,还可参看以下概论性著作:E. Brown, "Plato: Ethics and Politics in the Republic," *The Stanford Encyclopedia of Philosophy* (Summer 2003 Edition), Edward N. Zalta (ed.), *URL* = <http://plato.stanford.edu/archives/sum2003/entries/plato-ethics-politics/>。N.P. White, *A Companion to Plato's Republic* (Indianapolis, Hackett, 1979) 在许多重要的议题上仍然是有益的,尤其是关于至善之相的讨论;同样还可参看 C.D.C. Reeve, *Philosopher-Kings*(《哲学王》Princeton, Princeton University Press, 1988)。在 R.C. Cross and A.D. Woozley, *Plato's Republic: A Philosophical Commentary*(《柏拉图的理想国:一个哲学评论》New York, St. Martin's Press, 1964)中,读者会发现许多值得思考和可以争论之处。B. Williams, "The Analogy of City and Soul in Plato's Republic," in E.N. Lee et al., eds., *Exegesis and Argument: Studies in Greek Philosophy Presented to Gregory Vlastos (Phronesis Supplemental Volume 1)*, Assen, Van Gorcum, 1973, 196–206 是关于城邦/灵魂类比的经典文章。关于柏拉图的伦理与政治中的理性秩序的重要性,参看 J. Cooper, "The Psychology of Justice in Plato",载于 *Reason and Emotion*, 138–149。关于《理想国》中的正义,参看 G. Vlastos, "The Theory of Social Justice in the Polis in Plato's Republic",载于 D.W. Graham, ed., *Studies in Greek Philosophy*, vol. 2 (《希腊哲学研究》Princeton, Princeton University Press, 1995),69–103,以及其他著作。

对柏拉图政治的现代反应,差别很大。波普尔的反应只不过是比较有名的反应中的一种:参看 K. Popper, *The Open Society and its Enemies*, vol. 1: *The Spell of Plato*, 5th edn.(《开放社会及其敌人》Princeton, Princeton University Press, 1966)。关于"极权主义",参看 C.C.W. Taylor, "Plato's Totalitarianism," in R. Kraut, ed., *Plato's Republic: Critical Essays*(《柏拉图的理想国:批评文集》Lanham, Md., Rowman and Littlefield, 1997),31–48。关于两种对现代解读的非常不同的批评性概述,参看 C.H. Zuckert 野心勃勃的研究 *Postmodern Platos*(《后现代柏拉图》Chicago, University of Chicago Press, 1996)以及最近的 M. Lane, *Plato's Progeny*(《柏拉图的后辈》London, Duckworth, 2001)。

在过去的 15 年中,《政治家》和《法义》已成为日益重要的研究对象。关于《政治家》,C. Rowe, *Plato: Statesman*(《柏拉图:政治家》Warminster, Aris and Phillips, 1995)和 Rowe 在 *CHGRPT*, 233–257 发表的文章是非常

有用的。关于这一对话录中的政治,我一般而言倾向于跟随 J. Cooper 的阐释 "Plato's Statesman and Politics," in *Reason and Emotion*, 165–191。同样还可参看 C. Gill, "Rethinking Constitutionalism in Statesman 291–303",载于 C. Rowe, ed., *Reading the Statesman* (Sankt Augustin, Academia Verlag, 1995), 292–305 和 M. Lane, *Method and Politics in Plato's Statesman* (Cambridge, Cambridge University Press, 1998)。有关《政治家》和民主之间的联系,仍有大量的工作要做。关于《法义》的标准著作仍然是 G.R. Morrow, *Plato's Cretan City*(《柏拉图的克里特之邦》Princeton, Princeton University Press, 1960),但也可参看如今 Bobonich, *Plato's Utopia Recast* 的优秀研究,我大体上和在很多细节上都跟随着他的研究。T.J. Saunders, *Plato's Penal Code*(《柏拉图的刑罚条规》Oxford, Clarendon Press, 1991)和 A. Laks 在 *CHGRPT*, 258–292 发表的文章也值得一读。

亚里士多德

关于亚里士多德的政治哲学,有许多有价值的、具有挑战性的导论。时间最近的就是 R. Kraut, *Aristotle: Political Philosophy*(《亚里士多德:政治哲学》Oxford, Oxford University Press, 2002),但 R.G. Mulgan 在 *Aristotle's Political Theory*(《亚里士多德的政治理论》Oxford, Clarendon Press, 1977)中的阐释也值得一读。D. Keyt and F. D. Miller, Jr., eds., *A Companion to Aristotle's Politics*(《亚里士多德政治学导读》Oxford, Blackwell, 1991)是针对专业学者水平的基础性文集;也可参看 J. Barnes et al., eds., *Articles on Aristotle*, vol. 2, *Ethics and Politics*(《论亚里士多德,第二卷:伦理学与政治学》London, Duckworth, 1977)这一时间较久但尚未过时的文集。W.L. Newman, *The Politics of Aristotle*, 4 vols(《亚里士多德的政治学》Oxford, Clarendon Press, 1887–1902)作为一种对亚里士多德《政治学》的逐段评论,历经百年依然未被取代。T. Irwin, *Aristotle's First Principles*(《亚里士多德的第一原则》Oxford, Clarendon Press, 1988)的优点颇多,尤其是提供了关于亚里士多德的伦理学和政治思想中最关键议题的一个重要探究。

亚里士多德一直被认真研究,而且当代政治哲学家们继续在他的工作中找到了许多有价值的东西:例如可以参看 A. Tessitore, *Aristotle and Modern Politics*(《亚里士多德与现代政治》Notre Dame, University of Notre Dame Press, 2002)中所收集的文章。关于差异颇大的新亚里士多德思想的各种范例，可参看 A. MacIntyre, *After Virtue*（《德性之后》2nd edn., Notre Dame, University of Notre Dame Press, 1984）and *Whose Justice? Which Rationality?* (《谁之正义，何种合理性？》Notre Dame, University of Notre Dame Press, 1988), M.C. Nussbaum, *The Fragility of Goodness*（《善之脆弱性》Cambridge, Cambridge University Press, 1986）; "Aristotelian Social Democracy", 载于 Tessitore, *Aristotle and Modern Politics*, 47–104; "Non-Relative Virtues: An Aristotelian Approach", 载于 M. Nussbaum and A. Sen, *The Quality of Life* (Oxford, Clarendon Press, 1990), 242–269; "Nature, Function, and Capability: Aristotle on Political Distribution," *Oxford Studies in Ancient Philosophy, Supplementary Volume* (1988), 145–183。关于当代政治理论中对亚里士多德思想的一般性讨论，参看 J.R. Wallach, "Contemporary Aristotelianism," *Political Theory 20* (1992) 613–641。B. Yack, *The Problems of a Political Animal*（《政治生物的问题》Berkeley, University of California Press, 1993）也以一种对现代理论事业有益的方式，富于创意地反思了亚里士多德对共同体和公正的认识。

亚里士多德对政治情感的学说在最近的讨论中已经成为一个重要课题：W.W. Fortenbaugh, *Aristotle on Emotion*（《亚里士多德论激情》2nd edn., London, Duckworth, 2002）是标准的著作。特别关于愤怒的话题，参看 W.V. Harris, *Restraining Rage: The Ideology of Anger Control in Classical Antiquity* (《限制愤怒：古典古代的愤怒控制的意识形态》Cambridge, Mass., Harvard University Press, 2001）这一内容广泛的研究。关于亚里士多德的《修辞术》和情感的关系，参看 A.O. Rorty, *Essays on Aristotle's Rhetoric*（《有关亚里士多德修辞术的论文集》Berkeley, University of California Press, 1996）中收集的文集。关于亚里士多德对德性的阐释，参看 A.O. Rorty 的另一部重要文集 *Essays on Aristotle's Ethics*（《有关亚里士多德伦理学的论文集》Berkeley, University of California Press, 1980），以及 W.F.R. Hardie, *Aristotle's Ethical Theory* (《亚里士多德的伦理理论》2nd edn., Oxford, Clarendon Press, 1980）。关于亚里士多德的"辩证法"的特点，参看 T.W. Smith, *Revaluing Ethics: Aristotle's Dialectical Pedagogy*（《重估伦理学：亚里士多德的辩证教学法》Albany, State University of New York Press, 2001）。

关于亚里士多德如何看待人类生活的最佳类型，这是一个争论持续颇久的问题。S. Broadie, *Ethics with Aristotle*（《与亚里士多德一道研究伦理学》New York, Oxford University Press, 1991), and with J. Cooper, "Contemplation and Happiness: A Reconsideration," in *Reason and Emotion*, 212–236 可作为一

个很有意思的研究开端，后者可以与 J. Cooper, *Reason and Human Good in Aristotle*（《亚里士多德论理性和人类之善》Indianapolis, Hackett, 1986）对照。同时也可参看 R. Kraut, *Aristotle on the Human Good*（《亚里士多德论人类之善》Princeton, Princeton University Press, 1989）。

关于亚里士多德的自然主义，参看 F.D. Miller, Jr., *Nature, Justice, and Rights in Aristotle's Politics*（《亚里士多德政治学中的自然，正义和权利》Oxford, Clarendon Press, 1995）中的重要讨论；同时也可留意 Miller 在 CHGRPT 上发表的清晰论文。关于自然主义和"权利"的一般问题，参看 *Review of Metaphysics* 的特刊（49.4, 1996）中 J. Cooper and M. Schofield 和其他作者们探讨米勒著作的评论文章。同时也可参看 G.E.R. Lloyd, "The Idea of Nature in the Politics," in *Aristotelian Explorations* (Cambridge, Cambridge University Press, 1996), 184–204; W. Kullman, "Man as a Political Animal in Aristotle"，载于 Keyt and Miller, *Companion*, 94–117；以及 D. Depew, "Humans and Other Political Animals in Aristotle's History of Animals" *Phronesis* 40.2 (1995) 156–181。关于一种在与现代科学相关中对亚里士多德的"目的论"的有关讨论，并从而对亚里士多德的"自然"所进行的更为政治性的解读，参看 S. Salkever, *Finding the Mean: Theory and Practice in Aristotelian Political Philosophy*（《发现中道：亚里士多德政治哲学中的理论与实践》Princeton, Princeton University Press, 1990），13–104。

关于亚里士多德对"自然奴隶制"的理论，一些有益的研究著作是：P. Garnsey, *Ideas of Slavery*, 107–127; B. Williams, *Shame and Necessity*, 109–118; M. Schofield, "Ideology and Philosophy in Aristotle's Theory of Slavery," in *Saving the City*（《拯救城邦》London, Routledge, 1999），115–140; J. Frank, "Citizens, Slaves, and Foreigners: Aristotle on Human Nature," *American Political Science Review* 98.1 (2004) 91–104。它们挑战性地论证：亚里士多德通过对自然的彻底政治化阐释，自觉地破坏了他对自然奴隶制的"辩护"。

关于亚里士多德的最佳城邦，我从 D. Depew, "Politics, Music, and Contemplation in Aristotle's Ideal State," in *A Companion to Aristotle's Politics*, 346–380 中学到了很多；关于这一制度的宪法形式，参看 C.N. Johnson, *Aristotle's Theory of the State*（《亚里士多德的国家学说》London, MacMillan, 1990）。关于亚里士多德对柏拉图的批评，可谨慎地参看 R. Mayhew, *Aristotle's Criticism of Plato's Republic*（《亚里士多德对柏拉图理想国的批评》Lanham, Md., Rowman and Littlefield, 1997）。

亚里士多德对民主的回应，持续在不同阵营中激起反响。关于亚里士多德对民主的关系，参看 Ober, *Political Dissent*; Saxonhouse, *Athenian Democracy*; J. Frank, *A Democracy of Distinction*（《有差异的民主》Chicago, University of Chicago Press, 2004）；以及 S. Salkever, "The Deliberative Model of Democracy and Aristotle's Ethics of Natural Questions", 载于 Tessitore, *Aristotle and Modern Politics*, 342–374。关于"加总"论证和相关的论证，参看 J. Waldron, "The Wisdom of the Multitude," *Political Theory* 23 (1995) 563–584。

希腊化政治思想

在 A.A. Long and D. Sedley, *The Hellenistic Philosophers*, 2 vols（《希腊化哲学家》Cambridge, Cambridge University Press, 1987）中可以找到对文本、翻译和评论的一个出色文集。为方便起见，我通过他们的段落数字和古代作家名称来引用文本。关于这一时期中一种政治思想概述，参看 G.J.D. Aalders, *Political Thought in Hellenistic Times*（《希腊化时代的政治思想》Amsterdam, A.M. Hakkert, 1975）。

关于希腊化时期的一般性历史，参看现在的 A. Erskine, ed., *A Companion to the Hellenistic World*（《希腊化世界导读》Oxford, Blackwell, 2003），它是对许多相关主题的一个出色的导论性考察。关于亚力山大的征服和文化接触的议题，有些著作的视角相当不同，比如参看 W.W. Tarn, "Alexander the Great and the Unity of Mankind," *Proceedings of the Cambridge Philological Society* 19 (1933), 123–166 和 E. Badian, "Alexander the Great and the Unity of Mankind," *Historia* 7 (1958) 425–455（二者都重印于 G.T. Griffith, *Alexander the Great: The Main Problems*, New York, Barnes and Noble, 1966）。如果要找一种一般概述，而且包含了古代证据与现代诠释，可参看 I. Worthington, *Alexander the Great: A Reader*（《亚历山大大帝读物》London, Routledge, 2003）和 J. Roisman, *Alexander the Great: Ancient and Modern Perspectives*（《亚历山大大帝：古代的和现代的视角》Lexington, Mass., D.C. Heath, 1995）。关于亚力山大的征服，及其同亚里士多德对自然奴隶制的含混认识的关系，参看 Ober, *PDDA*, 342–351。

关于希腊化哲学和扩大的希腊化政治世界的关系的讨论，参看 A.A. Long, *Hellenistic Philosophy*（《希腊化哲学》2nd edn., Berkeley, University of California Press, 1986），1–13; G. Shipley, *The Greek World After Alexander:*

323–30BC（《亚历山大之后的希腊世界：公元前 323-30 年》London, Routledge, 2000），176–191。关于哲学家、国王和权力，参看 Long 的富于挑战的论文 "Hellenistic Ethics and Philosophical Power," in P. Green, ed., *Hellenistic History and Culture*（《希腊化历史与文化》Berkeley, University of California Press, 1993），138–156。

关于王权理论，我受到 D. Hahm 在 *CHGRPT*, 457–476 上发表的论文和 E. Goodenough, "The Political Philosophy of Hellenistic Kingship," *Yale Classical Studies* 1 (1928) 55–102 的开创性文章，以及 F.W. Walbank, "Monarchies and Monarchic Ideas," in *Cambridge Ancient History* vol. 7, Part 1 (2nd edn., Cambridge, Cambridge University Press, 1984), 62–100 的有益讨论的影响。在现代学术中，对《致亚历山大：关于修辞术》的讨论实在太少了：除了 Hahm，也可参看 Rowe in *CHGRPT*, 393–394; and Sinclair, *History of Greek Political Thought*, 254–255。《亚里斯提亚致费罗克特斯的信》的情况也相似。有关此文，尤其可以参看一部出色的著作，即 M. Hadas, *Aristeas to Philocrates*（《亚里斯提亚致费罗克特斯的信》New York, Harper, 1951）。关于伪毕达哥拉斯，除了 Goodenough and Sinclair，还可参看 B. Centrone 在 *CHGRPT*, 567–575 发表的文章。在这一章中，伪毕达哥拉斯的作者们之所以值得我们思考，是因为他们展示了新世界及其理论会变得如何不同。这可能会组成罗马帝国"公共文化"的一部分。

关于传统哲学的诸学派，Shipley, *Greek World*, 176–182 提供了一种简明的概述。关于《米诺斯》，参看施特劳斯在 T.L. Pangle, *The Roots of Political Philosophy: Ten Forgotten Socratic Dialogues*（《政治哲学的根源：被遗忘的苏格拉底对话录》Ithaca, Cornell University Press, 1987），67–79 的《论米诺斯》中高度反常规的讨论，以及 Rowe, *CHGRPT*, 307–309。关于泰奥弗拉斯托斯以及他与雅典和雅典政治思想的关系，参看 Ober, *PDDA*, 364–366。

近期有很多关于犬儒主义的有意思的著作。可参看 J.L. Moles 的作品，尤其是 "The Cynics and Politics," in A. Laks and M. Schofield, eds., *Justice and Generosity*（《正义与慷慨》Cambridge, Cambridge University Press, 1995），129–158; "Cynic Cosmopolitanism," in R. Bracht Branham and M.-O. Goulet-Cazé, *The Cynics*（《犬儒派》Berkeley, University of California Press, 1996），105–120; 以及他在 *CHGRPT*, 415–434 发表的文章，这些文章里提供了关于犬儒主义的最有趣、最乐观的讨论。就犬儒派哲学而言，也可注意 R. Bracht Branham, "Defacing the Currency: Diogenes' Rhetoric and the Invention of Cynicism,"

81–104。关于苏格拉底和犬儒派（以及一般而言希腊化哲学各派），参看 A.A. Long, "Socrates in Hellenistic Philosophy," in *Stoic Studies*（《斯多亚研究》Cambridge, Cambridge University Press, 1996），1–34, and E. Brown, "Socrates the Cosmopolitan," in *Stanford Agora: An Online Journal of Legal Perspectives* 1 (2000): 74–87。关于自由主义和无政府主义，参看 R. Nozick, *Anarchy, State, and Utopia*（《无政府，国家和乌托邦》New York, Basic Books, 1974）；注释中所引用的 Robert Paul Wolff; 以及 R. Sylvan, "Anarchism," 载于 Goodin and Pettit, *A Companion to Contemporary Political Philosophy*, 215–243。

关于斯多亚派政治思想，M. Schofield 近期的著作可以作为最佳出发点：参看他的 *Stoic Idea of the City*（《斯多亚的城邦观》Cambridge, Cambridge University Press, 1999），以及更简洁的，他在 *CHGRPT*, 435–456 发表的文章（其中也包括了关于伊壁鸠鲁学说的有意思的评论）。关于当时语境下斯多亚学派的政治思想，A. Erskine, *The Hellenistic Stoa*（《希腊化时代的斯多亚派》Ithaca, Cornell University Press, 1990）是一个很好的研究。同时也可参看 E. Brown 在 *Stoic Cosmopolitanism*（《斯多亚派的世界主义》待出）中创新性的讨论，以及 Long 和 Sedley 关于相关段落的评论。

伊壁鸠鲁的政治思想长期以来一直被不公平地忽视。与此处的讨论相关的许多内容可以参看 P. Mitsis, *Epicurus' Ethical Theory*（《伊壁鸠鲁的伦理理论》Ithaca, Cornell University Press, 1988），该书关于友谊方面的讨论特别有益。同时也可参看 A. Alberti, "The Epicurean Theory of Law and Justice"，载于 Laks and Schofield, *Justice and Generosity*, 161–190。M.C. Nussbaum, *The Therapy of Desire: Theory and Practice in Hellenistic Ethics*（《治疗欲望：希腊化伦理学中的理论与实践》Princeton, Princeton University Press, 1994）和 J. Annas, *The Morality of Happiness*（《幸福伦理学》New York, Oxford University Press, 1993），尤其是在后者的第 293–302 页中，探讨了一些相关的主题。

译名对照表

A

Abdera 阿布德拉
Achaeans 阿开奥斯人
Acharnian 阿卡奈人
Achilles 阿喀琉斯
Adeimantus 阿得曼托斯
Aegospotami 阿戈斯波塔米
Aeschines 埃斯基涅斯
Aeschines of Sphettus 司菲都斯的埃斯基涅斯
Agamemnon 阿伽门农
Agesilaus 阿格西劳斯
Alexander 亚历山大
Alcidamas 阿尔基达马
Alcibiades 阿尔喀比亚德
Antigonus 安提戈诺斯
Antiphon 安提丰
Antisthenes 安提斯忒尼
Aquinas 阿奎那
Arcesilaus of Pitane 皮塔涅的阿尔克西劳
Ares 阿瑞斯
Areopagiticus 战神山议事会
Aristeas 亚里斯提亚
Aristodemus 阿里斯托德摩斯
Aristotle 亚里士多德
Aristogeiton 阿里斯托盖通
Aristophanes 阿里斯多芬
Archelaus 阿尔克劳斯
Archytas 阿契塔
Asistagoras of Miletus 米利都的阿里司塔哥拉斯
Assyrian king 亚述王
Athens 雅典
Athena 雅典娜
Atreus 阿特柔斯
Atridai 阿提岱
Augustus 奥古斯都
Aulis 奥利斯

B

Babylonian 巴比伦人
Benjamin Constant 本杰明·贡斯当
Boeotia 波俄提亚

Burke 柏克

C

Callimachus 卡里马科斯
Callicles 卡利克勒斯
Callicrates 加利克拉特斯
Cambyses 冈比西斯
Cassandra 卡珊德拉
Cassius 卡西乌斯
Cimon 赛门
Chalcis 卡尔基斯
Charmides 卡尔米德
Chians 基奥斯人
Chrysippus 克吕西波
Cleinias 克雷尼亚
Cleisthenes 克里斯提尼
Cleitus 克雷托斯
Cleon 克里昂
Cleonymus 克勒奥倪摩斯
Cleomenes 克里奥米尼斯
Corcyra 科基拉
Conon 科农
Crates 克拉底
Crete 克里特
Critias 克里提亚斯
Croesus 克罗索斯
Crito 克力同
Cronus 克洛诺斯
Cynics 犬儒学派
Cydathenaeum 西达忒纳俄姆
Cyrnus 居尔努斯
Cyrus 居鲁士

D

Darius 大流士
de Maistre 德·梅斯特
Demeter 得墨忒尔
Demetrius of Phaleron 法勒容的德米特里
Democritus 德谟克利特
Demonicus 德莫尼科斯
Demosthenes 德摩斯梯尼
Dicaearchus of Messene 迈锡尼的狄凯阿克斯
Diodotus 狄奥多图斯
Diogenes of Sinope 锡诺普的第欧根尼
Diogenes Laertius 第欧根尼·拉尔修
Dionysius 狄奥尼修斯
Dorian 多利安人

E

ephors 监察官
Epicurus 伊壁鸠鲁
ergon 行、工作
Eros 厄洛斯
Euripides 欧里庇得斯
Euthyphro 游叙弗伦
Euthydemus 欧绪德谟

F

Form 相

G

Gadatas 伽达塔
Gobryas 格布里亚

Gorgias of Leontini 莱翁蒂尼的高尔吉亚
Glaucon 格罗康
Glaucus 格劳科斯
Gutmann 古特曼
Gyges 巨吉斯

H

Hannah Arendt 汉娜·阿伦特
Harmodius 哈尔莫迪乌斯
Heraclitus 赫拉克利特
Herodotus 希罗多德
Hesiod 赫西奥德
Hippias 希庇阿斯
Hippas 希庇亚斯
Hippocratic 希波克拉底
helots 希洛人
Hipparchus 希帕库斯
Hiero 希耶罗
Homer 荷马
hubris 傲慢
Hyperbolus 希帕波罗斯

I

Iamblichi 杨布里科斯
Ion 伊翁
Iphigeneia 伊菲革涅亚
Isaiah Berlin 以赛亚·伯林
Isocrates 伊索克拉底
Ithaca 伊塔卡

J

Jocasta 伊奥卡斯特

John Stobaeus 约翰·斯托贝乌斯

K

Karl Popper 卡尔·波普尔
Kore 柯尔
kosmos 秩序

L

Laches 拉克斯
Laconia 拉科尼亚
Lasch 拉什
Leo Strauss 列奥·施特劳斯
Leon 勒翁
Lesbos 莱斯博斯岛
Logos 逻各斯、言
Lucretius 卢克莱修
Lyceum 吕克昂学园
Lycia 吕西亚
Lycophron 吕科弗隆
Lycurgus 吕库古
Lysias 吕西阿斯
Lysis 吕西斯
Lysistrata 吕西斯特拉塔

M

Macedon 马其顿
Machiavelli 马基雅维利
MacIntyre 麦金泰尔
Magnesia 马格尼西亚、理想国
Marcus Aurelius 马可·奥勒留
Martin Luther King 马丁·路德·金
Messenia 麦西尼亚
Megabyzus 迈加比佐斯

Megara 麦加拉
Meletus 美勒托
Melos 米洛斯
Menenenus 墨涅克塞诺斯
Mimnermus 弥涅墨斯
Minotaur 米诺陶
Miltiades 米尔提亚戴斯
Myrsilus 密尔昔洛斯
Mytilene 米提利尼

N
Nicias 尼西阿斯
Nicocles 尼古拉

O
Oedipus 俄狄浦斯
Oenoanda 俄诺安达
Old Oligarch 老寡头
Otanes 欧塔涅斯

P
Pandionis 潘狄俄尼斯
Paros 帕洛司
Penelope 佩涅洛佩
petteia 跳棋
Peisistratus 庇西特拉图
Perdiccas 帕迪卡
Pericles 伯里克利
Persaeus 珀尔萨俄斯
Perses 珀尔塞斯
Persia 波斯
Plato 柏拉图
Phaleas of Chalcedon 卡尔西登的法勒亚斯

Pheidias 菲迪亚斯
Philon 菲洛
Philip 腓力
Philocrates 费罗克特斯
Phocis 福基斯
Phoebus 福玻斯
Photius 佛提俄斯
Phoxus 福克索斯
Phocylides 福西尼德
phusis 自然
Plataeans 普拉提亚人
Plutarch 普鲁塔克
Pittacus 皮塔科斯
Protagoras 普罗泰戈拉
Polyphemus 波吕斐摩斯
Polyneices 波吕涅克斯
Prodicus of Ceos 西奥斯的普罗迪库斯
Ptolemies 托勒密
Ptolemy Ⅱ Philadelphus 费拉德尔菲斯·托勒密二世
Pyrilampes 皮里兰佩
Pytho 皮托
Pythagoras 毕达哥拉斯

R
Rawls 罗尔斯
Robert Dahl 罗伯特·达尔
Robert Michels 罗伯特·米歇尔斯
Ronald Dworkin 罗纳德·德沃金

S
Salamis 萨拉米

Samian 萨摩斯
Sappho 萨福
Sardis 萨迪斯
Sarpedon 萨耳佩冬
Scione 赛翁尼
Scipio 西庇阿
Schmitt 施密特
Seleucids 塞琉西
Simonides 西蒙尼德斯
Sinope 西诺佩
Sicily 西西里
Sisyphus 西绪福斯
Sparta 斯巴达
Stephen Holmes 斯蒂芬·霍尔姆斯
Stoics 斯多亚学派
Socrates 苏格拉底
Solon 梭伦
Syracuse 锡拉库扎

T

Tellus 特勒斯
Telemachus 忒勒马科斯
Thargelia 塔尔戈里亚节
Thebans 底比斯人
Themistocles 忒米斯托克勒斯
Theognis 忒奥格尼斯

Theophrastus 忒奥弗拉斯托斯
Thermopylae 忒尔摩披莱
Thersites 塞尔西忒斯
Theseus 忒修斯
Thessalos 忒撒罗斯
Thomas Hobbes 托马斯·霍布斯
Thompson 汤普森
Thoreau 梭罗
Thrasymachus of Chalcedon 卡尔西顿的色拉西马库斯
Thucydides 修昔底德
Trojan 特洛伊人
Tyrtaios 提尔泰俄斯

U

Unger 昂格尔

X

Xanthus 克珊托斯
Xenophon 色诺芬
Xerxes 薛西斯

Z

Zarathushtra 查拉图斯特拉
Zeno of Citium 基提翁的芝诺

译者后记

这些年来,国内学界对于古典学,尤其是古典政治哲学的研究,形成了一个热潮。书店里,大量的汉译重要专著琳琅满目。校园内外,莘莘学子严肃的阅读与讨论不时可见。此时,对于这个领域的某种导读性通史著作似乎会很有助益,因为这样的书可以让人们,尤其是初学者,对于整个古典政治思想史有一个概要的把握。目前,贯穿古今的政治思想史已经有几种,且名气很大,比如施特劳斯与克罗波西共同主编的《政治哲学史》,萨拜因的《政治学说史》。不过,无论是国内还是国外,专门的古典政治思想史的系统性导读著作似乎未见。学术界之所以看重巴洛特的这部《希腊政治思想》,就在于它卓有成效地填补了这个空白。读者一册在手,能对这个领域,尤其是西方最新的相关研究,很快先有一个基本的概览。然后,就可以更好地进入专门的研究。意识到这部著作的重要性之后,我欣然接受了翻译它的任务。

巴洛特清醒地意识到自己这部书的意义不仅在于"填补空白",而且还有许多独特之处。第一,就方法论而言,他有意结合历史的与哲学的方法,既将政治思想定位于当时的具体语境之中,又揭示古人自己就有的超越历史局限性的普遍性抱负。第二,因此他关心的不仅是"政治理论",而且是"政治思想",不仅是柏拉图和亚里士多德那样的哲学家的政治论证,而且是诗歌、历史、政论文等等当中的描述-规范性言说。这就打通了目前西方常见的学科界限。第三,他努力在立场上保持公允,既站在主流的民主派立场上论述,又多次提及保守的施特劳斯派的有关思想,还同情地思考社群主义和共和主义。他的价值取向是沟通古今,揭示各种民主样式的特点,告诉人们学习古代民主可以帮助我们理解现代性,即便我们不可能回到古代。甚至，他还希望指出，我们在今天学习古典民主，或许有助于为自由主义和社群主义的争论发现解决之道——发现一条行之有效的第三条道路。第四，这部著作不仅内容丰富，而且写作形式也颇为多样化。除了作者自己的分析探讨之外，还附加了许多古代文本的原文。并且在最后，还专门撰写了一篇长长的"参考书目论述"，向读者详细介绍了各章所涉及的文献。这样，读罢此书有意于进一步深入研究的读者，便可以充分利用这个门径向下继续远行。

我在翻译中，为了帮助读者更好地理解，除了翻译作者的正文和注释之外，还对于各种古代人物和事件添加了许多注释，介绍有关信息。对于这些注释，我会加上"译者注"的字样，以与作者的原注区分开来。

巴洛特的著作内容丰富，涉及面广，思考多样化。春来秋去，我的许多时光都花在认真琢磨、思考、翻译和反复校阅此书当中，感到自己确实受益匪浅，学到了许多。当然，学问无止境，我非常欢迎学者们对译文提出宝贵意见。最后要提的是，浙江传媒学院外语系的孙箐琰翻译了第二章和参考书目论述，特此致谢。

余慧元
华南师范大学
2015 年 5 月 5 日